新編諸子集成

論語集釋

一

程樹德　撰
程俊英
蔣見元　點校

中華書局

圖書在版編目(CIP)數據

新編諸子集成:全60册/程樹德等撰. —北京:中華書局,2018.4(2023.6重印)
ISBN 978-7-101-13112-3

Ⅰ.新… Ⅱ.程… Ⅲ.古典哲學-中國-選集
Ⅳ.B211

中國版本圖書館CIP數據核字(2018)第040962號

責任印製:陳麗娜

新編諸子集成
(全六十册)
程樹德等 撰
*
中 華 書 局 出 版 發 行
(北京市豐臺區太平橋西里38號 100073)
http://www.zhbc.com.cn
E-mail:zhbc@zhbc.com.cn
三河市中晟雅豪印務有限公司印刷
*
850×1168毫米 1/32·886⅝印張·123插頁·18000千字
2018年4月第1版 2023年6月第4次印刷
印數:2901-3400册 定價:2980.00元

ISBN 978-7-101-13112-3

新編諸子集成出版説明

子書是我國古籍的重要組成部分。最早的一批子書産生在春秋末到戰國時期的百家争鳴中，其中不少是我國古代思想文化的珍貴結晶。秦漢以後，還有不少思想家和學者寫過類似的著作，其中也不乏優秀的作品。

二十世紀五十年代，中華書局修訂重印了由原世界書局出版的諸子集成。這套叢書匯集了清代學者校勘、注釋子書的成果，較爲適合學術研究的需要。但其中未能包括近幾十年特别是一九四九年後一些學者整理子書的新成果，所收的子書種類不够多，斷句、排印尚有不少錯誤，爲此我們從一九八二年開始編輯出版新編諸子集成，至今已出滿四十種。

新編諸子集成所收子書與舊本諸子集成略同，是一般研究者經常要閱讀或查考的書。每一種都選擇到目前爲止較好的注釋本，有的書兼收數種各具優長的注本，出版以來，深受讀者歡迎，還有不少讀者提出意見建議，幫助我們修訂完善這套書。

爲方便讀者閲讀和收藏，我們決定把原先單行的各個品種組合成一個套裝，計收書四十種，共六十册，予以整體推出。敬請讀者關注。

中華書局編輯部

二〇一八年二月

論語集釋目録

第一册

第二册

第三册

第四册

前言

程俊英

先父程樹德，字郁庭，福建福州人。一八七七年生，一九四四年卒。清末進士，不願居宦，公費留學日本，學習法律。回國後，長期擔任北京大學教授、清華大學兼任教授。七七事變後，隱居著述，貧病交加而終。

先父十歲喪母，孤苦無依；但少年有志，勤奮自學，通宵達旦，熟讀經、史，博覽羣書。中年致力教學、科研工作，所任課程有中國法制史、比較憲法、九朝律考等科目。於繁重的教學之餘，孜孜寫作。晚年更潛心學術研究，不事教學。一生著述約四百餘萬字。

先父寫作開始得比較早，一九〇六年二十九歲，第一部著作國際私法七卷問世。一九一九年漢律考七卷問世。一九二五年出版九朝律考，這是先父一生的重要著作之一。一九三五年再版，解放後又重版兩次。該書從古籍中搜羅從公元前二世紀起至公元後七世紀間，歷代已經散失了的法律、科令、格式、刑名和有關的資料，作了綜合的考證與論述。以十年之功，編成九朝律考二十卷。參考書籍數百種，約三十餘萬言。内容包括漢律考、魏律考、晉律考、南北朝律考（梁、陳、後魏、北齊、後周）、隋律考等九朝的法律考證。此書解放前在國外已有多種譯本。在國内列入大學叢書，現在仍爲政法高校研究生必讀的參考書，對國内外有廣泛的影響。一九五五年重版時，商務印書館編審部評價説：「該書作爲社會上層建築的法律史而言，不但可以供研究我國法律變遷沿革的人作參考，而且也是研究我國社會發展的重要資料。」

一九二八年中國法制史出版。這是爲京師法科學生所編的教材。上溯黄帝，下逮有清，以簡括之筆，闡述歷代法令及刑制的發展。一九三一年比較國際私法出版。一九三三年，説文稽古編出版。先父敍述寫書的旨趣説：「性耽古籍，不能自已，偶檢閲舊藏説文解字諸書，頗悟『因字求史』之法，遂有説文稽古編之作。」從文字的形成，窺上古逸史與其社會之情狀，是此書的創造性探索之所在。解放後，曾由商務印書館再版。

一九三三年，先父患血管硬化症。七七事變後，北京大學等校南遷，從此經濟來源斷絶。舊社會老年知識分子處境悽慘，衣食不完。日僞統治時期，病無醫藥，生活無著，子女多而年幼，困窘不堪；病況日漸惡化，終至癱瘓。論語集釋四十卷，即成書於此時，這是先父最後一部重要著作。序言中描述寫作的苦況時説：「身患舌强痿痺之疾，足不能行、口不能言者七年於兹矣。風燭殘年，不惜汗蒸指皸之勞，窮年矻矻以爲此者。」他爲發揚我國固有文化，以「目難睁不能視，手顫抖不能書」的病弱殘軀，自己口述，由親戚筆録，歷時九年，終於一九四二年脱稿。其傾心學術、不屈不撓的頑强精神，於此可見。

論語集釋寫書的緣由，據先父云：論語一書的注釋，漢、魏諸家有各種注。自何晏論語集解行，而鄭玄、王肅各注皆廢；自朱子集注行，而集解及皇侃論語義疏、邢昺論語注疏又廢。朱子至今又八百餘年，其間名儒著述訓詁義理，多爲前人所未發，惜無薈萃貫串之書。先父本孔子「述而不作」之旨，將宋以後諸家之説分類採輯，以爲斯書之助。在學術上力求不分宗派，苟有心得，概予採録，以供學者研究。內容分十類：考異、音讀、考證、集解、唐以前古注、集注、别解、餘論、發明、按語。按語則是先父對諸家學説提出自己的見解。所引書目六百八十種，全書共一百四十萬言。此書爲研究論語學者提供了自漢到清的詳盡資料，又對論語的訓詁注釋有充分考證，用各家學説闡明孔子的思想本質，爲譯注、研究論語的學者批判繼承我國古代文化遺產提供了廣泛的根據，是一部研究孔子思想，特别是研究孔子教育思想的重要參考書。

論語集釋的著述，由於是先父口述、親戚代筆而成，錯寫與遺漏之處較多，且無新式標點。現值再版之際，由我和蔣見元同志重新校勘，並加標點。錯誤之處，在所難免。望讀者隨時指教，以便改正。

一九八三年十二月於華東師大

論語集釋整理後記

蔣見元

程樹德教授論語集釋四十卷，搜羅繁富，訓詁詳明，是論語注釋的集大成之作。一九四三年，由華北印書局初版，四十年來，漸趨湮没。現承中華書局列入計劃再版，使沉晦多年的著作得以傳世，于論語研究者必能有參考價值。

作者編著此書時，已患腦血栓之症。雖神志清楚，然手不能執筆，口不能言。所徵引的衆多書籍，祇能由他人代抄。囿于抄者的水平，原稿文字不免訛誤。其後初版時，因排字校對的粗疏，又添一層舛錯。這次重新整理再版，以初版鉛印本爲底本，除了與原稿校對外，書中大部分材料，再與所徵引的原書相爲校勘，校勘時發現的文字錯誤，逕改，不出校記。

原書的句讀爲圈點，這次參考中華書局新編諸子集成（第一輯）體例，重加新式標點。作者著書，旨在發揚孔子的學術思想，本人又曾潛心内典，故于徵引材料與按語中，間及禪理。至于其他封建觀點，恐亦難免。爲了保存原來面目，我們對此類文字不作删削，讀者當自能鑑别。

在整理本書時，囿于條件，作者徵引的書籍，一小部分我們没能見到，另一部分與作者當時所用的版本不同，因此文字上恐不免仍存在錯誤，敬祈讀者有以指正之。

一九八三年十二月於華東師大

自序

論語集釋何爲而作也？曰：舉古聖哲王所揭治亂興亡之故，至今日而適若相反，古人真欺我哉！憤而欲取少時所讀之書，拉雜摧燒之。客聞而阻之曰：「世之剥也必不終剥，道之窮也必不終窮，子姑待之！」余笑而應之曰：「諾。」今不幸言中，而世亂滋迫，數年以來，麋沸雲擾，萬方蕩析，余猶得蜷伏故都，幸免顛沛流離之慘，此論語集釋四十卷即於劫罅偷息中所掇輯而成者也。昔太史公身廢不用，乃作史記，其報任安書列舉左丘失明、虞卿窮愁諸例。余自癸酉冬患舌强痿痹之疾，足不能行、口不能言者七年於兹矣，而精力之强，不減平昔。意者天恐吾投身禍亂以枉其才，故假疾以阻其進取，又憫其半生志事無所成就，故復假之以精力，使得以著述終其身耶？夫文化者國家之生命，思想者人民之傾向，教育者立國之根本，凡愛其國者，未有不愛其國之文化。思想之鵠，教育之程，皆以是爲準。反之，而毁滅其文化，移易其思想，變更其教育，則必不利於其國者也。著者以風燭殘年，不惜汗蒸指皸之勞，窮年矻矻以爲此者，亦欲以發揚吾國固有文化，間執孔子學説不合現代潮流之狂喙，期使國人之舍本逐末、徇人失己者俾廢然知返。余之志如是而已。若夫漢、宋門户之見，考據訓詁之争，黨同伐異，竊無取焉。

己卯秋八月閩縣程樹德序

凡　例

一論語注釋，漢時有孔安國、馬融、鄭玄、包咸諸家，魏則陳羣、王肅亦有義説。自何晏集解行，而鄭、王各注皆廢。自朱子集注行，而集解及邢、皇二疏又廢。朱子至今又八百餘年，加以明、清兩代國家以之取士；清初名儒代出，著述日多，其間訓詁義理多爲前人所未及，惜無薈萃貫串之書。兹篇竊本孔氏「述而不作」之旨，將宋以後諸家之説分類採輯，以爲研究斯書之助，定名曰論語集釋。

一是書内容計分十類：

甲　考異　經文有與石經及皇本或他書所引不同者，日本、高麗版本文字有異者，均列入此門。其材料則以阮元論語校勘記、翟灝四書考異、日本山井鼎七經考文、葉德輝天文本論語校勘記等爲主。

乙　音讀　字音讀法及句讀有不同者入此門。其材料以陸德明經典釋文、武億經讀考異爲主。

丙　考證　自閻若璩撰四書釋地、江永著鄉黨圖考以後，世人漸知考證名物之重要。

故人名、地名、器物、度數之應考證者無論矣，此外如大戴禮、説苑、新序、春秋繁露、韓詩外傳、中論、論衡諸書有涉及論語之解釋者，以其爲漢儒舊説，亦附此門。

丁　集解　邢疏有可采者亦附入此門。

戊　唐以前古注　此門包含最廣，上自漢末，下及於唐，中間南北朝諸家著述爲北堂書鈔、太平御覽、藝文類聚所引者備列無遺。其材料以皇侃義疏、馬國翰玉函山房輯佚書爲主，計所採者凡三十八家，列舉如左：

劉歆論語注

包咸論語章句

鄭玄論語注

王朗論語説

王弼論語釋疑

衛瓘論語集注

繆播論語旨序

繆協論語説

郭象論語體略

欒肇論語釋疑
虞喜論語讚注
庾翼論語釋
李充論語集注
范甯論語注
孫綽論語集注
梁覬論語注
袁喬論語注
江熙論語集解
殷仲堪論語解
張憑論語注
蔡謨論語注
釋惠琳論語説
顏延之論語説
沈驎士論語訓注

顧歡論語注
梁武帝論語注
太史叔明論語注
褚仲都論語義疏
皇侃論語義疏
沈峭論語注
熊埋論語説
季彪論語注
陸特進論語注
潁子巖論語注
李巡論語注
張封溪論語注
論語隱義注
韓李論語筆解

己　集注　集注文字稍繁，故採擇以内注爲限；外注有特别精采者始行列入。但其中貶抑聖門、標榜門户者，因有後人之辯論，不能不列入原文，可分別觀之。

庚　別解　集解、集注以外，如有新穎之説，別爲「別解」一門。其不止一説者，則分爲一二三四以區別之。

辛　餘論　清初漢學家立論，時與宋儒相出入，擇其言論純正、無門户偏見者，爲「餘論」一門。其有宋以後諸家注釋可補集注所未備而不屬於考證者，亦附入之。

壬　發明　宋學中陸、王一派多以禪學詁經，其中不乏確有心得之語，即程、朱派中亦間有精確不磨之論。蓋通經原以致用，孔氏之言，可以爲修己處世之準繩、齊家治國之方法者，當復不少，惜無貫串説明之書，僅一四書反身録，尚多未備。因欲後人研究論語者發明其中原理原則，故特立此門。

癸　按語　凡集解、集注、別解諸説不同者，必須有所棄取，別爲「按語」以附於後。此外，自「考異」以下間有所見者亦同。

以上十種，非必各章皆備，無則缺之。

一研究論語之法，漢儒與宋儒不同。漢儒所重者，名物之訓詁，文字之異同；宋儒則否，一以大義微言爲主。惜程、朱一派好排斥異己，且專宣傳孔氏所不言之理學，故所得殊希。陸、王派雖無此病，然援儒入墨，其末流入於狂禪，亦非正軌。故論語一書，其中未發之覆正多。是書職責，在每章列舉各家之説，不分門户，期於求一正當解釋，以待後來學者，藉此以發明聖人立言之旨。

一　朱子集注，元明以來以之取士，幾於人人習之。清初漢學再興，始有持異議者。譬之者尊爲聖經賢傳，一字無敢踰越；詆之者置之不議不論之列。如王闓運所著之論語訓，漢魏六朝諸家之説備列無遺，獨於朱注一字不及，漢、宋門户，隱若劃一鴻溝。黄式三論語後案始以集解、集注並列，然其旨仍在左袒漢學。實則集注雖考證稍疏，然字斟句酌，亦非無一長可取，不能概行抹殺。是書先列集解，爲漢學所宗；次集注，爲宋學所本；中間增「唐以前古注」一門，搜羅漢魏六朝及唐人論語著述，片言隻字，必一一搜剔，不使遺漏，庶幾已佚之書，賴以不墮。其近人著述，有罕見之本，或篇帙無多，恐其日久失傳，往往全部收入，亦本斯旨。

一　論語一書，言訓詁者則攻宋儒，言義理者則攻漢學。平心論之，漢儒學有師承，言皆有本，自非宋儒師心自用者所及。集注爲朱子一生精力所注，其精細亦斷非漢儒所及。蓋義理而不本於訓詁，則謬説流傳，貽誤後學；訓詁而不求之義理，則書自書，我自我，與不讀同。二者各有所長，不宜偏廢。是書意在詁經，惟求其是，不分宗派，苟有心得，概與採録。

一全書共百餘萬言，所採書目均一一列表備查。其未見原書者，必注明出處。其有引出某書而某書實無其文者，則仍以原書著録，以便尋檢。此外六朝已佚古籍，或雖爲近人著作而爲罕見之本者，則仿四庫全書總目之例，别爲簡明提要以附於後。

一所採之書，以四庫著録及列入正、續皇清經解爲限。其四庫未收及宋儒一派之著述未採入皇清經解者，則擇其尤純正而有心得者。其專爲舉業而設，類似高頭講章，如四書本義匯參，及一切庸惡陋劣如四書大全之類，概不採録。

一語録仿自禪宗，釋子不讀書，出語恒多俚俗。宋儒學既近禪，並形式上亦必力求其似，殊爲無取。兹篇除朱子或問及語類外，其他語録中雖有關於論語之研究，以其出言鄙倍，概不採録。

一宋以後諸儒往往於劄記中考據論語，如困學紀聞、日知録、十駕齋養新録之類無慮數十種，其中不乏可採之處，雖非專著，亦在兼採之列。

一宋儒理學爲儒、釋、道混合之一種哲學，本可成一家言，但必以爲直接孔孟心傳道統，則余未敢信。一部論語中，何嘗有一個「理」字？而集注釋天爲即理也，釋天道爲天理，又遇論語凡有「斯」字或「之」字，悉以「理」字填實之，皆不免强人就我，聖人胸中何嘗有此種理障耶？朱子嘗云：「聖賢議論，本是平易。今推之使高，鑿之使深。」然集注釋「子在川上」，釋曾點言志，仍不免過高之病。以此立説著書，未嘗不可，但非解經正軌，讀者當分别觀之。

一　清初戴東原、毛西河諸家喜攻朱注考證之失，殊不知朱子嘗與人言：「讀書玩理外，考證别是一種工夫，某向來不曾做。」朱子博極羣書，並非力不能爲，而其言如此，蓋當時風氣不尚考證。以古人不經意之事，而蹈隙乘瑕攻之，不過以其名高耳，然猶曰「是漢學家言也」。至顔、李同爲理學而亦攻朱，則更無謂。蓋漢儒恪守家法，篤信師説，從未敢輕詈古人。至更易經傳，推翻舊説，其風固自宋人開之。集注至以樊遲爲粗鄙近利，以子夏、子游爲語有流弊，敢於詈及先賢，更不足爲訓。以朱子之賢，猶有此失。是書力矯此弊，凡意氣詬争之語、門户標榜之詞，概不採録。

一　集注喜貶抑聖門，爲全書最大污點，王船山讀四書大全説、毛西河聖門釋非録論之詳矣。是書凡攻朱之語，例不採録，然對此不能不設例外。昔阮嗣宗口不談人過，人稱其盛德，何況對於古人。子貢方人，孔子以爲不暇。故古來叢謗之深，無如朱子者，雖係無心之過，究屬嗔心過重，録之所以示戒也。

一　宋儒以禪理詁經，好之者喜其直截痛快，惡之者又目爲陽儒陰釋。考朱子答孫敬甫書：「少時喜讀禪學文字。」又與張侍郎書云：「左右既得此把柄入手，便可改頭換面。欲用儒家言語説向士大夫，接引從來學者。」是宋儒固不自諱。竊以爲孔子之道至大，無所不包，不特釋而已，即道家亦有與之同者，如「無爲而治」一章是也。魏、晉諸儒喜以道家言詁經，苟有一得，未嘗不可兼收並蓄。蓋孔子之言有與釋家同者，如「毋意，毋必，毋固，毋我」，與佛家之破除二執，有何區别耶？其與之異者，則不必强爲附會。陸、王一派末流如羅念菴、陳白沙輩，幾於無語不禪，亦是一病。是篇於末流狂禪一派牽强附會之語，概不採録。一孔子之言，俟諸百世而不惑，所以爲至聖，不必後人代爲辯護周旋。集注於「天下有道，則庶人不議」則曰：「非箝其口使不敢言也。」於「民可使由之，不可使知之」下引程子曰：「聖人設教，非不欲家喻而户曉也。若曰聖人不使民知，則是後世朝四暮三之術也，豈聖人之心乎？」殊不知聖人之言絶無流弊，觀於今日歐洲之國會民主政治，此二章真如日月經天，江河行地，洵萬古不易之至言也，何所用其廻護耶！自歐化東漸，不特疑聖，且有誣聖以爲名高者矣。是書採録斷自清代，凡現代名人之著述，除純粹解經者外，其他中西合參、新舊融會之作，值此是非淆亂、靡所折衷去取之間，懼多私見，故雖有佳篇，概從割愛，恕不採録。補遺之責，期之後人。

論語集釋卷一

學而上

○子曰：「學而時習之，不亦説乎？

【考異】皇侃論語義疏本（下簡稱皇本）「説」字作「悦」。翟灝四書考異（下簡稱翟氏考異）：古喜説、論説同字，漢後增从「心」字别之。「悦」初見廣韻。徐鉉新修字義云：「經典只作『説』。」然毛詩「説懌女美」，陸氏釋云：「又作『悦』。」爾雅釋詁：「悦，樂也。悦，服也。」皆書作「悦」。而孟子但用「悦」字，則二字通寫已久。「説」之見二十篇者，如公冶長篇「子説」、雍也篇「非不説子之道」、「子路不説」、子罕篇「能無説乎」、子路篇「近者説」、陽貨篇「子路不説」、堯曰篇「公則説」，皇本俱作「悦」。惟先進「無所不説」、子路「易事而難説」，仍如監本。

按：翟灝四書考異考證精博。關於論語條考部分，本書收録極多。標題仍稱考異者，示不敢掠美也。

【考證】白虎通：子者，丈夫之通稱。顧炎武日知録：周制，公、侯、伯、子、男爲五等之爵，而大夫雖貴，不敢稱子。春秋自僖、文以後，執政之卿始稱子。其後匹夫爲學者所宗亦得稱子，老子、孔子是也。孔子弟子惟有子、曾子二人稱子，閔子、冉子僅一見。汪中述學别録：古者孤卿大夫皆稱子，子者，五等之爵也。周官典命：「公之孤四命，以皮帛眡小國之君。」大行人：「大國之孤，其禮眡小國之君。」春秋傳：「列國之卿當小國之君。」小國之君則子、男也，子、男同等，不可以並稱，故著子去男，從其尊者。王朝則劉子、單子，列國則高子、國子是也。王朝生稱子，没配謚稱公。列國生稱子，没配謚亦稱子。此其别也。稱子而不成辭，則曰夫子。夫者，人所指名也。春秋傳「夫固謂君」、「夫豈不知」，服云：「夫謂鬭伯比。」「夫石猶生我」，服云：「夫謂孟孫。」「夫不惡女乎」，服杜並云：「夫謂太子。」以夫配子，所謂取足以成辭爾。凡爲大夫，自適以下皆稱之曰夫子。孟獻子，穆伯之孫，穆伯之二子親爲其諸父，而曰夫子。崔成、崔彊稱其父亦曰夫子。故知爲大夫者例稱夫子，不以親别也。孔子爲魯司寇，其門人稱之曰子、曰夫子，後人沿襲以爲師長之通稱，而莫有原其始者。劉寶楠論語正義（下簡稱劉氏正義）：「曰」者，皇疏引説文云：「開口吐舌謂之爲曰。」邢疏引説文云：「曰，詞也。從口，乙聲。亦象口氣出也。」所引説文各異。段氏玉裁校定作「從口，乙象口氣出也」。又引孝經釋文云：「從乙在口上。乙象氣，人將發語，口上有氣，故曰字缺上也。」「學」者，説文云：「斆，覺悟也。从教，从冂。冂尚矇也。臼聲。學，篆文『斆』省。」白虎通辟雍篇：「學之爲言，覺也，以覺悟所未知也。」與説文訓同。

【集解】馬融曰：「子者，男子之通稱，謂孔子也。」王肅曰：「時習，學者以時誦習之。誦習以時，學無廢業，所以爲悦懌。」

按：何晏集解序云：「古論唯博士孔安國爲之訓解，而世不傳。至順帝時，南郡太守馬融亦爲之訓説。」邢昺疏云：「馬融亦爲古文論語訓説。」皇侃疏謂爲魯論訓説，非也。隋、唐志皆不載，佚已久。王氏義説，史志亦稱「注」，何晏集解序與陳羣、周生烈並云「義説」。七録有王肅論語注十卷，隋書經籍志云亡，而唐書藝文志、陸德明經典釋文序録並有王肅論語注十卷。蓋隋代散失，至唐復出，今則佚不可見矣。惟論語馬氏訓説二卷、王氏義説一卷各有輯本，在玉函山房輯佚書中。

【唐以前古注】皇侃義疏（下簡稱皇疏）：曰者，發語之端也。許氏説文云：「開口吐舌謂之爲曰。」（按今説文無此文。）凡學有三時：一是就人身中爲時，二就年中爲時，三就日中爲時也。一就身中者，凡受學之道，擇時爲先；長則扞格，幼則迷昏。故學記云「發然後禁，則扞格而不勝。時過然後學，則勤苦而難成」是也。既必須時，故内則云：「六年教之數與方名，七年男女不同席，八年始教之讓，九年教之數日，十年學書計，十三年學樂、誦詩、舞勺，十五年成童舞象。」並是就身中爲時也。二就年中爲時者，夫學隨時氣則受業易入。故王制云「春夏學詩、樂，秋冬學書、禮」是也。春夏是陽，陽體輕清；詩、樂是聲，聲亦輕清；輕清時學輕清之業則爲易入也。秋冬是陰，陰體重濁；書、禮是事，事亦重濁；重濁時學重濁之業亦易入也。三就日中爲時者，前身中、年中二時，而所學並日日修習不暫廢也。故學記云「藏焉，修焉，息焉，游焉」是也。今云「學而時習之」者，時是日中之時也。

【集注】學之爲言，效也。人性皆善而覺有先後，後覺者必效先覺之所爲，乃可以明善而復其初也。習，鳥數飛也。學之不已，如鳥數飛也。說，喜意也。既學而又時時習之，則所學者熟而中心喜說，其進自不能已矣。

【餘論】朱子文集（答張敬夫）：學而，說此篇名也。取篇首兩字爲别，初無意義。但學之爲義，則讀此書者不可以不先講也。夫學也者，以字義言之，則己之未知未能而效夫知之能之之謂也。以事理言之，則凡未至而求至者，皆謂之學。雖稼圃射御之微，亦曰學，配其事而名之也。而此獨專之，則所謂學者，果何學也？蓋始乎爲士者，所以學而至乎聖人之事，伊川先生所謂「儒者之學」是也。蓋伊川先生之言曰：「今之學者有三：辭章之學也，訓詁之學也，儒者之學也。欲通道，則舍儒者之學不可。」尹侍講所謂『學者，所以學爲人』也。學而至於聖人，亦不過盡爲人之道而已。」此皆切要之言也。夫子之所志，顏子之所學，子思、孟子之所傳，皆是學也。其精純盡在此書，而此篇所明又學之本，故學者不可以不盡心焉。　毛奇齡四書改錯：學有虚字，有實字。如學禮、學詩、學射、御，此虚字也。若志於學、可與共學、念終始典於學，則實字矣。此開卷一學字，自實有所指而言。乃注作「效」字，則訓實作虚，既失詁字之法，且效是何物，可以時習？又且從來字學並無此訓，即有時通「效」作「傚」，亦是虚字。善可效，惡亦可效。左傳「尤人而效之」，萬一效人尤，而亦習之乎？錯矣！學者，道術之總名。賈誼新書引逸禮云：「小學業小道，大學業大道。」以學道言，則大學之道，格致誠正修齊治平是也。以學術言，則學正崇四術，凡春秋禮、樂，冬夏詩、書皆是也。此則學也。黄式三論語後案（下簡稱黄氏後案）：學謂讀書，王氏及程子説同。朱子注學訓效者，統解學字於第一學字之中，如「孰爲好學」、「弟子不能學」、「願學」、「學道」，必訓爲效而始通。其引程子説學爲讀書，時習爲既讀而時思繹，則此章之正解。黄直卿語録甚明。此篇「行有餘力，則以學文」、「雖曰未學，必謂之學」，下篇學、思對言，學、問對言，好學、忠信對言，博學、約禮對言，文學、德行對言，學易，學詩，學禮，皆謂讀書，而又斥「何必讀書，然後爲學」之佞。蓋學者所以學聖人之道，而聖人往矣，道在方策也。劉逢禄論語述何：學謂删定六經也。當春秋時，異端萌芽已見，夫子乃述堯、舜、三王之法，垂教萬世。非是則子思子所謂「有弗學」也。焦循論語補疏：當其可之謂時。説，解悦也。「不憤不啓，不悱不發」，時也。「中人以上可以語上，中人以下不可以語上」，時也。「求也退，故進。由也兼人，故退」，時也。學者以時而説，此大學之教所以時也。

按：「學」字係名辭，集注解作動辭，毛氏譏之是也。惟其以後覺者必效先覺之所爲爲學，則精確不磨。今人以求知識爲學，古人則以修身爲學。觀於哀公問弟子孰爲好學，孔門身通六藝者七十二人，而孔子獨稱顔淵，且以不遷怒、不貳過爲好學，其證一也。孔子又曰：「君子謀道不謀食。學也，禄在其中矣。」其答子張學干禄，則曰：「言寡尤，行寡悔，禄在其中矣。」是可知孔子以言行寡尤悔爲學，其證二也。大學之道，「壹是皆以修身爲本」，其證三也。

【發明】焦氏筆乘：李彥平曰：「宣和庚子，某入辟雍。同舍趙孝孫仲脩，伊川先生高弟趙彥子之子也，於某有十年之長。辛丑春同試南宮，仲脩中選，而某被黜。仲脩勉之曰：『公盛年一跌何傷，姑歸讀書可也。』某意不懌。趙曰：『公頗讀論語否？』即應之曰：『三尺之童皆讀此，何必某。』仲脩笑曰：『公即知讀此，且道「學而時習之」以何者爲學？』某茫然不知所對。仲脩徐曰：『所謂學者，非記問誦説之謂，非絺章繪句之謂，所以學聖人也。既欲學聖人，自無作輟。出入起居之時，學也。飲食游觀之時，學也。疾病死生之時，亦學也。人須是識得「造次必於是，顛沛必於是」，「立則見其參於前，在輿則見其倚於衡也」，方可以學聖人。』某聞其言，頓若有悟。」

有朋自遠方來，不亦樂乎？

【考異】陸德明論語釋文：「有」，或作「友」，非。　白虎通辟雍篇引論語曰：「朋友自遠方來。」　阮元論語校勘記：鄭氏康成注此云：「同門曰朋，同志曰友。」是舊本皆作「友」字。　臧庸拜經日記：白虎通辟雍篇：「師弟子之道有三：論語曰『朋友自遠方來』，朋友之道也。」又易蹇正義、周禮司諫疏並引鄭康成此注云：「同門曰朋，同志曰友。」考班孟堅引用多爲魯論，包、鄭所注亦魯論，然則魯論舊本作「朋友自遠方來」，陸氏所見本「有」作「友」，正與班、鄭等合。特「友」字當在「朋」下，何晏作「有朋」未知所據。所採包注原本當亦有「同志曰友」一句，因經作「有」，故節之。　洪頤煊讀書叢録據文選陸機挽歌「友朋自遠方」李善注引論語爲證，謂「有」當作「友」。　武億羣經義證：釋名：「友，有也，相保有也。」友、有同用，或作

「友」，與古傳本合，未可云非。 盧文弨釋文考證：呂氏春秋貴直篇「有人自南方來」，句法極相似。陸氏謂「作『友』非」是也。

按：馬國翰玉函山房輯佚書論語類謂包爲魯論，作「有朋」；周易蹇正義引鄭玄注並解「朋友」。陸德明釋文云：「鄭校周之本，以齊、古讀正凡五十事。」凡與魯異而不言從古者，齊、古同也。然則作「有朋」者，魯論也。作「朋友」者，齊、古論也。

【考證】宋翔鳳樸學齋札記：史記孔子世家：「定公五年，魯自大夫以下皆僭離於正道，故孔子不仕，退而修詩、書、禮、樂。弟子彌衆，至自遠方，莫不受業焉。」弟子至自遠方，即「有朋自遠方來」也。「朋」即指弟子。故白虎通辟雍篇云：「師弟子之道有三：論語曰『朋友自遠方來』，朋友之道也。」又孟子：「子濯孺子曰：『其取友必端矣。』」亦指友爲弟子。 毛奇齡論語稽求篇：「同門曰朋。」此是古注，自説文及詩注、左傳注、公羊傳注皆然。周禮大司徒鄭注「同師曰朋」，便不如同門之當。蓋朋是門户之名，凡曰朋黨，曰朋比，比是鄉比，黨是黨塾，皆里門閭户學僮居處名色。故朋爲同門，此是字義本爾，不可易也。大抵學中境次，從黨庠肄習之後，既已分開，又復來合，致足娱樂。與學記所云「敬業樂羣」，檀弓所云「離羣索居」，正可比觀。蓋以離爲苦，則必以合爲樂也。 潘維城論語古注集箋（下簡稱潘氏集箋）：「朋」，説文以爲古文「鳳」，云：「鳳飛，羣鳥從以萬數，故以爲朋黨字。」 劉氏正義：「自遠方來」者，廣雅釋詁：「自，從也。」爾雅釋詁：「遠，遐也。」淮南兵略訓：「方者，地也。」禮表記注：「方，四方也。」爾雅釋詁：「來，至也。」並常訓。學記言學至大成，「足以化民易俗，近者説服，而遠者懷之，此大學之道。」然則朋來正是學成之驗。「不亦樂乎」者，蒼頡篇：「樂，喜也。」與「説」義同。易彖傳：「麗澤兑，君子以朋友講習。」兑者，説也。禮中庸云：「誠者，非自成己而已也，所以成物也。」此文「時習」是成己，「朋來」是成物。但成物亦由成己，既以驗己之功修，又以得教學相長之益，人才造就之多，所以樂也。孟子以「得天下英才而教育之」爲樂，亦此意。

【集解】包咸曰：「同門曰朋。」

按：咸字子良，會稽曲阿人。少爲諸生，倡魯詩、論語。舉孝廉，除郎中。建武中，入授皇太子論語，又爲其章句。拜諫議大夫，五年，遷大鴻臚。事蹟詳後漢書儒林傳。皇疏作「苞咸」，「苞」、「包」二字古通，當依漢書傳作「包」。何晏論語集解云：「安昌侯張禹本受魯論，兼講齊説。善者從之，號曰『張侯論』，爲世所貴，包氏周氏章句出焉。」然則包氏所爲章句，蓋用禹説。惜全書久佚，隋、唐志皆不及著目，今惟玉函山房輯佚書中有輯本二卷。（此注文選古詩十九首李善注引作鄭注，未知孰是。）

【唐以前古注】皇疏引江熙云：君子以朋友講習，出其言善，則千里之外應之。遠人且至，況其近者乎？道同齊味，歡然適願，所以樂也。

按：隋書經籍志有集解論語，江熙撰。唐書藝文志作江熙集解，並云十卷。熙晉書無傳。據册府元龜，知其字太和，爲兗州别駕。他無可考。皇疏序稱熙所集論語凡十三家，取衆説以成書，故以集解爲名。邢昺疏引二節，知此書宋初尚存，今佚。玉函山房有輯本二卷。觀此則有晉一代之説論語，其同異得失略備於兹矣。

【集注】朋，同類也。自遠方來，則近者可知。程子曰：「以善及人而信從者衆，故可樂。」又曰：「説在心，樂主發散在外。」

【別解】俞樾羣經平議：釋文曰：「『有』，或作『友』。」阮氏校勘記據白虎通辟雍篇引此文作「朋友自遠方來」，洪氏頤煊讀書叢録又引文選陸機挽歌「友朋自遠來」證舊本是「友」字。今按説文方部：「方，併船也。象兩舟省總頭形。」故方即有並義。淮南氾論篇曰「乃爲窬木方版」，高誘注曰：「方，並也。」尚書微子篇曰：「小民方興。」史記宋世家作「並興」，是「方」、「並」同義。友朋自遠方來，猶云友朋自遠並來。曰友曰朋，明非一人，故曰並來。然則「有」之當作「友」，尋繹本文即可見矣。今學者誤以「遠方」二字連文，非是。凡經言「方來」者，如周易「不寧方來」，尚書「兄弟方來」，義皆同。

【餘論】論語述何：易曰：「君子居其室，出其言善，則千里之外應之，況其邇者乎？」記曰：「獨學而無友，則孤陋而寡聞。友天下之善士，故樂。」阮元揅經室集：此章乃孔子教人語，即生平學行始末也。故學必兼誦行，其義乃全。注以習爲誦習，失之。朋自遠來者，孔子道兼師儒。周禮司徒師以德行教民，儒以六藝教民。各國學者皆來從學也。蓋學而時習，未有不朋來。聖人之道不見用於世，所恃以傳於天下後世者，朋也。潘氏集箋：史記孔子世家云：

「定公五年，魯自大夫以下皆僭離於正道，故孔子不仕，退而修詩、書、禮、樂。弟子彌衆，至自遠方，莫不受業焉。」即「有朋自遠方來」也。

按：阮氏、潘氏以此章貼孔子自身説，雖係創論，但非别解，故入之餘論中。

人不知而不愠，不亦君子乎？」

【考證】禮哀公問：「君子也者，人之成名也。」白虎通號篇：「或稱君子者，道德之稱也。君之爲言，羣也。子者，丈夫之通稱也。」

【集解】愠，怒也。凡人有所不知，君子不怒。（凡不載何人説者，皆何晏之詞。下倣此。）

【唐以前古注】皇疏此有二釋：一云：「古之學者爲己。已得先王之道，含章内映，他人不見知而我不怒也。」一云：「君子易事，不求備於一人。故爲教誨之道，若人有鈍根不能知解者，君子恕之而不愠怒也。」又引李充云：「愠，怒也。君子忠恕，誨人不倦，何怒之有乎？明夫學者，始於時習，中於講肄，終於教授者也。」

按：晉書文苑傳：「充字宏度，江夏人。官著作郎。」七録載充論語釋一卷，至隋已亡。隋書經籍志别有論語十卷，晉著作郎李充注。唐書藝文志並同。而宋史藝文志不載，今佚。玉函山房有輯本二卷，兹録之以備一家。

【集注】愠，含怒意。君子，成德之名。尹氏曰：「學在己知，不知在人，何愠之有？」

【别解】王衡論語駁異：羅近溪謂「愈學而愈悦，如何有厭；愈教而愈樂，如何有倦，故不愠人之不己知者，正以其不厭不倦處」。此却説得好。論語補疏：注言「人有所不知」，則是人自不知，非不知己也。有所不知，則亦有所知。我所知而人不知，因而愠之，矜也。人所知而我不知，又因而愠之，忌也。君子不矜則不忌，可知其心休休，所以爲君子也。後漢儒林傳注引魏略云：「樂詳字文載。黄初中，徵拜博士十餘人，學多褊，又不熟悉，惟詳五業並授。其或難質不解，詳無愠色，以杖畫地，牽譬引類，至忘寢食。」毛奇齡四書賸言：論語「人不知而不愠」，孔疏原有二義：一是不知學，一是不知我。今人但知後説，似于本章言學之意反未親切。何平叔云：「凡人有所不知，君子不怒。」其云「有所不知」者，言學有所不解也。「君子不怒」者，猶言「君子易事不求備」也。蓋獨學共學，教人以學，皆學中事。夫子一生祇學不厭，教不倦，自言如此（見默識節），門弟子言如此（見公西華節），後人言如此（見孟子），故首章即以此發明之。

按：此本李充之説，皇疏取之，然實不如朱注之長。劉寶楠云：「教學之法，語之而不知，雖舍之亦可，無容以不愠即稱君子。此注所云不與經旨應也。」

【餘論】朱子語類：人不知而不愠，自是不相干涉。己爲學之初，便是不要人知，至此而後真能不要人知爾。若煆煉未能得十分成熟，心固有時被其所動，及到此方真能人不我知而不愠也。又曰：不愠不是大怒，心中略有不平之意便是愠。此非得之深、養之厚者不能如此。鹿善繼四書説約：説樂不愠，向非於人所不見之地有内省不疚之功，何以如此真切，如此超脱？此章是孔子自寫生面，全重時習。蓋本心難昧，未嘗不知修持，祇轉念易乖，學而易厭。時習則功夫無問，本體流行，深造自得，欲罷不能，說可知矣。張履祥備忘録：朱子謂「不知而不愠者逆而難」，不知豈特爲人忽易而已，甚者賤辱之，咎責之，怨惡之，無所不至。舜之於家，文王於朝，孔、孟於春秋、戰國之世，一時父子兄弟君臣朋友其孰能知之？當時而能不愠，豈非甚難？非甚盛德，何以履之而泰然乎？何義門讀書記：此與中庸「遯世不見知而不悔」同意，非謂世無見用者也。此對上說、樂二字，故云不愠。中庸對上「半塗而廢」，故云不悔。學孯經室集：「人不知」者，世之天子諸侯皆不知孔子，而道不行也。「不愠」者，不患無位也。學在孔子，位在天命。天命既無位，則世人必不知矣，此何愠之有乎？孔子曰「五十而知天命」者，此也。此章三節皆孔子一生事實，故弟子論撰之時，以此冠二十篇之首也。二十篇之終曰「不知命，無以爲君子」，與此始終相應也。

【發明】梁清遠采榮録：論語一書，首言爲學，即曰悦，曰樂，曰君子。此聖人最善誘人處，蓋知人皆憚於學而畏其苦也。是以鼓之以心意之暢適，動之以至美之嘉名，令人有欣羡之意，而不得不勉力於此也。此聖人所以爲萬世師。

○有子曰：「其爲人也孝弟，而好犯上者，鮮矣；不好犯上，而好作亂者，未之有也。

【考異】論語釋文：「弟」，本或作「悌」。下同。皇本作「悌」。邱光庭兼明書亦作「悌」。

【音讀】武億經讀考異：近讀並以「其爲人也孝弟」爲句，愚謂「其爲人也」當絶句，「孝弟」連下「而好犯上者鮮矣」讀，語勢自順。

按：詩大雅思齊正義、孝經事君章疏俱引論語「孝悌而好犯上者鮮矣」，可見唐以前人讀法。

此武氏之説所本。

【考證】柳柳州文集：諸儒皆以論語孔子弟子所記，不然也。孔子弟子曾參最少，又老且死，是書記其將死之言，則去孔子之時甚遠，而當時諸弟子略無存者矣。竊意孔子嘗雜記其言，而卒成其書者，曾子弟子樂正子春、子思之徒也。故論語書中所記諸弟子必以字，而曾子不然，蓋其弟子之號師爾。而有子亦稱子者，孔子既殁，諸弟子嘗以其似孔子而師之，後乃叱避而退，則固嘗有師之號矣。程子經説：論語曾子、有子弟子撰，所以知者，惟二子不名。朱子或問：柳氏之論曾子者得之。而有子叱避之説，則史氏之鄙陋無稽，而柳氏惑焉。以孟子考之，當時既以曾子不可而寢其議，曷嘗有子據孔子之位而有其號哉？故程子特因柳氏之言斷而裁之，以爲論語之書，成於有子、曾子之門人。王應麟困學紀聞：或問：「論語首篇之次章即述有子之言，而有子、曾子獨以子稱何也？」曰：「程子謂此書成於有子、曾子之門人也。」曰：「柳子謂孔子之没，諸弟子以有子爲似夫子，立而師之。其後不能對諸子之問，乃叱避而退。則固常有師之號，是以稱子。其説非歟？」曰：「非也。此太史公采雜説之謬，宋子京、蘇子由辨之矣。孟子謂子夏、子張、子游以有若似聖人，欲以所事孔子事之。朱子云：『蓋其言行氣象有似之者。』如檀弓所記子游謂有若之言似夫子之類是也，豈謂貌之似哉？」曰：「有子不列于四科，其人品何如？」曰：「宰我、子貢、有若智足以知聖人，此孟子之言也。蓋在言語之科，宰我、子貢之流亞也。」曰：「有子之言可得聞與？」曰：「盍徹之對，出類拔萃之語，見於論、孟。而論語首篇所載凡三章，曰孝弟，曰禮，曰信恭，尤其精要之言也。其論晏子焉知禮，則檀弓述之矣。荀子云『有子惡臥而焠掌』，可以見其苦學。」曰：「朱子謂有子重厚和易，其然與？」曰：「吴伐魯，微虎欲宵攻王舍，有若與焉，可謂勇於爲義矣，非但重厚和易而已也。」曰：「有子、曾子並稱，然斯道之傳唯曾子得之。子思、孟子之學，曾子之學也。而有子之學無傳焉，何歟？」曰：「曾子守約而力行，有子知之而已，智足以知聖人而未能力行也。家語稱其强識好古道，其視以魯得之者有間矣。」曰：「學者學有子可乎？」曰：「弟子務本，此入道之門，積德之基，學聖人之學莫先焉。未能服行斯言，而欲凌高厲空，造一貫忠恕之域，吾見其自大而無得也。學曾子者當自有子弟子之言始。」曰：「檀弓記有子之言皆可信乎？」曰：「王无咎嘗辨之矣。若語子游欲去喪之踊，孺子䵍之喪，哀公欲設撥，以問若，若對以爲可，皆非也，唯論語所載爲是。」

阮元論語解：弟子以有子之言似夫子而欲師之，惟曾子不可彊，其餘皆服之矣。故論語次章即列有子之語，在曾子之前。　劉氏正義：案曾子不可彊，非不服有子也，特以尊異孔子，不敢以事師之禮用之他人。觀曾子但言孔子德不可尚，而於有子無微辭，則非不服有子可知。當時弟子惟有子、曾子稱子，此必孔子弟子於孔子没後尊事二子如師，故通稱子也。至閔子騫、冉有各一稱子，此亦二子之門人所記，而孔子弟子之於二子仍稱字，故篇中於閔、冉稱字稱子錯出也。

簡朝亮論語集注補正述疏：或曰四子皆稱子，閔子、冉子之門人亦記之，而終成之者，有子、曾子之門人也，以二子獨次乎學而第一篇之前列也。有子次子曰學而章後，不連有子而即次曾子者，嫌次之於有子後也，故必又起子曰巧言章而以曾子次其後，明乎皆次之於孔子後也。孟子云：「昔者孔子没，子夏、子張、子游以有若似聖人，欲以所事孔子事之。彊曾子，曾子曰：『不可。江漢以濯之，秋陽以暴之，皜皜乎不可尚已。』」由是言之，有子爲諸賢所尊，而曾子過於諸賢，皆可知也。故成書者以次前列焉。如謂閔子、冉子之門人終成之，則既以有子、曾子次之於孔子後，當繼以閔子、冉子次之矣。蓋成書者，尊師之義宜然也。

按：史記仲尼弟子列傳：「有若少孔子三十三歲。」論語邢疏及禮檀弓疏引作「四十三歲」，裴駰史記集解引鄭玄云：「魯人。」此出鄭氏孔子弟子目録，今佚不傳。

【集解】孔（安國）曰：「有子，弟子有若。」何曰：「鮮，少也。上謂凡在己上者。言孝弟之人必恭順，好欲犯其上者少也。」

按：安國字子國，孔子十二世孫。年四十，爲諫議大夫。後魯恭王壞夫子故宅，得壁中詩、書，悉以歸子國。子國乃考論古今文字，撰衆師之義，爲古文論語訓解十一篇。何晏集解云：「古論唯博士孔安國爲之訓解，而世不傳。」隋書經籍志、唐書藝文志皆不著録，今惟玉函山房有輯本十卷。

【唐以前古注】孝經正義引論語鄭氏注：孝爲百行之本，言人之爲行，莫先於孝。

按：近有集鄭注古文論語二卷，託名宋王應麟者，所收未盡。海寧陳氏鱣論語古訓搜採較詳。馬國翰有輯本，其中爲集解所未採者尚多，兹擇録之以存漢代大師之説。

皇疏引熊埋云：孝悌之人志在和悦，先意承旨。君親有日月之過，不得無犯顔之諫。然雖屢納忠規，何嘗好之哉？今實都無好而復云「鮮矣」者，以好見開，則生陵犯之慚；以犯見塞，則抑匡弼之心。必宜微有所許者，實在奬其志分，稱論教體也。故曰「而好犯上者鮮矣」。孝悌之人，當不義而諍之，尚無意犯上，必不職爲亂階也。

按：熊埋不詳何人，馬國翰以爲即唐書藝文志雜家之熊理，亦想當然耳。熊以犯上爲犯顔而諫，皇侃取之。焦循論語補疏伸其説：「據漢書敍傳『劉向、杜鄴、王章、朱雲之徒，肆意犯上』，後漢書『田豐剛而犯上』，以犯上爲犯顔，古之通義也。」其説甚辨，然亦過求異耳，邢疏駁之是也。

【集注】有子，孔子弟子，名若。善事父母爲孝，善事兄長爲弟。犯上，謂干犯在上之人。鮮，少也。作亂則爲悖逆争鬭之事矣。此言人能孝弟，則其心和順，少好犯上，必不好作亂也。

君子務本，本立而道生。孝弟也者，其爲仁之本與！」

【考異】七經考文曰：足利本「其仁之本與」，無「爲」字。葉德輝日本天文本論語校勘記：足利本、唐本、津藩本、正平本均無「爲」字。

按：日本流傳中國論語本有二：一爲正平集解本，見於錢曾讀書敏求記。一爲皇侃義疏本，乾隆開四庫時歙人鮑廷博得之，刻入知不足齋叢書。此外刻本以天文癸巳刻單經爲最善，經籍訪古志已著録，彼國亦希見。考日本天文癸巳當明嘉靖十二年，比之皇疏、正平二本時代稍後。葉氏取七經孟子考文所引古本、足利本、一本、二本、三本（皆日本古本）、皇疏本、正平本、黎刻正平本札記所引津藩有造館本、傅懋元觀察重刻唐卷子本校録，與今本異者三百餘事，别爲校勘記一卷。至中土宋、元舊本，則以有阮氏校勘記在，不複出也。

陳善捫蝨新語：古人多假借用字。論語中如「孝弟也者，其爲仁之本與」，又曰「觀過，斯知仁矣」，又曰「井有仁焉」，竊謂此「仁」字皆當作「人」。王恕石渠意見：「爲仁」之「仁」當作「人」，蓋承上文「其爲人也孝弟」而言。孝弟乃是爲人之本。焦氏筆乘：何比部語予：「豐南禺道人曾論『孝弟也者，其爲仁之本與』，『仁』原是『人』字。蓋古『人』作『𡰥』，因改篆爲隸，遂譌傳如此。如『井有仁焉』亦是『人』字也。」予思其説甚有理。孝弟即仁也。謂孝弟爲仁本，終屬未通。若如豐説，則以孝弟爲立人之道，於義爲長。朱彬經傳考證：「仁」即「人」也。論語「觀過，斯知仁矣」，後漢書吴祐傳引作「人」。「無求生以害仁」，唐石經「仁」作「人」。江聲論語竢質：「仁」讀當爲「人」，古字「仁」、「人」通。「其爲人之本」，正應章首「其爲人也孝弟」句。不知六書叚借之法，徒泥仁爲仁義字，紛紛辨説無當也。劉氏正義：宋氏翔鳳鄭注輯本，「爲仁」作「爲人」，云：「言人有其本性，則成功立行也。」案「仁」、「人」當出齊、古、魯異文。鄭就所見本「人」字解之，「爲人之本」與上文「其爲人也」句相應，義亦可通。王肇晉論語經正録：孝弟爲行仁之本，義固正大。觀「井有人焉」，「人」借作「仁」，則此章「仁」字似亦「人」之借字。如作「人」字解，與章首「其爲人也」句相應，義甚直截。黄汝成日知録集釋引錢氏曰：初學記友悌部、太平御覽人事部引論語俱云「其爲人之本與」。有子先言「其爲人也孝弟」，後言「其爲人之本」，首尾相應，亦當以作「人」爲長也。

按：錢氏之説是也。林春溥四書拾遺云：「案『不知其仁』、『無求生以害仁』，唐石經皆作『人』。『古之賢人也』，古本作『仁』。『何以守位曰人』，釋文引桓玄、明僧紹作『仁』。『柏人』，道因碑作『栢仁』。並可互證。」宋儒不通訓詁，遂至沿襲其誤，强事解釋。於是程叔子謂「性中有仁，曷嘗有孝弟來」，謝顯道謂「孝弟非仁」，陸子静直斥有子之言爲支離，王伯安謂「仁祇求於心，不必求諸父兄事物」。種種謬説，由此而生。蓋儒家之所謂道，不出倫常日用之間，故中庸言「天下之達道五」，又曰「道不遠人」，孟子言「道在邇而求諸遠」，即有子本立道生之説也。老、莊一派始求道於窈冥恍忽不可名象之中，後儒雖知其非，而終不脱此窠臼，此其所以致疑於有子也。論語駁異及四書辨證雖主王恕之説，但以爲作「仁」亦可通。然初學記及御覽均作「人」，可見唐及北宋初人所見本尚有作「人」者。經傳中「仁」、「人」二字互用者多，「仁」特爲「人」之借字，不止此一事也。集注於「井有仁焉」已云「當作人」，獨此條猶沿舊説，蓋偶未深考。

【考證】説苑建本篇：孔子曰：「君子務本，本立而道生。」夫本不正者末必倚，始不盛者終必衰。詩云：「原隰既平，泉流既清，本立而道生。」吕氏春秋孝行篇：凡爲天下治國家，必務本而後末。又云：務本莫貴于孝。夫孝，三皇五帝之本務，而萬事之紀也。夫執一術而百善至、百邪去、天下從者，其惟孝也。

揅經室集論仁篇：此四句乃孔子語。而「本立而道生」一句，又古逸詩也。雖漢人引論語往往皆以爲孔子之言，但劉向明以此上二句爲孔子之言，尚是漢人傳論語之舊説。而又以爲有子之言者，所以爲似夫子也。又後漢書延篤傳云：「夫仁人之有孝，猶四體之有心腹，枝葉之有根本也。聖人知之，故曰：『夫孝，天之經也，地之義也，人之行也。君子務本，本立而道生。孝弟也者，其爲人之本與。』」觀延篤以此節十九字與孝經十四字同引爲孔子之言，愈可見漢人舊説皆以此爲孔子之言矣。劉氏正義：「務本」二句是古成語，而有子引之。説苑及後漢延篤傳皆作孔子語者，七十子所述皆祖聖論，又當時引述各經，未檢原文，或有錯誤故也。

【集解】本，基也。基立而後可大成。包曰：「先能事父兄，然後仁道可大成。」

【唐以前古注】皇疏引王弼云：自然親愛爲孝，推愛及物爲仁也。

按：隋志載弼撰論語釋疑三卷，唐志云二卷，陸德明經典釋文序録仍作三卷。今佚，惟玉函山房有輯本。其説經不脱魏、晉玄虚之習，姑録以備一家。

【集注】務，專力也。本，猶根也。仁者，愛之理、心之德也。爲仁，猶曰行仁。與者，疑辭，謙退不敢質言也。言君子凡事專用力於根本，根本既立，則其道自生，如上文所謂孝弟乃是爲仁之本，學者務此，則仁道自此而生也。

按：集注尚有程子「性中祇有仁義禮智，曷嘗有孝弟來」一段。明季講家深詆之，謂與告子義外同病。清初漢學家詆之尤力。考朱子文集答范伯崇云：「性中祇有仁義禮智，曷嘗有孝弟來。此語亦要體會得是，若差即不成道理。」是朱子先已疑之矣。疑之而仍採爲注者，門户標榜之習中之也。是書既不標榜，亦不攻擊，故不如删去以歸簡淨。

【餘論】論語稽求篇：何注：「先能事父兄，然後仁道可大成。」此以仁孝分先後所始。然此係西晉異學，從來無此。案吕覽：「夫孝，三王五帝之本務。」此「本務」字實出有子「務本」之語，故唐太宗孝經序以孝爲百行之源，源即本也。至東漢之季，南陽延篤有仁孝先後論，則意是時已創有仁先孝弟之説，且混本末爲先後。其異説所始，實本諸此。宦懋庸論語稽：凡注家皆視仁與孝弟爲二橛，不知「仁」古與「人」通。孟子「仁者，人也」，説文人象形字，人旁着二謂之仁，如果中之仁，萌芽二瓣。蓋人身生生不已之理也。僅言仁，故不可遽見。若言仁本是人，則即於有生之初能孝能弟上見能孝弟乃成人，即全乎其生理之仁。不孝弟則其心已麻木不仁，更何以成其爲人？「本立而道生」句，逸詩也。凡「道」字古書並訓道路，從辵，從首。大學之「道」，中庸「率性之謂道」，詁訓並同。有子引詩斷章，言君子必專用力於本，有本乃有路可行。若上文所謂孝弟者，乃人身生理之本也。

按：懋庸，貴州遵義人，所著論語稽二十卷，體裁與論語後案同。不立門户，而精警則過之。

【發明】陳天祥四書辨疑：古之明王，教民以孝弟爲先。孝弟舉，則三綱五常之道通，而國家天下之風正。故其治道相承，至於累世數百年不壞，非後世能及也。此可見孝弟功用之大。有子之言，可謂得王道爲治之本矣。孟子言「人人親其親，長其長，而天下平」，與此章義同。蓋皆示人以治國平天下之要端也。

按：大學：「其本亂而末治者否矣。其所厚者薄，而其所薄者厚，未之有也。」古未有不孝於親而能忠於國者，亦未有不敬其兄而能篤於故舊者。語云：「求忠臣必於孝子之門。」又云：「聖人以孝治天下。」有子之言，洵治國之寶鑑也。

○子曰：「巧言令色，鮮矣仁！」

【考異】皇本作「鮮矣有仁」。

【考證】大戴禮曾子立事篇：巧言令色，難於仁矣。禮記仲尼燕居篇「給奪慈仁」，鄭注：「巧言足恭之人似慈仁。」潘氏集箋：孫星衍尚書今古文疏以「何畏乎巧言令色」爲「不仁者遠」，蓋本此。

【集解】包曰：「巧言，好其言語。令色，善其顔色。皆欲令人説之，少能有仁也。」

【唐以前古注】皇疏引張憑云：仁者，人之性也。性有厚薄，故體足者難耳。巧言令色之人於仁性爲少，非爲都無其分也，故曰鮮矣有仁。

按：憑字長宗，吴人。官至司徒左長史。晉書有傳。此編載七録云十卷，隋書經籍志注：「梁有十卷，亡。」而志别有論語釋一卷，云「張憑撰」，或者裒輯散佚，什存其一歟？唐藝文志不著録。陸德明經典釋文序録有之，亦稱「十卷」，存舊目，實未見全書也。其説經好立異論，殊不足取，以其晉人舊帙，録之以備一家。

【集注】巧，好。令，善也。好其言，善其色，致飾於外，務以説人，則人欲肆而本心之德亡矣。聖人辭不迫切，專言鮮則絶無可知，學者所當深戒也。

【餘論】四書辨疑：致飾於外，言甚有理。必有陰機在内，而後致飾於外，將有陷害，使之不爲隄防也。語意既已及此，其下却但説本心之德亡，而不言其内有包藏害物之心。所論迂緩，不切於事實，未能中其巧言令色之正病也。本心之德亡，固已不仁。不仁亦有輕重之分，其或穿穴踰牆，爲姦爲盜；大而至於弑君篡國，豈可但言心德亡而已哉！蓋巧言，甘美悦人之言。令色，喜狎悦人之色。内懷深險之人，外貌往往如此。李林甫好以甘言啗人，此巧言也，而有陰中傷之之機阱在焉。李義府與人語必嬉怡微笑，此令色也，而有狡險忌克之機阱在焉。若王莽以謙恭篡漢，武后以卑屈禍唐，此又言色巧令之尤者也。古今天下之人，爲此巧言令色而無陰險害物之心者蓋鮮矣。鮮字乃是普言此等人中有仁者少，非謂絶無也。

按：是書不著撰人名氏。四庫提要云：「元蘇天爵安熙行狀謂『國初有傳朱子四書集注至北方者，滹南王公雅以辨博自負，爲説非之。趙郡陳氏獨喜其説，增多至若干言』。蓋寧晉陳天祥書也。天爵又謂『安熙爲書以辨之，其後天祥深悔而焚其書』。今此本具存，是所言未足深據也。」朱子撰集注嘗云：「字字用秤稱過，增減一字不得。」清初漢學家所摘者在考證之疏，此則摘其義理之謬，洵朱子諍友也。凡論語一百七十三條，採摭幾過半云。

石渠意見：人固有飾巧言令色以悦人而亡心德者，亦有生質之美，言自巧，色自令，而心德亦不亡者，此聖人所以言其鮮以見非絶無也。集注謂「專言鮮則絶無可知」，恐非聖人意。王肯堂筆麈：巧言者，能言仁而行不揜焉者也。令色者，色取仁而行違者也。夫仁豈可以聲音笑貌爲哉？故曰「鮮矣仁」。若巧佞炫飾務以悦人，則小人之尤者，何勞曰「鮮矣仁」？

按：王氏於佛學中精惟識一宗，故其讀論語時有新見解。四庫提要雖稱其醫學之精，而惡其染明末心學之習，僅列存目。續説郛亦僅存其目，有録無書。自故宫博物院、北平圖書館先後印行，世始多知之者。

【發明】日知録：天下不仁之人有二：一爲好犯上好作亂之人，一爲巧言令色之人。自幼而不孫弟，以至於弒父與君，皆好犯上好作亂之推也。自脅肩諂笑未同而言，以至於苟患失之無所不至，皆巧言令色之推也。然則學宜如之何？必先之以孝弟，以消其悖逆陵暴之心；繼之以忠信，以去其便辟側媚之習；使一言一動皆出於其本心，而不使不仁者加乎其身，夫然後可以修身而治國矣。李二曲四書反身録：色莊見於應接，巧言則不止應接。凡著書立言，苟不本於躬行心得之餘，縱闡盡道妙，可法可傳，俱是巧言。

按：二曲之學，雖稍偏於陸、王，而語多心得。雖心知伊川以窮理訓格之非而不加攻擊，蓋猶有忠厚之意存焉。方東樹譏之非也。

○曾子曰：「吾日三省吾身：爲人謀而不忠乎？與朋友交而不信乎？傳不習乎？」

【考異】皇本「交」下有「言」字。錢曾讀書敏求記：高麗集解本作「言而不信乎」。天文本論語校勘記：古本、皇本、唐本、津藩本、正平本「交」下有「言」字。釋文引鄭注：魯讀「傳」爲「專」，今從古。臧庸鄭注輯本釋云：魯讀「傳」爲「專」者，釋文條例引云：「其始書之也，倉卒無其字，或以音類比方，假借爲之，趣於近之而已。受之者非一邦之人，人用其鄉，同言異字，同字異言，于兹遂生矣。」此「傳」字从專得聲，魯論故省用作「專」，鄭以古論作「傳」，於義益明，故從之。

【音讀】釋文：三，息暫反。又如字。朱子語類：「三」字平去二聲雖有自然、使然之别，然自然者不可去聲，而使然者亦不可平聲。故三仕、三已與三黜無以異，而三仕、已無音。三省、三思與三嗅、三復皆使然，而集注於省、嗅皆闕。凡此之類，二音皆通。陳禹謨譚經苑：下雖三事，只是忠信。傳者傳此，習者習此耳。「三」當定讀去聲。翟氏考異：大戴立事篇記曾子之言曰：「日旦就業，夕而自省思，以殁其身，亦可謂守業矣。」似即三省言，而當時記者之詳略殊也。參觀之，則「三」當以去聲爲正。

【考證】揅經室集數説：古人簡策繁重，以口耳相傳者多，以目相傳者少。且以數記言，使百官萬民易誦易記，洪範、周官尤其最著者也。論語以數記文者，如一言、三省、三友、三樂、三戒、三畏、三愆、三疾、三變、四教、絶四、四惡、五美、六言、六蔽、九思之類，則亦皆口授耳受心記之古法也。

論語稽：三字，説文以陽之一，合陰之二，其數三。史記律書：「數始作於一，終於十，成於三。」蓋數至於三，陰陽極參錯之變，將觀其成。故古人於屢與多且久之數，皆以三言，如顔子三月不違，南容三復，季文子三思，太伯三讓，柳下三黜，子文三仕三已，三年無改於父之道，三人行必有我師焉，三嗅而作，三年學，三月不知肉味，皆此意也。如一一而求之，若者一，若者二，若者三，則失之矣。

金履祥論語集注考證：傳不習乎，程伯子作傳之於人。以上二事例之，爲人交友俱爲及人之事，則此「傳」當從程子之説，乃傳業與人者。傳業與人而不習於己，正鄭氏所謂講時爲學誦之師不心解者。不習而傳，豈不誤人？蓋此三事乃及人之事，常情所易忽，故曾子於此三事日省吾身，恐以爲不切己而有所不盡也。論語補疏：己所素習，用以傳人，方不妄傳，致誤學者，所謂「温故而知新，可以爲師」也。包慎言論語温故録：專，謂所專之業也。吕氏春秋曰：「古之學者説義必稱師，説義不稱師，命之曰叛。」所專之業不習，則隳棄師説，與叛同科。故曾子以此自省。後漢書儒林傳：「其耆名高義開門受徒者，編牒不下萬人。皆專相傳祖，莫或訛雜，揚雄所謂譊譊之學，各習其師。」此即魯論義也。

按：張之洞書目答問云：「包慎言論語温故録未見傳本。」兹據劉氏正義引。

論語發微：孔子爲曾子陳孝道而有孝經。孝經説曰：「春秋屬商，孝經屬參。」則曾子以孝經專門名其家，故魯論讀「傳」爲「專」。所業既專，而習之又久，師資之法無絶，先王之道不湮。曾氏之言，即孔子傳習之旨也。　郭翼雪履齋筆記：曾子三省，皆指施於人者言。傳亦我傳乎人。傳而不習，則是以未嘗躬試之事而誤後學，其害尤甚於不忠不信也。

按：此「傳」字當從集解作「傳於人」解，集注失之。

【集解】馬曰：「曾子，弟子曾參。」何曰：「傳不習乎，言凡所傳之事，得無素不講習而傳之乎？」

【唐以前古注】釋文引鄭注：思察己之所行也。　周易蹇正義引鄭注：同門曰朋，同志曰友。

皇疏：凡有所傳述，皆必先習，後乃可傳，豈可不經先習而妄傳之乎？　又引袁氏云：常恐傳先師之言，不能習也。以古人言必稱師也。

按：皇疏序稱江熙集論語十三家，有晉江夏太守陳國袁宏，字叔度。考宏晉書有傳，字彥伯，不言注論語。晉書有袁喬，字彥叔，陳國人。博學有文才，注論語及詩。阮孝緒七録有袁喬論語釋十卷，隋志注云：「梁有益州刺史袁喬注十卷。」唐志同。陸德明釋文序録亦云「袁喬注十卷」，稱云「字彥叔，陳國人。東晉益州刺史，湘西簡侯」，然則袁注爲喬所作明矣。此注亡佚已久，録之以備一家。

【集注】曾子，孔子弟子，名參，字子輿。盡己之謂忠，以實之謂信，傳謂受之於師，習謂熟之於己。曾子以此三者日省其身，有則改之，無則加勉，其自治誠切如此，可謂得爲學之本矣。而三者之序，則又以忠信爲傳習之本也。　尹氏曰：「曾子守約，故動必求諸身。」　謝氏曰：「諸子之學皆出於聖人，其後愈遠而愈失其真。獨曾子之學專用心於內，故傳之無弊，觀於子思、孟子可見矣。惜乎其嘉言善行，不盡傳於世也。其幸存而未泯者，學者其可不盡心乎？」

【餘論】四書辨疑：只以盡己爲忠，義有未備。天下之事，亦有理所當隱不當盡者，其父攘羊而子證之，此亦盡己之謂，聖人未嘗以忠直許之也。況盡己以實，只是一意，忠與信不可辨也。忠信理雖相近，要之自是兩事。曾子分明説在兩處，解者不可相混無别也。語録曰：「忠信只是一事。」又曰：「做一事説也得，做兩事説也得。」此説意持兩端，無真正可憑之理。蓋忠當以心言，信當以言論。心無私隱之謂忠，言有準實之謂信。此乃忠信之别也。黄氏後案：注謝説「曾子專用心於内」，東發先生曰：「專用心於内，近時禪學之説耳。後有象山因謂今傳於世者皆外入之學，非孔子之真，遂於論語之外自謂得不傳之學，皆謝氏之説也。」陸稼書謂省兼内外。内不欺於心，外不謬於事，皆當省諸身。專用心於内，非經恉也。諸書言子夏之徒有田子方而流爲莊周，子貢之徒有鬼谷子而流爲蘇秦、張儀，本無確據。即信有之，將邢恕之過必咎程子乎？謝説過矣。

【發明】反身録：賢如曾子，猶日三省。若在吾人，資本中下，尤非曾子可比，千破萬綻，其所當省者，豈止於此？故必每日不論有事無事，自省此中能空浄不染乎？安閒恬定乎？脱洒無滯乎？視聽言動能復禮乎？喜怒哀樂能中節乎？綱常倫理能不虧乎？辭受取予能當可乎？富貴貧賤能一視乎？得失毁譽能不動乎？造次顛沛能一致乎？生死利害能不懼乎？習氣俗念能消除乎？自察自審，務要無入而不自得，纔是學問實際，否則便是自欺。

○子曰：「道千乘之國，敬事而信，節用而愛人，使民以時。」

【考異】釋文：「道」，本或作「導」。　皇本作「導」。　宋高宗石經「敬」作「欽」，避翼祖諱。

【考證】朱子四書或問：此義疑馬氏爲可據。蓋如馬説，則八百家出車一乘；如包説，則八十家出車一乘。甲士步卒合七十五人，而牛馬兵甲糧糗芻茭具焉，恐非八十家所能給。然與孟子、王制之説不同，疑孟子未嘗盡見班爵分土之籍，特以傳聞言之，故不能無少誤。若王制則故非三代古書，其亦無足據矣。　崔述三代經界通考：先儒惑於司馬法之文，以爲一乘之卒七十有二人，遂致魯頌之言先後牴牾，乃謂車計通國之賦，徒指出軍之賦，以曲解之。不知司馬法乃戰國時人所撰，原不足據也。且傳又有之：衛文公元年，革車三十乘，季年乃三百乘。晉城濮之戰，全軍皆出，僅七百乘。鞌之戰，軍帥半行，乃八百乘。平邱之會，有甲車四千乘。衛地與民非能十倍其初，晉地雖闢，豈能數倍於文公之世？然則貧故車少，富故車多，不盡稱徒以造車，亦不盡計民以賦車也。晉之伐鄭也，敗其徒兵於洧上，車與徒分道以禦敵，而初不必相參，則車之多寡固不必盡準乎其徒之數，則亦不必盡準乎其民之數。惟是地廣則國富，國富則車多，故大國曰千乘，乃大略言之耳。夫安得拘拘焉以八百家或八十家出車一乘爲一成之例也？　劉氏正義：案注包、馬異説。皇、邢疏如文釋之，無所折衷。後人解此，乃多轇轕。從馬氏則以千乘非百里所容，從包氏則以周禮爲不可信。紛紛詰難，未定一是。近人金氏鶚求古録説此最明最詳，故備録之。其説云：「孟子言：『天子千里，大國百里，次國七十里，小國五十里。』又言：『萬乘之國，千乘之家。千乘之國，百乘之家。萬取千焉，千取百焉。』是千里出車萬乘，百里出車千乘，十里出車百乘也。子産言：『天子一圻，列國一同。圻方千里，同方百里。』亦如孟子之説。以開方之法計之，方里而井，百里之國，計有萬井。萬井而出車千乘，則十井出一乘矣。若馬氏説百井出一乘，則百里之國止有百乘，必三百一十六里有奇乃有千乘，與孟子不合。包氏合於孟子，是包氏爲可據矣。哀十二年公羊傳注言：『軍賦，十井不過一乘。』此一證也。馬氏之説，則據司馬法。鄭注小司徒亦引司馬法云：『井十爲通，通三十家爲匹馬，士一人，徒二人。通十爲成，成百井，三百家，出革車一乘，士十人，徒二十人。十成爲終，終千井，三千家，革車十乘，士百人，徒二百人。十終爲同，同方百里，萬井，三萬家，革車百乘，士千人，徒二千人。』賈疏：『通九十夫之地，宫室涂巷三分去一，又不易、一易、再易，通率三夫受六夫之地，是三十家也。』案司馬法一書，未必真周公之制，所言與孟子、子産皆不合，信司馬法何如信孟子耶？坊記云：『制國不過千乘，家富不過百乘。』今謂大夫百乘，地方百里，等于大國諸侯，必不然矣。或謂：『司馬法車乘有兩法：一云兵車一乘，士十人，徒二十人。一云兵車一乘，甲士三人，步卒七十二人。賈公彦以士十人、徒二十人爲天子畿内采地法，以甲士三人、步卒七十二人爲畿外邦國法。此言千乘之國，是畿外邦國也。一乘車士卒共七十五人，又有炊家子十人，固守衣裝五人，廄養五人，樵汲五人，共一百人。馬牛芻茭具備。此豈八十家所能給哉？』不知天子六軍出于六鄉，大國三軍出于三鄉，蓋家出一人爲兵也。又三遂亦有三軍，三鄉爲正卒，三遂爲副卒。鄉遂出軍而不出車，都鄙出車而不出兵。孔仲達成元年『丘甲』疏云：『古者天子用兵，先用六鄉。六鄉不足，取六遂。六遂不足，取都鄙及諸侯。昔諸侯出兵，先盡三鄉三遂。鄉遂不足，然後徧徵境内。』賈公彦小司徒疏亦云：『大國三軍，次國二軍，小國一軍，皆出于鄉遂。猶不止，徧境出之，是爲千乘之賦。』然則都鄙固不出兵也。江慎修云：『七十五人者，丘乘之本法。三十人者，調發之通制。魯頌「公車千乘，公徒三萬」，正與司馬法合。』此説得之。然則都鄙即至出兵，而調發之數惟用三十人，豈八十家所不能給哉？至於丘乘之法，八十家而具七十五人，無過家一人耳，此但備而不用，惟蒐田講武乃行，又何不給之有？農隙講武，正當人人訓練，家出一人，不爲厲民也。若夫車馬之費，亦自不多。古者材木取之公家。山林而無禁，則造車不難。馬牛畜之民間，可給民用，不過暫出以供蒐田之用耳。芻茭則尤野人所易得者也。且以八十家而出一車四馬，又何患其不給乎？或又謂：『百里之國，山川林麓城郭宫室涂巷園囿三分去一，三鄉三遂又不出車，又不易、一易、再易，通率三夫受六夫之地，則三百乘且不足，安得有千乘乎？』不知百里之國以出税之田言，非以封域言也。孟子言頒禄，正是言田。其曰地方百里者，地與田通稱，故井地即井田也。百里以田言，則山川林麓以及涂巷園囿等固已除去矣。頒禄必均，若不去山川，山川天下不同，則禄不均矣。苟境内山川甚多，而封域止百里，田税所出，安足以給用乎？故知大國百里，其封疆必不止此。周禮所以有五百里四百里之説，蓋兼山川附庸而言也。孟子則專言穀土耳。城郭宫室涂巷等雖有定數，然亦非穀土，則亦不在百里之内也。先儒三分去一之説，亦未必然。孟子言方里而井，百里七十里五十里皆以井計數。方里不必其形正方，以方田之法算之，有九百畝則曰方里。地方百里等方字皆如是也。然則百里之國不謂封疆，其里亦非廣長之里矣。孟子言一夫百畝，而周禮有不易百畝，一易二百畝，再易三百畝之説，蓋孟子言其略，周禮則詳言之也。分田必均，周禮以三等均之，其説至當。左傳：『井衍沃，牧隰皐。』鄭氏謂『隰皐九夫爲牧，二牧而當一井』是也。是則一井不必九百畝，百里之國亦不必九百萬畝，以通率二井當一井，當有一千八百萬畝矣。孟子但舉不易之田，故曰『一夫百畝，大國百里』也。鄉遂之民皆受田，則亦有車乘，但其作之之財受于官府，故曰不出車，非無車也。夫如是，百里之國豈不足於千乘哉？包氏之説，可無疑矣。」

論語徵：萬乘、千乘、百乘，古言也。謂天子爲萬乘，諸侯爲千乘，大夫爲百乘，語其富也。如千金之子，孰能計其囊之藏適若干而言之乎？古來注家布算求合，可謂「不解事子雲」矣。物茂卿按：論語徵十卷，日本物茂卿撰。議論通達，多可採者，惟中土少傳本。俞樾春在堂隨筆録十餘條，大旨好與宋儒牴牾。兹擇其議論純正者録而存之。

方觀旭論語偶記：集解云：「融依周禮，包依王制、孟子，義疑，故兩存焉。」近時經師從馬氏。竊以泰伯篇曾子曰「可以寄百里之命」，謂攝國君之政令。先進篇冉有曰「方六七十如五六十」，謙不敢當千乘之國。則千乘之國爲百里甚明，以他經解論語，何如以論語證論語？

按：如方氏之説，千乘之爲百里，毫無可疑。周禮僞書，不足據也。

俞樾湖樓筆談：千乘之國，馬、包異說，當以包說爲長。子路曰「千乘之國」，冉求曰「方六七十如五六十」，蓋子路所說者，百里之國，故冉求從而遞減之，爲六七十五六十也。若從馬說，千乘之賦其地千成，居地方三百一十六里，似過大矣。大約古人言百里之國便爲大國，故曰：「可以託六尺之孤，可以寄百里之命。」六尺以極小言，百里以極大言。不極小不足見託孤之難，不極大不足見寄命之難。後人生大一統之世，提封萬里，遂覺百里之地小若彈丸，此古今之勢異也。

鄭浩論語集注述要：千乘有二說：馬注一成八百家出一乘，千乘爲方三百一十六里。包注十井八十家出一乘，千乘適爲百里之地。朱子前嘗是馬說，及爲集注，又不實指，僅曰「其地可出兵車千乘」，豈因二者皆難知其孰確，不欲多費力於無用之地乎？以下凡名物度數無關本文要旨，紛議莫能確定者準此。

【集解】馬曰：「道，謂爲之政教也。司馬法『六尺爲步，步百爲畝，畝百爲夫，夫三爲屋，屋三爲井，井十爲通，通十爲成，成出革車一乘』。然則千乘之賦其地千成，居地方三百一十六里有畸，惟公侯之封乃能容之，雖大國之賦亦不是過焉。」包曰：「道，治也。千乘之國者，百里之國也。古者井田，方里爲井，十井爲乘，百里之國，適千乘也。」融依周禮，包依王制、孟子，義疑，故兩存焉。包曰：「爲國者舉事必敬慎，與民必誠信也。節用者，不奢侈也。國以民爲本，故愛養之也。作事使民，必以其時，不妨奪農務也。」

【唐以前古注】詩小雅信南山正義引鄭注司馬法云：井十爲通，通十爲成，成方十里，出革車一乘。周禮小司徒疏引鄭注：甲士三人，步卒七十二人。皇疏：千乘，大國也。天子萬乘，諸侯千乘。千乘尚式，則萬乘可知也。此以下皆導千乘之國法也。爲人君者，事無小大悉須敬，故云「敬事」也。曲禮云「毋不敬」是也。又與民必信，故云「信」也。雖富有一國之財，而不可奢侈，故云「節用」也。雖貴居民上，不可驕慢，故云「愛人」也。使民，謂治城及道路也。以時，謂出不過三日，而不妨奪民農務也。然人是有識之目，愛人則兼朝廷也。民是瞑闇之稱，使之則唯指黔黎也。

【集注】道，治也。千乘，諸侯之國，其地可出兵車千乘者也。敬者，主一無適之謂。敬事而信者，敬其事而信於民也。時，謂農隙之時。言治國之要，在此五者，亦務本之意也。

【餘論】四書賸言：王制：「用民之力，歲不過三日。」而周官均人又以豐凶較公旬之政，豐年三日，中年二日，無年一日。此云「使民」，不止公旬，有即以農事使民者。如「三日于耜，四日舉趾」，則使民耕植之時。「九月築場圃，十月納禾稼」，則使民刈穫之時。「龍見而畢務，火見而致用」，則使民興築之時。「仲夏斬陽木，仲冬斬陰木」，則使民樵採之時。「十一月徒杠成，十二月輿梁成」，則使民謹出入修橋道之時。故春秋傳曰「凡啓塞從時」，謂凡事之啓塞皆當從其時也。黄氏後案：陸稼書說：「敬是遇事謹慎之意，不必言包括衆善。信者不用權詐，不朝更夕改，惟此真確之誠，表裏如一，始終如一。雖事勢之窮，亦濟以變，而守常之時多，濟變之時少也。節用不必說，節非褊嗇，而當節者，務欲返一國奢靡之習而同歸於淳樸。愛人不必說，愛非姑息，而當愛者，務欲合一國臣民之衆而共遊於蕩平也。」式三案後儒標示心學，説敬太過，失之。於此章尤不合。信與節愛，近解亦過求深。尋繹經指，陸氏説是。楊注云「未及爲政」，未可據。敬信節愛時使自有實功實效，以發所存之正。朱子與張敬夫書曰：「徒言正心而不足以識事物之要，是腐儒迂闊之論，不足與論當世之務。」然則論治未有專言所存者，朱子蓋節取其論所存而録之歟？朱子作集注，意在詳録宋儒之説。而説之未醇者亦存之，意在節取也。讀注者或誤衍之，或以此攻朱子矣。東塾讀書記：道千乘之國章，朱注采程子曰：「此言至淺。然當時諸侯果能此，亦足以治其國矣。」此於聖人之言頗有不滿之意，似不必采之。

按：宋儒中如伊川之迂腐，龜山之庸懦，當時皆負有盛名，則以朱子標榜之力爲多，讀集注者當分别觀之。

【發明】焦氏筆乘：「敢問事業如何？」仲脩曰：「事業正自爲學中來。只如作一郡，行得論語中三句便用之不盡。」彦平曰：「願聞之。」仲脩曰：「『敬事而信，節用而愛人，使民以時』是也。」彦平佩服其言，每曰：「吾平生操心行己，立朝事君，皆趙君之言有以發之。」四書讀（四書辨證引）：不曰治而曰道者何？治者，法術之名。道者，仁義之用也。若千乘固是舉以爲例。第夫子時，上而周室不能有爲，下而小國不足有爲，惟大國可以自奮。然不曰大國而即兵車言者，蓋當時大國惟利是務，其於敬信五者闕焉弗講，夫子蓋有爲而言也。

○子曰：「弟子入則孝，出則弟，謹而信，汎愛衆而親仁。行有餘力，則以學文。」

【考異】釋文：「弟」，本亦作「悌」。皇本作「悌」。左傳襄公二十八年正義引文「汎」字作「氾」。韓昌黎集讀墨子篇：「孔子泛愛仁。」「汎」字作「泛」。荀悦漢紀孝元帝論引孔子曰：「行有餘力，則可以學文。」有「可」字。

【音讀】釋文：行，下孟反。集注如字讀。

【考證】潘氏集箋：儀禮士相見禮曰：「與老者言，言使弟子。與幼者言，言孝弟於父兄。」賈疏：「『與老者言，言使弟子』者，謂七十致仕之人。依書傳，大夫致仕爲父師，士致仕爲少師，教鄉里子弟。雷次宗云：『學生事師雖無服，有父兄之恩，故稱弟子也。』云『與幼者言，言孝弟於父兄』者，幼與老對，此幼即弟子之類。孝弟，事父兄之名，是人行之本，故云『言孝弟於父兄』。」是弟子爲學者之稱，又幼者之通稱也。子罕篇：「出則事公卿，入則事父兄。」而此乃以事父兄分屬出入者。孝經云：「事父孝，故忠可移於君。事兄弟，故順可移於長。」一則就百行之本言之，故云入。一則就推暨者言之，故云出也。謹，説文云：「愼也。」楚辭卜居「將氾氾若水中之鳧乎」，王逸注：「氾氾，普愛衆也。」説文「氾，濫也」，段注引論語此文謂假「汎」爲「氾」。論語述何曰：「此因上文孝弟忠信愛仁而類記之。文者，字之始。誦法六經先正聲音文字，謂小學也。」四書賸言曰：「姚立方云：『文，字也，非詩、書六藝之文。言弟子稍閒，使學字耳。』説文：『文，交畫也。』」劉氏正義：言有餘力學文，則無餘力不得學文可知。先之以孝弟諸行，而學文後之者。文有理誼，非童子所知。若教成人，則百行皆所當謹，非教術所能徧及，故惟冀其博文，以求自得之而已。此夫子四教，先文後行，與此言教弟子之法異也。

【集解】馬曰：「文者，古之遺文。」

【唐以前古注】釋文引鄭注：文，道藝也。　皇疏：或問曰：「此云『行有餘力，則以學文』，後云『子以四教：文、行、忠、信』，是學文或先或後，何也？」答曰：「論語之體悉是應機適會，教體多方，隨須而與，不可一例責之。」

【集注】謹者，行之有常也。信者，言之有實也。汎，廣也。衆，謂衆人。親，近也。仁，謂仁者。餘力，猶言暇日。以，用也。文，謂詩、書六藝之文。程子曰：「爲弟子之職，力有餘則學文。不修其職而先文，非爲己之學也。」尹氏曰：「德行，本也。文藝，末也。窮其本末，知所先後，可以入德矣。」洪氏曰：「未有餘力而學文，則文滅其質。有餘力而不學文，則質勝而野。」愚謂力行而不學文，則無以考聖賢之成法，識事理之當然，而所行或出於私意，非但失之於野而已。

【餘論】四書辨疑：南軒曰：「非謂行此數事有餘力而後學文也，言當以是數者爲本，以其餘力學文也。」此比注文爲詳。然所謂以其餘力，亦不知其果爲何者之餘力也。夫弟子當爲之事，言不能盡，舉此數事，急先務也。行有餘力，乃是普言弟子當爲之事，行之而餘暇，則以學文也。　黄氏震日鈔：此章教人爲學，以躬行爲本，躬行以孝弟爲先。文則行有餘力而後學之，所謂文者，又禮樂射御書數之謂，非言語文字之末。今之學者乃或反是，豈因講造化性命之高遠，反忘孝弟謹信之切近乎？然嘗思之，二者本無異旨也。造化流行，賦於萬物，是之謂性。

而人得其至粹，善性發見，始於事親，是之謂孝，而推之爲百行。是孝也者，其體源於造化流行之粹，其用達爲天下國家之仁，本末之貫皆此物也。故論語一書首章先言學，次章即言孝弟。至於性與天道，則未嘗輕發其秘。豈非孝弟實行，正從性與天道中來，聖門之學惟欲約之使歸於實行哉？

按：閻氏若璩曰：「史記孔子世家：『孔子以詩、書、禮、樂教，弟子蓋三千焉，身通六藝者七十有二人。』」又曰：「言六藝者折衷於夫子。以詩、書六藝詁文字，語本無病。毛氏攻之非也。」

【發明】反身録：今之教者，不過督以口耳章句屬對作文，朝夕之所啓迪而鼓舞者，惟是博名媒利之技。蒙養弗端，童習而長安之，以致固有之良日封日閉，名利之念漸萌漸熾。誦讀之勤、文藝之工適足以長傲遂非，率意恣情。今須力反其弊，教子弟務遵此章從事。大本既立，夫然後肄習詩、書藝業，則教不淩躐，庶成人有德，小子有造矣。陸隴其松陽講義：大抵人之氣禀雖有不同，然亦差不多。只是從小便習壞了，氣禀不好的固愈習愈壞，即氣禀好的，亦同歸於壞。童蒙之時，根脚既不曾正得，到得長大時，便如性成一般。即能回頭改悔，發憤自新，也費盡氣力，況改悔發憤者甚少。此人才所以日衰，皆由蒙養之道失也。後世爲父兄者，有弟子而不教，固無論矣。即有能教者，又都從利禄起見。束髮受書，即便以利禄誘之，不期其爲大聖大賢，而但願其享高官厚禄。這箇念頭横於胸中，念頭既差，工夫必不能精實，只求掩飾於外，可以悦人而已。教學如此，人才安得而不壞哉？爲人父兄者，胡不一思而甘使子弟爲俗人也？

論語集釋卷二

學而下

○子夏曰：「賢賢易色；事父母，能竭其力；事君，能致其身；與朋友交，言而有信。雖曰未學，吾必謂之學矣。」

【考異】毛詩思齊正義曰：「論語子夏説人有四行，『雖曰未學，吾必謂之學矣』。」以人有四行括上文。　翟氏考異：按箋疏中此類時有。如曲禮正義引論語云：「子路、曾晳、冉有、公西華侍于孔子。孔子問四人各言其志，子路率爾先對。」亦以「問四人各言其志」括兩節文。撮經大意，非緣據本别也。後不泛採，聊借一端發凡。

【考證】劉氏正義：史記弟子列傳：「卜商字子夏。少孔子四十四歲。」集解引鄭説：「温國卜商。」温是衛邑，稱國者，或本爲國，從其初名之也。家語弟子解以爲衛人，與鄭目録合。孔穎達檀弓疏則云魏人。又唐贈魏侯，宋封魏公。據史記及吕氏春秋舉難、察賢篇，並言子夏爲魏文侯師，是子夏固嘗居魏。魏、衛同音，故誤以爲魏人耳。　又曰：説文：「父，矩也，家長率教者。从又舉杖。母，牧也。从女，象懷子形，一曰象乳子也。」説文又云：「竭，負舉也。」負舉者必盡力，故竭又訓盡，此文義得兼之。曾子本孝云：「庶人之孝也，以力惡食。」盧辯注：「分地任力致甘美。」又曾子大孝云：「小孝用力，慈愛忘勞，可謂用力矣。」孔氏廣森補注：「庶人之孝。」孟子萬章篇言舜事云：「我竭力耕田，供爲子職而已矣。」是竭力爲庶人孝養之事也。「事君能致其身」者，儀禮喪服傳：「君，至尊也。」鄭注：「天子諸侯及卿大夫有地者皆曰君。」説文：「致，送詣也。」詩四牡云：「四牡騑騑，周道倭遲。豈不懷歸？王事靡盬，我心傷悲。」毛傳云：「思歸者，私恩也。靡盬者，公義也。傷悲者，情思也。無私恩，非孝子也。無公義，非忠臣也。君子不以私害公，不以家事辭王事。」是言事君不得私愛其身，稽留君事也。

【集解】孔曰：「子夏，弟子卜商也。易色，言以好色之心好賢則善也。致其身，盡忠節不愛其身也。」

【唐以前古注】皇疏：凡人之情莫不好色而不好賢，今若有人能改易好色之心以好於賢，則此人便是賢於賢者，故云「賢賢易色」也。然云賢於賢者，亦是奬勸之辭也。又一通云：上「賢」字，猶尊重也。下「賢」字，謂賢人也。言若欲尊重此賢人，則當改易其平常之色，更起莊敬之容也。

又引王雍云：言能行此四者，雖云未學，而可謂已學也。

按：王雍不知何許人。馬國翰以爲即論語王氏義説之文，據録。

【集注】子夏，孔子弟子，姓卜名商。賢人之賢而易其好色之心，好善有誠也。致，猶委也。委致其身，謂不有其身也。四者皆人倫之大者，而行之必盡其誠，學求如是而已。故子夏言有能如是之人，苟非生質之美，必其務學之至，雖或以爲未嘗爲學，我必謂之已學也。游氏曰：「三代之學，皆所以明人倫也。能是四者，則於人倫厚矣。學之爲道何以加此？子夏以文學名，而其言如此，則古人之所謂學者可知矣。故學而一篇大抵皆在於務本。」（吴氏曰：「子夏之言，其意善矣。然辭氣之間抑揚太過，其流之弊，將或至於廢學。必若上章夫子之言，然後爲無弊也。」）

【別解】陳祖范經咫：此主夫婦一倫言。賢賢如關雎之「窈窕淑女，君子好逑」，車舝之「辰彼碩女，令德來教」。易色如所謂情欲之感無介乎容儀，宴私之意不形乎動静。在婦爲嫁德不嫁容，在夫爲好德非好色也。宋翔鳳樸學齋札記：陽湖劉申受謂「賢賢易色，明夫婦之倫也」。毛詩序云：「周南、召南，正始之道，王化之基。是以關雎樂得淑女以配君子，憂在進賢，不淫其色。哀窈窕，思賢才，而無傷善之心焉。是關雎之義也。」此「賢賢易色」指夫婦之切證。論語述何：賢賢者，同德也。易讀如「易知則有親」之易。六經之道，造端乎夫婦。詩桃夭「灼灼其華」，喻色也；「有蕡其實」，喻賢也。有夫婦然後有父子，有父子然後有君臣，故首舉之。梁章鉅論語集注旁證：集注云「四者皆人倫之大者」，則下文只有事父、事君、交朋友，此句自應屬夫婦説。娶妻重德不重色，亦厚人倫之一事也。劉氏正義：今案夫婦爲人倫之始，故此文敍於事父母事君之前。漢書李尋傳引此文，顔師古注：「易色，輕略於色，不貴之也。」康有爲論語注：此爲明人倫而發。人道始於夫婦，夫婦牉合之久，所貴在德。以賢爲賢，言擇配之始，當以好德易其好色。蓋色衰則愛弛，而夫婦道苦；惟好德乃可久合。

【餘論】四書辨疑：吴氏誤認「雖曰未學」以爲實未嘗學，不學者亦能此事，故有將至廢學之論。此説蓋出於舊疏。舊疏云：「此論生知美行，雖學亦不是過。」蓋以「曰」字爲語助辭虚字，言雖未學，亦與學者無異。果如此説，則下「學」字上須當更有「猶」字矣。不知「雖曰未學」乃是子夏假設能於此者自謂之言，非子夏實謂未學也。劉正叟曰：「其人既能此等之事，而自言未學，吾必謂之已學，蓋此等非學不能也。」此最簡直明白。四書改錯：子夏是節詞氣抑揚，與有子孝弟章正同。有子重孝弟，子夏重力行，未嘗廢學也。孟子曰：「人之所不學而能者，其良能也。」是明言不學尚非廢學。今但云未學，而即云有廢學之弊，此何説與？反身録：問：「學在敦倫固矣，然敦倫可遂不學乎？」曰：「學以學夫敦倫，而敦倫乃所以爲學也。舍倫而言學，則其學爲口耳章句之學，富貴利達之學，失其所以學。」曰：「如是，則吴氏之言亦不爲無見。」曰：「吴氏固爲有見，而以之致疑子夏，實未達子夏口氣。蓋抑揚其語，正所以折衷學問之實，令人知之言所以爲學，在此而不在彼。所重在此，所學即在此。自此説出，而天下後世人人曉然知所從事，不至誤以口耳辭章之末了生平。其有補於綱常名教非尠，真學者之清夜鐘也。何流弊之可言？亦何至於廢學？」松陽講義：辛復元謂此章「不是説學貴實行，是説學問有益。世人只説人能敦倫便是學問，何必讀書然後爲學。不知學不分明，豈能敦得倫紀？且子夏以文學著名，豈肯爲廢學之語？」又曰：「吾每望人力行，尤望人力行前先有講明工夫。不然，自以爲行善事，行之未有不差者。」説此章「學」字最分明，正是朱子圈内注之意。

○子曰：「君子不重則不威，學則不固。

【考證】法言修身篇：或問：「何如斯謂之人？」曰：「取四重，去四輕。」曰：「何謂四重？」曰：「重言、重行、重貌、重好。言重則有法，行重則有德，貌重則有威，好重則有觀。」論語補疏：此注「固」有二義：一爲蔽，一爲堅。蔽之義爲闇。曲禮「輟朝而顧，君子謂之固」，鄭氏注云：「固，謂不達於禮。」不達於禮是爲蔽塞不通，此固所以爲蔽也。不學故不達禮，學則達於禮。不固者，達於禮也。「一曰」者，别爲一説。不固，爲學不堅固。由於不重，與蔽之訓適相反。皇侃專用後一説，已失孔氏之旨。其解「蔽」字之義，則云：「蔽，猶當也。言人既不能敦重，縱學亦不能當道理。」此既不明「蔽」字之義，又不合堅固之義，而以蔽固之解與「一曰」云云相牽混，非也。「一曰」二字是何晏兼存異説，非亦孔安國注。

【集解】孔曰：「固，蔽也。」一曰：「言人不能敦重，既無威嚴，學又不能堅固識其義理。」

【集注】重，厚重。威，威嚴。固，堅固也。輕乎外者，必不能堅乎内，故不厚重則無威嚴，而所學亦不堅固也。

【别解】論語稽：君子，謂在位之人也。春秋時世禄世官，或輕浮，或鄙陋，或詐僞，或狎暱小人，或怙惡飾非，皆列國卿大夫之通病。孔子以此戒勉之，較爲合理。如訓成德之君子，則其德已成，於下文各節戒勉語氣不合。如謂君子之自修當如此，則「君子」下宜加「之道」二字。近日講章解之以爲指初學者，則孔子於初學者即稱之曰君子，恐無此理。

【餘論】松陽講義：重即整齊嚴肅之意。「正其衣冠，尊其瞻視，儼然人望而畏之」，是「重」字注脚。不重，則孟子所謂「暴其氣」也。不重而無威嚴固害事，不重而學不固尤害事。蓋學必深沈而後能固，不重則浮。學必鎮静而後能固，不重則躁。讀書窮理之功必隨得而隨失，省察克治之念必乍密而乍疏，在初學之士必難成就，即積學之士亦且多走作。

主忠信。

【考異】論語稽：毛奇齡、江聲皆謂「主忠信」以下别爲一章，然子罕篇固有之，上有「子曰」字，則自爲一章，此章則「主忠信」三句明明連上文爲一氣，斷無分成兩章之理。蓋記者非一人，彼記略而此記詳也。

【考證】劉氏正義：「主」訓「親」者，引申之義。注意謂人當親近有德，所謂勝己者也。然下文復言無友不如己，於意似重，或未必然。皇疏云：「以忠信爲百行所主，是言忠信在己不在人。」其義較長。周語云：「是以不主寬惠，亦不主猛毅。」韋昭注：「主猶名也。」義可互證。

【集解】鄭玄曰：「主，親也。」

【唐以前古注】皇疏：君子既須威重，又忠信爲心，百行之主也。

【集注】人不忠信，則事皆無實，爲惡則易，爲善則難，故學者必以是爲主焉。

【别解】羣經平議：「主」與「友」對。大戴記曾子制言篇曰：「曾子門弟子或將之晉，曰：『吾無知焉。』曾子曰：『何必然，往矣！有知焉謂之友，無知焉謂之主。』」此文「主」字義與彼同，言所主者必忠信之人，所友者無不若己之人。孔子主顔讎由，主司城貞子，即是「主忠信」之謂。按：焦氏補疏曰：「親忠信之人，無友不如己之人，兩相呼應。」鄭訓「主」爲「親」，義亦可通。朱子從皇疏。

無友不如己者。

【考異】舊文「無」爲「毋」。釋文曰：「毋」音「無」，本亦作「無」。稽求篇：「主忠信」三句本子罕篇文，複簡在此。翟氏考異：子罕篇「毋友」之「毋」猶依舊文。

【考證】吕氏春秋：周公旦曰：「不如吾者吾不與處，累我者也。與吾齊者吾不與處，無益我者也。」中論：不如己者，須己而植也。然則扶人不暇，將誰相我哉？吾之憒也，亦無日矣。韓詩外傳：南假子曰：「夫高比所以廣德也，下比所以狹行也。比於善者，自進之階。比於惡者，自退之原也。」

【唐以前古注】皇疏引蔡謨云：本言同志爲友，此章所言謂慕其志而思與之同，不謂自然同也。夫上同乎勝己，所以進也。下同乎不如己，所以退也。閎夭四賢上慕文王，故四友是四賢上同心於文王，非文王下同四賢也。然則求友之道，固當見賢思齊，同志於勝己，所以進德修業，成天下之亹亹也。今言敵則爲友，此直自論才同德等而相親友耳，非夫子勸教之本旨也。若如所云，則直諒多聞之益、便辟善柔之誡，奚所施也？

按：謨晉書有傳，而此注不見隋、唐志。疏序稱江熙集論語十三家，有蔡謨，皇疏蓋取之江氏集解也。録之以備一家。

【集注】「無」、「毋」通，禁止辭也。友所以輔仁，不如己則無益而有損。

【餘論】四書辨疑：注文本通，因東坡一説致有難明之義。東坡云：「世之陋者樂以不己若者爲友，則自足而日損，故以此戒之。如必勝己而後友，則勝己者亦不與吾友矣。」學者往往以此爲疑，故不得不辨。「如」字不可作「勝」字説。如，似也。南北廣韻、中原韻略「如」又訓「均」。不如己、如己、勝己凡三等。不如己者，下於己者也。如己者，與己相似，均齊者也。勝己者，上於己者也。如己者德同道合，自然相友。孟子曰：「一鄉之善士斯友一鄉之善士，一國之善士斯友一國之善士，天下之善士斯友天下之善士。」此皆友其如己者也。如己者友之，勝於己者己當師之，何可望其爲友耶？如己與勝己者既有分別，學者於此可無疑矣。黄氏後案：不如己者，不類乎己，所謂「道不同，不相爲謀」也。陸子静曰：「人之技能有優劣，德器有大小，不必齊也。至於趨向之大端，則不可以有二。同此則是，異此則非。」陸説是也。依舊注，承「主忠信」反言之。不如己，謂不忠不信而違於道者也。義亦通。總注游氏説以不如己爲不及己。信如是計較優劣，既無問寡問不能之虚衷，復乏善與人同之大度，且己劣視人，人亦劣視己，安得優於己者而友之乎？朱子彌縫游説甚費辭。

過，則勿憚改。」

憚焉。

【考證】曾子立事篇：太上不生惡，其次而能夙絶之，其下復而能改。潘氏集箋：憚，説文云：「忌難也。一曰難也。改，更也。」衞靈公篇：「子曰：『過而不改，是謂過矣。』」故君子貴勿憚焉。

【集解】鄭曰：「憚，難也。」

【唐以前古注】皇疏：友主切磋，若有過失者，當更相諫諍，莫難改也。一云：若結友過誤，不得善人，則改易之，莫難之也。又引李充云：若友失其人，改之爲貴也。

【集注】勿亦禁止之辭。憚，畏難也。自治不勇，則惡日長，故有過則當速改，不可畏難而苟安也。（游氏曰：「君子之道以威重爲貴，而學以成之。學之道必以忠信爲主，而以勝己者輔之。然或吝於改過，則終無以入德，而賢者亦未必樂告以善道，故以過勿憚改終焉。」）

【别解】劉氏正義：案高誘注吕氏春秋驕恣篇，引「無友不如己者，過則勿憚改」以證「所擇而莫如己者亡」之義，亦以過爲結友過誤。或漢人有此義，故李充云然。然既知誤交，何難即改，似不足爲君子慮也。

按：此雖漢人舊説，然不如集注義長。

【餘論】胡炳文四書通：此過也，而集注以爲「惡日長」者，無心失理爲過，有心悖理爲惡。自治勇，則過可反而爲善；自治不勇，則過必流而爲惡。胡居仁居業録：人有過，貴於能悔。悔而不改，徒悔而已，於己何益？改過最難，須實做操存省察功夫，使吾身心謹密，放辟之心不生，則大本堅固，過失雖覺而不行也。若欲防患於預，須以敬爲主，不使須臾慢忽。錢大昕十駕齋養新録：過者，聖賢所不能無也。自以爲無過，而過乃大矣。自以爲有過，而過自寡矣。孔子曰：「五十以學易，可以無大過矣。」言大過而不言小過，是聖人猶未敢言小過之必無也。顔氏之子有不善，未嘗不知，知之未嘗復行，故能不貳過而入聖域。仲由喜聞過，令名無窮焉。聖賢之學，教人改過遷善而已矣。後之君子，高語性天，而恥言改過。有過且不自知，與聖賢克己之功遠矣。

【發明】李中孚二曲集：天地之性人爲貴，而爲氣質所蔽，情慾所牽，習俗所囿，時勢所移，知誘物化，旋失厥初。誠能加刮磨洗剔之功，則垢盡穢去，而德日醇矣。悔過於明，則明無人非；悔過於幽，則幽無鬼責，從此日新月盛，必浩然於天壤之内。

○曾子曰：「愼終追遠，民德歸厚矣。」

【考證】劉氏正義：爾雅釋詁：「愼，誠也。」説文：「愼，謹也。」誠、謹義同。周官疾醫「死終則各書其所以」，鄭注：「老死曰終。」禮記檀弓云：「君子曰終，小人曰死。」此對文異稱。檀弓又云：「曾子曰：『喪三日而殯，凡附於身者，必誠必信，勿之有悔焉耳矣。三月而葬，凡附於棺者，必誠必信，勿之有悔焉耳矣。』」皆是言愼終之事。「追遠」者，説文：「追，逐也。」詩鴛鴦箋：「遠猶久也。」並常訓。言凡父祖已歿，雖久遠，當時追祭之也。荀子禮論云：「故有天下者事十世，有一國者事五世，有五乘之地者事三世，有三乘之地者事二世。」又周官司尊彝言「四時間祀有追享」，鄭康成注以爲祭遷廟之主。則此文追遠不止以父母言矣。「民德歸厚」者，樂記云：「德者，性之端也。」淮南子齊俗訓：「得其天性謂之德。」穀梁僖二十八年傳：「歸者，歸其所也。」墨子經上：「厚，有所大也。」當春秋時，禮教衰微，民多薄於其親，故曾子諷在位者但能慎終追遠，民自知感厲，亦歸於厚也。禮坊記云：「修宗廟，敬祭祀，教民追孝也。」

【集解】孔曰：「慎終者，喪盡其哀。追遠者，祭盡其敬。君能行此二者，民化其德，皆歸於厚也。」

【唐以前古注】皇疏：一云：「『靡不有初，鮮克有終』，終宜慎也。久遠之事録而不忘，是追遠也。」　又引熊埋云：欣新忘舊，近情之常累。信近負遠，義士之所棄。是以慎終如始，則尠有敗事，平生不忘，則久人敬之也。

【集注】慎終者，喪盡其禮。追遠者，祭盡其誠。民德歸厚，謂下民化之，其德亦歸於厚。蓋終者，人之所易忽也，而能謹之；遠者，人之所易忘也，而能追之，厚之道也。故以此自爲，則己之德厚；下民化之，則其德亦歸於厚也。

【餘論】許謙讀四書叢説：常人之情，於親之終，悲痛之情切，而戒慎之心或不及；親遠而祭，恭敬之心勝，而思慕之情或疏。君子存心則加於此，送終既盡擗踊哭泣之情，又慎喪死之禮，如禮記「殯而附於身者，必誠必信，勿之有悔」之類；祭遠者既盡孝敬之意，又致追慕之情，如禮記所謂「祭死者如不欲生，霜露既降，有悽愴之心；雨露既濡，有怵惕之心」之類。如此則過於常人，其德爲厚。上之人既如此，下民化之，其德亦歸於厚。張椿四書辨證：孔安國言「慎終者，喪盡其哀。追遠者，祭盡其敬」。集注依伊川，以「禮」易「哀」字，蓋喪罕有不哀者，不必皆盡禮。又以「誠」易「敬」字，王炳文四書通言「祭罕有不敬者，未必皆盡誠」。

○子禽問於子貢曰：「夫子至於是邦也，必聞其政。求之與？抑與之與？」

【考異】漢石經凡「子貢」皆作「子贛」。釋文：「貢」，本亦作「贛」，音同。左氏哀公十五年傳、禮記樂記、祭義「子貢」字俱作「贛」。五經文字：貢，貢獻。贛，賜也。經典亦通用之。洪适隸釋載漢石經作「意予」之「與」。張舜民畫墁録、董逌廣川書跋、黄伯思東觀餘論皆云漢石經作「意與」之「與」。

【考證】拜經日記：史記弟子列傳有原亢籍，無陳亢，蓋原亢即陳亢也。鄭注論語、檀弓俱以陳亢爲孔子弟子，當是名亢字籍，一字子禽。籍，禽也，故諱籍字禽。否則亢言三見論語，弟子書必無不載，太史公亦斷無不録。家語既有原抗字子籍，不當復有陳亢子禽矣，明係王肅竄入。原、陳之所以不同何也？蓋原氏出於陳，原、陳同氏也，詩陳風「南方之原」，毛傳：「原，大夫氏。」春秋：「莊二十七年，公子友如陳葬原仲。」則原亢之爲陳亢信矣。漢書古今人表中中分陳亢、陳子禽二人，與魯太師、公明賈、子服景伯、林放、陳司敗、陽膚、尾生高、申棖、師冕同列；又以陳子亢隸下上，與陳弃疾、工尹商陽、齊禽敖、餓者同列；分爲三人，與申棖皆不以爲弟子。此不足據。劉氏正義：案臧説是也。檀弓：「陳子車死於衞，其妻與其家大夫謀以殉葬，定，而后陳子亢至。」鄭注：「子車，齊大夫。子亢，子車弟。」則亢亦齊人也。左暄三餘續筆亢。

（集箋引）：陳子禽，漢書古今人表孔門弟子陳亢一人三見，一作陳亢，一作陳子禽，一作陳子亢。

論語集注補正述疏：鄭氏云：「子禽，弟子陳亢也。」今據禮檀弓云「陳子亢」，鄭亦云「孔子弟子」，蓋與史記不同。或曰史記仲尼弟子列傳有原亢籍，無陳亢。家語有原亢子籍，又有陳亢子禽。史記集解引家語「抗」作「亢」，蓋原亢即陳亢也。詩陳風云「南方之原」，毛傳云：「原，大夫氏。」莊二十七年春秋云：「公子友如陳，葬原仲。」是原氏出於陳也。王肅僞家語於原亢外竄陳亢焉，則複矣。而難者曰：史記敘弟子者自言據孔氏古文，蓋古本家語也。史記無陳亢，必古文無矣。今本家語有陳亢，知王肅之僞也。然謂原氏出於陳，遂書「陳」爲「原」，則史記有原憲，亦據古文也，其書法豈不淆乎？且史記録原亢籍，謂爲不見書傳者也，若陳亢子禽，不三見論語乎？古人以子配字，字與名應，改籍曰禽，彊而通於亢名，非洽也。漢書古今人表列九等焉，仲尼列上上等，弟子列上中、上下等，而陳亢陳子禽皆列中中等，陳子亢列中下等，蓋表分三人，皆不以爲孔子弟子也。夫班氏爲表時，古本家語固存矣，安見其不考邪？而史記無陳亢，安知非亦不以爲孔子弟子邪？孟子朱注言私淑艾者，以陳亢言之，其亦不以爲孔子弟子也。詩禮爲孔子雅言，而陳亢問於伯魚者，則聞詩禮而遽喜也，是未聞雅言者矣。叔孫武叔云子貢賢於仲尼，而陳子禽謂子貢者，則其言亦同也，是不得其門者矣。曰陳亢，曰陳子禽，所書固不同也。今曰子禽而不稱陳，以他文有稱，此互相備也，故省文焉，亦非書子産例也。如曰亢，子貢弟子，則亢於子貢當書名矣。今曰「子禽問於子貢」，豈弟子義乎？

臧琳經義雜記：說文貝部：「貢，獻功也。从貝，工聲。贛，賜也。从貝，竷省聲。」是「貢」、「贛」不同。子貢名賜，故字子贛，作「貢」者，字之省借耳。今禮記樂記「子贛見師乙而問焉」，祭義「子贛問曰：子之言祭」，尚存古本，餘則多爲後人改易矣。左傳：「定十五年春，邾隱公來朝，子貢觀焉。」杜本亦作省借字。五行志中上載古文左傳作「子贛」。又爾雅釋詁「賚、貢、錫、畀、予、貺，賜也」，郭注：「皆賜與也。」釋文：「『貢』，或作『贛』。」是爾雅古本亦作正字，然陸德明已不能定其是非而識所歸矣。邢疏引左傳「爾貢包茅不入」爲證，誤解贛賜之「贛」爲貢獻之「貢」，則無足責也。

錢坫論語後録：亢，陳子車之弟，齊諸陳也。說文解字有「伉」，云：「人名。論語有陳伉。」許君說古文論語，是季氏篇「陳亢問於伯魚」，古文正作「伉」也。作「亢」者，字省通用。說文解字云：「卬，按也。」俗加手作「抑」。是「抑」正字，「意」借字。詩十月之交「抑此皇父」，「抑」，鄭讀爲「意」，知兩字通。

【集解】鄭曰：「子禽，弟子陳亢也。子貢，姓端木名賜。亢怪孔子所至之邦必與聞其國政，求以得之耶？抑人君自願與之爲治耶？」

【集注】子禽姓陳名亢，子貢姓端木名賜，皆孔子弟子。或曰：「亢，子貢弟子。」未知孰是。抑，反語詞。

子貢曰：「夫子温、良、恭、儉、讓以得之。夫子之求之也，其諸異乎人之求之與？」

【考異】史記弟子傳「異乎人之求之與」，「與」作「也」。皇本作「人之求之與也」。七經考文：足利本作「夫子之求也異乎人之求之與」。一本作「求之也與」。天文本論語校勘記：足利本、唐本、津藩本、正平本皆作「夫子之求也」。足利本、唐本、津藩本、正平本「人之求之與」，「人」下無「之」字。宋高宗石經「讓」諱作「遜」。程氏演繁露引文亦諱作「遜」。翟氏考異：按八佾篇「揖讓而升」、里仁篇「能以禮讓爲國」，宋石經「讓」皆作「遜」。先進篇「其言不讓」，「讓」字但闕末筆。

【考證】四書辨證：吕氏春秋：「孔子周流海内，再干世主，所見八十餘君。」揚子解嘲「或七十説而不遇」，應劭曰：「孔子也。」説苑貴德篇則曰：「孔子歷七十二君。」史記六國表、儒林傳則曰：「仲尼干七十餘君。」索隱曰：「後之記者失辭也。考家語等説，則孔子歷聘諸國，莫能用，謂周、鄭、宋、曹、衛、陳、楚、杞、莒、匡等爾。縱歷小國，亦無七十餘君。」讀書叢録：公羊桓六年傳：「其諸以病桓與？」閔元年傳：「其諸吾仲孫與？」僖二十四年傳：「其諸此之謂與？」宣五年傳：「其諸爲其雙雙而俱至者與？」十五年傳：「其諸則宜於此焉變矣。」「其諸」是齊、魯間語。

【集解】鄭曰：「言夫子行此五德而得之，與人求之異，明人君自願求與爲治也。」

【唐以前古注】皇疏：政是人君所行，見於民下，不可隱藏，故夫子知之，是人君所行自與之也。

按：如皇讀，是此「與」字仍讀上聲，與上「抑與」相呼應也。考史記仲尼弟子傳集解引鄭注作

「明人君自與之」，與今集解本不同，當即皇本所據。又引顧歡云：此明非求非與，直以自得之耳。其故何也？夫五德内充，則是非自鏡也。又云：夫子求知乎己，而諸人訪之於聞政，故曰異也。

按：歡南齊書有傳，嘗著夷夏論，爲世所稱。其注論語，隋經籍志、唐藝文志皆不載，陸德明經典釋文序録亦未及之，蓋隋、唐時已早佚亡。唯皇侃義疏引之。其學黨於道教，又嘗注老子行世，心游恍惚，自不覺言近支離。録之以備一家。

又引梁冀云：夫子所至之國，入其境，觀察風俗以知其政教，其民温良，則其君政教之温良也；其民恭儉讓，則政教之恭儉讓也。孔子但見其民，則知其君政教之得失也。又云：凡人求聞見乃知耳，夫子觀化以知之，與凡人異也。

按：七録載梁覬注論語十卷，隋志梁有十卷，唐志亦云梁覬注十卷。皇疏原標梁冀，冀、覬音同，義亦相近，非漢之梁冀也。覬晉書無傳，陸德明經典序録云：「天水人。東晉國子博士。」

【集注】温，和厚也。良，易直也。恭，莊敬也。儉，節制也。讓，謙遜也。五者，夫子之盛德光輝接於人者也。其諸，語辭也。人，他人也。言夫子未嘗求之，但其德容如是，故時君敬信，自以其政就而問之耳，非若他人必求之而後得也。聖人過化存神之妙，未易窺測，然即此而觀，則其德盛禮恭而不願乎外，亦可見矣。

【餘論】楊名時論語劄記：子貢之稱夫子，有文章性道及焉不學、美富、日月、升天等章，而示人學聖之要，變化氣質之道，未有先於聞政章者。首揭夫子之温良恭儉讓，使人望而仰之，則而象之，有不覺暴戾驕慢之潛消者，無行不與，於此顯示其真。學聖者舍此奚從焉？

【發明】松陽講義：夫子之在當時，如祥麟威鳳，所在傾動。如宋之厄、匡之畏、陳、蔡之圍，其必不能與夫子合者，不過一二人。如道不行之歎，歸與之歎，只是歎其不能奉社稷以從耳。若夫心悦誠服，則到處皆然。一時邦君無不以其政就而問之，夫子亦因得以盡聞其政。夫子盛德感人之妙固未易言，而總之夫子必不肯求，即欲强被以求之名，亦異乎人之求。無論側媚依阿以求者，與聖人相去霄壤也。即略有一毫求之心，亦便非聖人。聖人以德求，非如人之有心求也。如伊尹以堯、舜之道要湯，非以割烹要湯也。學者讀這章書，要知天下人無不可感動，不能感動人者，只是我未能到聖人地位耳。聖人即不可遽學，得他一分光景，便有一分感應。只管積累做工夫去，安知不與聖人一樣？若不於此體認，而欲與世相接，便不免於求。求之極，便流到巧言令色一途。看來人心風俗之壞病痛都在一求字，所以不能不求者，只是不信有不待求的道理。

○子曰：「父在，觀其志；父没，觀其行；三年無改於父之道，可謂孝矣。」

【音讀】葉適習學記言：此當以「三年無改」爲句。終三年之間而不改其在喪之意，則於事父之道可謂之孝。　翟氏考異：歐陽永叔疑此語失夫子本旨。設問曰：「衰麻之服，祭祀之禮，哭泣之節，哀思之心，所謂三年而無改也。若世其世，守其宗廟，遵其教詔，雖終身不可改也。

國家之利害，社稷之大計，有不俟三年而改者矣，何概云三年無改耶？」如葉水心說，以「無改」爲句絶，則永叔可無疑於經矣。

【考證】禮記坊記：「子云：『君子弛其親之過，而敬其美。』論語曰：『三年無改於父之道，可謂孝矣。』」鄭注：「不以己善駮親之過。」　大戴禮本孝篇：孝子父死三年不敢改父之道。漢書五行志：「京房易傳曰：『幹父之蠱，有子考无咎。子三年不改父道，思慕不皇，亦重見先人之非。』」師古曰：「言父有不善之行，當速改之。若惟思慕而已，無所變易，是重顯先人之非也。一曰：三年之内但思慕而已，不暇見父之非，故不改也。」　又師丹傳：丹上書言：「古者諒闇不言，聽於冢宰，三年無改於父之道。」　汪中述學釋三九：三年，言其久也。何以不改？爲其爲道也。若非其道，雖朝没而夕改可也。何以知其然也？昔者鯀湮洪水，汩陳其五行，彝倫攸斁，天乃不畀洪範、九疇。鯀則殛死，禹乃嗣興，彝倫攸敍，天乃畀禹洪範、九疇。蔡叔啓商，惎間王室。其子蔡仲改行帥德，周公以爲卿士，見諸王而命之以蔡。此改乎其父者也。不寧惟是，虞舜側微，父頑母嚚象傲。克諧以孝，烝烝乂，不格姦。祇載見瞽瞍，夔夔齊栗，瞽瞍亦允若。曾子曰：「君子之所謂孝者，先意承志，諭父母於道。」此父在而改於其子者也，是非以不改爲孝也。然則何以不改也？爲其爲道也。三年云者，雖終其身可也。自斯義不明，而後章惇、高拱之邪説出矣。　劉氏正義：案汪説是也。漢書五行志：「京房易傳曰：『幹父之蠱，有子考无咎。子三年不改父道，思慕不皇，亦重見先人之非。』」南史（蔡廓子）興宗傳：「先是大明世奢侈無度，多所造立，賦調繁嚴，徵役過苦。至是發詔悉皆削除，自孝建以來至大明末，凡諸制度無或存者。興宗慨然曰：『先帝雖非盛德，要以道始終。三年無改，古典所貴。』」二史所言，皆以無改爲孝，不復計及非道，則自漢以來，多不知此義矣。

【集解】孔曰：「父在，子不得自專，故觀其志而已。父没，乃觀其行也。孝子在喪，哀慕猶若父在，無所改於父之道也。」

【唐以前古注】皇疏：所以是孝者，其義有二也：一則哀毁之深，豈復識政之是非，故君薨，世子聽冢宰三年也。二則三年之内哀慕心事亡如存，則所不忍改也。或問曰：「若父政善，則不改爲可。若父政惡，惡教傷民，寧可不改乎？」答曰：「本不論父政之善惡，自論孝子之心耳。若人君風政之惡，則冢宰自行政；若卿大夫之心惡，則其家相邑宰自行事，無關於孝子也。」

【集注】父在，子不得自專，而志則可知；父没，然後其行可見；故觀此足以知其人之善惡。然又必能三年無改於父之道乃見其孝，不然則所行雖善，亦不得爲孝矣。（尹氏曰：「如其道，雖終身無改可也。如其非道，何待三年？然則三年無改者，孝子之心有所不忍故也。」游氏曰：「三年無改，亦謂在所當改而可以未改者耳。」）

【别解一】范祖禹論語説（朱子或問引）：爲人子者，父在則能觀其父之志而承順之，父没則能觀其父之行而繼述之。陔餘叢考：「父在，觀其志；父没，觀其行。」朱注以爲觀其子之志行，則下文「三年無改」句文義不相貫。故注中只得用「然」字一轉。楊循吉謂「宜作人子之觀其父解。

父在時，子當觀父志之所在而曲禮之；父殁則父之志不可見，而其生平行事尚有可記者，則即其行事而取法」。如此，則下「三年無改」句正是足此句之義，直接而下，自然貫注，不待下轉語也。

錢大昕潛研堂文集：孔子之言，論孝乎？論觀人乎？以經文「可謂孝矣」證之，其爲論孝，不論觀人，夫人而知之也。既曰論孝，則以爲觀父之志行是也；不論觀人，則以爲觀人子之志行非也。子之不孝者，好貨財，私妻子，父母之養且不顧，安能觀其志？朝死而夕忘之，安能觀其行？孟子論事親爲大，以曾元之賢，僅得謂之養口體，則孔子之所謂養其志者，惟曾子之養志足以當之。如是而以孝許之，奚不可乎？又云：張敬夫癸巳論語説蓋主孔氏，而朱子非之，以爲當從范説。若如孔語，則上文未見志行之是非，不應末句便以「可謂孝矣」斷之也。及撰集注，則仍取孔説。而或問復申其義云：「范氏以爲子觀父之志行，善矣。然以文勢觀之，恐不得如其説也。蓋觀志而能承之，觀行而能述之，乃可謂孝，此特曰觀而已，恐未應遽以孝許之。且以下文『三年無改』推之，則父之志行亦容或有未盡善者，正使實能承述，亦豈遽得以孝稱也哉？」

按：南軒論語解云：「舊説謂『父在能觀其志而順承之，父没觀其行而繼述之，又能三年無改於父之道，可謂孝矣』。此説文理爲順。」近人如李光地、梁茝鄰均主范説。禮曰：「視於無形，聽於無聲。」觀其志之謂也。又曰：「善繼人之志，善述人之事。」觀其行之謂也。孔子之言本是論孝，以爲觀父之志行，義實較長，而集注不採何也？（案朱子答呂子約書云：「有謂其志其行皆指父而言，意亦自好。」試並思之，則朱子當日亦兩存其說。）

【別解二】論語發微：道，治也。三年無改於父之道，謂繼體爲政者也。若泛言父之教子，其道當沒身不改，難以三年爲限。惟人君治道寬猛緩急，隨俗化爲轉移，三年之後，不能無所變易。然必先君以正終，後君得有諒闇不言之義。苟失道而死，則爲誅君，其子已不當立，何能三年無改也？按七略：「春秋古經十二篇，經十一卷。」公羊、穀梁二家，古經十二篇者。左氏之學無博士，所傳經十一卷者，出今文家，繫閔公篇於莊公下。博士傳其說曰：「子未三年，無改於父之道。」傳曰：「則曷爲於其封内三年稱子？緣孝子之心，則三年不忍當也。」見何休公羊閔二年傳注。唐石經穀梁傳分十二卷，用范甯本，此正晉人不知師法而妄分也。論語微言與春秋通，明三年無改之道，以示繼體爲政之法，而孝道以立，孰謂七十子喪而大義遂乖乎？

按：劉寶楠云：「此說於義似通，然居喪不敢改父之道，喪終自仍宜改。改與不改皆是恒禮，奚足以見人子之孝？故知此注尚未然也。」龔元玠以此章爲孟莊子而發，可備一說。

【餘論】鄭氏述要：首二句似是成語，末二句乃夫子就成語中作一轉語，言仍必三年無改於父之道，乃見不忍死其親，而可謂孝也。再觀第四篇此章重出，及禮記所引夫子之言俱無首二語，或同時記者正因其爲成語而略之乎。

劉開論語補注：三年無改，夫子以教孝也。然自有此語，而後世遂爲疑案。以爲不當改耶，則舊章且不可更，何有于父？終身守之可也，何限三年？以爲必當改耶，則行且有損，幹蠱之謂何？改之足以成父名而掩其迹，何待三年？此理之可疑者也。吾謂是不難以一言斷之，夫子不曰「無改于父之行」而曰「無改于父之道」，言道則非不善可知。既非不善，自不必急于更端。君子有不忍遽死其親之心，即有不忍遽忘其親之事，其遵而弗變，宜也。惟其爲道，故三年内可以無改，無改所以見其孝。惟其爲道，則有通權達變之用，故三年後不妨于改，改之亦無損于孝。此古今不易之義也。如是而其疑始解。游氏介兩可之論，且何以知夫子之言無改專指可以改可以不改者乎？尹氏乃設爲非道之辭，迴護不定。蓋由看道字不真，故疑而爲曲解之耳。論語稽：道，猶路也，當行之理也。改道則不由此路，舍其所當行者而别從一路也。此章吃緊在先辨「道」字。朱子謂「改雖善亦不孝」，游氏謂「當改而可以未改」云云，蓋於道之字義偶未之審，故節外生枝耳。抑知道爲當行之路，固以其有善無惡者言之。

○有子曰：「禮之用，和爲貴。先王之道，斯爲美。

【考證】戴望論語注：先王，謂聖人爲天子制禮者也。

【集解】邢昺疏：「和，謂樂也。樂主和同，故謂樂爲和。夫禮勝則離，謂所居不和也。故禮貴用和，使不至於離也。『先王之道斯爲美』者，斯，此也。言先王治民之道以此，禮貴和美，禮節民心，樂和民聲。樂至則無怨，禮至則不争，揖讓而治天下者，禮樂之謂也。是先王之美道也。」

【唐以前古注】皇疏：此以下明人君行化必禮樂相須。用樂和民心，以禮檢民跡。跡檢心和，故風化乃美。故云：「禮之用，和爲貴。」和即樂也，變樂言和，見樂功也。樂既言和，則禮宜云敬，但樂用在内爲隱，故言其功也。先王，謂聖人爲天子者也。斯，此也。言聖天子之化行，禮亦以此用和爲美也。

【集注】禮者，天理之節文，人事之儀則也。和者，從容不迫之意。蓋禮之爲體雖嚴，然皆出於自然之理，故其爲用必從容而不迫，乃爲可貴。先王之道此其所以爲美，而小事大事無不由之也。

小大由之，有所不行。

【集解】邢昺疏：「由，用也。言每事小大皆用禮，而不以樂和之，則其政有所不行也。」

【唐以前古注】皇疏云：「小大由之有所不行」者，由，用也。若小大之事皆用禮而不用和，則於事有所不行也。

【别解】何邵公論語義：「宣九年春王正月，公如齊。」解詁曰：「月者，善宣公事齊合古禮，卒使齊歸濟西田。不就十年月者，五年再朝，近得正。孔子曰：『知和而和，不以禮節之，亦不可行也。』明雖事人，皆當合禮。」樾謹按：據此，則此章乃言諸侯交際之禮。上文小大由之，小謂小國，大謂大國，言小國大國皆當以禮相接也。

按：後漢書稱何邵公作春秋公羊解詁，又注孝經、論語。今公羊解詁存，而孝經、論語注無傳。惟虞世南北堂書鈔引何邵公曰：「君子儒將以明道，小人儒則矜其名。」此論語注之僅存者。武進劉氏逢禄於千載之後拾遺補闕，成論語述何一卷，然其實不過以春秋説論語，而於何注固無徵也。何氏公羊解詁引論語文極多，俞氏取解詁中關於論語遺説輯成一卷，兹採其有新意者，録之以備一家。

知和而和，不以禮節之，亦不可行也。」

【考異】隸釋：漢石經無「可」字。　羣經平議：上云「有所不行」，此云「亦不行也」，兩「不行」之義彼此貫通。亦者亦上文而言，上無「可」字，則此亦無「可」字，蓋涉馬注而衍。馬注云：「不以禮爲節，亦不可行。」此自用以足句，非其所據經文有「可」字也。　公羊傳宣公九年何休注引此三句作孔子語。

按：漢人引論語多稱孔子，如今人稱莊子、列子之類，不足爲據。近人王闓運論語訓據何休注以此爲孔子之言，所以正有子之失，其説不可從。

【集解】馬曰：「人知禮貴和，而每事從和，不以禮爲節，亦不可行。」

【唐以前古注】皇疏：上明行禮須樂，此明行樂須禮也。人若知禮用和而每事從和，不復用禮爲節者，則於事亦不得行也。所以言亦者，沈居士云：「上純用禮不行，今皆用和，亦不可行也。」

按：皇疏引沈居士説凡七節，而不著其名。考南齊書有沈驎士本傳，言其曾注論語。朱彝尊經義考云：「沈驎士論語訓注佚。」史稱驎士隱居餘干夫差山，永明、建武、永元之世三徵不起。居士之名應有獨擅，故直題居士而不名。

【集注】承上文而言，如此而復有所不行者，以其徒知和之爲貴而一於和，不復以禮節之，則亦非復禮之本然矣，所以流蕩忘反而亦不可行也。　程子曰：「禮勝則離，故禮之用，和爲貴。先王之道，以斯爲美，而小大由之。樂勝則流，故有所不行也。知和而和，不以禮節之，亦不可行。」　范氏曰：「凡禮之體主於敬，而其用則以和爲貴。敬者，禮之所以立也。和者，樂之所由生也。若有子，可謂達禮樂之本矣。」愚謂嚴而泰，和而節，此理之自然，禮之全體也。毫釐有差，則失其中正，而各倚於一偏，其不可行均矣。

【餘論】四書辨疑：注言：「禮之體雖嚴，而皆出於自然之理，故其爲用必從容不迫，乃爲可貴。」此乃解用爲體用之用，禮爲體和爲用也。程子言：「禮勝則離，故禮之用，和爲貴。」蓋謂禮難獨行，必兼用和然後爲貴。此與注文體之説不同，二説相較，程子之説爲是。　白珽湛淵靜語：此章當以「有所不行」合上作一節，「知和而和」以下作一節。　梁氏旁證：此舊注皆以「小大由之，有所不行」連讀，集注不用者，以馬氏每事從和，即是知和而行，分不出兩層也。邢疏以「小大由之」爲專於禮，「知和而和」爲專於樂，則樂記「禮勝則離，樂勝則流」二語恰是此處注脚。「有所不行」與「亦不可行」乃一噴一醒矣。　劉氏正義：案有子此章之旨，所以發明夫子中庸之義也。説文：「庸，用也。」凡事所可常用，故庸又訓常。鄭君中庸目録云：「名曰中庸者，以其記中和之爲用也。」注「君子中庸」云：「庸，常也。用中爲常道也。」兩義自爲引申。堯咨舜，舜咨禹，云「允執其中」，孟子言「湯執中」，執中即用中也。舜執兩端，用其中於民。用中即中庸之倒文。周官大司樂言六德「中、和、祗、庸、孝、友」。言中和，又言庸。夫子本之，故言中庸之德。子思本之，乃作中庸。而有子於此章已明言之。其謂以禮節之者，禮貴得中，知所節，則知所中。中庸云：「和而不流，强哉矯。中立而不倚，强哉矯。」和而不流，則禮以節之也，則禮之中也。中庸皆所以行禮，故禮篇載之。逸周書度訓云：「和非中不立，中非禮不慎，禮非樂不履。」樂謂和樂，即此義也。黄氏後案：體用之分，在釋家見惠能金剛經注，在仙家見魏伯陽參同契，前人辨之甚詳，易繫辭傳韓注亦拾仙釋之牙慧耳。聖經賢傳無體用對舉之正文，非儒者討論之要。此經言用必補言體乎？體用以相貫言，此體嚴用和胡以相反言乎？説經勿采經外浮文，言無枝葉，范説可删。

按：黄氏之説非也。道家、釋家所言與儒理相通者甚多，程、朱皆以體用言禮，正其最精到處。今乃以其用語出自内典而欲删之，仍屬門户之見。此章集注之失在未細玩「亦」字，將兩層説成一層。且師心自用，將歷來注疏家分段方法一概抹殺，至於文理不通。後來亦無人加以指摘，是可異也。若其以體用詁經，正其精細處，不敢没其所長也。

【發明】松陽講義：一章大意總爲放蕩之人痛下鍼砭。學者讀這章書要知謹守禮法，將身放在規矩準繩之中，方是至和，不可一毫涉晉、魏風流。若嵇康、阮籍輩，真是萬世罪人。

○有子曰：「信近於義，言可復也。恭近於禮，遠恥辱也。因不失其親，亦可宗也。」

【考異】説文繫傳通論引禮曰：「婣不失其親。」皇本作「亦可宗敬也」。所載孔氏注亦有「敬」字。

【音讀】釋文：「近」音附近之近，下同。又皆如字。翟氏考異：近、遠字指其定體，俱上聲。

近之、遠之俱去聲。語中若「能近取譬」、「固而近於費」，如字，讀其謹切，上聲也。此與「斯近信矣」、「近之則不孫」音附近之近，去聲也。今俗訛定體之近亦作去聲，以致兩義無別。周密齊東野語：「復」有三字，音房六切者，復歸之復也，論語「言可復也」、「克己復禮」是也。扶富切者，又之義也，論語「復夢見周公」、「則不復也」是也。芳六切者，與「覆」字音同，反復之復也，易乾象贊「反復道也」，釋文云「本亦作『覆』」是也。今或讀「言可復」爲芳六切，非。彭兆蓀潘瀾筆記：此章皆有韻文。古無四聲，「復」與「辱」固韻，「義」與「禮」亦韻也。宗，古訓尊，當有尊音，春秋傳「伯尊」或作「伯宗」，故與「親」爲韻，易林「大壯之兑，嵩高岱宗，峻直且神」是其證。

皇本似涉孔注而誤衍一字。

【考證】桂馥羣經義證：詩皇矣正義曰：「周禮六行，其四曰婣。注：『婣親於外親。』是婣得爲親。」據此，則「因」即「婣」省文。野客叢書引南史王元規曰：「婣不失親，古人所重，豈得輒昬非類？」張説之碑亦云：「婣不失親，官復其舊。」又徐鍇説文通論：「禮曰：『婣不失其親。』故古文肖女爲妻。」邢、皇二疏俱失孔恉。

【集解】復，猶覆也。義不必信，信不必義也。以言可反覆，故曰近義。包曰：「恭不合禮，非禮也。以其能遠恥辱，故曰近禮也。」孔曰：「因，親也。言所親不失其親，亦可宗敬。」

按：桂馥札樸：「據左哀十六年傳『復言，非信也』，杜注：『言之所許，必欲復行之，不顧道理。』謂不顧道理，則信不近義，故曰非信。」劉氏正義云：「孟子離婁篇云：『大人者，言不必信，唯義所在。』是信須視義而行之，故此言近於義也。鄭注云：『復，覆也。言語之信可反覆。』案復、覆古今語。爾雅釋言：『復，返也。』『返』與『反』同。説文：『復，往來也。』往來即反覆之義。曾子立事篇云：『久而復之，可以知其信矣。』又云：『言之必思復之，思復之必思無悔言，亦可謂慎矣。』思無悔言，亦謂以義裁之，否則但守硜硜之信而未合於義，人將不直吾言，吾雖欲復之不得也。」又云：「詩皇矣『因心則友』，傳：『因，親也。』此文上言因，下言親，變文成義。孔注『因，親』是通説人交接之事，其作『姻』者，自由後世所見本不同。然婚姻之義於注本得兼之，皇、邢疏依注爲訓，未爲失指。」愚謂「因」訓爲親，乃「姻」之省文。「姻」本爲「因」孳生字，故得省作「因」。言締姻不失其可親之人，則亦可等於同宗。似較訓「宗」爲尊敬爲勝。「復」訓反覆，漢、唐以來舊説如是，從無「踐言」之訓，集注失之。

【唐以前古注】皇疏：信，不欺也。義，合宜也。復，猶驗也。夫信不必合宜，合宜不必信。若爲信近於合宜，此信之言乃可復驗也。若爲信不合宜，此雖是不欺，而其言不足復驗也。或問曰：「不合宜之信云何？」答曰：「昔有尾生與一女子期於梁下，每期每會。後一日急暴水漲，尾生先至，而女子不來，而尾生守信不去，遂守期溺死。此是信不合宜，不足可復驗也。」恭是遜從，禮是體別。若遜從不當於禮，則爲恥辱。若遜從近禮，則遠於恥辱。遜從不合禮者何？猶如遜在牀下及不應拜而拜之之屬也。

韓李論語筆解：韓曰：「反本要終謂之復。言行合宜，終復乎信，否則小信未孚。非反覆不定之謂。」李曰：「尾生之信，非義也。若要終合宜，必不拘橋徒死。馬云『反覆』，失其旨矣。」韓曰：「禮，恭之本也。知恭而不知禮，止遠辱而已。謂恭必以禮爲本。」李曰：「晉世子申生恭命而死，君子謂之非禮。若恭而不死，則得禮矣。」韓曰：「因訓親，非也。孔失其義。觀有若上陳信義恭禮之本，下言凡學必因上禮義二説，不失親師之道，則可尊矣。」李曰：「因之言相因也。信近義而復本，禮因恭而遠嫌，皆不可失，斯迺可尊。」

按：唐志載愈論語注十卷，無筆解名。鄭樵通志始著録二卷，與今本同。四庫提要疑爲宋人僞撰。今考其書，屢言窮理盡性，且好變亂經文，唐時尚無此風氣，無此見解也。其書當出於北宋之末，理學盛行而後。紀昀以爲愈注論語時或先於簡端有所記録，翺亦間相討論，附書其間，後人掇拾叢殘，故真僞參半。其言最爲公允。王存以前世無刊本，觀於邵博聞見録所稱「三月字作音」一條，王楙所見本無之。蓋傳本甚稀，抄寫諸本互異。其書本無足取，以其唐人舊帙，過而存之，取備一家。

【集注】信，約信也。義者，事之宜也。復，踐言也。恭，致敬也。禮，節文也。因，猶依也。宗，猶主也。言約信而合其宜，則言必可踐矣。致恭而中其節，則能遠恥辱矣。所依者不失其可親之人，則亦可以宗而主之矣。此言人之言行交際，皆當謹之於始而慮其所終。不然，則因仍苟且之間，將有不勝其自失之悔者矣。

【餘論】洪邁容齋隨筆：程明道曰：「因恭信而不失其所以親近於禮義，故亦可宗。」伊川曰：

「因不失於相近，亦可尚也。」又曰：「因其近禮義而不失其親，亦可宗也。況於盡禮義者乎？」范純父曰：「君子所因者本，而立愛必自親始。親親必及人，故曰因不失其親。」吕與叔分爲三事。謝顯道曰：「君師友三者，雖非天屬，亦可以親。捨此三者之外，吾恐不免於諂賤。惟親不失其所親，然後爲可宗也。」楊中立曰：「信不失義，恭不悖禮，又因不失其親焉，是亦可宗也。」尹彦明曰：「因其近雖未足以盡禮義之本，亦不失其所崇尚也。」予竊以謂義與禮之極，多至於不親；能至於不失其親，斯爲可宗也。然未敢以爲是。　胡炳文四書通：義者，心之制、事之宜。此獨曰「事之宜」。禮者，天理之節文，此獨曰「節文」。蓋所謂信恭者，非信恭之本體；所謂禮義者，亦非指本體而言。集注蓋未嘗輕下一字也。　春在堂隨筆：戴望論語注：「『因不失其親』，『因』讀曰『姻』。姻，外親也。姻非五服之親，然猶必不失其親，以其亦有宗道。雜記曰：『外宗爲君夫人，猶内宗也。』外宗爲姑姊妹之女，舅之女乃從母。」

○子曰：「君子食無求飽，居無求安，敏於事而慎於言，就有道而正焉，可謂好學也已。」

【考異】漢石經作「好學已矣」。　皇本「也已」下有「矣」字。　儀禮公食大夫禮賈公彦疏引論語「學者食無求飽」。　筆解本「已」作「矣」。　天文本論語校勘記：古本、唐本、津藩本、正平本均作「可謂好學也已矣」。

【考證】説文：飽，猒也。猒者，足也。凥，處也。從尸几。尸居蹲也。　爾雅釋詁：安、定，止也。荀子性惡篇：夫人雖有性質美而心辨知，必將求賢師而事之，擇良友而友之。得賢師而事之，則所聞者堯、舜、禹、湯之道也；得良友而友之，則所見者忠信敬讓之行也。身日進於仁義而不自知也。劉氏正義：焦氏循論語補疏：「敏，審也，謂審當於事也。聖人教人，固不專以疾速爲重。」案焦説與孔注義相輔。聞斯行之，夫子以教冉有，是亦貴疾速可知。

按：説文「凥」、「居」二字義别，今經傳皆叚「居」爲「凥」。凥，謂得几而安也。

【集解】鄭曰：「無求安飽，學者之志有所不暇也。」孔曰：「敏，疾也。有道，謂有德者也。正，謂問其是非也。」

【唐以前古注】筆解：韓曰：「正，謂問道非問事也。上句言事，下句言道，孔不分釋之，則事與道混而無别矣。」李曰：「凡人事政事皆謂之事迹，若道則聖賢德行，非記誦文辭之學而已。孔子曰：『有顔回者好學，不遷怒，不貳過。』此稱爲好學。孔云問事是非，蓋得其近者小者，失其大端。」

【集注】不求安飽者，志有在而不暇及也。敏於事者，勉其所不足。慎於言者，不敢盡其所有餘也。然猶不敢自是，而必就有道之人以正其是非，則可謂好學矣。凡言道者，皆謂事物當然之理，人之所共由者也。

【餘論】論語集注補正述疏：朱子云：「凡言道者，皆謂事物當然之理，人之所共由者也。」今考經云「士志於道」，又云「何莫由斯道也」，若此者，此道之當然也。經云「三年無改於父之道」，則道之待改矣，此非道之當然也。易泰彖傳云：「君子道長，小人道消。」中庸所以言君子之道、小人之道也。蓋言道者，非一例之辭。韓子所謂「道爲虚位」也，此朱子所知也。今曰凡曰皆，其失之一例歟？此朱子未及修之爾。如曰「言道者，謂事物當然之理，人之所共由者也」，以釋此經言道者，斯叶矣。彼有道而我就正也，非共由其道之當然者乎？孟子云：「楊氏爲我，是無君也。墨氏兼愛，是無父也。」蓋兼愛害仁，爲我害義也。尹氏，言楊、墨之學者，悲哉其學之異也！孟子所以憂天下無學也。如其異學，合楊、墨以行天下，害於其事，蔽於其言，非篤乎正學者，鮮不惑矣。而況其爲志安飽中人也？王植四書參注（經正録引）：道者，事物當行之理。大而倫常，小而日用，莫不各有其理，猶行者各有其路，故名之曰道。其原出於天，根於性，而具於心，無一時一物不有此理，一一由性中自然而出之，故中庸曰「率性」，曰「不可須臾離」，從來言道者，莫明切於此。

【發明】石渠意見：就有道而正焉，就有道之人而正所言所行之是非，是者行之，非者改之，斯可謂好學之人也。蓋古之學者，其要在乎謹言慎行以修身，非徒記誦辭章而已。故夫子告子張曰：「慎言其餘，慎行其餘。」又曰：「言忠信，行篤敬。」中庸曰：「言顧行，行顧言。」是皆以言行爲學也。今之學者，惟務記誦辭章以取科第而已，其於言行也多不致謹，此其所以不及古人也歟？反身録：宋王曾鄉會試並殿試皆居首。賀者謂曰：「士子連登三元，一生喫着不盡。」曾正色答曰：「曾生平志不在温飽。」其後立朝不苟，事業卓然。今人生平志在温飽，是以乎生平。居官多苟，事業無聞；甚至播惡遺臭，子孫蒙羞，諱言不敢認以爲祖。故人品定於所志，事業本乎生平。

○子貢曰：「貧而無諂，富而無驕，何如？」子曰：「可也。未若貧而樂，富而好禮者也。」

【考異】皇本作「子貢問曰」。「樂」下有「道」字。史記弟子傳引「貧而無諂」二語倒置。「未若貧而樂」，弟子傳引作「不如貧而樂道」。昭明文選幽憤詩「樂道閑居」注引論語「貧而樂道」。陳鱣論語古訓：按鄭注本無「道」字，集解兼採古論，下引孔曰「能貧而樂道」，是孔注古論本有「道」字。司馬遷從孔安國問古文尚書，史記所載語亦是古論。仲尼弟子傳引論語曰「不如貧而樂道」，正與孔合。是集解本有「道」字，今各本脱去，鄭據本蓋魯論，故無「道」字。臧在東曰：「雍也篇云『回也不改其樂』，義本可通，故鄭不定從古以校魯也。」高麗本、足利本並作「樂道」。天文本論語校勘記：古本、唐本、津藩本、正平本均有「道」字。唐石經「道」字旁注。

按：司馬遷從孔安國問古文尚書，史記所載當是古論。孔注：「能貧而樂道，富而好禮者，自能切磋琢磨。」又曰：「往告以貧而樂道，來答以切磋琢磨。」其所據係古論，故「樂」下有「道」字。鄭注魯論，故無「道」字。其曰「樂，謂志於道」，是其證也。漢書王莽傳、後漢書陳平王蒼傳注引並無「道」字，與鄭本同。考論語中如「樂以忘憂」、「樂在其中矣」、「回也不改其樂」，均不云「樂道」，鄭不以古校魯，自有深意。孔注是後人僞撰，陳鱣援孔注以證史記則非也。

【考證】坊記：子云：「貧而好樂，富而好禮，衆而以寧者，天下其幾矣。」呂氏春秋慎大覽：古之得道者，窮亦樂，達亦樂。所樂非窮達也，道得於此，則窮達一也，如寒暑風雨之節矣。

【集解】孔曰：「可也，未足多也。」鄭曰：「樂，謂志於道，不以貧爲憂苦。」

【唐以前古注】皇疏引范甯云：不以正道求人爲諂。又云：孔子以爲不驕不諂，於道雖可，未及臧也。

按：范甯注論語，隋、唐志皆不著録，書名及卷數均無可考。隋志有論語别義十卷，范廙撰。「廙」或是「甯」之誤，未可知也。考江熙集解十三家有范甯，梁皇侃作義疏時及見之，故亟引范説，此外陸德明經典釋文、裴駰史記集解亦間稱引，録之以備一家。

又引孫綽云：顔氏之子，一簞一瓢，人不堪其憂，回也不改其樂也。

按：綽晉書有傳，是編隋、唐志並稱孫氏集解十卷，陸德明釋文序録則稱集注，卷數與二志同。云集解者，必非一家之言。今佚，録之以備一家。

【集注】諂，卑屈也。驕，矜肆也。常人溺於貧富之中，而不知所以自守，故必有二者之病。無諂無驕，則知自守矣，而未能超乎貧富之外也。凡曰可者，僅可而有未盡之辭也。樂則心廣體胖而忘其貧，好禮則安處善樂循理，亦不自知其富矣。子貢貨殖，蓋先貧後富，而嘗用力於自守者，故以此爲問。而夫子答之如此，蓋許其所已能而勉其所未至也。

【餘論】黄氏後案：蘇氏云：「忘乎貧富然後爲至。」朱子於或問斥之，而此注仍用之。式三謂君子之於貧富，有忘有不忘。樂之至，則不知己之貧；禮之恭，則不知己之富，此忘之之時也。貧毋逸樂，富則不勞，富必備禮，貧則從簡，素位而行，隨分自盡，此不忘之也。論語述何：董子曰：「安處善，樂循禮，然後謂之君子。」顏子居陋巷而樂道帝王之道，周公相成王而思兼三王之禮，貧富不同，其揆一也。論語後録：坊記云：「貧而好樂，富而好禮，衆而以寧者，天下其幾矣。」是讀「樂」爲周禮司樂之樂，義可兩通。

【發明】筆麈：人之爲境所動者，以見心外有境故也。貧而諂，富而驕，陋矣，故以「無諂、無驕」爲可。然無諂、無驕者，特不爲境所動耳。能了心外無境否乎？不能了心外無境，而能保其真，不爲境所動乎？故曰「未若貧而樂，富而好禮者也」。

子貢曰：「詩云：『如切如磋，如琢如磨。』其斯之謂與？」子曰：「賜也，始可與言詩已矣，告諸往而知來者。」

【考異】七經考文：古本「云」作「曰」。翟氏考異：考文據義疏本爲古本，今所見義疏什八九相合。間有一二不合，如此「詩云」類者，皆標考文原目備參。物氏補遺所稱古本不合較多，例亦準此。舊文「磨」爲「摩」，釋文曰：「『摩』，一本作『磨』」。皇本「而知來者」下有「也」字。天文本論語校勘記：唐本、津藩本、正平本均有「也」字。

【考證】陳詩庭讀書證疑：切磋琢磨皆磨器之名，故雅訓並列。爾雅釋文：「『切』，本又作

『𩪘』。」説文：「𩪘，齒差也。」讀若切。「差」即「磋」字，廣雅三：「差，磨也。」説文：「𪘏，𩪘牙也。」屑，動作切切也。」是「切」義同「屑」，而當訓爲磨。京房易繫辭傳注：「磨，相磑切也。」是古義以切爲磨。琢亦磨也，太平御覽引韓詩「如錯如磨」。易説卦傳「八卦相錯」，李鼎祚注：「錯，磨也。」詩「他山之石，可以爲錯」，説文作「厝」，云：「厲石也。」是琢亦爲磨。此義廣雅疏證言之甚詳，可補諸家所未及。劉氏正義：説文：「切，刌也。琢，治玉也。」磋，謂治象差次之，使其平滑也。「磨」，釋文作「摩」，云：「一本作『磨』。」説文：「䃺，礲也，礪也。」意「摩」、「磨」即「䃺」之異體。爾雅釋器：「骨謂之切，象謂之磋，玉謂之琢，石謂之磨。」郭注：「皆治器之名。」謂治骨象玉石以成器也。荀子大略云：「人之於文學也，猶玉之於琢磨也。詩曰：『如切如磋，如琢如磨。』謂學問也。」並同爾雅之義。劉台拱論語騈枝：此處問答之旨，宜引爾雅釋器及釋訓語以證明之。釋器云：「骨謂之切，象謂之磋，玉謂之琢，石謂之磨。」釋訓云：「如切如磋，道學也。如琢如磨，自修也。」此三百篇古訓古義也。因知無諂無驕者生質之美，樂道好禮者學問之功。夫子言「十室之邑，必有忠信，不如某之好學」。而七十子之徒獨稱顏子爲好學。顏子而下，穎悟莫如子貢，故夫子進之以此。然語意渾融，而又引而不發，子貢能識此意，而引詩以證明之，所以爲告往知來。朱注不用爾雅而創爲已精益精之説，蓋以切琢喻可也，磋磨喻未若。比例雖切，而于聖人之意初無所引申，何足發告往知來之歎乎。黄氏後案：治骨曰切，象曰磋，玉曰琢，石曰磨。爾雅、詩傳、陸氏釋文、孔氏詩疏、皇、邢疏無異説，古訓也。如切如磋，道學也。如琢如磨，自修也。爾雅、大學同，亦古訓也。切磋者必判其分理之細，道學似之。琢磨者必去其瑕玷之微，自修似之也。無諂無驕，質美而自守者能之。樂與好禮，非道學自修不能及此。故引詩以明之，告以進境而知所由來，是告往知來也。蘇子由論語拾遺云：「子貢聞之而悟，士至於此，必其切磋琢磨之功至，夫子善其知所從來。」蘇説是也。如朱子注，則引詩者祇證未若之辭，未見告往知來之實矣。且詩辭非有精益求精之意，觀末章云「如金如錫，如圭如璧」可知也。

【集解】孔曰：「能貧而樂道，富而好禮者，能自切磋琢磨者也。諸，之也。子貢知引詩以成孔子義，善取類，故然之，往告之以貧而樂道，來答以切磋琢磨者也。」

【唐以前古注】詩衛風正義引鄭注：切磋琢磨以成寶器。（唐釋玄應法鏡經音義引論語注云：「骨曰切，象曰磋，以成器，譬人學問以成德也。」）皇疏引范甯云：子貢欲躬行二者，故請問也。切磋琢磨，所以成器。訓誘學徒，義同乎兹。子貢富而猶恡，仲尼欲戒以禮中，子貢知心厲己，故引詩以爲喻也。

又引江熙云：古者賦詩見志，子貢意見，故曰「可與言詩矣」。夫所貴悟言者，既得其言，又得其旨也。告往事而知將來，謂聞夷、齊之賢，可以知不爲衛君。不欲指言其語，故舉其類耳。

八佾篇巧笑章皇疏引沈居士云：孔子始云「未若貧而樂道，富而好禮」，未見貧者所以能樂道，富者所以能好禮之由。子貢答曰「切磋琢磨」，所以得好禮也，則是非但解孔子旨，亦是更廣引理以答也，故曰「告諸往而知來者」也。

【集注】詩衞風淇奥之篇。言治骨角者，既切而復磋之。治玉石者，既琢而復磨之。治之已精而益求其精也。子貢自以無諂無驕爲至矣，聞夫子之言，又知義之無窮，雖有得焉，未可遽自足也，故引是詩以明之。往者，其所已言者。來者，其所未言者。

【餘論】朱子語類：子貢舉詩之意，非專以此爲「貧而樂，富而好禮」之功夫，蓋見一切事皆合如此，不可安於小成而不自勉也。四書參注：李菉涯云：「易『神以知來，智以藏往』，神與智皆心之靈明。神屬陽，主發揚。智屬陰，主收藏。知來如所謂悟性，神之爲也。藏往如所謂記性，智之爲也。告往知來，殆所謂悟性者歟？多學而識，殆所謂記性者歟？」

【發明】吕坤呻吟語：我身原無貧富貴賤字，我只是箇我，故富貴貧賤如春風秋月，自去自來，與心全不牽掛，我到底只是箇我。夫如是，故可貧可富可貴可賤。今人惟富貴是貪，其得之也必喜，其失之也如何不悲？其得之也爲榮，其失之也如何不辱？全是靠著假景作真，身外物爲分内，此二氏之所笑也，况吾儒乎？輔廣論語答問：爲貧所勝，則氣隨以歉，而爲卑屈，故多求而諂。爲富所勝，則氣隨以盈，而爲矜肆，故有恃而驕。

○子曰：「不患人之不己知，患不知人也。」

【考異】中論考僞篇引「不患人之不己知」，「知」下有「者」字。釋文：「患不知也」，本或作「患己不知人也」。俗本妄加字。今本「患不知人也」。皇本作「不患人之不己知也，患己不知人也」。臧琳經義雜記：蓋與里仁「不患莫己知，求爲可知也」、先進「居則曰：不吾知也。如或知爾，則何以哉」語意相同。今邢疏本作「患不知人也」，「人」字淺人所加。潘氏集箋：邢疏本無王注，皇本有之。今據注意，則釋文所云「本或作『患己不知人也』」似即王本。劉氏正義：皇本有。王注云：「但患己之無能知也。」己無能知，即未有知之義，則皇本「人」字爲俗妄加無疑。天文本論語校勘記：古本、足利本、唐本、津藩本、正平本均作「患己不知人也」。

【考證】吕氏春秋論人篇：人同類而智殊，賢不肖異。皆巧言辨亂以自防禦，此不肖主之所以亂也。

【集解】王曰：「但患己之無能知也。」

按：邢昺疏本無此注，皇本有之。據此注，知王肅所見本亦無「人」字。

【唐以前古注】皇疏引李充云：凡人之情，多輕易於知人，而怨人不知己，故抑引之教興乎此矣。

【集注】尹氏曰：「君子求在我者，故不患人之不知己。不知人，則是非邪正或不能辨，故以爲患也。」

【餘論】讀四書叢説：就學者言，上句便可包後章「患其不能」之意，便當明理修身，自加精進，使有可知之實，則雖不求人知而人必知之矣。下句則凡尊師取友，與人交際往來，須知其善惡而趨避之，然後無損而有益。若推而言之，上句論其極，則雖居高位，其處己應事唯循天理，上不欺其君，下不病其民，内無愧於心，何必欲人盡知吾心也？否則有違道干譽之失矣。下句論其極，則仕而擇可宗之人，有位而舉賢才爲用，爲宰輔而進退百官，非知人之明其可乎？否則賢愚渾淆，分朋傾軋，而亂亡至矣。四書訓義：夫子曰：凡人之情有求而不得，而不知所以可得之道，鬱抑而不能自安，則患心生焉。患之則必思所以求去其患，而情乃適於此，而爲己爲人之別存焉。自君子而思之，則有其不可患者勿容患也，有其真可患者不容不患也。今人之所患者，己有德而人不知所尊，己有才而人不知所用，於是視天下若無所容身，而身亦無所自容。此不必患者也。能奪我名而不能奪我志，能困我於境遇而不能困我於天人無愧之中，不患也。乃若所患者有賢者在前而不知爲賢，則出而無所可任用，處而無所可效法。有不肖者在前而不知爲不肖，則信用之而爲其所欺，交遊焉而爲其所惑。而賢不肖之情形非可以一端察也，疑之而又見其可信，信之而又有其可疑，將何所鑒別而不至自失其身？此則求之不得其術，裁之不知其要，所爲惘然於身世之際，而自見其可憂者也。以患不己知者，反而自患其知，斯亦爲爲己之實學。不然，患己知之不早，則屈學以阿世；不患知人之不明，則親小人而遠君子，其爲大患，可勝道哉！

【發明】反身録：吾人學非爲人，之知不知原於己無損，故不以此爲患。惟是人不易知，知人實難。我若不能窮理知人，則鑑衡昏昧，賢否莫辨，是非混淆，交人則不能親賢而遠佞，用人則不能進賢而屏奸。在一己關乎學術，在朝廷關乎治亂，雖欲不患，得乎？正直君子易知，邪曲小人難知。蓋正直君子光明洞達，心事如青天白日，人所易見。邪曲小人則文詐藏奸，迹似情非，令人難覺，若張、趙諸公之於秦檜是已。張、趙初以張邦昌之僭位檜不傅會，及與同朝共事，又見其事事克辨，交稱其賢，以爲才似文若，以致階以進用，卒之禍天下而賊生靈，貽害無窮，諸公實不得辭其責。由此觀之，人固未易知，而知人實不易也，故不容不患。患則講究有素，患則慎之於初。楊氏論語劄記：此篇末以「不患人之不己知，患不知人」結，見君子之學無非爲己。人倫名教之地，所恃以進德修業者，惟此本心之明照，以收益於親賢取善之際而已矣。

論語集釋卷三

爲政上

○子曰：「爲政以德，譬如北辰居其所而衆星共之。」

【考異】孟子盡心篇注、吕氏春秋有始覽注俱引論語「衆星拱之」。釋文：「共」，鄭作「拱」。文選曲水詩序、運命論二論俱引作「拱」。

【考證】王夫之四書稗疏：集注云：「北辰，北極，天之樞也。」於義自明。小注紛紜，乃指爲天樞星，誤矣。辰者，次舍之名。辰非星，星非辰也。北極有其所而無其迹，可以儀測而不可以像觀，與南極對立，而爲天旋運之紐。以渾儀言，凡星之屬皆在第八重宿曜天，而北極則在第九重宗動天。若天樞之爲星，乃北斗杓。星斗移而杓不動，然亦隨斗左旋，不能常居其所。又紫微垣中有極星者，以去極得名。極無可見，觀象者因此星以髣髴其處。此星輪轉於極之四圍，非能與極而皆不動。極以其柱天而言，樞以其爲運動之主而言，辰則以其爲十二舍之中而言也。

邵晉涵爾雅正義：諸儒釋北辰者多異。繫辭傳「易有太極」，馬融注：「北辰也。」易言「太極是生兩儀」，北辰不得生兩儀，馬説非也。周禮疏引爾雅鄭注云：「天皇北辰耀魄寶，是天皇上帝之號也。」爾雅載北極於星名，則不得爲天帝之號。天官書：「中宫天極星，其一明者，太極常居。」索隱引爾雅爲證。此以紫微爲北辰也。公羊昭十七年傳「北辰亦爲大辰」，何休注：「迷惑不知東西者須視北辰以別心伐。」疏引春秋説云：「北者，高也。極者，藏也。言太極之星高居深藏，故名北極也。」秦蕙田五禮通考：北極，天之至中。謂之辰者，無星而有其位也。北極正相對爲南極，二極之中紘古今皆謂之赤道。去南北極四周皆平等，日月星八重之天循黄道而行，各有所行之道，南北不定，惟赤道爲一定之界。七曜各有一道，則各有一極，其極皆動移，而惟北極不動。赤道云者，赤，猶空也。空設此道，以判南北七政不附麗而行也。北辰，今謂之赤極，言其爲赤道之極耳。俗言赤手、赤貧，皆取空義也。陳懋齡經書算學天文考：北辰非北極小星也。古人指星所在處爲天所在處，其實北辰是無星處。今人測極星所在，晝夜環行折中取之是也。凡天之無星處曰辰，天上十二辰，自子畢亥爲日月所會聚之次舍。如十一月冬至，日月畢會於丑，必有所當之星宿。漢初不知歲差，以牽牛爲冬至常星。若以歲差之理言之，今時在箕一度。冬至子中，未嘗板定星度，北辰如何認定極星？但以之爲標準耳。又曰：天左旋西行，一日一周，以赤道極爲極，即北辰也。日月五星右旋東行，日行一度，月行十三度奇，並以黄道極爲極，即黄極也。恒星七十年東行一度，古法謂之歲差。西人謂恒星行其度右旋東行，亦以黄道極爲極，非向赤道極也。赤道極有二，一北一南。黄道圈出入於赤道之内外，夏北冬南，冬至日在赤道南二十三度半，離日一象限安黄極，黄極、赤極相距亦二十三度半也。恒星東行只在黄道之一線上，故黄道極終古不移。古今測二十八宿星度南北緯度皆有增減。又極星離不動處漸遠，是赤道星移而黄道線不移，西人所以重黄極也。然黄道極亦以赤道極爲樞，北辰所以居其所而衆星共之。又曰：赤道宗北極，恒星宗黄極。赤道西行，恒星東行。然黄道極亦以赤道極爲樞，右旋之度因左旋而成，只爲動天左旋西行，帶定七政恒星。晝夜運轉，故七政恒星得以差次自行。是東行之度以西行而生，黄極以赤極爲樞，衆星所以共北辰也。許宗彦鑑止水齋集：考工記匠人：「夜考諸極星以正朝夕。」何休注公羊曰：「迷惑不知東西者須視北辰以别心伐。」今北辰星甚小，不易辨。周髀曰：「冬至日加酉之時，立八尺之表，繩繫表顛，希望北極中大星，引繩至地而識之。又到旦明日加卯之時，復引繩希望之。首及繩至地，而識其兩端，相去二尺三寸，故東西極二萬三千里。其兩端相去正東正西中折之，以指表正南北。」其云東西極二萬三千里，即璿璣之徑。折半爲一萬一千五百里，乃北極中大星距北極樞之數。樞即不動處，以衡間相去里數準赤道度約之，計四度餘。若北極小星，則周初去極心不應若此之遠。蓋周髀本言北極中大星，則非今所指之小星可知也。史記天官書：「中宫天極星，其一明者，太一常居。」鄭康成謂「太一，北辰神名」，北極大星或即此歟？今法測勾陳大星東西所極折中以定南北，與周髀北極樞璿之用正同。若論語所言，即周髀所謂「正北極璿璣之中」。正北天之中者，蓋赤道極也。李惇羣經識小：天行至健，其南北兩端不動處，如門之樞。獨言北極者，以其出地三十六度，常見不隱也。不言北極而言北辰者，辰是無星之處，今所指爲極星，不過近極之可見者耳，非北極也。極如輪心，雖動不離本處。其外則二十八宿左旋，五星右旋，皆還繞此極也。易繫辭傳「不行而至」，虞注：「星寂然不動，隨天右周，感而遂通，故不行而至者也。」雷學淇經說：爾雅曰：「北極謂之北辰。」呂覽有始篇：「極星與天俱游，而天極不移。」天極即北極也。極星即天官書所謂「中宮天極星」也。其星有五，第二最明者爲太乙常居，第五爲天樞，去北極最近，古法謂去極一度餘，宋清臺法謂去極四度半。此五星仍皆運轉。即北極亦非不運動，但居其所而不移耳。猶之聖人治天下，但見其垂衣裳而天下治，不知兢兢業業，一日二日萬幾，其勞心者無已時也。宋人以磨心、車轂譬北辰，非是。磨心與磨上之運轉者不屬，車轂與車輪之運轉者不屬，且磨心、車轂真不動矣，與「爲」字、「以」字及北辰之象皆不合。古人惟以樞取譬，最爲切合。蓋樞在受樞處，與扉扇一同運轉，但居其所而不移耳。論語稽求篇：包氏無爲之説，此漢儒攙和黃、老之言。何晏本習講老氏，援儒入道者。其作集解，固宜獨據包説，專主無爲。夫爲政以德，正是有爲。夫子已明下一「爲」字，況爲政尤以無爲爲戒。禮記：「哀公問爲政。孔子曰：『政者，正也。君爲政，則百姓從政矣。君之所爲，百姓之所從也。君所不爲，百姓何從？』」夫子此言若預知後世必有以無爲解爲政者，故不憚諄諄告誡，重言疊語，此實可與論語相表裏者。又曰：爲政以德，正是有爲。夫子明下一「爲」字，則縱有無爲之治，此節斷不可用矣。

按：此章之旨，不過謂人君有德，一人高拱於上，庶政悉理於下，猶北辰之安居而衆星順序。

即任力者勞，任德者逸之義也。與孔子稱舜無爲而治了不相涉。郭象以黃、老之學解經，必欲混爲一談。朱子不察，亦沿其謬，殊失孔氏立言之旨。

【集解】包曰（皇本作鄭曰）：「德者無爲，猶北辰之不移而衆星共之。」

【唐以前古注】文選李蕭遠運命論注引鄭注：北辰謂之北極。釋文引鄭注：拱，拱手也。皇疏引郭象云：萬物皆得性謂之德。夫爲政者奚事哉？得萬物之性，故云德而已也。得其性則歸之，失其性則違之。

按：郭象注莊子襲取向秀之言，頗爲世所詬病。其注論語，隋、唐志並云二卷。其書在唐時惟秘閣有之，世少傳本。江熙集解所列十三家有之，書名論語體格。今玩其說，不離玄宗。以其晉人經解，取備一家。

【集注】政之爲言，正也，所以正人之不正也。德之爲言，得也，行道而有得於心也。北辰，北極，天之樞也。居其所，不動也。共，向也。言衆星四面旋繞而歸向之也。爲政以德，則無爲而天下歸之，其象如此。

【別解】論語徵：爲政，秉政也。以德爲用有德之人。秉政而用有德之人，不勞而治，故有北辰之喻。

按：此說較舊注爲勝，似可從。

【餘論】王夫之讀四書大全說：若更於德之上加一無爲以爲化本，則已淫入於老氏無爲自正之旨。抑於北辰立一不動之義，既於天象不合，且陷入於老氏輕爲重君、静爲躁根之説。毫釐千里，其可謬與？　趙德四書箋義纂要：樂記：「德者，得也。」又鄉飲酒：「德也者，得於身也。故曰古之學術道者，將以得之於身也。」集注舊説「行道而有得於身」，後以身作心，蓋以「德」字從心，其義尤切。　黄氏後案：以「居所」是無爲，與本文之「爲政」相伐。化民固無迹，與此章不合。如言爲政尚清浄，果此章意哉？

○子曰：「詩三百，一言以蔽之，曰：『思無邪。』」

【考異】太平御覽述文無「曰」字。

【考證】史記孔子世家：古者詩三千餘篇，及至孔子，去其重，取可施於禮義。上采契、后稷，中述殷、周之盛，至幽、厲之缺。又云：三百五篇，孔子皆弦歌之，以求合韶、武、雅、頌之音，禮樂自此可得而述。　漢書藝文志：古有采詩之官，王者所以觀風俗、知得失、自考正也。孔子純用周詩，上采殷，下取魯，凡三百五篇。遭秦而全者，以其諷誦不獨在竹帛故也。　黄氏後案：「詩三百」，指已删後言也。朱子駁詩序，因以「無邪」指讀詩者言，不指詩言。吕伯恭、馬貴與諸儒先後於朱子之時，其辨甚審。朱子作白鹿洞賦曰：「廣青衿之疑問，樂青莪之長育。」於孟子「小弁」注、「愠于羣小」注皆用序説，是未敢擅自信也。其後王會之倡言，今詩三百篇非盡夫子之舊。而擅删風詩，遂及二南。金吉甫、許蓋之皆因之，意在尊朱子，而遂黜經矣。　項氏家説：思，語辭也。用之句末，如「不可求思」、「不可泳思」、「不可度思」、「天惟顯思」。用之句首，如「思齊大任」、「思媚周姜」、「思文后稷」、「思樂泮水」，皆語辭也。説者必以爲思慮之思，則過矣。俞樾曲園雜纂：項此説是也。惜其未及「思無邪」句。按駉篇八「思」字並語辭。毛公無傳，鄭以思遵伯禽之法説之，失其旨矣。論語爲政篇引「思無邪」句，包注曰：「歸於正。」止釋「無邪」二字，不釋「思」字。邢疏曰：「思無邪者，此詩之一言，魯頌駉篇文也。詩之爲體，論功頌德，止僻防邪，大抵皆歸於正，故此一句可以當之也。」亦止釋「無邪」，不及「思」字，得古義矣。

【集解】孔曰：「詩三百，篇之大數。」包曰：「蔽，猶當也。思無邪，歸於正也。」

【唐以前古注】皇疏引衛瓘云：不曰思正，而曰思無邪，明正無所思邪，邪去則合於正也。

按：隋志有集注論語六卷，云晉八卷，晉太保衛瓘注。梁有論語補缺二卷，宋明帝補衛瓘缺亡。唐志有宋明帝補衛瓘論語十卷。陸德明釋文序録云晉八卷，少二卷。宋明帝補缺，隋、唐之代已非全帙，今則佚無傳者。其説雖不同時解，而爲義頗長。昔宋、明補綴遺編，蓋必有心折於其論説者。書名集注，所採必非一家之言，惜乎全豹之無從得窺也。

筆解：韓曰：「蔽，猶斷也。包以蔽爲當，非也。」李曰：「詩三百篇，斷在一言。詩始於風，止乎禮義，先王之澤也，故終無邪一言，詩之斷也。」

【集注】詩三百十一篇，言三百者，舉大數也。蔽，猶蓋也。「思無邪」，魯頌駉篇之辭。凡詩之言善者，可以感發人之善心，惡者，可以懲創人之逸志，其用歸於使人得其情性之正而已。然其言微婉，且或各因一事而發，求其直指全體，則未有若此之明且盡者。故夫子言詩三百篇，而惟此一言足以盡蓋其義，其示人之意亦深切矣。

【別解】鄭氏述要：「無邪」字在詩駉篇中，當與上三章「無期」、「無疆」、「無斁」義不相遠，非邪惡之邪也。集傳於此篇序語曰：「僖公牧馬之盛，由其立心之遠。」曰：「衛文公秉心塞淵，而騋牝三千，亦此意。」其解「塞淵」二字曰：「人之操心誠實而淵深，則無所爲而不成。」是與此篇「無期」各句意正相近也。不知何以解「無邪」句即作邪惡之邪。心無邪惡，與牧馬之盛意殊不貫，與「無期」各句亦不一例，知古義當不如此。古義邪即徐也。詩邶北風篇「其虛其邪」句，漢人引用多作「其虛其徐」，是「邪」、「徐」二字古通用。集傳於北風篇「邪」音「徐」，於此篇曰：「與下句『徂』叶韻。」是二字音相通。管子弟子職曰：「志無虛邪。」是二字雙聲聯合，古所習用。詩傳云：「虛，虛徐也。」釋詩者如惠氏棟、臧氏琳等即本之詩傳，謂「虛」、「徐」二字一意，是徐即虛。北風篇之「邪」字既明，則駉篇之「思無邪」即可不煩言而解矣。集傳於前二章曰「無期猶無疆」，於後二章不敢曰「無邪猶無斁」，以邪、斁二字義尚遠也。今如此解，則亦可曰「無邪猶無斁」也。無厭斁，無虛徐，則心無他騖，專誠一志以之牧馬，馬安得不盛？古稱百里奚飯牛而牛肥；金日磾謹慎，馬亦壯盛，即其事證。駉篇「思無邪」之本義既明，則此章亦即可不煩言而解矣。夫子蓋言詩三百篇，無論孝子、忠臣、怨男、愁女皆出於至情流溢，直寫衷曲，毫無僞託虛徐之意，即所謂「詩言志」者，此三百篇之所同也，故曰一言以蔽之。惟詩人性情千古如照，故讀者易收感興之效。若夫詩之是非得失，則在乎知人論世，而非此章論詩之本旨矣。集注惟不考邪爲虛徐，又無奈其有淫詩何，遂不得不迂迴其辭，爲「善者感發善心，惡者懲創逸志」之語。後人又以集注之迂迴難通也，遂有淫詩本爲孔子删棄，乃後人舉以湊足三百之語。又有淫詩本非淫，乃詩人假託男女相悦之語。因此字之不明，糾紛至今未已。

按：包注只云「歸於正」，而皇疏謂此章舉詩證「爲政以德」之事，邢疏謂爲政之道在於去邪歸正。單就爲政言，其義轉狹，集注不從是也。惟三百篇仍有淫詩，而曰「思無邪」，頗難自圓其説。竊謂此章「蔽」字當從筆解。書康誥「罰蔽殷彝」，左傳「昭十四年，蔽罪邢侯」，孔傳、杜注「蔽」俱訓「斷」。「思」字乃發語辭，非心思之思，當從項説。「邪」字當作「徐」解，述要之説良確。合此三者，本章之義始無餘藴。善乎王闓運論語訓之言曰：「詩本詠馬，馬豈有所謂邪正哉？」知此者，無邪之旨，思過半矣。

【發明】焦氏筆乘：王剛中曰：「道無邪正，自正人視之，天下萬物未始不皆正。自邪人視之，天下萬物未始不皆邪。如桑中、牆有茨、東門之枌之詩，具道閨房淫泆之事，聖人存而不削者，以其一念自正也。昔有學道者久未有得，一日聞市倡之歌而大悟。聽人之言，一係乎心術如此。」剛中之言，非但見詩人之心思不及於邪，亦示讀詩者之心術當依於正耳。反身録：六經皆古聖賢救世之言，凡一字一句，無非爲後人身心性命而設。今人只當文字讀去，不體認古人立言命意之旨，所以白首窮經，而究無益於自己身心性命也。即如詩之爲教，原是教人法其所宜法，而戒其所宜戒，爲善去惡，思不至於有邪耳。故曰「詩以道性情」。若徒誦其篇章之多，善無所勸而惡無所懲，則是養性情者反有以累性情矣。

○子曰：「道之以政，齊之以刑，民免而無恥。道之以德，齊之以禮，有恥且格。」

【考異】皇本兩「道」字作「導」。　天文本論語校勘記：古本、唐本、正平本均作「導」。　史記、漢書酷吏傳序、漢書刑法志、後漢書杜林傳、二十八將傳論、董仲舒對賢良策、王符潛夫論德化篇、梁書徐勉修五禮表皆引作「導」。　漢祝睦碑「道」作「導」，「齊」作「濟」，「格」作「恪」。洪适隸釋曰：「此與魯論不同，殆亦借用。」顧藹吉隸辨曰：「祝睦後碑引論語『鄉黨逡逡，朝廷便便』，亦與今文不同。恐是傳授之異，非借『恪』爲『格』也。」　費鳳碑「格」作「佫」。　隸辨曰：「爾雅：『格，至也。』玉篇『佫』亦訓至。『格』與『佫』古蓋通用。」　劉氏正義：方言：「佫，至也。」說文：「假，至也。」「佫」、「假」一字。書「格于上下」，說文引作「假」。「假」與「假」同，則「格」、「假」字通。

【考證】禮記緇衣篇：子曰：「夫民，教之以德，齊之以禮，則民有格心；教之以政，齊之以刑，則民有遯心。」　大戴禮禮察篇：爲人主計者，莫如安審取舍。取舍之極定於内，安危之萌應於外也。以禮義治之者積禮義，以刑罰治之者積刑罰。刑罰積而民怨倍，禮義積而民和親，故世主欲民之善同，而所以使民之善者異也。或導之以德教，或敺之以法令。導之以德教者，德教行而民康樂。敺之以法令者，法令極而民哀戚。哀樂之感，禍福之應也。　家語刑政篇：仲弓問於孔子曰：「雍聞至刑無所用政，桀、紂之世是也。至政無所用刑，成、康之世是也。信乎？」孔子曰：「聖人治化，必刑政相參焉。太上以德教民，而以禮齊之。其次以政導民，而以刑禁之。化之弗變，導之弗從，傷義以敗俗，於是乎用刑矣。」孔叢子刑論篇：仲弓問古之刑教與今之刑教。孔子曰：「古之刑省，今之刑繁。其爲教，古有禮然後有刑，是以刑省；今無禮以教而齊之以刑，刑是以繁。書曰：『伯夷降典，折民惟刑。』謂先禮以教之，然後繼以刑折之也。夫無禮則民無恥，而正之以刑，故苟免。」又孔子答衞將軍文子曰：「齊之以禮，則民恥矣。刑以止刑，則民懼矣。」

【集解】孔曰：「政，謂法教也。免，苟免罪也。」馬曰：「齊之以刑，整齊之以刑罰也。」包曰：「德，謂道德也。」何曰：「格，正也。」

【唐以前古注】釋文引鄭注：六德，謂智、仁、聖、義、中、和。格，來也。皇疏引郭象云：政者，立常制以正民者也。刑者，興法辟以割物者也。制有常則可矯，法辟興則可避。可避則違情而苟免，可矯則去性而從制。從制外正而心内未服，人懷苟免則無恥於物，其於化不亦薄乎？故曰「民免而無恥也」。德者，得其性者也。禮者，體其情者也。情有所恥而性有所本，得其性則本至，體其情則知至。知恥則無刑而自齊，本至則無制而自正，是以「導之以德，齊之以禮，有恥且格」。又引沈居士云：夫立政以制物，物則矯以從之。用刑以齊物，物則巧以避之。矯則跡從而心不化，巧避則苟免而情不恥，由失其自然之性也。若道之以德，使物各得其性，則皆用心。不矯其真，各體其情，則皆知恥而自正也。

【集注】道，猶引導，謂先之也。政，謂法制禁令也。齊，所以一之也。道之而不從者，有刑以一之也。免而無恥，謂苟免刑罰而無所羞愧。蓋雖不敢爲惡，而爲惡之心未嘗忘也。禮，謂制度品節也。格，至也。言躬行以率之，則民固有所觀感而興起矣。而其淺深厚薄之不一者，又有禮以一之，則民恥於不善，而又有以至於善也。一説：格，正也。書曰：「格其非心。」

【餘論】四書辨疑：注文前説文不可通。「格」字既在一句之末，其下别無字義，以「格」爲至，與全句通讀，乃是有恥且至，不知至爲至甚也。今言「有以至於善」，「善」字乃贅文耳。後一説以「格」爲正，於理爲順。蓋言既恥所犯，又歸於正也。

按：集注之例，兩説不同者，則以在前者爲勝。此章「格」字所以訓至者，蓋因廻護格物之訓，而不知其不可通也。漢碑作「恪」，當出齊、古。爾雅釋詁：「恪，敬也。」漢書貨殖傳「於是在民上者道之以德，齊之以禮，故民有恥而且敬」，即本此文，别爲一義。鄭訓爲來，謂來歸於善也。義亦通。黄氏式三曰：「『格』、『革』音義並同，當訓爲革。」愚謂黄説是也。三代以上，音同之字任意混用，在金石文中久成通例，蓋即革面洗心之義也。何氏訓正，變革不正以歸於正也。義亦可通。

【發明】朱子語類：聖人爲當時專用政刑治民，不用德禮，所以有此言。聖人爲天下，何曾廢刑政？　又云：道之以德，是躬行其實以爲民先。如必自盡其孝，而後可以教民孝；自盡其弟，而後可以教民弟；宜其家人，而後可以教國人；宜兄宜弟，而後可以教國人。松陽講義：這一章蓋爲當時專尚政刑者發。操術不同，功效各異。路頭一差，而風俗由之而殊，氣運由之而變，不可不辨也。雖務德禮者未嘗廢政刑。然德禮，本也。政刑，末也。所謂有關雎、麟趾之精意，然後可以行周官之法度，是豈可徒恃也哉？夫子所謂政刑，尚是三代時之政刑，然且不可恃，又況春秋而後，如申不害、商鞅、韓非之所謂刑政，使夫子見之，當如何慨歎哉！自漢而後，顯棄申、商之名而陰用其術者多。人但見其一時天下慴服，莫敢犯法，以爲識治體，而不知其遺禍於後者不可勝言。孟子云：「善政不如善教。」斯得孔門家法矣。學者平日讀書，須將聖賢此等言語了然胸中。一旦達而在上，然後能審取舍，而殘忍刻薄之説不得而入之。不然，自謂聰明才力過人，適足貽禍於世道而已，可不懼哉！

○子曰：「吾十有五而志于學，

【考異】皇本「于」作「於」。白虎通辟雍篇、文選鮑照擬古詩注、太平御覽學部俱引作「於」。漢石經「于」作「乎」。論衡實知篇引作「乎」。翟氏考異：此經自引詩、書文外，例用「於」字，今此獨變體爲「于」，疑屬「乎」字傳寫誤。漢石經、論衡作「乎」，而朱注亦云「志乎此」可思也。四書辨證：漢石經考作「乎」，論衡實知篇引文亦然。今朱注亦作「志乎此」，疑「于」爲「乎」字之訛。

【音讀】字義總略：「吾十有五」，「有」當音「又」。

【考證】禮記王制注引尚書傳：年十五始入小學，十八入大學。大戴禮保傅云：「古者年八歲而出就外傅，束髮而就大學。」盧注：「束髮，謂成童。」白虎通辟雍篇：古者所以年十五入大學何？以爲八歲毀齒，始有識知，入學學書計。七八十五陰陽備，故十五成童志明，入大學學經術。故曲禮曰：「十年曰幼學。」論語曰：「吾十有五而志于學，三十而立。」

【唐以前古注】皇疏：志者，在心之謂也。孔子言我年十五而學在心也。十五是成童之歲，識慮堅明，故始此年而志學也。

【集注】古者十五而入大學。心之所之謂之志。此所謂學，即大學之道也。志乎此，則念念在此而爲之不厭矣。

【餘論】論語偶記：案尚書周傳云：「王子、公卿大夫元士之適子十五入小學，二十入大學。」書傳略説云：「餘子十五入小學，十八入大學。」竝無「十五入大學」之文。論語「十五而志于學」，是未及十八入大學之期，先有志及之耳。且聖人不以常格限也。集注「古者十五而入大學」，望經爲注，蓋未深考。

按：「十五入大學」出白虎通，集注並非毫無依據，方氏譏之非也。惟志于學與入大學無涉，不必援以爲證，皇疏義較長。

三十而立，

【考異】漢石經「三十」兩字並書作「卅」。唐石經並書作「卅」。翟氏考異：「廿」、「卅」、

「卌」字皆載説文。漢石經八佾、陽貨篇末各題「凡廿六章」，「年四十見惡」作「年卌」。考工記輪人疏曰：「故書十與上二合爲廿字，則二十、三十、四十字一字爲兩讀，因而有之。」可知其由來久也。唐玄宗先天二年詔：「凡制勅表狀書奏箋牒年月等數作二十、三十、四十字。」見舊唐書紀。蓋前此並合爲「廿」、「卅」、「卌」，雖施經典有然，故凡制勅表狀亦隨之通行，至此始詔正之。

【集解】有所成立也。

【唐以前古注】皇疏：立，謂所學經業成立也。古人三年明一經，從十五至三十是又十五年，故通五經之業，所以成立也。

按：漢書藝文志：「古之學者耕且養，三年而通一藝。存其大體，玩經文而已，是故用日少而蓄德多，三十而五經立。」此即皇疏所本。白虎通引「三十而立」連上句，則立謂學也。三國吴志孫皓傳亦云：「孔子言『三十而立』，非但謂五經也。」是以立爲學立，本漢人舊説，其義最長。觀「立」上用一「而」字，其指學立毫無疑義。惟周時成均之教，春秋禮、樂，冬夏詩、書，無五經之目。班氏假五經以説所學之業，其謂三年通一經，亦是大略言之，不得過拘年數也。

【集注】有以自立，則守之固而無所事志矣。

【別解】論語發微：曲禮曰：「三十曰壯，有室。」立也者，立於禮也。君子惟明禮，而後可以居室。不然，風俗之衰與人倫之變，未有不自居室始者。故曰人有禮則安，無禮則危也。錢坫論語後録：不知命，無以爲君子也。不知禮，無以立也。不知言，無以知人也。與此相發明。

按：陸稼書曰：「立是道理大綱能守之定。」竊謂立止是學有成就之義。劉寶楠曰：「諸解立爲立于道，立于禮，皆統於學，學不外道與禮也。」斯持平之論矣。

四十而不惑，

【集解】孔曰：「不疑惑也。」

【唐以前古注】皇疏：業成後已十年，故無所惑也。又引孫綽云：四十强而仕，業通十年，經明行脩，德茂成於身，訓洽邦家，以之莅政，可以無疑惑也。

【集注】於事物之所當然皆無所疑，則知之明而無所事守矣。

【餘論】黄氏後案：立必先不惑，而言不惑於立之後者何也？夫子曰：「可與立，未可與權。」立，守經也。不惑，達權也。張子厚曰：「强禮然後可與立，不惑然後可與權。」蘇子由曰：「遇變而惑，雖立不固。四十不惑，可與權矣。」

五十而知天命，

【集解】孔曰：「知天命之始終。」

【唐以前古注】皇疏：天命，謂窮通之分也。謂天爲命者，言人稟天氣而生，得此窮通，皆由天所命也。天本無言而云有所命者，假之言也。人年未五十，則猶有横企無厓。及至五十始衰，則自審己分之可否也。又引王弼云：天命廢興有期，知道終不行也。又引孫綽云：大易之數五十，天地萬物之理究矣。以知命之年通致命之道，窮學盡數可以得之，不必皆生而知之也。此勉學者之至言也。又引熊埋云：既了人事之成敗，遂推天命之期運，不以可否繫其理治，不以窮通易其志也。筆解：韓曰：「天命深微至賾，非原始要終一端而已。仲尼五十學易，窮理盡性以至於命，故曰知天命。」李曰：「天命之謂性。易者，理性之書也。先儒失其傳，惟孟軻得仲尼之藴，故盡心章云：『盡其心所以知性，修性所以知天。』此天命極至之説，諸子罕造其微。」

按：筆解此段議論與宋儒以理言命者相類，唐以前人何嘗有此見解？此後人所以疑爲僞託也。

【集注】天命即天道之流行而賦於物者，乃事物所以當然之故也。知此則知極其精，而不惑又不足言矣。

【餘論】黄氏後案：生平研究宋諸儒之説，而無極先天諸説不以坿於經，意有所不敢强也。此章朱子之注四十不惑以事理言，五十知命以天理言。由人事之當然推本於天性之自然，猶可也，然非聖人五十之所知也。若求天理於陰陽之前，聖經中無此語矣，尤不可也。閻若璩四書釋地三續：陳幾亭曰：「四書言命，凡貫以天者，皆理也。專言命者，皆數也。『天之明命』，理也。『其命維新』，『峻命不易』，即數矣。『天命之謂性』，『維天之命』，理也。『居易俟命』，『大德受命』，即數矣。『五十而知天命』，『畏天命』，理也。『不幸短命』，『賜不受命』，『道之行廢由命』，『不知命，無以爲君子也』，即數矣。」然亦只言得學、庸兩論。若孟子「永言配命」，不貫以天者，何嘗非理耶？「天命靡常」，貫以天者，又何嘗非數耶？幾亭聞此，想亦應失笑。四書改錯：注凡着層次，必以當然、所以然分别之。實則知當然即應知所以然，無大深淺，豈有十年知當然，又十年知所以然者？若然，則大學格物原無窮致物理之解據。如補傳所云「在即物而窮其理」，則此時入大學者意尚未誠，第一層工夫尚未下手，而先使之不惑，使之知天命，天下有是事理乎？且何以大學窮理在十五時，而夫子窮理必待之四十五十？豈聖學大事全無定準，可隨説改變如此？四書賸言：若不惑、知天命，則以經證經。不惑是知人，知天命是知天。不惑是窮理盡性，知天命是至于命。不惑是誠明，知天命是聰明聖知達天德。蓋不惑則于人事不貿亂，如賈誼傳「衆人惑」之惑。知天命則全契天德，徐邈所謂「合吉凶善惡而皆本之于定命」。此正天下至聖參贊位育之實境，並非事物所以然之謂。中庸釋「維天之命」，但云「至誠不已，天之所以爲天」，此直指天德天道，與事物之理毫無干涉。劉氏正義：説文云：「命，使也。」言天使己如此也。書召誥云：「今天其命哲，命吉凶，命歷年。」哲與愚對，是生質之異，而皆可以爲善，則德命也；吉凶歷年，則禄命也。君子脩其德命，自能安處禄命。韓詩外傳：「子曰：『不知命，無以爲君子。』言天之所生，皆有仁義禮智順善之心。不知天之所以命生，則無仁義禮智順善之心，謂之小人。」漢書董仲舒傳對策曰：「天令之謂命。人受命於天，固超然異於羣生，貴於物也。故曰天地之性人爲貴。明於天性，知自貴於物，然後知仁義禮智，安處善，樂循理，謂之君子。故孔子曰：『不知命，無以爲君子。』此之謂也。」二文皆主德命，意以知德命，必能知禄命矣。是故君子知命之原於天，必亦則天而行。故盛德之至，期於同天。中庸云：「仲尼上律天時，下襲水土，辟如天地之無不持載，無不覆幬；辟如四時之錯行，如日月之代明。」言聖人之德能合天也。能合天，斯爲不負天命。不負天命，斯可以云知天命。知天命者，知己爲天所命，非虚生也。蓋夫子當衰周之時，賢聖不作久矣。及年至五十，得易學之，知其有得，而自謙言無大過，則知天之所以生己，所以命己，與己之不負乎天，故以知天命自任。命者，立之於己，而受之於天，聖人所不敢辭也。他日桓魋之難，夫子言「天生德於予」。天之所生，是爲天命也。惟知天命，故又言：「知我者其天。」明天心與己心得相通也。孟子言：「天欲平治天下，舍我其誰？」亦孟子知天命生德當在我也。是故知有仁義禮智之道，奉而行之，此君子之知天命也。知己有得於仁義禮智之道，而因推而行之，此聖人之知天命也。

按：劉氏釋天命最爲圓滿，可補諸家所不及，故並著之。

六十而耳順，

【集解】鄭曰：「耳順，聞其言而知其微旨也。」

【唐以前古注】皇疏引王弼云：耳順，言心識在聞前也。又引李充云：耳順者，聽先王之法言，則知先王之德行。從帝之則，莫逆於心，心與耳相從，故曰耳順也。又引孫綽云：耳順者，廢聽之理也。朗然自玄悟，不復役而後得，所謂「不識不知，順帝之則」也。筆解：韓曰：「『耳』當爲『爾』，猶言如此也。既知天命，又如此順天也。」

按：韓氏好變易經文，已開宋儒喜談錯簡之風，不可爲訓。嗣後凡言誤字者，非有充分理由，概不採録，先發其凡於此。

【集注】聲入心通，無所違逆，知之之至，不思而得也。

【别解】焦氏補疏：耳順即舜之「察邇言」，所謂善與人同，樂取於人以爲善也。順者，不違也。舍己從人，故言入於耳，隱其惡，揚其善，無所違也。學者自是其學，聞他人之言多違於耳。聖人之道一以貫之，故耳順也。

按：焦此義與鄭異，亦通。

【發明】慈湖訓語（駁異引）：目之所見猶寡，耳之所接爲多。暮夜無月無燭，目力所不及，而耳接其聲。又自近而遠，四方萬里，目所不及，而言辭之所傳，事物情狀不勝其多。又自此而上，極之於遠古簡册之所載，言辭之所及，亦屬乎聞，無不融然而一，曠然而釋，怡然而順。

七十而從心所欲，不踰矩。」

【考異】王夫之四書考異：「矩」當作「巨」，或作「榘」。考工記作「萬」，古無「矩」字。

按：船山所著考異一卷，專以説文所引四書與今本不同者校正其錯誤，與翟晴江所著者名同而内容不同。其言曰：「顏之推曰：客有難主人曰：『今之經典，子皆謂非。説文所言，子皆云是。然許慎勝孔子邪？』主人應之曰：『今之經典，皆孔子手迹邪？』客曰：『今之説文，皆許慎手迹乎？』答曰：『許慎簡以六文，貫以部分，使不得誤，誤則覺之。孔子有其義而不論其文也。先儒尚得臨文从意，何况書寫流傳邪？必如左傳止戈爲武，反正爲乏，皿蟲爲蠱，亥有二首六身之類，後人自不得輒改也。』之推此説，誠爲通論。自解散隸體，古文已隱，固不得舍叔重以爲準矣。其未經説文引據者，今文率同俗書。謹以許慎、李陽冰、徐鉉所定字正之於後云云。」附識於此。

【音讀】皇疏讀「從」爲「縱」。天文本論語校勘記：唐本、津藩本、正平本均作「縱心」。柳宗元柳州文集與楊誨之疏解車義書曰：「孔子七十而縱心。彼其縱之也，度不踰矩，而後縱之。」王臨川集進戒疏曰：「孔子聖人之盛，尚自以爲七十而後敢縱心所欲也。」俱用此而改「從」爲「縱」。東觀餘論論張旭書曰：「昔之聖人，縱心而不踰矩。」亦改「從」爲「縱」。蘇轍古史孔子傳述文作「縱心」。樓鑰攻媿集引作「縱心」。王若虛誤謬雜辨引亦作「縱心」。翟氏考異：列子黄帝篇：「七年之後，從心之所念。九年之後，横心之所念。」其「從」字讀作去聲，以縱心爲聖境之神妙，僅一見于斯説。六朝人喜談莊、列，皇氏染焉，故值經文略似，而遂欲推以致之。然聖人維不思勉而中道，仍終身無少縱時也。釋文「從」字無釋，蓋以縱之一讀不可爲訓而姑置之。唐、宋人乃猶紛紛若此，此集注所以特正其音，而曰「從」如字。經讀考異：舊讀以「欲」字絶句，據柳子厚引作「七十而縱心」，又以「心」字絶句。是「所欲」連下「不踰矩」爲讀，義亦可通。羣經平議：此當於「心」字絶句。禮記樂記篇「率神而從天」，鄭注曰：「從，順也。六十而耳順，七十而從心。」耳順、從心錯綜成文，亦猶迅雷風烈之比。「從」與「順」同義，耳順即耳從也，從心即順心也。所欲不踰矩，乃自説從心之義。惟其所欲不踰矩，故能從心也。柳宗元集與楊誨之書曰：「孔子七十而縱心。」正於「心」字絶句，較馬讀爲長。「從」作「縱」則失之。皇疏曰：「從，放也。雖復放縱心意，而不踰越于法度也。」是六朝人讀「從」字爲放縱之縱，故唐、宋人引此文多作「縱心」，實非經旨。説詳翟氏灝論語考異。

【集解】馬曰：「矩，法也。從心所欲，無非法者。」

【唐以前古注】皇疏：從，猶放也。踰，越也。矩，法也。年至七十，習與性成，猶蓬生麻中，不扶自直。故雖復放縱心意，而不踰越於法度也。又引李充云：聖人微妙元通，深不可識，所以接世軌物者，曷嘗不誘之以形器乎？黜獨化之跡，同盈虚之質，勉夫童蒙而志乎學，學十五載，功可與立。自志學迄於從心，善始令終，貴不踰法，示之易行，而約之以禮。爲教之例，其在茲矣。

【集注】從，隨也。矩，法度之器，所以爲方者也。隨其心之所欲，而自不過於法度，安而行之，不勉而中也。

【别解】論語補疏：矩即絜矩之矩。己欲立而立人，己欲達而達人，以心所欲爲矩法，而從之不踰者，所惡於上不以使下也，所惡於下不以事上也，所惡於前不以先後也，所惡於後不以從前也，所惡於右不以交於左，所惡於左不以交於右。皇疏解爲「放縱其心意而不踰法度」，非是。馬云「無非法」，尚未得。

【餘論】南軒論語解：聖人之所以爲聖人者，以其有始有卒，常久日新而已。必積十年而一進者，成章而後達也。夫子固生知之聖，而每以學知爲言者，明修道之教以示人也。刁包四書翊注：矩即堯、舜以來相傳之中，以其範圍天下而不過，則爲矩。矩所以爲方，引繩切墨，無錙銖之或爽也。在賢人則擬議而合，在聖人則從容而中。昔者心之所之惟是學，今也心之所之便是矩矣，故曰隨其心之所欲，而自不過於法度也。李威嶺雲軒瑣記：論語吾十有五章，集注程、朱二説皆極可異。程云：「孔子自言其進德之序。爲此者聖人未必然，但爲學者立法，使之盈科而後進，成章而後達耳。」夫自志學以至從心所欲不踰矩，此豈人人之定法，又必人人十年而一進，恐世間無印板事也。是惟夫子親身自驗，故能言之。其發端一吾字斷非誑語，乃以爲未必然，不知其何所見。朱云：「聖人生知安行，固無積累之漸，然其心未嘗自謂已至此也。是其日用之間，必有獨覺其進而人不及知者，故因其近似以自名，非心實自聖而姑爲是退託也。」夫自志學以至從心所欲不踰矩，分晰得明明白白，何得謂之近似？且已實在承當，又何嘗不自謂已至此？似此影響之談，皆由視生知之聖爲不待學，而不知聖之自有其學，非猶夫人之學也。

按：此章乃夫子自述其一生學歷。皇疏較爲得之，集注因用其師説，所言幾毫無是處，不止如李氏所云已也。而世多稱爲直接孔、孟不傳之秘，豈其然乎？

【發明】此木軒四書説：從心所欲不踰矩，康節所謂「無心過」是也。聖人終不自謂已聖，其所以自知者如是而已。反身録：此章真夫子一生年譜也。自敍進學次第，絶口不及官閥履歷事業删述，可見聖人一生所重惟在於學，所學惟在於心，他非所與焉。蓋内重則外自輕，所性不存故也。由斯以觀，吾人亦可以知所從事矣。事業係乎所遇，量而後入。著述生於明備之後，無煩再贅，夫何容心焉。

顧憲成四書講義：這章書是夫子一生年譜，亦是千古作聖妙訣。試看入手一箇學，得手一箇知，中間特點出天命二字，直是血脈準繩一齊俱到。曰志曰立曰不惑，修境也。曰知天命，悟境也。曰耳順曰從心，證境也。即入道次第亦纖毫不容躐矣。提這學字，乃與人指出一大路，以爲由此，雖愚者可進而明，柔者可進而强，但一念克奮，自途人而上個個做得聖人，夫子所以曲成萬物而不遺也。提這矩字，乃與人指出一定準則，以爲到此，雖明者不得自用其明，强者不得自用其强，但一絲稍歧，總猶是門外漢，夫子所以範圍萬世於無窮也。

按：此書傳本極稀，僅小石山房叢書有一卷。顧氏東林領袖，其學在朱、陸之間，亦明代學者中之表表者。

○孟懿子問孝。子曰：「無違。」

【考異】漢石經「無」作「毋」。論衡問孔篇述此亦作「毋」。

【考證】四書辨證：春秋書仲孫，左傳稱孟孫，經傳之例異。孟子疏云改仲爲孟，本文疏亦然，恐非。文十五年杜注：「孟氏，公孫敖家，慶父爲庶長，故或稱孟氏。」孔疏云：「慶父與莊公異母，雖强同於嫡，自稱仲氏，實是庶長，故時或稱孟氏。」此説爲是。劉炫曰：「慶父自稱仲，欲同於正嫡，言己少次莊公，亦爲三家之長，故以莊公爲伯而自稱仲孫。」春秋傳説曰：「公羊以慶父爲莊母弟，杜氏以爲庶兄。然爲弟則不當稱孟，爲兄則不當稱仲。惟劉炫云云，理或然也。」

劉氏正義：白虎通姓名篇：「諸侯之子稱公子，公子之子稱公孫，公孫之子各以其王父字爲氏。」此孟孫本出公子慶父之後，當稱孟公孫。不言公者，省詞。梁氏旁證：孟僖子即仲孫貜，春秋書其卒在昭二十四年。史記弟子傳：「樊遲少孔子三十六歲。」是貜卒時遲尚未生。今懿子問孝時有樊遲御，而夫子備告以生事喪祭者，懿子或尚有母在歟？檀弓云：「南宮縚之妻之姑之喪，夫子誨之髽。」縚即敬叔，與懿子俱泉邱人所生。但懿子嘗師事孔子，而弟子傳不列其人，不知何故。嘗考孔子用魯，使子路爲季氏宰，墮三都。於是叔孫墮郈，季氏墮費，此正聖人行道之會。獨孟懿子聽小人公斂陽之謀，不肯墮成，是孔子不得卒行其道於魯者，懿子實沮之，負其師並負其父矣。此誠宜與孺悲同在擯棄之列，故孔注但云魯大夫，而集注亦從之也。黄氏後案：王仲任論衡有問孔篇，譏聖教之略云：「懿子聽孔子之言，獨不嫌其毋違志乎？樊遲不問，毋違之説遂不可知也。」舊説多爲仲任所惑，以聖教亦作歇後語，非矣。左傳昭公七年：「孟僖子屬説與何忌於夫子，使事之而學禮焉，以定其位。」陳君舉據此以解經云：「僖子屬何忌於夫子以學禮，何忌之孝惟禮盡之，於此知無違之言非惟切中懿子之務，而亦確當僖子之心。」陳氏此説，所以破仲任之惑耳。其解無違爲不違其志，固一義也。式三案左傳桓公二年云：「昭德塞違。滅德立違。君違，不忘諫之以德。」六年傳云：「有嘉德而無違心。」襄公二十六年傳云：「正其違而治其煩。」昭公二十六年傳云：「君無違德，君令而不違。」哀公十四年傳云：「且其違者不過數人。」古人凡背禮者謂之違。

【集解】孔曰：「魯大夫仲孫何忌。懿，謚也。」

【唐以前古注】皇疏：言行孝者每事須從，無所違逆也。

【集注】孟懿子，魯大夫仲孫氏，名何忌。無違，謂不背於理。

按：朱子因欲伸其師窮理之説，其注論語到處塞入理字。於仁則曰心之德、愛之理，於禮則曰天理之節文，如水銀瀉地，無孔不入。自古無如此解經法也。然有絶不可通者，如此章「無違」明是不背於禮，乃偏作理，而於下節言禮天理節文以自圓其説，可謂心勞日拙者矣。昔人謂大學自經朱子補傳後已非孔氏之書而爲朱子之書，吾於論語亦云。

樊遲御，子告之曰：「孟孫問孝於我，我對曰，無違。」樊遲曰：「何謂也？」子曰：「生事之以禮，死葬之以禮，祭之以禮。」

【考異】孟子公孫丑葬魯章句引論語曰：「生事之以禮，死葬之以禮，可謂孝矣。」論衡問孔篇述全章文獨無「祭之以禮」句。禮記禮運正義亦無此句。

【考證】羣經義證：呂氏春秋尊師篇：「視輿馬，慎駕馭，弟子事師古禮如是。」朱彝尊孔子弟子考：孟僖子病，不能相禮，乃屬二子事孔子學禮焉。懿子問孝，對曰無違，蓋語以無違樊子學禮之命。樊遲不知，子告之以生事葬祭之以禮，舍禮無以教懿子也。鍾懷菣厓考古録：家語：「樊須少孔子四十六歲。」史記，少孔子三十六歲。當以家語爲是。樊遲事於經籍不多載，惟左氏春秋清之役一見而已。季孫曰「須也弱」，有子曰「就用命焉」，以曲禮「二十曰弱」例之，樊遲之齒尚少。孔子卒於哀公十四年，三刻踰溝乃十一年事，孔子年已七十一矣。遲若少孔子三十六歲，則其時正三十五歲，既壯之人，尚得謂弱乎？　潘氏集箋：鍾説微誤。孔子卒於哀公十六年，非十四年。十一年孔子年纔六十九歲，遲少四十六歲，則是時二十三歲，故曰弱也。史記作「三」，似係「三」字之誤。又「四十」字古或作「卌」，「三十」字古作「卅」，形亦相近。　論語後録：樊氏有二：姬姓仲山甫之後，蓋以邑爲氏者也。又殷之後有樊氏。王符説。　四書賸言：朱鹿田曰：「此從親是孝也。孟僖子爲懿子之父，本賢大夫。嘗從昭公至楚，病不能相禮，歸而講禮學禮，苟能禮者必從之。逮死，召其大夫曰：『禮，人之幹也。無禮無以立。我死，必屬説與何忌于孔子，使事之學禮焉。』其所云何忌即懿子也。今懿子適來問孝，則使之從親即是學禮，而特是未經顯揭，則與孟莊子之不改父臣、不改父政明明指出者覺有未盡，故遲曰何謂不違親。子曰所謂不違親者，盡禮之謂也。如此則上下通貫，前後一轍矣。」

【集解】鄭曰：「恐孟孫不曉無違之意，將問於樊遲，故告之也。樊遲，弟子樊須。」

【唐以前古注】皇疏引衛瓘云：三家僭侈，皆不以禮也，故以禮答之也。或問曰：「孔子何不即告孟孫，乃還告樊遲耶？」答曰：「欲屬於孟孫，言其人不足委曲，即以示也。」

【集注】樊遲，孔子弟子，名須。御，爲孔子御車也。孟孫即仲孫也。夫子以懿子未達而不能問，恐其失指，而以從親之令爲孝，故語樊遲以發之。生事葬祭事親之始終具矣，禮即理之節文也。

人之事親，自始至終一於禮而不苟，其尊親也至矣。是時三家僭禮，故夫子以是警之。然語意渾然，又若不媁爲三家發者，所以爲聖人之言也。胡氏曰：人之欲孝其親，心雖無窮而分則有限，得爲而不爲與不得爲而爲之均於不孝，所謂以禮者，爲其所得爲而已矣。

【餘論】鄭汝諧論語意原：無違之答懿子不復致疑者，謂夫子教之以無違其父之命而學禮也。然聖人之意不止於是，故以無違之旨告於樊遲，使之終其身不忘其親，亦使學者知無違之旨非謂惟父令之是從也。

讀四書大全説：違字原有兩義，有知其然而故相違背，如「違道以干百姓之譽」是也。有相去而未逮，如「忠恕違道不遠」是也。乃此兩義要亦相通。如此所言生事死葬而祭不以禮者謂之違，其於品物器飾鋪排得輝煌，便將者個唤作禮，唤作孝，只此一念，早是苟且，而事之愛、葬之哀、祭之敬爲人子所自致者，以有所藉以自解，而其不盡者多矣。且僭禮之心豈果以尊親故與？無亦曰爲我之親者必如是其隆，而後張己之無不可得於魯也，則是假親以鳴其豫，而所當效於親者，其可致而不致者，從可知矣。聖人之言，一眼透過，知其故相背者之非能有過而唯不逮，故大端説個禮。無違者求之心，禮者求之於事，此亦内外交相省察之意。蓋自孝子而言，則所當致於親者，無違中之條理品節，精義入神，晨乾夕惕以赴之，盡心竭力以幾之，没身而固不逮，豈有餘力以溢出於非禮之奢僭？是以無違而中禮也。自求爲孝子者而言，雖盡心竭力以求無違，而未知所見爲無違者果能無違否也。故授之禮以爲之則，質準其文，文生於質，畫然昭著。而知自庶人以達於天子，皆有隨分得爲之事，可以不背於理而無所不逮於事親之心，是以禮而得無違也。因無違而自中禮者，聖人之孝，由内達外，誠而明者也。必以禮而得無違者，以外治内明而誠者也。則無違其綱而禮其目也。懿子無請事之心，不能自求下手之著，故夫子於樊遲發之。如懿子者，豈能不立禮爲標準而得無違者哉！孝爲百行之源，孝道盡則人事咸順。故曰：「中於事君，終於立身。」亦曰：「資以事君而敬同。」使懿子於孝而無不逮，則僭不期去而自去。聖人之言廣矣大矣，若其所問孝也，乃借孝以爲立言之端而責其僭，是孝爲末而不僭爲本，既已拂夫天理之序，且人幸有反本親始之一念以請教，乃摘其惡於他以窮之，而又爲隱語以誹之，是豈聖人之言哉？朱子雙立苟且與僭二義，東陽發明不及之意亦在其中，確爲大全。若集注云「三家僭禮，以是警之」，是未免以私意窺聖人。且此三言者，曾子嘗述之而孟子稱之矣，其又何所警哉？胡氏云「心無窮而分有限」，説尤疏妄。分固有限，初不以限孝子之心。故曰：「孝子之至莫大乎尊親，尊親之至莫大乎以天下養。」至如歌雍舞勺，私欲之無窮耳。自尊以蔑上，而辱親之邪心無窮耳，豈欲孝其親之心無窮哉？論語偶記：檀弓云「三家視桓楹」，葬僭禮之一端也。八佾篇「三家以雍徹」，祭僭禮之一端也。惟是懿子之父仲孫貜，春秋書其卒在昭二十四年，史記弟子傳「樊遲少孔子三十六歲」，是貜卒時子遲尚未生。今懿子問孝時有樊遲御，而夫子備告以生事葬祭者，懿子或尚有母在歟？懿子幸得親炙門牆，乃於師將行道不知相與有成。吾甚惜孟僖子式穀後昆之心，必屬之於夫子使學禮而定其位爲可慨矣。

按：無違止是不要違忤之義，從無作背理解者。集注因欲宣傳主義，反失聖人立言之旨，殊爲無取。故列三家之説以補集注所未備，而此章之義始無餘藴云。

○孟武伯問孝。子曰：「父母唯其疾之憂。」

【考證】劉氏正義：左哀十一年傳「孟孺子洩」，杜注：「孺子，孟懿子之子武伯彘。」疑彘是名，洩是字也。周書謚法解：「剛强直理、威彊睿德、克定禍亂、刑民克服、大志多窮皆曰武。」是武爲謚也。注謂父母憂子之疾，此馬用古論義也。孟子云：「守孰爲大？守身爲大。」守身所以事親，故人子當知父母之所憂，自能謹疾，不妄爲非，而不失其身矣。不失其身，斯爲孝也。

【集解】馬曰：「武伯，懿子之子仲孫彘。武，謚也。言孝子不妄爲非，惟有疾病然後使父母憂耳。」

【唐以前古注】皇疏：言人子欲常敬慎自居，不爲非法，横使父母憂也。若己身有疾，唯此一條非人所及，可測尊者憂耳。

【集注】武伯，懿子之子，名彘。言父母愛子之心無所不至，惟恐其有疾病，常以爲憂也。人子體此而以父母之心爲心，則凡所以守其身者自不容於不謹矣，豈不可以爲孝乎？舊説人子能使父母不以陷於不義爲憂，而獨以其疾爲憂，乃可謂孝。亦通。

按：朱子斥馬説爲迂昧，見或問。注言慎疾之道，本謝氏説。難者以偏舉一事不得爲孝，故注補言修身之謹，爲謝説彌縫。古説又以子憂親疾爲言，見論衡問孔、淮南子説林高注。孝經云：「病則致其憂。」亦是一義。下章言居則致其敬，養則致其樂；上章言喪則致其哀，祭則致其嚴，義相駢聯。然其字與父母重複，終覺未安，故仍以朱注義爲長。武伯生於世禄之家，凡驕奢淫佚聲色狗馬皆切身之疾，不必風寒暑溼而後謂之疾也。昔樂正子春云：「一舉足而不敢忘父母，一出言而不敢忘父母，是故道而不徑，舟而不游，不敢以父母之遺體行殆，惡言不出於口，忿言不反於身，不辱其身，不虧其視，可謂孝矣。」即此意也。

【別解】經義雜記：論衡問孔云：「武伯善憂父母，故曰惟其疾之憂。」又淮南子説林「憂父母之疾者子，治之者醫」，高誘注云：「論語曰：『父母惟其疾之憂。』故曰憂之者子。」則王充、高誘皆以爲人子憂父母之疾爲孝。劉氏正義：禮記曲禮云：「父母有疾，冠者不櫛，行不翔，言不惰，琴瑟不御，食肉不至變味，飲酒不至變貌，笑不至矧，怒不至詈，疾止復故。」皆以人子憂父母疾爲孝。梁氏旁證：案如馬義，則夫子所告武伯者止是餘論，其正意反在言外。聖人之告人未有隱約其詞若此者。集注所引舊説即本集解。朱子守身之説雖善，然舍人子事親之道而言父母愛子之心，似亦離其本根也。唯王、高二氏説文順義洽。蓋人子事親，萬事皆可無慮，唯父母有疾病爲憂之所不容已。或疑父母字與其字意複，當以父母字略讀則得之。

按：潘氏集箋云：孝經紀孝行章「孝子之事親也，病則致其憂」，與王充、高誘説合。馬以爲父母憂子，未知何據。

【餘論】王樵四書紹聞編：武伯所問者，人子事親之道。夫子所答者，父母愛子之心。知父母愛子之心，則知人子事親之道矣。以父母之心爲心，最當深體。

【發明】反身録：子有身而父母惟其疾之憂，子心已不堪自問，若不能自謹而或有以致疾，則不孝之罪愈無以自解矣。故居恒須體父母之心，節飲食，寡嗜慾，慎起居，凡百自愛，必不使不謹不調，上貽親憂。父母所憂不僅在饑寒勞役之失調，凡德不加進，業不加修，遠正狎邪，交非其人，疏於檢身，言行有疵，莫非是疾。知得是疾，謹得此身，始慰得父母，始不愧孝子。否則縱身不夭札，而辱身失行，播惡遺臭，不幾貽父母之大憂哉？人子不能謹身修行以貽父母憂，是必病狂喪心之人。不然獨非人子，寧獨無心，何忍縱欲敗度，喪身辱宗，重戾父母之心耶？爲人父母者惟子疾是憂，吾不知今之爲人子者，亦曾憂父母之疾如父母之憂己者乎？

○子游問孝。子曰：「今之孝者，是謂能養。至於犬馬，皆能有養；不敬，何以别乎？」

【考異】漢石經無「乎」字。

【音讀】四書辨疑：舊説犬守禦、馬代勞皆有以養人者，但畜獸無知，不能生敬于人。上「是謂能養」，「養」字本讀爲去聲，此「養」字當改爲上聲。金履祥集注考證：「至於犬馬皆能有養」作一句讀。

【考證】劉氏正義：仲尼弟子列傳：「言偃，吴人，字子游。少孔子四十五歲。」家語弟子解作魯人，少孔子三十五歲。與史遷異，非也。下篇子夏稱言游，又子游答夫子稱偃之室，是姓言名偃也。説文：「游，旌旗之流。從㫃，汓聲。」漢石經於子張篇作「子斿」。「斿」即「游」省。游從㫃，説文：「㫃，旌旗之游㫃蹇之貌。從屮曲而垂下，㫃相出入也。讀若偃。」是㫃、偃聲同。古人名㫃字游，若晉籍偃、荀偃、鄭駟偃及此言偃皆字游。本皆作「㫃」，叚「偃」字爲之。王引之經傳釋詞：是謂能養，是與祇同義，故薛綜注東京賦：「祇，是也。」

【集解】孔曰：「子游，弟子，姓言名偃。」包曰：「犬以守禦，馬以代勞，皆養人者。」一曰：「人之所養乃至於犬馬，不敬則無以別。孟子曰：『食而不愛，豕交之也。愛而不敬，獸畜之也。』」

【唐以前古注】皇疏：犬能爲人守禦，馬能爲人負重載人，皆是能養而不能行敬者，故云「至於犬馬，皆能有養」也。

【集注】子游，孔子弟子，姓言名偃。養，謂飲食供奉也。犬馬待人而食，亦若養然。言人畜犬馬皆能有以養之，若能養其親而敬不至，則與養犬馬者何異。甚言不敬之罪，所以深警之也。

【別解一】李氏論語劄記：如舊説犬馬能養，則引喻失義，聖人恐不應作是言。且能字接犬馬説，似非謂人能養犬馬也。蓋言禽獸亦能相養，但無禮耳。人養親而不敬，何以自別於禽獸乎？

按：論語劄記，李光地著，空疏膚淺，一無可取，獨此條尚有新意。蓋舊注犬馬養人、人養犬馬兩説，唐以前大都沿用前説，集注獨採後説。此謂犬馬亦能相養，較集注爲勝，姑採之以備一説。

翟氏考異：禮記內則：「父母所愛亦愛之，父母所敬亦敬之。至於犬馬盡然，而況于人乎？」又坊記子云：「小人皆能養其親，君子不敬，何以辨？」按舊解具犬馬養人、人養犬馬二説，朱子特取其後一説，殆以內則文可參合故耶？然內則主父母所愛敬之人言，于此未盡允。且犬馬但有可愛，無可敬，云亦敬之，語復未純也。同屬禮記，與其參內則，似不若參坊記。坊記惟變犬馬爲小人，餘悉合此章義而無駮辭。荀子云：「乳彘觸虎，乳狗不遠游，雖獸畜知愛護其所生也。」束皙補亡詩云：「養隆敬薄，惟禽之似。」爲人子者，毋但似禽鳥知反哺已也。皆與坊記言一以貫之，即甚不敬之罪。此義已深足警醒，更何必躁言醜語比人父母于犬馬耶？

按：此仍李氏犬馬相養之説，而考證精確，言皆有物，迥非空疏不學所及。

【別解二】包慎言温故録：犬馬二句，蓋極言養之事。雖父母之犬馬，今亦能養之也。內則：「父母之所愛亦愛之，父母之所敬亦敬之。至於犬馬盡然，而況於人乎？」此敬養兼至，故爲貴也。若今之孝者，不過能養，雖至於父母所愛敬之犬馬亦能養之，然衹能養父母，不能敬也。何以別，謂何以別乎今也。鹽鐵論孝養篇：「善養者，不必芻豢也，以己之所有盡事其親，孝之至也。故匹夫勤勞猶足以順禮，歠菽飲水，足以致敬。孔子曰：『今之孝者，是爲能養。不敬，何以別乎？』故上孝養志，其次養色，其次養體。貴其體，不貪其養。體順心和，養雖不備可也。」

按：此引論語，以「不敬」句與「能養」句聯文，則別謂別乎今之孝者。亦可備一説。

【別解三】劉氏正義：先兄五河君經義説略謂：「坊記小人即此章犬馬。公羊何休注言：『大夫有疾稱犬馬，士稱負薪。』犬馬負薪皆賤者之稱，而大夫士謙言之。孟子子思曰：『今而知君之以犬馬畜伋也。』然則犬馬謂卑賤之人，若臧獲之類。」程友菊四書辨：犬馬喻子之不肖者，猶劉景升兒子豚犬耳之類。言犬馬之子皆有以養其親，但養以敬爲本，不敬，何以别於犬馬之子養其親乎？

按：以上諸説終以包注前説義較長。蓋養有二義，一是飲食，一是服侍。犬以守禦，馬以負乘，皆能事人，故曰能。若人養犬馬，何能之有？毛西河曰：「唐李嶠爲獨孤氏請陪昭陵合葬母表云：『犬馬含識，烏鳥有情。寧懷反哺，豈曰能養？』則在唐時皆以犬馬比人子，以能養爲能奉侍親。故馬周上疏有云：『臣少失父母，犬馬之養，已無所施。』此皆釋經之顯見于章疏者。即至趙宋王豐甫辭免起復表亦尚云：『犬馬之養未伸，風木之悲累至。』數千年共遵之注，不知朱子集注何以反遵何説而屏舊説不一及，真不可解。」陳天祥曰：「以犬馬之無知諭其爲子之不敬，於義爲安。以禽獸況父母，於義安乎？」皆所以深著集注之失。

○子夏問孝。子曰：「色難。有事，弟子服其勞；有酒食，先生饌，曾是以爲孝乎？」

【考異】惠棟九經古義：鄭氏論語「饌」作「餕」，云：「食餘曰餕。」案儀禮注云：「古文『籑』皆作『餕』。」説文曰：「籑，具食也。」或作「饌」，从巽。則「餕」爲古文「饌」也。拜經日記：特牲饋食禮「祝命嘗籑者」，又「籑有以也，兩籑奠舉，于俎，許諾」，注：「古文『籑』皆作『餕』。」又有司徹「乃饔如賓」，注：「古文『饔』作『餕』。」饔、饌、餕字本通，故古、魯異文。然內則曰：「父母在，朝夕恒食，子婦佐餕，既食恒餕。」注：「每食餕而盡之，未有原也。」正義：「每食無所有餘而再設也。」是餕有食餘勿復進之意，故或者亦以爲孝。饌止爲飲食，不如餕義爲長，故鄭從魯不從古。

按：陳鱣論語古訓，段氏玉裁說文注並以馬作「饌」爲古論，鄭作「餕」爲魯論。段氏玉裁謂禮經饌、饔當是各字，饌皆訓陳，不言作「餕」。食餘之字皆作「饔」，未有作「饌」者，然作「餕」義似較長。

【音讀】孫奕示兒編：「曾」字除姓及曾孫外今皆讀層，然經史並無音。「曾是以爲孝」、「曾謂泰山」、「爾何曾比予」等皆當音增。十駕齋養新録：廣韻：「曾，昨稜切。經也。」類篇：「曾，昨稜切。詞之始也。又咨騰切。則也。又姓。」是以讀如層爲正音，讀如增爲別音。朱文公論語三「曾」字俱無音，則並「曾謂泰山」、「曾是以爲孝乎」皆讀如層，與陸氏釋文異。而於類篇之例却合。孟子「曾比予於管仲」、「曾比予於是」兩曾字音增，而「曾不知以食牛」句無音，亦讀如層也。孫季昭欲舉經典中曾不、曾莫之類盡讀如增，似未喻陸氏釋文之旨，當從朱文公讀爲長。

經學卮言：讀當以「食先生饌」爲句，言有燕飲酒則食長者之餘也。有酒、有事，文正相偶。有事，弟子服其勞，勤也；有酒，食先生饌，恭也。勤且恭，可以爲弟矣，孝則未備也。

【考證】論語後録：文王之爲世子，朝於王季，日三問內豎今日安否。安，文王色喜；有不安節，文王色憂，行不能正履。此所謂「色難」是矣。故玉藻曰：「親瘠，色容不盛，此孝子之疏節也。」

鄭、包二義恐失之。又曰：許君説古文論語，故不載「餕」字。「先生餕」者，謂進食於先生。古「餕」與「進」亦同字。祭統曰「百官進」，注：「『進』當爲餕。」「進」與「餕」通。然則孟子所稱「曾元養曾子，將以復進」者，亦即餕字矣。孟子以曾子爲養志，曾元爲養口體。「有酒食先生餕」者，其即養口體之謂歟？論語駢枝：論語言弟子者七，其二皆年幼者，其五謂門人。言先生者二，皆謂年長者。憲問篇「見其與先生並行也」，包氏曰：「先生，成人也。」經義雜記：古謂知道者曰先生，何也？曰猶言先醒也。不聞道術之人則冥於得失，不知亂之所由，眊眊乎其猶醉也。呂氏春秋尊師篇曰「視輿馬，慎駕馭。適衣服，務輕煗。臨飲食，必蠲絜。善調和，務甘肥。此所以尊師」是也。若人子之事親，當更有進此者矣。翟氏考異：服勞奉養，弟子於先生有然。劉沅四書恒解：稱父母爲先生，人子於父母前稱弟子，自古無此理。此章言敬而不愛，亦不得爲孝也。服勞奉養，凡弟子事尊長皆然。事父母則深愛，和氣自心，即有他事，一見父母便欣然藹然，凡憂悶之事都忘却了，此爲色難。子夏未知此，故夫子曉之，言弟子事先生亦不可例父母也。鄭氏述要：集注以先生訓父兄，家庭父子兄弟竟改稱先生弟子，雖曰本於馬注，而他處絶不經見，向甚疑之，及讀四書考異云云，遂爲恍然。事師事親同一左右就養，雖爲内則所載，然師者道之所在，嚴肅之意較多，事父母更當柔色以温之。夫子言此，乃弟子事先生之禮不足以爲孝也。經傳釋詞：曾，乃也，則也。説文曰：「曾，詞之舒也。」曾是，乃是也，則是也。論語爲政曰「曾是以爲孝乎」，馬注：「汝則謂此爲孝乎？」皇侃云：「嘗也。」案皇説非是。今本論語馬注脱「則」字，據釋文及邢疏補。

按：古人以先生爲年長之通稱，從無作父兄解者，集注蓋沿馬注之誤。

【集解】包曰：「色難，謂承順父母顔色乃爲難也。」馬曰：「先生，謂父兄也。饌，飲食之也。孔子諭子夏曰：服勞先食，女謂此爲孝乎？未孝也。承順父母顔色乃爲孝也。」

【唐以前古注】詩邶風正義引鄭注云有「和顔説色，是爲難也」。徐堅初學記孝部引鄭注云「食餘曰餕」。

按：色難，包注與鄭注異。然下服勞奉養皆就人子言之，則色當爲人子之色，鄭注義爲長，故朱子從之。

皇疏引顔延之云：夫氣色和則情志通，善養親之志者必先和其色，故曰難也。又引江熙云：或曰：「勞役居前，酒食處後，是人子之常事，未足稱孝也。」又引王弼云：問同而答異者，或考其短，或矯其失，或成其志，或説其行。又引沈峭云：夫應教紛紜，常係汲引。經營流世，每存急疾。今世萬途，難以同對。互舉一事，以訓來問。來問之訓，縱横異轍，則孝道之廣亦以明矣。

按：顔延之，琅邪臨沂人。官至光禄大夫，贈散騎常侍，特進金紫光禄大夫。宋書有傳。其注論語，隋、唐志均不著録。沈峭不詳何人。考梁有沈峻字士嵩，吴興武康人，師事宗人沈麟士門下。馬國翰疑爲「峻」字傳寫之誤。愚謂「峭」與「峻」字皆從山，當即其族或其兄弟行，未可知也。古人著述湮没者多，書缺有間，而其軼時見他説，雖非完帙，益當珍惜，聊存六朝之文獻云爾。

【集注】色難，謂事親之際，惟色爲難也。食，飯也。先生，父兄也。饌，飲食之也。曾，猶嘗也。蓋孝子之有深愛者必有和氣，有和氣者必有愉色，有愉色者必有婉容，故事親之際，惟色爲難耳。服勞奉養，未足爲孝也。舊説承順父母之色爲難。亦通。

按：漢儒解「色」字，包、鄭互異。朱子從鄭注。然司馬光家範説此文云：「色難者，觀父母之志趣，不待發言而後順之者也。」則用包注。此如六朝時皇侃雖從包注，而顏延之仍從鄭義也。可見二説並行已久，故集注雖不採包説而猶列之。

【餘論】尹會一讀書筆記：孔門教人莫重於仁孝，其答問仁、問孝各有不同，皆因其材之高下與其所失而告之。故藥各中病，非如後世之教，自立宗旨以待來學，所謂不問病證而施藥者，藥雖良無益而又害之者多矣。

黄氏後案：經中問孝之答不同，當日所問之事必有不同。如此章蓋問孝孰爲難，子隨所問而答之耳。色難是古今人子所宜自省，而以此專議先賢之失，未是也。

【發明】反身録：服勞奉養，古人尚不以爲孝，若並服勞奉養而有遺憾，罪通於天矣。

○子曰：「吾與回言終日，不違，如愚。退而省其私，亦足以發，回也不愚。」

【考異】皇本「不愚」下又有「也」字。

【音讀】經讀考異：按此凡兩讀，一讀至「言」字絶句，「終日」屬下連文。一讀至「日」字絶句，「不違如愚」又爲一句。義並同。論語集注考證：張師曾校張達善點本謂「吾與回言終日」，自集注取李氏之説，始讀爲句絶。前此先儒亦以「吾與回言」爲句，李文公集答王載言書引「子曰吾與回言」，不連及下文。

按：皇疏：「顔子聞而即解，無所諮問，故言終日不違。」又云：「觀回終日默識不問，殊似愚魯。」是以「終日」屬下讀也。

【考證】劉氏正義：仲尼弟子列傳：「顔回者，魯人也，字子淵。」説文「𠚕」下云：「𡆧，古文回。回，淵水也。」「淵」下云：「回水也。从水，象形。左右，岸也。中象水貌。」此顔子名字所取義。

【集解】孔曰：「回，弟子，姓顔名回，字子淵，魯人也。不違者，無所怪問。於孔子之言默而識之，如愚者也。察其退還與二三子説繹道義，發明大體，知其不愚也。」

【唐以前古注】皇疏引繆播云：將言形器，形器顔生所體，莫逆於心，故若愚也。

按：播字宣則，蘭陵人。官至中書令。晉書有傳。隋志載論語旨序三卷，晉繆播撰。唐志云二卷，宋志不著録，佚已久，録之以備一家。

又引熊埋云：察退與二三子私論，亦足以發明聖奥，振起風訓也。回之似愚而豈愚哉？既以賢顔，又曉衆人未達者也。

【集注】回，孔子弟子，姓顔字子淵。不違者，意不相背，有聽受而無問難也。私，謂燕居獨處，非進見請問之時。發，謂發明所言之理。愚聞之師曰：「顔子深潛純粹，其於聖人體段已具，其聞夫子之言默識心融，觸處洞然，自有條理，故終日言，但見其不違如愚人而已。及退省其私，則見其日用動静語默之間皆足以發明夫子之道，坦然由之而無疑，然後知其不愚也。」

【餘論】四書通：顏子之資鄰於生知，故無疑難答問，而自有以知夫子所言之理。顏子之學勇於力行，故雖燕居獨處而亦足以行夫子所言之理。不曰行而曰發者，夫子曰：「語之而不惰者，其回也與？」惰則不發，發則不惰。孟子曰「時雨化之」，先儒以顏子當之。物經時雨便發，顏子一聞夫子之言便足以發，故周子曰：「發聖人之藴教萬世無窮者，顏子也。」且不徒發之於人所共見之時，而能發之於己所獨知之地，顏子蓋真能發夫子約禮之教而爲慎獨之學者也。

【發明】反身録：大凡聰明自用者，必不足以入道。顏子唯其如愚，所以能於仁不違。又曰：大聰明似愚，愚而不愚。小聰明不愚，不愚而愚。大聰明黜聰墮明，知解盡忘，本心既空，受教有其地。小聰明矜聰恃明，知解糾纏，心體未空，入道無其機。回之如愚，正回之聰明絶人，受教有地、入道有機處。夫子不容不喜，不容不言，言之不容不久，乃可以言而言也。言苟當可，雖千言不爲多。言未當可，即一言亦爲多。此夫子所以於回終日言，於賜欲無言也。蓋回之聽言而悟，超語言文字之外。賜之聽言而識，囿語言文字之中。悟超言外，因言可以悟道。識囿言中，則因言反有以障道。

○子曰：「視其所以，觀其所由，察其所安。人焉廋哉？人焉廋哉？」

【考異】漢石經複句「廋」下無「哉」字。漢書杜欽傳、晉書阮种傳引全章文，俱略去複句。

【考證】穀梁傳：常事曰視，非常曰觀。史記魏世家：李克對文侯曰：「居視其所親，富視其所與，達視其所舉，窮視其所不爲，貧視其所不取。」逸周書官人解：「考其所爲，觀其所由。」無「察其所安」句。困學紀聞：「考其所爲，觀其所由，察其所安」，亦見大戴禮文王官人篇。

【集解】以，用也，言視其所行用也。由，經也，言觀其所經從也。孔曰：「廋，匿也。言觀人終始，安所匿其情也。」

按：集注：「以，爲也。」語蓋有本。

【唐以前古注】皇疏：視，直視也。觀，廣瞻也。察，沈吟用心忖度之也。即日所用易見，故云視。而從來經歷處此即爲難，故言觀。情性所安最爲深隱，故云察也。又引江熙云：言人誠難知，以三者取之，近可識也。

【集注】以，爲也。爲善者爲君子，爲惡者爲小人。觀比視爲詳矣。由，從也。事雖爲善而意之所從來者有未善焉，則亦不得爲君子矣。或曰：「由，行也，謂所以行其所爲者也。」察則又加詳矣。安，所樂也。所由雖善而心之所樂不在於是，則亦僞耳。豈能久而不變哉。焉，何也。廋，匿也。重言以深明之。

【餘論】四書辨疑：集注於「視其所以」下已見其爲善爲惡之分，乃於「所由」下却説「事雖爲善而意之所從來者有未善焉，則亦不得爲君子」，此於觀其所由意固不差，但前已許之爲君子者，又當置之何地也？蓋「所以」者，言其現爲之事也。「所由」者，言其事迹來歷從由也。「所安」者，言其本心所主定止之處也。觀人之道，必先視其現爲之事。現所爲者雖善，未可遽以爲君子也；現所爲者雖不善，未可遽以爲小人也。王莽未篡之前，恭儉禮讓，若便以爲善，則王莽爲君子矣。伊尹初放太甲，斥主逐君，若便以爲惡，則伊尹爲小人矣。須更觀其事迹來歷從由，以察本心所主定止之處，則王莽心主於篡漢，伊尹心主於致君，至此則君子小人善惡之實始可判也。

【發明】容齋四筆：孔子論人之善惡，始之曰「視其所以」，繼之以「觀其所由，察其所安」，然後重言之曰：「人焉廋哉？人焉廋哉？」蓋以上之三語，詳察之也。而孟氏一斷以眸子，其言曰：「存乎人者，莫良於眸子。眸子不能掩其惡。胸中正，則眸子瞭焉。胸中不正，則眸子眊焉。聽其言也，觀其眸子，人焉廋哉？」説者謂人與物接之時，其神在目，故胸中正則神精而明，不正則神散而昏。心之所發，並此而觀，則人之邪正不可匿也。言猶可以僞爲，眸子則有不容僞者。孔聖既以發之於前，孟子知言之要，續爲之説，故簡亮如此。松陽講義：知人原不是易事。其實非人之難知，只是不細心去看耳。既欲知人，若但求之毁譽，索之語言文字，又或爲論心不論迹之説，探之於踐履之外，其不爲人所欺者鮮矣。「人焉廋哉」二句要看得好，不是誇張其效，言人雖善匿，至此却無處躲避，猶之權度設而人不可欺以輕重長短。然則謂情僞之難測而世路之險巇者，此知責人而不知責己者也。謂知人之明不可學者，此知責天而不知責己者也。又須知此是論人如此，若待人之道則不然。一善可取，不忍棄也。今日學者讀這章書，須將聖人觀人之法先去自觀，所爲果有善無惡乎？所爲善矣，意之所從來者果盡善乎？果心安意肯而非勉强乎？苟有纖毫未善，須痛自滌濯，使徹内徹外，無一毫不可令聖人見，方是切己學問。

○子曰：「温故而知新，可以爲師矣。」

【考證】黄氏後案：温，燖温也。故，古也，已然之迹也。新，今也，當時之事也。趣時者厭古，而必燖温之。泥古者薄今，而必審知之。知古知今，乃不愧爲師。論衡謝短篇曰：「知古不知今，謂之陸沈。知今不知古，謂之盲瞽。温故知新，可以爲師。古今不知，稱師如何？」又別通篇云：「守信一學，不能廣觀，無温故知新之明。」漢書成帝紀陽朔元年詔云：「儒林之官宜皆明於古今，温故知新。」百官表云：「以通古今，備温故知新之義。」以上四文以通知古今爲説，漢師相傳如此。温訓燖温者，温本水之熱者，引申之，凡物將寒而重熱之曰温。故訓古者，説文：「古，故也。」詩烝民之「古訓」即詩傳之「故訓」。孔氏禮記敍曰：「博物通人，知今温古，考前代之憲章，參當時之得失。」則「故」亦作「古」矣。漢書史丹傳引經，顔注：「温，厚也。温故厚，蓄故事也。」又一義。論語述何：故，古也。六經皆述古昔稱先王者也。知新，謂通其大義以斟酌後世之制作，漢初經師皆是也。劉氏正義：禮中庸云：「温故而知新。」鄭注：「温讀如燖温之温。謂故學之孰矣，復時習之，謂之温燖。或省作尋。」案「尋」正字當作「燅」。説文：「燅，於湯中瀹肉也。」儀禮有司徹「乃燅尸俎」，鄭注：「燅，温也。古文『燅』皆作『尋』，記或作『燖』，春秋傳曰：『若可尋也，亦可寒也。』」賈疏云：「論語及左傳與此古文皆作『尋』。論語不破，至此疊古文不從彼尋者，論語古文通用，至此見有人作『燅』，有火義，故從今文也。」臧氏庸拜經日記以論語作「温故」，古文作「尋」，乃鄭注文與賈疏不合，非也。廣雅釋詁：「温，煗也。」山海經大荒東經「有谷曰温源谷」，郭注：「即湯谷也。」鄭注中庸讀温如燖温者，燖有重義，言重用火爓之，即爲温也。人於所學能時習之，故曰温故。鄭君此章注文已佚，故就中庸注爲引申之。故之爲言，古也，謂舊所學也。

【集解】温，尋也。尋繹故者，又知新者，可以爲人師矣。

按：劉寶楠云：「温無繹理之訓。温爲尋者，『尋』與『燖』同，即與『燅』同，不謂繹理也。此注蓋誤。」

【唐以前古注】皇疏：故，謂所學已得之事也。所學已得者則温燖之，不使忘失，此是月無忘其所能也。新，謂即時所學新得者也。知新，謂日知其所亡也。若學能日知所亡，月無忘所能，此乃可爲人師也。又引孫綽云：滯故則不能明新，希新則存故不篤，常人情也。唯心耳秉一者守故彌温，造新必通，斯可以爲師者也。筆解：韓曰：「先儒皆謂尋繹文翰由故及新，此是記問之學，不足爲人師也。吾謂故者，古之道也。新，謂己之新意，可爲新法。」李曰：「仲尼稱子貢云『告諸往而知來者』，此與温故知新義同。孔謂尋繹文翰則非。」

【集注】温，尋繹也。故者，舊所聞。新者，今所得。言學能時習舊聞而每有新得，則所學在我而其應不窮，故可以爲人師。若夫記問之學，則無得於心而所知有限，故學記譏其不足爲人師，正與此意互相發也。

【別解】論語稽：師即謂此温故知新之學，非爲人之師也。凡人於故者時時尋繹之，則於故者之中每得新意，天下之義理無窮，人心之濬發亦無窮，所謂歸而求之有餘師者是已。

按：温故知新本爲己之學，非以爲人。孟子言人之患在好爲人師，夫子豈沾沾焉爲是計？蓋師也者，我所請業請益者也。温故而知新，則所業日益，不待外求師而即可以爲我師矣。其論似創而頗有意致，可備一説。

【餘論】論語或問：昔程子晚而自言：「吾年二十時，解釋經義與今無異，然其意味則今之視昔爲不同矣。」此温故知新之大者。學者以是爲的而深求之，則足以見夫義理之無窮，而亦將不暇於爲師矣。　顧憲成小心齋劄記：必有事焉而勿正，心勿忘，勿助長，極盡此温字形容。忘則冷，助則熱，惟温字乃是一團生氣，千紅萬紫都向此中醖釀而出，所謂新也。

【發明】困學紀聞：范伯崇曰：「温故而不知新，雖能讀墳、典、索、邱，足以爲史，而不足以爲師。」　張氏備忘録：天地間祇一道理，更無新故。功夫祇在温故，温故則能自得，自得則日新。自我觀之，則古人爲先覺。自後人觀之，則我又爲先覺，故可以爲師。

按：如朱子之説，所謂新者即故中之新，非故外别有新也。

○子曰：「君子不器。」

【集解】包曰：「器者各周於用，至於君子，無所不施。」

【唐以前古注】皇疏引熊埋云：器以名可繫其用，賢以才可濟其業。業無常分，故不守一名。用有定施，故舟車殊功也。

【集注】器者各適其用而不能相通。成德之士體無不具，故用無不周，非特爲一材一藝而已。

【餘論】讀四書叢説：體無不具，謂明盡事物之理以全吾心之所具。用無不周，則事物之來皆有以應之，而無纖毫之差失。用之周，如爲趙、魏老，滕、薛大夫無不可。大之則乘田委吏，以至立道綏動所存，皆神體之具也。用之不周，如黄霸長於治民，爲相則功名損於治郡時；龐統長於治中別駕，而不能爲邑令，全體不具也。鄭蘇年西霞叢稿：集注改舊注「各周」爲「各適」，「無所不施」爲「用無不周」，又改邢疏「反之不能」爲「不能相通」，皆青出於藍也。論語稽：人之材質或可小知，或可大受，各成一器，惟君子無可無不可。周官三百六十，皆各有所治，惟冢宰無所不統。則不器豈易言哉！

【發明】李氏論語劄記：器者，以一能成名之謂。如子路之治賦，冉有之爲宰，公西華之治賓客，以至子貢之瑚璉皆是也。君子之學，德成而上，藝成而下，行成而先，事成而後。顏子視聽言動之間，曾子容貌辭氣顏色之際，而臯、夔、稷、契、伊、傅、周、召之功勳德業在焉，此之謂不器。若以無所不知無所不能爲不器，是猶未離乎器者矣。

○子貢問君子。子曰：「先行，其言而後從之。」

【音讀】夢溪筆談：論語「先行」當爲句，其言自當後也。郝敬論語詳解：「先行」斷句，謂不言而行也。其言，謂凡言。而後，謂行之後。黄氏後案：「先行」句，「其言」二字略逗連下讀。金氏考證取程子説讀「先行」爲句，夢溪筆談、郝氏詳解句讀亦同，翟晴江取之矣。

【考證】禮緇衣：子曰：「言從而行之，則言不可飾也。行從而言之，則行不可飾也。故君子寡言而行，以成其信。」曲禮「不辭費」，鄭注：「爲傷信。君子先行其言而後從之。」釋文：「言而不行爲辭費。」大戴禮曾子制言篇：君子先行後言。又立事篇：君子微言而篤行之，行必先人，言必後人。

【集解】孔曰：「疾小人多言而行之不周。」

【唐以前古注】皇疏：若言而不行則爲辭費，君子所恥也。又一通云：「君子之言必爲物楷，故凡有言皆令後人從而法之也。」又引王朗云：鄙意以爲立言之謂乎？傳曰：「太上立德，其次立言。」明君子之道，言必可則，令後世準而從之，故曰「而後從之」。

按：朗字景興，東海郡人。仕魏至司空，封蘭陵侯，謚曰成。魏志有傳。志稱其著易、春秋、孝經、周官傳，不言論語。梁七録及隋、唐二志亦均不載。考何晏作集解採王肅説。肅，朗之子也。意者肅傳父業，如續易傳之類。則説見肅書，侃及見而稱之歟？姑録之以備一家。

筆解：韓曰：「上文『君子不器』與下文『子貢問君子』是一段義，孔失其旨，反謂疾小人，有戾於義。」李曰：「子貢，門人上科也，自謂通才，可以不器，故聞仲尼此言而尋發問端。仲尼謂但行汝言，然後從而知不器在汝，非謂小人明矣。」

【集注】周氏曰：先行其言者，行之於未言之前。而後從之者，言之於既行之之後。范氏曰：子貢之患非言之艱，而行之艱也，故告之以此。

【餘論】讀四書大全説：論語一書，先儒每有藥病之説，愚盡謂不然。聖人之語自如元氣流行，人得之以爲人，物得之以爲物，性命各正，而栽者自培，傾者自覆。如必區畫其病而施之藥，有所攻必有所損矣。釋氏唯欲爲醫王，故藥人之貪，則欲令其割血肉以施；藥人之淫，則絶父子之倫。蓋凡藥必有毒，即以人蔘甘草之和平，而蔘能殺肺熱者，甘草爲中滿人所忌，況其他乎？且病之著者，如子張學干禄，子貢方人，夫子固急欲療之矣，乃曰「禄在其中」，曰「賜也賢乎哉」，亦終不謂禄之污人，而人之不可方也。言禄污人，則廢君臣之義。言人不可方，則是非之性拂矣。又如子路曰「何必讀書，然後爲學」，病愈深矣，夫子亦但斥其佞，使自知病而已矣。如欲藥之，則必將曰：「必讀書而後爲學。」是限古今之聖學於記誦詞章之中，病者病而藥者愈病矣。是知夫子即遇涸寒烈熱之疾，終不以附子大黄嘗試，而著爲局方，又況本未有病者，億其或病而妄投之藥哉？子貢問君子，自是問求爲君子者親切用力之功，記者櫽栝其問語如此。因問而答之曰：「先行其言，而後從之。」夫子生平作聖之功喫緊處無如此言之切，亦以子貢穎悟過人，從學已深，所言所行於君子之道皆已具得，特示以入手工夫，使判然於從事之際耳。至於所言者皆其已行，而行無不至。所行者著之爲言，而言皆有徵。則德盛業隆，道率而教修，此唯夫子足以當之，而心法之精微，直以一語括聖功之始末。斯言也，固統天資始之文章也，而僅以藥子貢之病耶？范氏曰：「子貢非言之艱而行之艱。」其語猶自活在。然非言之艱而行之艱，不獨子貢也。且云先行其言，則其言云者，未嘗言之，特知其理而可以言耳。此固説命所謂「非知之艱，行之惟艱」之旨，古帝王聖賢之所同病，亦人道自然有餘不足之數也。即非子貢，其有易於行而難於言，行非艱而知惟艱者哉！則范氏固已指夫人之通病以爲子貢病。至於小注所載朱子語，有子貢多言之説，則其誣尤甚。子貢之多言，後之人亦何從而知之，將無以其居言語之科邪？夫子貢之以言語著者，以其善爲辭命也。春秋之時，會盟征伐交錯，而唯辭命是賴。官行人而銜使命，乃其職分之所當修。家語所載定魯、破齊、伯越、亡吴之事既不足信，即使有之，亦修辭不誠以智損德之咎，而非未行而遽言之爲病。如以此爲病在不先行其言，豈子貢之拒百牢、辭尋盟者爲其所不能行而徒騰口説乎？夫此所謂言，非善説辭命之言，而善言德行之言也。善言德行者，顔、閔也，非子貢也。且亦非徒口説之爲言也，著書立説答問講論皆言也，要以言所行而非應對之文也。聖門如曾子、有子、子游、子夏皆有論著，而子貢獨無。其言聖道也，曰夫子之言性與天道不可得而聞，蓋兢兢乎慎重於所見而不敢輕置一詞矣。則寡言者，莫子貢若，而何以云多言邪？子貢既已無病，夫子端非用藥，而先行後言自是徹上徹下入德作聖之極功，徹始徹終立教修道之大業，豈僅以療一人之病哉？因此推之，語子路以知自致知之實學，而謂子路强不知以爲知，亦懸坐無據。而陳新安以仕輒而死爲徵，乃不知子路之死輒，自始事不謹之害，而非有自欺之蔽。如謂不知仕輒之不義，不當固執以至於捐軀，抑將如趙盾之拒雍，祭仲之逐突，食言背主，而可謂之不知爲不知耶？要此爲致知言，而不爲行言。故可曰「隨所至之量以自信而不强」，如以行言，其可曰「能行則行之，不能行則不行」也哉？故言知則但可曰「困而知之」，不可曰「勉强而知之」，而行則曰「勉强而行之」，知行之不同功久矣。子路勇於行而非勇於知，有何病而又何藥也？至於四子問孝，答教雖殊，而理自一貫，總以孝無可質言之事，而相動者唯此心耳。故於武伯則指此心之相通者以動所性之愛，若云無違，云敬，云色難，則一而已矣。生事死葬，祭而以禮，則亦非但能養；至奉饌服勞，正今之能養者也。内敬則外必和，心乎敬則行必以禮。致其色養，則不待取非禮之外物以爲孝，而無違於理者，唯無違其父子同氣此心相與貫通之理。順乎生事之理，必敬於所養，而色自柔，聲自怡。順乎葬祭之理，必敬以慎終，敬以思成，而喪紀祭祀之容各效其正。明乎此，則同條共貫，殊塗同歸，奚必懸坐武伯之輕身召疾，而億揣子夏以北宫黝之色加於其親，誣以病而强之藥哉？又其甚者，聖門後進諸賢自曾子外，其沈潛篤實切問近思者莫如樊遲。迹其踐履，當在冉、閔之間。夫子所樂與造就者，亦莫遲若，乃謂其粗鄙近利，則病本弓蛇，藥益胡、越，文致古人之惡而屈聖言以從己，非愚之所敢與聞也。

按：集注喜貶抑聖門，世人止知西河首發其覆，而不知船山固先已言之。

此木軒四書説：君子垂一訓，立一教，必先實體諸身，未有行不逮而空言之者。故曰先行其言，乃有言後追論之辭。先行之時，則衹仁義道德之實，烏有所謂其言哉？君子有躬行而不必言者，未有不能行而先言之者，箴子貢之意如此。

【發明】反身録：知得先行後言是君子，則知能言而行不逮者爲小人矣。

按：漢申公云：「爲治不在多言，顧力行何如耳。」經傳言君子有二義，一謂在位之人，一謂成德之人。此章君子雖指成德而言，而義可通於在位者，故言行之際，不特君子小人之辨，實國家治亂之原。

○子曰：「君子周而不比，小人比而不周。」

【音讀】朱子文集：歐陽希遜問：「此比字舊音毗志反，集注無音，古注、集注皆爲偏黨之義。『義之與比』舊音毗志反，集注音必二反。孟子『顧比死者』、『且比化者』，其義與音又俱備，無可疑者。若『御者且羞與射者比』，集注亦爲偏黨之義，音比二反。不知比字爲偏黨義者皆當作必二反如何？」答曰：「更俟契勘。」　翟氏考異：今集注已音此爲必二反。考纂疏載輔氏曰：「此處偶失音，當增入。」明此音亦後儒所增。

【考證】論語後録：易卦「比之匪人」，故小人稱比。　戚學標論語偶談：比與黨有别。周禮五家爲比，五族爲黨。比人少而黨多。比爲兩相依附，如鄰之親密。黨則有黨首，有黨羽，援引固結，蔓延遠而氣勢盛。此比字對周説，正於其狹小處見不能普遍，猶未至於黨之盛也。

王引之經義述聞：文十八年左傳「頑嚚不友，是與比周」，杜注：「周，密也。」哀十六年「周仁之謂信」，注：「周，親也。」離騷「雖不周於今之人兮」，王注：「周，合也。」説文：「比，密也。」夏官大司馬「比小事大，以和邦國」，鄭注：「比，猶親也。」吴語「今王播棄黎老而孩童焉比謀」，韋注：「比，合也。」蓋周與比皆訓爲親爲密爲合，故辨别之如是：以義合者周也，以利合者比也。晉語：「吾聞事君者比而不黨。夫周以舉義，比也。舉以其私，黨也。籍偃曰：『君了有比乎？』叔向曰：『君子比而不别。比德以贊事，比也。引黨以封己，利己而忘君，别也。』」彼之所謂比，即此之所謂周，周以舉義者也，比德以贊事者也。彼之所謂黨，即此之所謂比，舉以其私者也，引黨以封己者也。比與黨相近，則辨之曰「比而不黨」。比與别相近，則辨之曰「比而不别」，文義正與此相類。孔注訓周爲忠信，孫綽訓爲理備，皇侃訓爲博遍，皆失之。

按：以義合曰周，以利合曰比。既以義合，得非忠信耶？注未爲失，無所可譏，王氏之説非也。

【集解】孔曰：「忠信爲周，阿黨爲比。」

按：左傳文十八年正義引鄭注文與此同，而皇本、高麗本則作孔曰，蓋本鄭注而孔襲用之。

【唐以前古注】皇疏：周是博遍之法，故謂爲忠信。比是親狎之法，故謂爲阿黨耳。若互而言，周名亦有惡，比名亦有善者，故春秋傳云「是謂比周」，言其爲惡周遍天下也。易卦有比，比則是輔。里仁云「君子義之與比」，比則是親。雖非廣稱，文亦非惡。今此文既言周以對比，故以爲惡耳。

又引孫綽云：理備故稱周，無私故不比也。

【集注】周，普遍也。比，偏黨也。皆與人親厚之意，但周公而比私耳。

【餘論】朱子文集（答程允夫）：尊賢容衆，嘉善而矜不能，此之謂周。溺愛徇私，黨同伐異，此之謂比。

朱子語類：君子小人即是公私之間，皆是與人親厚。君子意思自然廣大，小人便生計較。周與比相去不遠，要須分別得大相遠處，君子與人相親亦有輕重有厚薄，但意思自公。

【發明】反身録：一友語及君子周而不比章，因告之曰：「君子視萬物猶一體，故愛無不溥，無所爲而爲也。即時而有好有惡，而好惡一出於公。好善固是愛，惡惡亦是愛。蓋侯明撻記無非欲其並生於天地間，而不至長爲棄人也。小人非無所愛，而所愛惟徇一己之私，有所爲而爲也。同己則狎昵親密，綢繆汲引；異己則秦、越相視，陰肆排詆，必使之無所容而後已。是有君子之愛，則福及羣生，人人得所，而朝野有賴。有小人之愛，則朋比作祟，黨同伐異，而禍延人國。漢、唐、宋、明君子小人之周比，其已然之效蓋可見矣。君子小人達而在上如此，其在下也亦然。君子居鄉則愛溥一鄉，而一鄉蒙其庥。小人居鄉則阿其所好，而一鄉被其蠹。有爲無爲，公私異同，始於一心之微，關乎世道之大，吾人不可不研幾而致審也。否則昧天理之公而流於人欲之私，處人接物將有愧於君子，同於小人，而不自覺者矣。」論語稽：周之爲字，以四圍環轉爲訓。比之爲字，則从之反耳。此論君子小人，兼學術治術言之。學術之隆汙，治術因之而升降。其始由一二學士大夫相標相榜，其終遂至朝野紛紛，黨同伐異，此一是非，彼一是非，浸至顛倒混亂而莫可究詰矣。夫子指出公私分界，爲千古立之防制，不啻於十世百世前已知有漢、宋朋黨之禍也。

論語集釋卷四

爲政下

○子曰：「學而不思則罔，思而不學則殆。」

【考異】釋文：「罔」，本又作「冈」。「殆」，依義當作「怠」。天文本論語校勘記：唐本、津藩本、正平本均作「冈」。

【集解】包曰：「學而不尋思其義，則罔然無所得。」何曰：「不學而思，終卒不得，徒使人精神疲殆。」

【唐以前古注】皇疏：夫學問之法，既得其文，又宜精思其義。若唯學舊文而不思義，則臨用行之時罔罔然無所知也。　又一通云：罔，誣罔也。言既不精思，至於行用乖僻，是誣罔聖人之道也。

【集注】不求諸心，故昏而無得。不習其事，故危而不安。

【别解】王念孫讀書雜誌：史記扁鵲倉公傳：「拙者疑殆。」此殆字非危殆之殆，殆亦疑也。公羊傳襄四年注曰：「殆，疑也。」思而不學，則無所依據，故疑而不決。下云「多聞闕疑，多見闕殆」，殆亦疑也。　經義述聞：何休襄四年公羊傳注：「殆，疑也。」謂思而不學，則事無徵驗，疑不能定也。

按：殆，舊注云「使人精神疲殆」，作「怠」義解固非，朱注釋爲危殆，義亦扞格難通。王氏以疑而不決釋之，自迎刃而解。誰謂訓詁無關於義理哉？錢氏大昕謂：「宋儒不明六書，往往望文生義，此其失也。」

【餘論】陸世儀思辨録：悟處皆出於思，不思無由得悟。思處皆緣於學，不學則無可思。學者，所以求悟也。悟者，思而得通也。故孔子曰：「學而不思則罔，思而不學則殆。」孟子亦曰：「心之官則思。」　黄氏後案：學如博學詳説之學，謂讀書也。學而不思則罔者，循誦習傳，思未深，所學亦淺，無益於身也。薛氏讀書録言讀書惟精心尋思，於身心事物，反復考驗其理，則知聖賢之書皆有用。否則徒爲口耳文辭之資，所謂買櫝還珠，此戒罔者也。思而不學則殆者，存於心而難信，施諸事而難安也。天之生人，上智少而中人多。上智者本覺悟以參聞見，韓子所謂上之性就學而愈明也。中人先聞見而後知覺，思深而學淺，猶有滋其弊者，未有不學而能擴其思者也。

【發明】論語稽：思、學不可偏廢，一偏廢則罔殆之弊乘之。如今日漢學、宋學之分門，各據一偏以成一家言者，大抵皆爲學之始有所偏也。

○子曰：「攻乎異端，斯害也已。」

【考異】皇本「已」下有「矣」字。天文本論語校勘記：天文本「已」下有「矣」字，古本、唐本、津藩本、正平本同。

【考證】公羊文十二年傳注：他技奇巧，異端也。論語曰：「攻乎異端。」禮記大學注：他技，異端之技也。論語後録：異端即他技，所謂小道也。小道必有可觀，致遠則泥，故夫子以爲不可攻，言人務小道致失大道。戴震東原集：端，頭也。凡事有兩頭謂之異端。言業精於專，兼攻兩頭，則爲害耳。經學巵言：楊、墨之屬行於戰國，春秋時未有攻之者。當從戴說。相如封禪文及大學「他技」注、孟子「王之所大欲」注皆有「異端」字，古人皆如此解。論語補疏：漢世儒者以異己者爲異端。尚書令韓歆上疏欲立費氏易、左氏春秋。范升曰：「費、左二學無有本師，而多反異。孔氏曰：『攻乎異端，斯害也已。』」此以習左氏者爲攻乎異端。陳欽稱左氏孤學少與，遂爲異家之所覆冒。升以習左氏者爲異端，欽又以斥左氏者爲異端。惟賈逵通五經之説，奏曰：「三代異物，損益隨時，故先帝博觀異家，各有所採。易有施、孟，復立梁丘。尚書歐陽，復有大、小夏侯。今三傳之異亦猶是也。」又袁紹客多豪俊，並有才說。見鄭康成儒者，未以通人許之，競設異端，百家互起。康成依方辨對，咸出問表，皆得所未聞，莫不嗟服。蓋以儒者執一不能通，故各有一端以難之，是爲競設異端。康成本通儒，不執一，故依方辨對，謂於衆異之中，衷之以道也。是即康成之攻乎異端矣。道中於時而已，故孔子曰：「我則異於是，無可無不可。」各執一見，此以異己者爲非，彼亦以異己者爲非，而害成矣。

論語足徵記：春秋文十二年傳曰「惟一介斷斷焉無他技」，解詁曰：「斷斷，猶專一也。他技，奇巧異端也。孔子曰：『攻乎異端，斯害也已。』」禮記大學篇鄭注義同。顏氏家訓省事篇：「古人云多爲少善，不如執一。鼫鼠五能，不成技術。近世有兩人，朗悟士也。性多營綜，略無成名，經不足以待問，史不足以討論，文章無可傳於集録，書跡未堪以留愛玩，卜筮射六得三，醫藥治十差五，音樂在數十人下，弓矢在千百人中，天文、畫繪、棊博、鮮卑語、煎胡桃油、鍊錫爲銀，如此之類，略得梗概，皆不通熟。惜乎以彼神明，若省其異端，當精妙也。」顏氏此言，正與何氏之言相發明，是異端者猶書、禮之「他技」，此經之「多能」。多能乃聖人之事，常人而務多能，必至一無所能。是故斷斷無他者，不攻異端之益也。多爲少善者，攻異端之害也。害在攻，不在異，何平叔已不得其解，云「善道有統，殊途而同歸。異端，不同歸者也」。即以害承異言矣。昌黎遂以異端與佛、老並言，朱注乃證明其義曰：「異端非聖人之道，而別爲一端，如楊、墨是也。」案夫子之時楊、墨未生，何由知之？孟子之闢楊、墨，雖廣爲之目曰邪説，曰詖行，曰淫辭，而不謂之異端，則異端非楊、墨之謂也。孫奕示兒編謂：「攻如攻人之惡之攻。已，止也。謂攻其異端，則害人者自止。」此説亦非也。阮公校勘記云：「皇本、高麗本『已』下有『矣』字。」則「也已矣」三字連文，皆語辭，與「吾末如之何也已矣」例同，可徵已字不得訓止也。

按：論語足徵記二卷，吴興崔適著。雖寥寥數十則，而考據精確。恐其失傳，本書幾於全部採入。其論古論語，謂：「古者字少，故有古人用假字，後世易以本字者，未有古人用本字，後世易以假字者。魯、古異讀，率魯用假字，古用本字，其爲贋古明甚。西京之末始出古論，以蝌蚪古文作之，謂爲先秦人書，欲以陵駕齊、魯之爲今文。實則劉歆所造，託之孔安國所傳，并爲作注以徵之爾。」尤爲獨具隻眼，非他考據家所及也。

【集解】攻，治也。善道有統，故殊途而同歸。異端，不同歸者也。

【唐以前古注】皇疏：攻，治也。古人謂學爲治，故書史載人專經學問者，皆云治其書、治其經也。異端，謂雜書也。言人若不學六籍正典，而雜學於諸子百家，此則爲害之深。

【集注】范氏曰：「攻，專治也。故治木玉金石之工曰攻。異端非聖人之道，而別爲一端，如楊、墨是也。其率天下至於無父無君，專治而欲精之，爲害甚矣。」（程子曰：「佛氏之言比之楊、墨尤爲近理，所以其害爲尤甚，學者當如淫聲美色以遠之，不爾則駸駸然入於其中矣。」）

【別解一】孫奕示兒編：攻如「攻人之惡」之攻。已如「末之也已」之已。已，止也。謂攻其異端，使吾道明，則異端之害人者自止。　趙翼陔餘叢考：張鳳翼謂能攻擊異端則害可止。

四書賸言：陳晦伯作經典稽疑，引任昉王儉集序有云：「攻乎異端，歸之正義。」劉勰文心雕龍序亦云：「周公設辨，貴乎體要。尼父陳訓，惡乎異端。」則攻本攻擊之攻。錢大昕十駕齋養新録：攻乎異端，何晏訓攻爲治，朱文公因之。孫奕示兒編謂：「攻如『攻人之惡』之攻。已如『末之也已』之已。已，止也。謂攻其異端，使正道明，則異端之害人者自止。如孟子距楊、墨則欲楊、墨之害止，韓子闢佛、老則欲佛、老之害止也。」此說勝於古注。且與「鳴鼓而攻之」義亦同。

然任昉撰王文憲集序云：「攻乎異端，歸之正義。」前人已有是言矣。李塨論語傳注：異端非人道之常而別爲一端，如今佛、老是也。明太祖曰：「攻如攻城。已，止也。攻去異端，則邪説之害止，而正道可行矣。」

【別解二】論語補疏：韓詩外傳云：別殊類使不相害，序異端使不相悖。蓋異端者各爲一端，彼此互異，惟執持不能通則悖，悖則害矣。有以攻治之，即所謂序異端也。斯害也已，所謂使不相悖也。攻之訓治，見考工記「攻木之工」注。小雅「可以攻玉」，傳云：「攻，錯也。」繫辭傳「愛惡相攻」，虞翻云：「攻，摩也。」彼此切磋摩錯，使紊亂而害於道者悉歸於義，故爲序。韓詩序字足以發明攻字之意。已，止也。不相悖，故害止也。

【別解三】論語發微：公羊文十二年傳「惟一介斷斷焉無他技」，何休注：「斷斷，猶專一也。他技，奇巧異端也。孔子曰：『攻乎異端，斯害也已。』」疏云：「鄭注大學云：『斷斷，誠一之貌也。他技，異端之技也。』是與此合。」按斷斷專一即中庸之「用中」，大學之「誠意」。誠意而能天下平，用中而能經綸天下之大經，立天下之大本，知天地之化育。夫焉有所倚，無所倚則平也。此釋兩端而用中之謂也。中庸記云「執其兩端，用其中於民」，鄭注云：「兩端，過與不及。用其中於民，賢與不肖皆能行之。」按所謂執者，度之也。執其兩端而度之，斯無過不及而能用中。中則一，兩則異。異端即兩端。民受天地之中以生，所謂命也。是以有動作禮義威儀之則以定命也。有所治而或過或不及，即謂之異端。攻乎異端，即不能用中於民，而有害於定命，如後世楊、墨之言治國皆有過與不及，有害於用中之道。然其爲過不及之説，其奇足以動人之聽聞，其巧則有一時之近效。自聖人之道不明不行，則一世君臣上下易惑其説，是以異端之技至戰國而益熾。又云：孟子言「子莫執中」，執中無權，猶執一也。權者，能用之之謂也。過與不及，則有輕重，必有兩端，而後立其中，權兩端之輕重，而後中可用。不知有兩端而權之，則執中者無可用，而異端之説轉勝。故異端之熾由執中無權者致之，是以可與立者，尤貴乎可與權也。

【别解四】晉書索紞傳：攻乎異端，戒在害己。路史發揮：異端之害道，在所攻矣。聖人且不攻之者，非不攻之也，攻之則害尤甚也。論語集説：攻者，攻擊之攻。溺於偏識，暗於正理，皆所謂異端。節謂君子在明吾道而已矣。吾道既明，則異端自熄，不此之務而徒與之角，斯爲吾害也已。

按：蔡節論語集説十卷，宋藝文志不載，諸家藏書目俱未收，今惟見通志堂經解中，蓋罕見之本也。節，宋理宗時人。時理學方盛行，其所採以晦菴、南軒爲獨多。體例謹嚴，於其更易經傳動稱錯簡之處，不肯苟同。觀其注鄉黨末節，謂「嗅」疑作「嘆」，子路聞夫子時哉之言，拱手而起敬，感雉之去就得時，所以三嘆而作也。未敢輕於改經，姑闕之。可以知其宗旨所在。是書言簡意賅，可稱善本。而採摭未廣，則時代限之也。

王闓運論語訓：攻，猶伐也。先進篇曰：「鳴鼓而攻之。」道不同不相爲謀，若必攻去其異己者，既妨於學，又增敵忌，故有害也。

按：此章諸説紛紜，莫衷一是，此當以本經用語例決之。論語中凡用攻字均作攻伐解，如「小子鳴鼓而攻之」，「攻其惡，毋攻人之惡」，不應此處獨訓爲治，則何晏、朱子之説非也。已者，語詞。不訓爲止。如「末之也已」，「可謂人之方也已」，其例均同。則孫奕、錢大昕、焦循諸家之説非也。異端，何晏訓爲殊途不同歸，皇、邢疏則以諸子百家實之，朱注始指爲楊、墨、佛、老。考漢時以雜書小道爲異端，前人考之詳矣。孔子之時，不但未有佛學，並楊、墨之説亦未産生。當時只有道家，史記載孔子見老聃，歸而有如龍之歎，則孔子之不排擊道家甚明，不能以後世門户排擠心理推測聖人。然孔子時雖無今之所謂異端，而諸子百家之説則多萌芽於此時代，原壤之老而不死，則道家長生久視之術也。宰我短喪之問，則墨家薄葬之濫觴也。樊遲學稼之請，則農家並耕之權輿也。異端雖訓爲執兩端，而義實可通於雜學。中庸引子曰：「素隱行怪，後世有述焉，吾弗爲已矣。」子夏曰：「雖小道，必有可觀者焉，致遠恐泥，是以君子不爲也。」所謂素隱行怪，所謂小道，即異端也。君子止於不爲。若夫黨同伐異，必至是非蠭起，爲人心世道之害，故夫子深戒之也。

【餘論】黄氏日抄：孔子本意似不過戒學者他用其心耳。後有孟子闢楊、墨爲異端，而近世佛氏之害尤甚，世亦以異端目之。凡程門之爲佛學者遂陰諱其説，而曲爲迴護，至以攻爲攻擊，而以孔子爲不攻異端。然孔子時未有此議論，説者自不必以後世之事反上釋古人之言，諸君又何必因異端之字與今偶同而迴護至此耶？

四書恒解：古今稱異端必曰楊、墨、佛、老。楊、墨之道，孟子言之詳矣。闢佛、老者始於昌黎，然僧道之徒可闢，老、佛不可闢也。何者？老子與夫子問答皆中正之言，子贊之曰猶龍，又曰吾師，未嘗有一毫非議也。而後世一切法術怪誕皆託老子，老子何嘗有是耶？佛本西域，與中國言語不通，嗜欲不同。天憐其地之赤子無人化導，淪於禽獸，特生瞿曇氏以化之。其人天姿高明，生於貴胄，獨能了明義理，戒殺戒貪戒淫戒妄，皆聖賢之道也。老子與夫子言，禮記、家語、史記所載無非道者。後世妄爲神仙之説，雜以方技之流，奇幻詭秘，皆託於老子，於是人悉目老子爲異端矣。

按：四書恒解十卷，清四川劉沅著。沅史館有傳。光緒間由在籍紳士胡峻、顔楷等以沅所著書一百四十三卷呈請史館立傳，奉旨依議，蓋理學家也。其書除大學用古本，不從補傳，確有心得，卓然可傳外，餘如論語，雖於凡例列舉四庫所著録諸書，實則不過粧點門面，並未寓目，所參考者不過王罕皆四書匯參、張甄陶四書翼注而已。其人蓋有得於道家言者，故極推尊老子。惟滿紙先天後天無極太極，一派模糊影響之談，不止空疏已也。間有與朱子立異，亦皆前人所已言者。

【發明】焦氏筆乘：人之未知性命强訶佛、老者，以孔子有攻異端之語也。斯時佛未東來，安知同異？且令老子而異也，何孔子不自攻也？而今之人乃攻孔氏之所不攻耶？王汝止有言，同乎百姓日用者爲同德，異乎百姓日用者爲異端。學者試思百姓日用者誠何物耶？姑無論異端也。

反身録：程子以佛、老之害甚於楊、墨，其言有云：「昔之害近而易知，今之害深而難辨。」余亦云：儒外異端之害淺而易闢，儒中異端之害深而難距。世之究心理學者，多舍日用平常而窮元極賾，索之無何有之鄉。謂之反經而實異於經，謂之興行而實不同於日用平常之行，是亦理學中之異端也。故學焉而與愚夫愚婦同者是謂同德，與愚夫愚婦異者是謂異端。

黄氏後案：吕與叔解此謂異端不可攻，攻擊之而有害。説者謂其曲避時賢之佛學矣。觀朱子晚年論仁論義，欲學者分明限界，不宜儱侗言理。然則後人渾言心理，借仁義以談異端，害尤無窮也已。

按：程子以佛氏之言當如淫聲美色以遠之，宋儒作僞之言，不可爲訓。聖量至廣，無所不容，彼楊、墨之見距，以其爲孟子也。後儒無孔、孟之學，竊釋氏之緒餘，而反以闢佛自鳴，以爲直接道統，其無乃太不自量耶！

○子曰：「由！誨女知之乎！知之爲知之，不知爲不知，是知也。」

【考異】皇本作「不知之爲不知」。皇疏「知之爲知之」句無所明。後子路篇疏引文曰：「由！誨汝知之乎！不知爲不知，是知也。」亦只三句，疑當時本有如此者。

【音讀】釋文：知如字，又音智。羣經平議：此「知」字與下五「知」字不同。下五「知」字皆如字，此「知」字當讀爲志。禮記緇衣篇「爲上可望而知也，爲下可述而志也」，鄭注曰：「志，猶知也。」然則知與志義通。「誨女知之乎」即「誨女志之乎」，言我今誨女，女其謹志之也。荀子子道篇：「子路趨而出，改服而入。蓋猶若也。孔子曰：『志之，吾語女。奮於言者華，奮於行者伐，色知而有能者小人也。故君子知之曰知之，不知曰不知，言之要也。能之曰能之，不能曰不能，行之至也。』」韓詩外傳亦載其事，並與此章文義相同，而皆以「志之」發端。然則此文「知之」即「志之」無疑矣。論語足徵記：荀子子道篇：「孔子曰：『由志之，君子知之曰知之，不知曰不知，言之要也。能之曰能之，不能曰不能，行之至也。言要則知，行至則仁，既知且仁，又何加哉？』」以能對知，以仁對智，孔子之意本是如此。論語削存其半，復小變其文，則「是知也」之知，陸氏音智是也。禮記曲禮「疑事毋質」，注：「質，成也。彼已俱疑而已成言之，終不然則傷智。」疏：「若成言疑事，後爲賢人所譏，則傷己智也。故孔子戒子路云：『不知爲不知也。』」是鄭、孔皆讀此經爲「不知爲不知，是智也」。集解、集注皆如字釋之，誤矣。

【考證】史記仲尼弟子列傳：仲由字子路，卞人也。少孔子九歲。韓詩外傳卷三：「孔子曰：『由志之，君子知之爲知之，不知爲不知，言之要也。能之爲能之，不能爲不能，行之要也。』」爲子路初改服入見時語。荀子非十二子篇：「言而當知也，默而當亦知也。」又儒效篇：「知之曰知之，不知曰不知，內不自以誣，外不自以欺，以是尊賢畏法而不敢怠傲，是雅儒者也。」此即夫子誨子路之義。皇本「不知之爲不知」，多一「之」字。

【集解】孔曰：「弟子，姓仲，名由，字子路。」

【唐以前古注】皇疏：若不知云知，此則是無知之人耳。若實知而云知，此乃是有知之人也。又一通云：「孔子呼子路名云：由！我從來教化於汝，汝知我教汝以不乎？汝若知我教則云知，若不知則云不知，能如此者，是有知之人也。」

【集注】由，孔子弟子，姓仲，字子路。子路好勇，蓋有强其所不知以爲知者。故夫子告之曰，我教汝以知之之道乎，但所知者則以爲知，所不知者則以爲不知，如此則雖或不能盡知，而無自欺之蔽，亦不害其爲知矣。況由此而求之，又有可知之理乎？

【餘論】論語意原：或聞而知之，或見而知之，聞見未爲得也，知之而後有得也。道猶嘉肴也，食焉則知其味，得之聞見者皆未食也。　黄榦論語注義問答通釋（經正録引）：是非之心智之端，是是非非見得分明，便是智之發見而人之所以爲知也。今有人焉，所知之事則以爲知，所不知之事則以爲不知，乃是非之心自然發見，如此智孰大焉？心之虛明，是非昭著，故夫子以爲是知也。　陳櫟四書發明（經正録引）：强不知以爲知，非惟人不我告，己亦不復求知，終身不知而後已。不知者以爲不知，則人必告我，己亦必自求知，豈非知之之道乎？

【發明】反身録：子路勇於爲善，所欠者知耳。平日非無所謂知，然不過聞見擇識外來填塞之知，原非自性本有之良。夫子誨之以是知也，是就一念獨覺之良，指出本面，令其自識家珍。此知既明，則知其所知固是此知，而知其所不知亦是此知。蓋資於聞見者有知有不知，而此知則無不知，乃吾人一生夢覺關也，既覺則無復夢矣。　又曰：千聖相傳，只是如此。吾人之所以博學審問慎思明辨者，惟求此知。此知未明，終是冥行。此知既明，纔算到家。此知未明，學問無主。此知既明，學有主人。此知未明，藉聞見以求入門。此知既明，則本性靈以主聞見。

此知未明，終日幫補輳合於外，七八月之間，雨集溝澮，非不皆盈，然而無本，終是易涸。此知既明，猶水之有本，原泉混混，逝者如斯夫，不舍晝夜。焦氏筆乘：子曰：「知之爲知之，不知爲不知，是知也。」又曰：「多聞，擇其善者而從之。多見而識之，知之次也。」即其言而並觀之，則學之所重輕見矣，奈何文滅質、博溺心者衆也？淮南子曰：「精神已越於外而事復反之，是失之於本而求之於末也。蔽其元光而求知於耳目，是釋其昭昭而道其冥冥也。」噫！世之言學而不蹈此者幾希。道不可知，求之者爭爲卜度，皆孔子所謂億也。毋論億而弗中，中亦奚益？關尹子曰：「不知道妄意卜者如射覆盂，高之存金存玉，卑之存石存瓦，是乎？非是乎？唯置物者知之。」噫！藉令覆盂之下而無所置也，射者不爲徒勞乎？一旦徹其覆而親見其無一物也，然後知向之金玉瓦石意見棼棼皆爲妄想。

○子張學干祿。

【考異】史記弟子傳作「問干祿」。四書通：本文無「問」字，意編次者因夫子救子張之失，故先之以此五字，以見夫子爲子張干祿發。劉開論語補注：余嘗疑「子張學干祿」之解爲不可通，以爲子張志務乎外，則誠不能免此，若謂專習干祿之事，恐未必然，豈子張終日所講求者獨爲得祿計耶？後聞鄉先生某斷此「學」字當爲「問」字，證以外注程子云「若顔、閔則無此問」，是明以干祿爲問也。余既信其言之有徵，後又得一切證，「子張問行」注云：「子張意在得行于外，故夫子反于身而言之，亦猶答干祿問達之意。」夫既同謂之答，則干祿亦屬子張之問可知。

然則朱子固亦以干禄爲問也，是「學」字爲「問」字之誤無疑矣。黄氏後案：趙鹿泉云：「本文『學』字當作『問』，據史記弟子傳及此章外注程説、三年學章注楊説。」亦備一義。

【考證】史記弟子傳：子張，陳人。論語孔子弟子目録：顓孫師，陽城人。論語後録：漢書地理志陽城縣屬陳留郡，即陳地。子張爲陳公子顓孫之後。顓孫自齊來奔，故魯人而亦得指爲陳人也。子張之子曰申祥，申亦顓孫也，周、秦之間申、孫聲相近。劉氏正義：梁氏玉繩古今人表考：「鄭目録謂陽城人。縣固屬陳也，而吕氏春秋尊師云：『子張，魯之鄙家。』考通志氏族略，顓孫氏出陳公子顓孫。左傳昭二十五年：『顓孫來奔。』張蓋其後，故又爲魯人。」梁氏旁證：子張當是陳顓孫之後以字爲氏者，故稱陳人。子張既從孔子遊，而其子申祥爲魯穆公臣，則居於魯非一世矣。張自烈四書大全辨：按史傳子張未嘗出仕，生平僅一見魯哀公耳。即其逸事不傳，必非希榮慕禄之輩。且史言夫子干七十二君而不見用，亦豈干禄者哉？蓋子張之學近於求爲世用，故記者目之爲干禄耳。

【集解】鄭曰：「子張，弟子也。姓顓孫，名師，字子張。干，求也。禄，禄位也。」

【集注】子張，孔子弟子。姓顓孫，名師。干，求也。禄，仕者之奉也。

【别解】趙佑四書温故録：「子張學干禄」，當從史記「問干禄」者爲正。大雅曰：「干禄豈弟。」「干禄百福。」張蓋疑而問其義也。羣經平議：子張學干禄，猶南容三復白圭。白圭見詩抑篇，干禄見詩旱麓篇。曰學曰三復，皆於學詩時孽求其義，非學求禄位之法也。史記弟子傳改作「問干禄」，則史公已不得其旨矣。倪思寬讀書記：詩曰：「干禄百福。」自古有干禄之語，子張是以請學之，猶樊遲請學爲稼爲圃之事也。論語訓：干禄豈弟，君道也。蓋太學之教有此一學。鄭氏述要：干禄，「禄」字集注本鄭説直以爲仕者之奉，自是議者紛紛，有以爲子張之賢當不至此。此是學詩「干禄」之句，如南容之三復白圭者。有因史記及程注「學」字作「問」，以爲子張問此詩之義者。有以爲求仕古人不諱言，禮曰「宦學事師」，傳曰「宦三年」，學干禄即學仕宦，而不以集注爲非者。按以上諸説惟學詩「干禄」於理尚近。但詩言「干禄」，亦非即俸禄之禄。爾雅禄訓爲福，是干禄即求福。子張蓋讀詩至此，不知福如何求，夫子教以修德之道，寡尤寡悔，則明無人非，幽無鬼責，吉無不利，福不期臻而自臻，故曰「禄在其中」。詩言「求福不回」，即此意也。

按：述要之説，釋禄爲福，較舊注俸禄爲勝；然意在爲聖門辨護，與程子謂「若顔、閔則無此問」，好貶抑古人者，其居心厚薄不可以道里計。昔元儒許魯山常言：「儒者以治生爲急。所謂干禄即問治生之道，孔子之答，與『君子謀道不謀食』一章同旨。諺云：『天不生無禄之人。』人之至於困苦窮餓者，必其人行止有虧，爲衆所厭惡。孔子教子張以言行寡尤悔，而禄即在其中，言似迂而實確，洵萬古處世之津梁，治生之秘訣也。」

【餘論】讀四書大全説：記言子張學干禄，是當世實有一干禄之學而子張習之矣。程子既有定心之説，及小注所引朱子之語曰意曰心，乃似子張所學者亦聖人之學，而特有歆羨禄位之心使然，則子張亦只是恁地學將去，記者乃懸揣其心而以深文中之曰：「其學也以干禄也。」夫子亦逆億而責之曰：「汝外修天爵而實要人爵也。」（雲峰語）此酷吏莫須有之機械，豈君子之以處師友之間乎？春秋齊、鄭如紀，本欲襲紀，且不書曰齊、鄭襲紀，不克。但因其已著之迹而書曰如，使讀者於言外得誅意之效，而不爲苛詞以摘發人之陰私。豈子張偶一動念於禄，而即加以學干禄之名邪？干禄之學隨世而改，於後世爲徵辟，爲科舉。今不知春秋之時其所以取士者何法，然敷奏以言，明試以功，唐、虞已然，於周亦應未改。王制大司馬造士進士之法，亦必有所論試矣。士而學此，亦不爲大害。故朱子之教人，亦謂不得不隨時以就科舉。特所爲科舉文字，當誠於立言，不爲曲學阿世而已。夫子之告子張，大意亦如此。蓋干禄之學當亦不外言行，而或摭拾爲言，敏給爲行，以合主者之好，則古今仕學之通病。於是俗學與聖學始同終異，其失在俗學之移人，而不在學之者之心。故夫子亦不斥其心之非，而但告以學之正寡尤寡悔，就言行而示以正學，使端其術而不爲俗學所亂，非使定其心而不爲利禄動也。聖人之教如天覆地載，無所偏倚，故雖云「不志於穀，不易得也」，而終不以辭禄爲正。學者之心不可有欲禄之意，亦不可有賤天職天禄之念。況如子張者，高明而無實，故終身不仕。而一傳之後流爲莊周，安得以偶然涉獵於俗學，誣其心之不潔乎？

【發明】論語補疏：樊遲請學稼，則孔子目爲小人。小人不求禄位者也。子張學干禄，孔子即告以得禄之道。聖人以事功爲重，故不禁人干禄，而斥夫學稼者也。

按：諱言禄仕，乃宋儒沽名惡習。輕薄事功，爲南宋積弱根由。二者均不可爲訓。考大戴記有子張問入官，即問干禄之意。羣經義證云：「中庸『好學近乎知』，漢書公孫弘傳、説苑建本篇引並作『好問』。疑學、問古皆通用。魯論作『學』，古論作『問』，字異而義則同。問干禄者，問其方也。」

子曰：「多聞闕疑，慎言其餘，則寡尤；多見闕殆，慎行其餘，則寡悔。言寡尤，行寡悔，禄在其中矣。」

【考證】論語述何：謂所見世也。殆，危也。春秋定、哀多微辭，上以諱尊隆恩，下以避害容身，慎之至也。

經義述聞：殆，猶疑也。謂所見之事若可疑，則闕而不敢行也。悔，説文云：「悔，恨也。」

劉氏正義：古者鄉舉里選之法，皆擇士之有賢行學業而以舉而用之，故寡尤寡悔即是得禄之道。當春秋時，廢選舉之務，世卿持禄，賢者隱處，多不在位，故鄭以寡尤寡悔有不得禄而與古者得禄之道相同，明學者干禄當不失其道，其得之不得則有命矣。孟子云：「古之人修其天爵，而人爵從之。」亦言古選舉正法。

黄氏後案：學干禄，謂學仕者之事也。古人不諱干禄，詩之言「干禄」可證。曲禮曰「宦學」，左傳言「宦三年」，則古人不廢仕者之學。疑殆尤悔，互言見義。能慎此者，敷納明試不激不隨，得之固道也，失之命也。不然，欲爲儌幸之謀而尤悔交集，是傳所謂黜而宜者，其得之命也，失之固道也。凡經言「在其中」者，事不必盡然而舉其能然者也。君子道其常，亦盡其能然之道而已，無揣摩儌幸之法也。

【集解】包曰："尤，過也。疑則闕之，其餘不疑，猶慎言之，則少過。殆，危也。所見危者，闕而不行，則少悔。"鄭曰："言行如此，雖不得禄，得禄之道也。"

【唐以前古注】皇疏引范甯云：發言少過，履行少悔，雖不以要禄，乃致禄之道也。仲尼何以不使都無尤悔而言寡尤悔乎？有顔淵猶不二過，蘧伯玉亦未能寡其過，自非聖人，何能無之？子張若能寡尤悔，便爲得禄者也。

【集注】吕氏曰："疑者，所未信。殆者，所未安。"程子曰："尤，罪自外至者也。悔，理自内出者也。"愚謂多聞見者學之博，闕疑殆者擇之精，慎言行者守之約。凡言"在其中"者，皆不求而自至之辭。言此以救子張之失而進之也。程子曰：修天爵則人爵至。君子言行能謹，得禄之道也。子張學干禄，故告之以此，使定其心，而不爲利禄動。若顔、閔則無此問矣。或疑如此亦有不得禄者，孔子蓋曰"耕也，餒在其中"，惟理可爲者，爲之而已矣。

【餘論】南軒論語解：子張之學干禄，豈若世之人慕夫寵利者哉？亦曰士而禄仕，其常理耳。夫子獨告之以得禄之道謂在我者謹於言行而寡夫尤悔，則固得禄之道。夫謹言行者，非期於得禄也，亦非必得禄也，曰"禄在其中矣"，辭氣不迫而義則完矣。若告之以士不可以求禄，則理有所未盡，而亦非長善救失之方也。朱柏廬毋欺録：言而闕疑，立誠之道也。讀書亦然。

【發明】松陽講義：古之聖賢身居富貴，皆是不求而自至，其胸中未嘗有一毫希覬之念也。自聖學不明，士束髮受書，便從利禄起見，終身汲汲，都爲這一箇禄字差遣。一部五經、四書，幾同商賈之貨，只要售得去便罷了，未嘗思有益於身心，有用於天下，真是可歎！今日學者須先痛除此等念頭，將根脚撥正了，然後去用工，纔是真學。不然，即讀盡天下之書，譬如患病之人，日啖飲食，皆助了這病，毫無益於我。

按：陸氏之言切中時弊，與上所述各明一義，所謂「言各有當」也。

○哀公問曰：「何爲則民服？」孔子對曰：「舉直錯諸枉，則民服。舉枉錯諸直，則民不服。」

【考異】七經考文：古本「服」下有「也」字。　釋文：「錯」，鄭本作「措」。　劉氏正義：漢費鳳碑：「舉直措枉。」與鄭本合。說文云：「措，置也。」「措」正字，「錯」叚借字。　史記孔子世家：魯哀公問政。對曰：「政在選臣。」季康子問政。對曰：「舉直錯諸枉，則枉者直。」司馬貞史記索隱曰：「哀公問何爲則民服，孔子答之。今以爲答季康子，蓋撮略論語文而失事實。」　王若虛史記辨惑：論語所云「舉直錯諸枉，能使枉者直」，乃答樊遲問知之言耳。然則史遷之所引既誤，而司馬氏辨之者亦非也。　翟氏考異：淮南說山訓有「舉枉與直，如何不得。舉直與枉，勿與遂往」四語，亦云孔子對季氏辭。而文子符言篇又以此四語屬老子。百家中影襲論語輾轉而大失真者頗多，今不盡列論。

【集解】包曰：「哀公，魯君謚。錯，置也。舉用正直之人，廢置邪枉之人，則民服其上。」

按：劉寶楠曰：「包以邪枉之人不當復用，故以錯爲廢置，與上句言舉言用之相反見義。此亦用人之一術，自非人君剛明有才，不克爲此。荀子王制篇：『賢能不待次而舉，罷不能不待須而廢。』即包義也。與夫子尊賢容衆之德似不甚合，且哀公與三桓釁隙已深，夫子必不爲此激論也。」

【唐以前古注】皇疏引江熙云：哀公當千載之運，而聖賢滿國，舉而用之，魯其王矣。而唯好耳目之悦，羣邪秉政，民心厭棄。既而苦之，乃有此問也。又引范甯云：哀公捨賢任佞，故仲尼發乎此言，欲使舉賢以服民也。釋文引鄭注：措，投也。

【集注】哀公，魯君，名蔣。凡君問皆稱「孔子對曰」者，尊君也。錯，舍置也。諸，衆也。程子曰：「舉錯得義，則人心服。」

【別解】困學紀聞：孫季和云：「舉直而加之枉上，則民服。枉固服於直也。舉枉而加之直上，則民不服。直固非枉之所能服也。」若諸家解，何用二諸字？

按：朱彝尊經義考：「孫應時論語說今佚，僅存説『舉直錯諸枉』一條於困學紀聞。季和，應時字也。餘姚人，世稱燭湖先生，爲象山弟子。四庫總目別集類有燭湖集二十卷，即其人也。」

論語述(四書辨證引)：黄氏日抄云：「錯者，置也。如賈誼『置諸安處則安』之類。錯諸者，猶云舉而加之也。舉直而加之枉者之上，是君子在位，小人在野，此民之所以服。舉枉者而置於直之上，是小人得志，君子失位，此民之所以不服。」論語述何：舉直錯諸枉，則民服。舉正直之人措之枉曲之上，貴教化也。　劉氏正義：諸，之也。言投於下位也。案春秋時世卿持禄，多不稱職，賢者隱處，有仕者亦在下位，故此告哀公以舉措之道。直者居於上，而枉者置之下位，使其賢者得盡其才，而不肖者有所受治。亦且畀之以位，未甚決絶，俾知所感奮，而猶可以大用。故下篇告樊遲以「舉直錯諸枉，能使枉者直」，即此義也。

按：劉氏之説是也。以經解經，可與夫子告樊遲舜有天下選於衆，但言舉臯陶，不言錯四凶相證。若如諸家解，則二「諸」字爲虚設矣。集解、集注均失之。

【餘論】四書紹聞編：朱子論宋事，謂救其本根之術，不過視天下人望之所屬者舉而用之，使其舉錯用舍必當於人心，則天下之心翕聚於朝廷之上，其氣力易以鼓動。如衰病之人，鍼藥所不及，焫其丹田氣海，則氣血萃於本根，而耳目手足利矣。　顧憲成四書講義：謂之直，必是曰是，又能匡人之是；非曰非，又能匡人之非。獨立自信，略無依違。此等人下之公論極向之，上之人最易惡之，所以舉之爲難。謂之枉，必是可爲非，又能阿人之非；非可爲是，又能阿人之是。曲意求容，略無執持。此等人下之公論極鄙薄之，上之人最易愛之，所以錯之爲難。故君子中清苦樸實忠厚謹飭者，縱居昏亂之世，不至盡見寵任。惟諂言諂行巧於阿旨者，縱清明之時，亦往往被暱矣。聖人下此二字，將君子小人之情推勘到纖毫含糊不得處，將時君世主之情推勘到纖豪矯彊不得處。　經義述聞：舉直、舉枉者，舉諸直、舉諸枉也。因下錯諸枉、錯諸直而省諸字。

【發明】反身録：舉錯當與不當，關國家治亂，世運否泰。當則君子進而小人退，衆正盈朝，撥亂反治，世運自泰。否則小人進而君子退，羣小用事，釀治爲亂，世運日否。諸葛武侯有云：「親賢臣，遠小人，此先漢所以興隆也。親小人，遠賢臣，此後漢所以傾頽也。」言言痛切，可作此章翼注，人君當揭座右。

○季康子問：「使民敬、忠以勸如之何？」子曰：「臨之以莊，則敬；孝慈，則忠；舉善而教不能，則勸。」

【考異】文選沈約安陸昭王碑文注引論語：季康子問：「使民以敬如之何？」皇本作「臨民之以莊則民敬」，「勸」上有「民」字。七經考文曰：上一民字恐誤。

【音讀】應劭風俗通義過譽篇：歐陽歙曰：「舉善以教，則不能者勸。」三國志徐邈傳：舉善而教，仲尼所美。潘氏集箋：漢、魏人多於「教」字絶句。

按：劉寶楠曰：「『舉善而教不能』爲一句。漢、魏人引『舉善而教』，皆是趁辭。」

【考證】四書釋地三續：韓文考異「知其爲賢以否」下云：「以、與通用。」余因悟論語「敬忠以勸」，蓋康子欲使民敬，使民忠，與使民勸于爲善也。宜補注曰：「以，與也。」四書辨證：非但韓文可證也。大雅生民疏：「后稷是姜嫄首子，有同母弟妹以否。」周頌絲衣疏：「未知高子所言是此以否。」王制疏：「殷封夏后，但不知其名杞以否。」月令疏：「其數不欠少以否。」莊十五年疏：「夫人姜氏如齊，不知桓公有母以否。」僖八年疏：「止言之，不知與盟以否。」孔説以、與通用，固在韓前也。又「而誰以易之」，「不大聲以色」，論語集注、中庸章句以俱訓與。又儀禮鄉射禮「主人以賓揖」，大射儀「揖以耦左旋」，燕禮「君曰以我安」，鄭氏以俱訓與。以與通用見之正經又如此。約旨謂勸即是勸於敬忠，未得「以」字解故耳。經傳釋詞：以，猶而也。劉氏正義：此欲康子復選舉之舊也。春秋時大夫多世爵，其所辟僚佐又皆奔走使令之私，善者不見任用，故夫子令其舉之。下篇言子游爲武城宰，夫子詢以得人。仲弓爲季氏宰問政，夫子告以舉賢才。皆此舉善之意也。

【集解】孔曰：「魯卿季孫肥。康謚。」包曰：「莊，嚴也。君臨民以嚴，則民敬其上也。君能上孝於親，下慈於民，則民忠矣。舉用善人而教不能者，則民勸勉也。」

【唐以前古注】皇疏引江熙云：言民法上而行也。上孝慈，民亦孝慈。孝於其親，乃能忠於君。求忠臣必於孝子之門也。

【集注】季康子，魯大夫季孫氏，名肥。莊，謂容貌端嚴也。臨民以莊，則民敬於己。孝於親，慈於衆，則民忠於己。善者舉之而不能者教之，則民有所勸而樂於爲善。張敬夫曰：「此皆在我所當爲，非爲欲使民敬忠以勸而爲之也。然能如是，則其應蓋有不期然而然者矣。」

【別解一】經義述聞：逸周書謚法曰：「五宗安之曰孝，慈惠愛親曰孝。」賈子道術篇：「親愛利子謂之慈，子愛利親謂之孝。」孝與慈不同而同取愛利之義，故子愛利其親謂之孝慈，因而上愛利其民亦謂之孝慈。表記曰：「威莊而安，孝慈而敬，使民有父之尊有母之親如此，而后可以爲民父母矣。」正義曰：「以威莊故尊之如父，以孝慈故親之如母。」論語言「臨之以莊則敬，孝慈則忠」，語意正與此同。淮南子修務訓云：「堯立孝慈仁愛，使民如子弟。」魏書甄琛傳：「慈惠愛民曰孝。」皆可證。包咸謂上孝於親，下慈於民，則民忠。揆之上下文義，皆爲不類，蓋古義之失其傳久矣。

【別解二】黄氏後案：「孝慈則忠」，諸家説甚費解。式三謂「孝」當作「季」，謂引導之使人可仿效也。凡人有所仿效曰學，爲人所仿效曰教，其字皆從季。季有引導義。孝慈則忠者，以身導之，以恩養之，而民忠也。「季」，篆文作「𡥈」，从爻諧聲，「孝」从老从子，二字迥不同。經史中二字互譌者多。禮表記：「威莊而安，孝慈而敬，使民有父之尊，有母之親。」鄉飲酒義：「君子之所謂孝者，非家至而日見之也。」保傅：「孝者襁之。」皆當作「季」。

【餘論】四書辨疑：此過高之論，無己以及物之念。聖人之道本所以維持天下國家，事皆在三綱五常之内，無非在我所當爲者，然亦以成物之實效爲期。天下國家遵之爲治，何嘗有不期而然者哉？況此章明是康子問使民敬忠以勸之道，夫子一一指示如此，則未有一字意不在民者。若從張説，則「慎終追遠」，「君子篤於親」，「故舊不遺」，亦皆在我所當爲；不當更言「民德歸厚」，「民興於仁」，「則民不偷」也。此等議論，專務高遠，迂誕無實。不惟誤己，而且誤人。敗事之患，蓋有不可勝言者。此近世學者之深蔽，不可不辨。四書通觀：前章何爲則民服之問，可見哀公之弱。此章使之一事，可見季氏之强。夫子答之，蓋謂舉錯之權在上而又不失其宜，如此何患乎弱。人心天理有以觸之，自然而應，何假使而後然哉？如此則何假乎强？

○或謂孔子曰：「子奚不爲政？」子曰：「書云：『孝乎惟孝，友于兄弟，施於有政。』是亦爲政，奚其爲爲政？」

【考異】皇本「乎」作「于」，漢石經亦作「于」。釋文云：「孝于」，一本作「孝乎」。「是亦爲政」下有「也」字。白虎通德論、華氏、范氏兩後漢書孝傳引此文俱有「也」字。釋文：「奚其爲爲政也」，一本無一「爲」字。

【音讀】九經古義：「子曰書云孝乎惟孝友于兄弟」，釋文作「孝于」，云：「一本作『孝乎』。」唐石經同。案蔡邕石經亦作「于」，故包咸注云：「孝于惟孝，美大孝之辭。」後世儒者據晉世所出君陳篇改「孝于」爲「乎」，以「惟孝」屬下句以合之，若非漢石經及包氏注，亦安從而是正邪？經讀考異：按近讀從「孝乎」絶句，「惟孝」連下「友于兄弟」爲句。據包咸注作「孝于惟孝」，漢石經亦作「孝于惟孝」，古乎、于字同用，正與下「友于兄弟」屬詞相比。又華嶠後漢書劉平江革傳序云：「此殆所謂『孝乎惟孝，友于兄弟』者也。」太平御覽引亦作「孝乎惟孝，友于兄弟」，是古讀皆從「惟孝」絶句。前漢書王莽傳「皆曰安友于兄弟」，明以「友于」爲句，亦非自「惟孝」連讀。宋翔鳳四書釋地辨證：論語例作「於」字，引經而作「于」，則可斷「孝乎惟孝友于兄弟」八字爲書辭，「施於有政」以下爲孔子語。以有于字、於字顯爲區别也。論語稽求篇「孝乎」不句而「惟孝」句，蔡邕書石經直以「孝乎」作「孝于」，明非斷句助字。而班固作白虎通，則儼然有「孝乎惟孝」四字。降此而潘岳、夏侯湛等明引論語，皆見於篇章之曉然者。閻若璩尚書古文辨僞曰：此與禮記「禮乎禮」，漢語「肆乎其肆」，韓愈文「醇乎其醇」相同，言孝之至也。論語古訓：晉夏侯湛昆弟誥、潘岳閒居賦敍、梁元帝劉孝綽墓志、唐徐堅初學記人事、李善注文選與陳伯之書、獨孤及李府君墓志、王利貞幽州石浮圖頌皆用「孝乎惟孝」之句，唐石經遂定作「乎」，後人并改包注，且有以「書云孝乎」爲句者，蓋因晚出書之謬而易論語本文也。

按：「孝乎惟孝」四字爲句，漢、魏、六朝相沿如是。程伊川經説曰：「書云孝乎者，書之言孝，則曰惟孝友于兄弟，施于有政。」是讀「孝乎」爲句始於伊川，朱子集注因之。論語詳解曰：「書云句，孝乎句，惟孝句。」亦沿襲程氏之謬者也。

【考證】包慎言論語溫故録：後漢書郅惲傳：「鄭敬曰：『雖不從政，施之有政，是亦爲政。』」玩鄭敬所言，則「施於有政，是亦爲政」，皆夫子語。又云：白虎通云：「孔子所以定五經何？孔子居周末世，王道陵遲，禮義廢壞，强凌弱，衆暴寡，天子不敢誅，方伯不敢問。閔道德之不行，故周流冀行其道。自衛反魯，知道之不行，故定五經以行其道。故孔子曰『書云：「孝乎惟孝，友于兄弟。」施於有政，是亦爲政』也。」依白虎通説，則孔子對或人，蓋在哀公十一年後也。五經有五常之道，教人使成其德行，故曰「施於有政，是亦爲政」。劉氏正義：案包説是也。夫子以司寇去魯，故反魯猶從大夫之後。且亦與聞國政，但不出仕居位而爲之，故或人有不爲政之問。弟子記此章在哀公季康子問孔子兩章之後，當亦以時相次。夫子定五經以張治本，而首重孝友。孝友者，齊家之要，政之所莫先焉者也。有子言孝弟爲爲仁之本。其爲人也孝弟，不好犯上，必不好作亂。故孝弟之道明，而天下後世之亂臣賊子胥受治矣。夫子表章五經，又述其義爲孝經。孝經者，夫子所已施之教也。故曰行在孝經。王鳴盛尚書後案：蔡邕石經論語本作「孝于惟孝」，見洪适隸釋，太平御覽載華嶠後漢書劉平江革傳序、班固白虎通德論五經篇引並同。日本山井鼎所引足利本論語正如此。惟論語釋文云：「孝于，一本作『孝乎』。」故晉夏侯湛昆弟誥、潘岳閒居賦序、梁元帝劉孝綽墓志銘、唐李善注丘希範與陳伯之書、獨孤及衢州司士參軍李府君墓志銘、王利貞幽州石浮圖頌皆用「孝乎惟孝」之句，開成石經遂定作「乎」字。至宋以「書云孝乎」爲句，此則因僞書之謬而并亂論語之文也。黄氏後案：三國志魏武紀注「於」作「于」，合尚書體例。後漢書郅惲傳「於」作「之」，義尤順。李注云：「隱遁好道，在家孝弟，亦從政之義也。」李以家政言，亦合經義。曹之升四書摭餘説：孔子引書辭不知出何篇。魏、晉間晚出書竄入于君陳，皆以爲成王策命君陳語。王厚齋曰：「君陳蓋周公之子伯禽弟，見坊記注，他無所考。傳有凡、蔣、邢、茅胙祭。豈君陳其一人歟？凡伯、祭公謀父皆周公之裔，世有人焉，家學之傳遠矣。」閻百詩曰：「案禮記疏引鄭康成作詩譜曰：『元子伯禽封魯，次子君陳世守采地。』書音義亦據鄭注。明確至此，奈何因朱子未及，蔡傳所不言，概從抹煞？」余又按君陳，周公幼子，嗣爲周公。竹書「成王十一年，王命周平公治東都」，即君陳也。四書辨證：竹書紀年「成王十一年，王命周平公治東都」，沈約注：「周平公即君陳，周公之子，伯禽之弟。」而說始於坊記注、魯頌譜。（元子伯禽封魯，次子君陳世守采地。）林之奇曰（坊記義疏引）：「君陳，漢孔氏但曰臣名，鄭氏云周公之子，蘇氏、陳少南俱以爲非，而陳少南爲詳明，謂周公命康叔，成王命蔡仲見於誥誡之辭，如是之審，況周公叔父，有大勳勞於成王，今命其子以繼父，何無懿親之語，若他人然，決無是理也。」

按：所謂書當是逸書。毛氏奇齡曰，凡諸書所引有孝乎者必論語，非君陳。如白虎通五經篇、晉書夏侯湛傳、潘岳閒居賦、陶潛孝傳及初學記、太平御覽所引皆作「孝乎惟孝」，則皆引論語，非引君陳。袁宏後漢紀亦曾引此，然其文曰：「此殆所謂孝乎惟孝，友于兄弟，施於有政者也。」夫不曰克施，而曰施於，此論語文也，君陳安得而有之？集注蓋本伊川經說。宋儒不知古文尚書之僞，不足深責。惟觀諸書所引皆稱論語，其決非君陳篇文無疑。作僞者不明句讀，可笑甚矣。讀者參照古文尚書疏證可也。

【集解】包曰：「或人以爲居位乃是爲政。孝乎惟孝，美大孝之辭。友於兄弟，善於兄弟也。施，行也。所行有政道，與爲政同耳。」

【唐以前古注】春秋左傳定四年正義引鄭注：或之言有人不顯其名，而略稱爲或。書微子正義引鄭注：或之言有也。孝經三才章正義引鄭注：孝爲百行之本，言人之爲行莫先於孝。皇疏：于，於也。惟孝，謂惟令盡于孝也。此語與尚書微異，而義可一也。又引范甯云：夫所謂政者，以孝友爲政耳。行孝友則是爲政，復何者爲政乎？引周書所以明政也。

或人貴官位而不存孝道，故孔子言如此也。

【集注】定公初年，孔子不仕，故或人疑其不爲政也。書，周書君陳篇。「書云孝乎」者，言書之言孝如此也。善兄弟曰友。書言君陳能孝於親，友於兄弟，又能廣推此心以爲一家之政。孔子引之，言如此則是亦爲政矣，何必居位乃爲爲政乎。蓋孔子之不仕有難以語或人者，故託此以告之。要之至理，亦不外是。

【餘論】四書稗疏：「子奚不爲政」，集注言定公初年，孔子不仕。又云：「蓋孔子之不仕有難以語或人者。」意謂定公爲逐其君兄者所立，孔子恥爲之臣，而託孝友之言以譏之。審然，則孝友爲借詞，而父兄祗爲口實矣。後世士大夫不合於時，託言歸養，乃不誠於君親之大者，豈聖人而爲此哉？夫子言孝友必有所致其孝友者，則此言之發必於母兄尚在時矣。定公初年，孔子年四十有餘，而定公中，載孔子出仕以後周流列國，更未聞有宅憂之事。伯兄早卒，故嫁子而孔子爲之主，則母兄之喪皆當在昭公之末。孝友之言，亦豈不言及而心愴乎？抑定公九年，孔子爲魯司寇，明年相公於夾谷，豈九年以前爲不孝不友之定公，九年以後爲孝友之定公乎？意此問答在昭公之世，而孝友之論，則集注所謂至理不外是者。誠爲韙論，勿容他爲之説也。論語述何：政者，正也。春秋定無正月者，昭非正終，定非正始也。夫子以昭公孫於齊之年適齊，以定之元年反魯不仕，故或人問之。引書「友于兄弟」爲孝者，繼體之君臣與子一例，定公，昭公之弟，不宜立者也。受國於季孫意如而不知討賊，則爲政之本失矣。書即位，與桓公、宣公例也。書癸亥公之喪至自乾侯，戊辰公即位，微辭也。是亦爲政，婉辭也。奚其爲爲政，直辭也。

趙佑温故録：聖人用之則行，舍之則藏。魯自不能用子，子奚從得爲政？或本失問。觀其後季桓子召之，遂以相魯，猶是定公之年。彼執昭無正終、定無正始爲不仕解者，徒迂而不切。

任啓運四書約旨：陳氏云：「定公五年以前不仕爲平子，五年以後不仕爲陽貨。」余謂或人此問不知的係何時，則孔子不仕之意不可臆度，但注明下「定公初年」四字，又下「難以語或人」五字，則舊説季孫意如廢昭公之子而立定公，定公於昭公爲不友即爲不孝之説爲當。若陽虎則無難直言之，且於孝友二字全無着矣。或問定公十年孔子仕魯又是爲何？曰此時意如已死，定公之罪只在討賊，意如死則無可討矣。

芮長恤匏瓜録：昭公失國，居於外者八年，卒死乾侯。越明年六月，始得歸葬。季孫意如廢公衍、公爲而立公子宋，是爲定公。公德意如之立己而不討逐君之罪。方且葬昭公於墓道之南，而又立煬宫以自神其事，意如爲之，定公聽之，魯之人未有非之者也。且定公之於昭公，其分則君臣，其親則兄弟也。公於意如，則君父之仇又兄弟之仇也。有君不事，周有常刑。今也貪得國而忘大倫，賞私勞而廢公義，何以爲政？且前此叔孫不敢從政之請，子家子猶能逃之，況孔子乎？因或人之問，而引君陳以告之曰「書云孝乎」，又曰「友于兄弟」，蓋亦微示諷切之意以曉魯人，非泛然而已也。曰然則夫子爲中都宰，爲大司寇，終事定公何也？曰斯時也，定公即位將十年矣，意如之死又五年矣，陽貨出奔，季斯悔禍，於此之時，不出而圖吾君，是終於懟定公而終無與人爲善之心也。故曰可以止而止，可以仕而仕，孔子也。

○子曰：「人而無信，不知其可也。大車無輗，小車無軏，其何以行之哉？」

【考異】新序節士篇引孔子曰：「大輿無輗，小輿無軏。」「車」並作「輿」。

【考證】淩焕古今車制圖考：據許、鄭説，則輗非轅端横木，軏非轅端上曲木自明顯。戴侗六書故曰：「轅端横木即衡也，輗乃持衡者。」不爲包咸説所誤，亦是卓見。戴氏震曰：「韓非子外儲説：墨子曰：『吾不如爲車輗者巧也，用咫尺之才，不爲一朝之事，而引三十石之任。』案大車鬲以駕牛，小車衡以駕馬，其關鍵則名輗軏。轅所以引車，必施輗軏而後行。信之在人，亦交接相持之關鍵，故以輗軏喻信。包氏以踰丈之輈、六尺之鬲而當咫尺之輗軏，疏矣。」阮氏又引太玄經云：「『閑次三：關無鍵，盜入門也。拔我輗軏，貴以伸也。』此則子雲用論語之義。其曰拔，則爲衡上之鍵可知，且與上關鍵同一義。」焕案：衡鬲横縛轅端，則非兩材相合釘殺可知。若釘殺則加桊焉，即可無事輗軏之持，又不必加縛矣。且轅端圍僅九寸餘，衡鬲圍亦必如之，若兩材牝牡相穿，鑿損當三四寸，加輗軏之横穿鑿損又二三寸，轅端之恃以能引重者所存幾何？兩服馬稍有左右，則轅頸與衡鬲必捩折矣。然則其制奈何？曰今之舁棺用獨龍杠，杠端鑿孔，横木爲小杠，鑿孔相對，以長釘貫而縛之，其横木可隨舁夫左右轉折。竊意衡鬲亦當如此。説文：「鞻，衡三束也。」徐鍇曰：「乘車曲轅木爲衡，別鎖孔縛之。」説文又云：「鞙，大車縛軛靼。」靼，柔革也。」釋名：「鞙，懸也，所以懸縛軛也。」徐氏此説，實合古制。今定轅端與横木之中俱鑿圜孔相對，以軏直貫而縛之，是爲一束。横木下左右縛軛，是爲衡三束。是説文之轙，統指衡之束轅束軛言之。衡軛既活，服馬即有轉折，無傷轅端，車亦弗左右摇。輈人所謂「和即安」也。　又云：軏之用與轄同。轄爲鍵，軏亦爲鍵。鍵從金，則輗軏當以金爲之。事在金工，故車人不著矣。

按：淩君博通説文及戴、阮之學，所論甚確。其謂輗軏用金，與韓非子用木之説異，劉寶楠疑爲「木質用金裹之」是也。此外考證輗軏之制者，有盧文弨鍾山札記、許宗彦鑑止水齋集、戴震東原集、阮元揅經室集、宋翔鳳過庭録及拜經日記、論語後録、四書摭餘説等書，以無關宏旨，故不具録。

吕氏春秋貴信篇：故周書曰「允哉允哉」，以言非信則百事不滿也。　又云：君臣不信，則百姓誹謗，社稷不寧處。官不信，則少不畏長，貴賤相輕。賞罰不信，則民易犯法，不可使令。交友不信，則離散鬱怨，不能相親。百工不信，則器械苦僞，丹漆染色不貞。

【集解】孔曰：「言人而無信，其餘終無可也。」包曰：「大車，牛車。輗者，轅端横木以縛枙者也。小車，駟馬車。軏者，轅端上曲鉤衡者也。」

【唐以前古注】周禮考工記車人疏引鄭注：大車爲柏車，小車爲羊車。　皇疏引鄭玄云：輗穿轅端著之，軏因轅端著之。　又引江熙云：彦升曰：「車待輗軏而行，猶人須信以立也。」

按：晉書袁喬字彦叔，七録有袁喬論語注釋十卷，「升」疑「叔」字之訛也。

【集注】大車，謂平地任載之車。輗，轅端横木縛軛以駕牛者。小車，謂田車、兵車、乘車。軏，轅端上曲鉤衡以駕馬者。車無此二者則不可以行，人而無信亦猶是也。

【餘論】朱子語類：人無信則語言無實，何處行得？處家則不可行於家，處鄉黨則不可行於鄉黨，與「言不忠信，雖州里行乎哉」之意同。顧夢麟四書説約：人之所以爲人全在信，若無真心實意，面目雖存，精神已斷，不必論到行之隔礙處方見不可。就當下無此實心，便如車之無輗軏，已失其所以行之之具矣。

【發明】反身録：千虚不博一實，言一有不實，後雖有誠實之言，亦無人信矣。

○子張問：「十世可知也？」子曰：「殷因於夏禮，所損益，可知也。周因於殷禮，所損益，可知也。其或繼周者，雖百世，可知也。」

【考異】釋文：「可知也」，一本作「可知乎」，鄭本作「可知」。皇本「雖百世」下有「亦」字。太平御覽禮儀部述文有「亦」字。漢石經「損」字作「搷」。羅泌路史發揮引子曰：「商因夏禮，所損益，可知也。周因商禮，所損益，可知也。」亦以避廟諱，改殷爲商。

【音讀】劉氏正義：漢書杜周傳：「欽對策曰：『殷因於夏，尚質。周因於殷，尚文。』」此讀以夏、殷絶句。漢書董仲舒傳有「夏因於虞」之文，史記集解引樂記鄭注：「殷因於夏，周因於殷。」與杜讀同，則知今人以「禮」字斷句者誤。

【考證】困學紀聞：馬融注論語云：「所因，三綱五常。」大學衍義謂三綱之説始見於白虎通。愚按谷永傳云：「勤三綱之嚴。」太玄永次五云：「三綱得于中極，天永厥福。」其説尚矣。禮記正義引禮緯含文嘉有三綱之言，然緯書亦起於西漢之末。日知録：記曰聖人南面而治天下，必自人道始矣。立權度量，考文章，改正朔，易服色，殊徽號，異器械，別衣服，此其所得與民變革者也。其不可得變革者則有矣，親親也，尊尊也，長長也，男女有別，此其不可得與民變革者也。自春秋之并爲七國，七國之并爲秦，而大變先王之禮。然其所以辨上下，別親疏，決嫌疑，定是非，則固未嘗有異乎三王也。故曰：「其或繼周者，雖百世可知也。」

按：顧氏以禮記釋論語，義實較馬注爲長。

劉氏正義：夏、殷、周者，三代有天下之號。論衡正説篇：「唐、虞、夏、殷、周，猶秦之爲秦，漢之爲漢。」則以夏、殷、周皆地名。吕氏春秋本味篇：「和之美者，大夏之鹽。」水經涑水注：「涑水西南過安邑，禹所都也。」又引地理志：「鹽池在安邑西南，許慎謂之鹽，此即大夏之鹽。」則夏是地名。殷本稱商，在今商州。及盤庚遷殷，遂亦稱殷，或殷、商並稱，如詩言「殷、商之旅」是也。書序以盤庚治亳殷，是殷亦地名。詩江漢「于周受命」，鄭箋：「周，岐周也。」釋名釋州國：「周地在岐山之陽，其山四周也。」三代皆以所都地爲國號，如唐、虞之比。白虎通號篇謂夏爲大，殷爲中，周爲至。皆望文爲義，非也。

按：劉氏所著正義引證精博，此書行而邢疏可廢。

【集解】孔曰：「文質禮變也。」馬曰：「所因，謂三綱五常。所損益，謂文質三統。物類相召，世數相生，其變有常，故可豫知。」

【唐以前古注】御覽五百廿二引論語注云：世，謂易姓之世也。問其制度變易如何。所損益可知也者，據時篇目皆在可校數。自周以後，以爲變易損益之極，極於三王，亦不是過也。

按：御覽所引，劉寶楠以爲鄭注，未知何據。劉氏正義云：「案説文『世』作『丗』，云：『三十年爲一世。』此云易姓稱世者，引申之義。制度者，制，猶作也。度，法也，即禮也。注言此者，明子張是問後世禮也。夫子言夏禮、殷禮皆能言之，又中庸言『君子考諸三王而不謬』，是夏、殷禮時尚存，當有篇目可校數也。『以爲變易』，句有譌字。」

皇疏：又一家云：「自從有書籍而有三正也，伏犧爲人統，神農爲地統，黄帝爲天統。少昊猶天統，言是黄帝之子，故不改統也。顓頊爲人統，帝嚳爲地統。帝堯是爲嚳子，亦爲地統。帝舜爲天統。夏爲人統，殷爲地統，周爲天統，三正相承。若連環也。」今依後釋。所以必從人爲始者，三才須人而成，是故從人爲始也。而禮家從夏爲始者，夏是三王始，故舉之也。又不用建卯建辰爲正者，于是萬物不齊，莫適所統也。　筆解：韓曰：「孔、馬皆未詳仲尼從周之意，泛言文質三統，非也。後之繼周者得周禮則盛，失周禮則衰，孰知因之之義其深矣乎？」李曰：「損益者，盛衰之始也。禮之損益知時之盛衰。因者，謂時雖變而禮不革也。禮不革，則百世不衰可知焉。窮此深旨，其在周禮乎？」

【集注】王者易姓受命爲一世。子張問自此以後十世之事可前知乎。馬氏曰：「所因，謂三綱五常。所損益，謂文質三統。」愚按三綱，謂君爲臣綱，父爲子綱，夫爲妻綱。五常，謂仁義禮智信。文質，謂夏尚忠，商尚質，周尚文。三統，謂夏正建寅爲人統，商正建丑爲地統，周正建子爲天統。三綱五常，禮之大體，三代相繼，皆因之而不能變。其所損益，不過文章制度小過不及之間，而其已然之迹，今皆可見，則自今以往，或有繼周而王者，雖百世之遠，所因所革亦不過此，豈但十世而已乎？聖人所以知來者蓋如此，非若後世讖緯術數之學也。胡氏曰：「子張之問，蓋欲知來，而聖人言其既往者以明之也。夫自修身以至於爲天下，不可一日而無禮。天敍天秩，人所共由，禮之本也。商不能改乎夏，周不能改乎商，所謂天地之常經也。若乃制度文爲，或太過則當損，或不及則當益。益之損之，與時宜之，而所因者不壞，是古今通義也。因往推來，雖百世之遠，不過如此而已矣。」

【別解】陳澧東塾讀書記：子張問十世可知也。集解孔曰：「文質禮變。」其或繼周者，雖百世可知也。何注云：「物類相召，世數相生，其變有常，故可預知。」邢疏云：「子張問於孔子，夫國家文質禮變，設若相承，至於十世，世數既遠，可得知其禮乎？殷承夏后，因用夏禮，其事易曉，故曰可知也。周代殷立，而因用殷禮，及所損益事，事亦可知也。『其或繼周者，雖百世可知也』者，言非但順知既往，兼亦預知將來。」澧謂順知既往之説是，預知將來之説非也。十世者，言其極遠也。後世欲知前世，近則易知，遠則難知，故極之十世之遠。若前世欲知後世，則一世與十世其不可知等耳，何必問至十世乎？孔子言夏、殷禮杞、宋不足徵，一二世已如此，至十世則恐不可知，故子張問之。觀孔子之答但言禮，則子張之問爲問禮明矣。「其或繼周者，雖百世可知也」者，謂此後百世尚可知夏、殷以來之禮也。至今周禮尚存，夏、殷禮亦有可考者，百世可知信矣。邢疏之説本不誤，而又云「非但順知既往，兼亦預知將來」，不敢破何注之説，是其無定識也。

按：如陳説，百世可知即損益可知，兩可知緊相承注。史記孔子世家言：「孔子追迹三代之禮，編次其事，觀殷、夏所損益，曰後雖百世可知也。」則可知即謂編次之事，此當是安國舊義，適與世家闇合，故並著之。法言五百篇：「或問其有繼周者，雖百世可知也。秦已繼周矣，不待夏禮而治者，其不驗乎？曰聖人之言天也，天妄乎？繼周者未欲泰平也，如欲泰平也，捨之而用他道亦無由至矣。」據此文，則百世可知爲欲知後世，漢人舊説如是，陳氏之説非也。

【餘論】四書辨疑：「所因，謂三綱五常。所損益，謂文質三統。」馬氏本文止此而已。疏云：「夏尚文，殷則損文而益質。」又曰「王者必一質一文，質法天，文法地」而已，亦不言其有尚忠者。董仲舒云：「夏尚忠，殷尚敬，周尚文。」注文與此亦不盡同，當是别有所據。然文與質可分言，忠與文質何可分耶？忠乃人道之切務，天下國家不可須臾離者，豈有損去而不用者哉？豈有夏尚忠而殷、周此不尚者哉？讀四書大全説：古帝王治天下之大經大法統謂之禮，故六官謂之周禮。三綱五常是禮之本原，忠質文之異尚，即此三綱五常見諸行事者，品節之詳略耳。所損所益即損益此禮也，故本文以所字直頂上説。馬季長不識禮字，將打作兩橛，三綱五常之外别有忠質文。然則三綱五常爲虚器而無所事，夏之忠、商之質、周之文又不在者三綱五常上行其品節，而别有施爲，只此便是漢儒不知道、大胡亂處。夫三綱五常者，禮之體也。忠質文者，禮之用也。所損益者固在用，而用即體之用，要不可分。況如先賞後罰，則損義之有餘，益仁之不足。先罰後賞，則損仁之有餘，益義之不足。是五常亦有損益也。商道親親，舍孫而立子，則損君臣之義，益父子之恩。周道尊尊，舍子而立孫，則損父子之恩，益君臣之義。是三綱亦有損益也。

王夫之四書訓義：子張以聖人垂教以爲天下之經，將俟之百世，而非但爲一時補偏救弊之術，則必知後世人道之變遷與王者所以定之之略，故問於夫子，以爲從兹以後，易姓革命而有天下至於十世，其所以宰制萬方而成乎風俗者，當必有可知也。子曰：有萬世不可易之常道焉，上明之，下行之，則治；不然則亂；亂極，則有開一代之治者出焉。必復前王之所修明者，而以反人心於大正，而可承大統而爲一世。其道必因，其所因之道曰禮。三綱之相統也，五常之相安也，人之所以爲人也，所必因也。有所以善其因而爲一代之典章焉。前人創制本極乎無敝，流及後世，上不能救之於早，下日益趨於弊矣，因之而成乎極亂，極亂而人心相習於妄，若復因前人之法治之，則不可挽而歸於中，於是而治定功成之主出焉，必矯前代之偏以自立風尚而爲一世。裁前代之所已有餘者而節去之曰損，補前代之所不及防者而加密焉曰益，有忠質文之遞興也，五德三統之相禪也，君子之所以異於野人，諸侯之所以奉若天子也。所損益也，自其因者而知之，則同此一天下必無不因之理，其不能因者，亂世也，閏位也，不可以世紀者也，以理信之而不可惑。自其損益者而知之，則撥亂反治之天下必無不損不益之理，其損非所損，益非所益者，亂世也，閏位也，不可以世言者也。若其易姓革命開興王之治而垂之數百年者，則無不可知也已。

論語集注補正述疏：凡讖緯之書，以圖讖爲毖緯焉，術數存其間矣。六經而有七緯者，益之孝經也。或曰益之論語也。漢人謂之内學，曰此聖人所以知來者也。何其誣也！史記趙世家云：「公孫支書而藏之，秦讖於是出矣。」蓋秦方有焉，故曰「亡秦者，胡也」，曰「明年祖龍死」，曰「楚雖三户，亡秦必楚」，皆讖也。迨漢哀、平之際，而遂成書矣。後漢光武之興，與讖適符，遂蔽而讀之廡下，儒者所由以緯亂經也。春秋哀公十有四年「春，西狩獲麟」，公羊傳云：「何以書？記異也。」傳不以讖言也。何休注云：「得麟之後，天下血書魯端門曰：『趨作法，孔聖没，周姬亡，彗星出，秦政起，胡破術，書記散，孔不絶。』子夏明日往視之，血書飛爲赤烏，化爲白書，署曰演孔圖。」此何休之學之妄也。宋邵子爲皇極經世之書，其言易也，則自爲其術數焉。蓋自堯以來，以十二辟卦司十二會，以一元統十二會，以十二會統三十運，以三十運統十二世。其一世統三十年，一年統十二月，一月統三十日也。而世之治亂興亡皆以卦序推之，其紀年與尚書、史記表不悉同。今其書不隸易家而隸術數家，以其非孔子所謂易也。

〇子曰：「非其鬼而祭之，諂也。

【考證】淩曙四書典故覈：祖考之祭，命于天子，如任、宿、須句、顓臾司少皞之祀，蓼、六守臯陶之祀。若鄭伯以璧叚許田，請祀周公；衛成夢康叔曰：「相奪予享。」乃命祀相，皆非其鬼也。

又尊卑有等，如王制、祭法所云廟數有定。若魯之不毁桓、僖，季氏之以禱而立煬宮，皆非其鬼也。

戚學標四書偶談：左傳「民不祀非族」，正指人鬼之非祖考者。如隱七年，鄭伯請釋泰山之祀而祀周公；僖三十一年，衞成遷都欲祭夏相；皆所謂非其鬼而祭。講家反脱祖考一面，由不認得鬼字。

論語稽求篇：鬼是人鬼，謂人之爲鬼者，專指祖考言，故又曰其鬼。周禮大宗伯職「掌天神人鬼地祇之禮」，以人鬼爲祖考是也。但非祖考則誰肯爲之祭者？左傳曰：「神不歆非類，民不祀非族。」非類、非族正指人鬼之非祖考而猶祭者，則在春秋時亦早有以人鬼受享，如漢祀欒公，吴祀蔣侯，蜀祀武安王類。故僖三十一年傳，衞成公遷都帝丘，欲祀夏相。夏相者，夏后啓之孫也。甯武子止之曰：「不可。杞、鄫何事？」言彼自有子孫，杞、鄫是也。杞、鄫何事，而我祭之？若隱七年，鄭伯請釋泰山之祀而祀周公，此欲易許田而故請之，皆願祀他鬼之證。若祭法「人死曰鬼」，又以無廟壇而祭者爲鬼，如官師以王父爲鬼，庶人父死即爲鬼，此單指無廟祭者言，然總是人鬼。若謂非鬼即天地山川之祭，如季氏旅泰山類，則未聞天神稱天鬼，泰山神稱泰山之鬼者，謬矣。

按：四庫總目提要論之曰：「注引季氏旅泰山固爲非類。奇齡謂鬼是人鬼，專指祖考，故曰其鬼，引周禮大宗伯文爲證，謂泰山之神不可稱泰山之鬼，其説亦辨。然鬼實通指淫祀，不專言人鬼。果如奇齡之説，宋襄公用鄫子於次睢之社，傳稱『淫昏之鬼』者，其鬼誰之祖考耶？」

雷學淇經説：魯侯之祭鍾巫，晉侯之祀夏郊，鄭之請祀周公，衞之命祀后相，皆非其鬼，通謂之淫祀無福。

【集解】鄭曰：人神曰鬼。非其祖考而祭之者，是諂求福也。

【集注】非其鬼，謂非其所當祭之鬼。諂，求媚也。

按：鄭注專指非其祖考，不若集注之義該。以諂爲求福，亦不如集注之義確。人鬼亦不盡爲祖考也。祭法：「法施於民則祀之，以死勤事則祀之，以勞定國則祀之，能禦大災則祀之，能捍大患則祀之。」月令：「仲夏，命百縣雩祀百辟卿士有益於民者。」王制：「天子諸侯祭因國之在其地而無主後者。」此亦其鬼也。詩雅、頌每言祭必言福，孔子亦自言祭則受福，求福非可謂諂也。禮記曲禮云：「天子祭天地，祭四方，祭山川，祭五祀，歲徧。諸侯方祀，祭山川，祭五祀，歲徧。大夫祭五祀，歲徧。士祭其先。凡祭，有其廢之，莫敢舉也；有其舉之，莫敢廢也。非其所祭而祭之，名曰淫祀。淫祀無福。」可爲此節注脚。

見義不爲，無勇也。」

【集解】孔曰：「義者，所宜爲也。而不能，是爲無勇也。」

【集注】知而不爲，是無勇也。

【別解】論語發微：自三王五帝九皇六十四民，雖降絀絶地，廟號祝牲猶列於郊號，宗於代宗。既立三統，損益昭明，而明堂郊廟無非法之祭。周書大匡云：「勇如害上，則不登於明堂。明堂所以明道，明道惟法。」左文二年傳云：「周志有之，勇則害上，不登於明堂。死而不義，非勇也。」杜注：「明堂，祖廟，所以策功序德，故不義之士不得升。」是勇而不義，不可爲勇。論語訓：凡大夫祭諸侯，諸侯祭天子，及當祧不祧，皆非其鬼。此承上言改祀典之義。

按：此説意在合兩節爲一，然究屬牽强。

【餘論】論語注義問答通釋：非鬼而祭，見義不爲，事非其類而對言之，亦告樊遲問知之意也。一則不當爲而爲，一則當爲而不爲。聖人推原其病之所自來，則曰非鬼而祭，有求媚要福之心也。見義不爲，無勇敢直前之志也。劉氏正義：此章所斥，似皆有所指。或謂季氏旅泰山是祭非其鬼，凡鬼神得通稱也。冉有仕季氏弗能救，是見義不爲也。説亦近理。

【發明】四書訓義：君子以正直交於神明，無所求於鬼者，乃可以質鬼神而無媿。以死生守其節義，不畏其難爲者，乃可以有所不爲而保其貞。無他，惟全其剛直之氣而已矣。不然，吾未見其可以邀福而免禍也。論語稽：非鬼而祭，意在邀福，卒之福不得邀，徒形於諂。未見義而不爲無足怪，見而不爲，一由於畏難，一由於避禍。畏難不過庸碌者流，避禍則賢者不免。夫遇禍而在所當避，避之可也。如不當避而避之，則畏葸退縮，是無勇矣。豈知富貴在天，死生有命，邀福者未必得福，避禍者未必免禍，小人枉爲小人哉！

論語集釋卷五

八佾上

○孔子謂季氏，「八佾舞於庭，是可忍也，孰不可忍也？」

【考異】御覽居處部引無「也」字。翟氏考異：皇氏侃謂此不標季氏而以八佾命篇者，深責其惡，故書其事也。夫篇名非自聖人，何嘗有寓褒貶意？惟第十六篇篇首又值季氏字，此因更以下二字命篇耳。其不於後避前，而前若豫爲地，蓋以論纂成後一時標識而然。

【考證】吴仁傑兩漢刊誤補遺：舞必以八人成列，故鄭賂晉以女樂二八，晉侯以樂之半賜魏絳，亦是以八爲列。此「二人」乃「二八」之誤。歐陽士秀孔子世家補：魯隱公考仲子之宫初用六佾，則魯羣公之廟庭由是亦皆六佾可知。季氏大夫當用四佾，而乃僭用八佾，故於襄廟六佾之中取其四佾，并自有之四佾而成八佾。以此知「萬者二人」之當作「二八」明矣。論語後録：據左傳謂季氏即平子。又引漢書劉向傳，向上封事曰：「季氏八佾舞於庭云云，卒逐昭公。」其爲平子無疑。馬注以爲桓子，非。吕氏春秋云：「秦穆公遺戎王以女樂二八。」宋玉招魂云「二八侍宿」，王逸注：「二八，二列也。」後漢書祭祀志：「舞用童男女十六人。」是古皆以八人爲列，亦足證服説之確。劉氏正義：公羊、穀梁傳並謂天子八佾，諸公六佾，諸侯四佾。魯，侯國，用六佾爲僭。服虔左傳解誼云：「天子八八，諸侯六八，大夫四八，士二八。」與馬此注同。杜預注左傳，謂六佾三十六人，四佾十六人，二佾四人。宋書樂志載傅隆議，譏杜氏，謂：「舞所以節八音，八音克諧，然後成樂，故必以八人爲列。自天子至士，降殺以兩。兩者，減其二列，預以爲一列。又減二人，至士止有四人，豈復成樂？」又引左氏傳「鄭伯納晉悼公女樂二八，晉侯以一八賜魏絳」。是樂以八人爲列，服氏之義實爲當矣。魯本六佾，季氏大夫，得有四佾。至平子時，取公四佾以往合爲八佾，而公止有二佾。故左氏言「禘於襄公，萬者二八」。二八則二佾也。祭統云：「昔者周公旦有勳勞於天下，成王、康王故賜之以重祭。朱干玉戚以舞大武，八佾以舞大夏，此天子之樂也。康周公，故以賜魯也。」又明堂位曰：「成王以周公爲有勳勞於天下，命魯公世世祀周公以天子之禮樂。朱干玉戚，冕而舞大武；皮弁素積，裼而舞大夏。」是魯祭周公得有八佾，其羣公之廟自是六佾。而公羊昭公二十五年傳：「子家駒謂魯僭八佾。」此或昭公時所僭用於羣廟矣。郊特牲云：「諸侯不敢祖天子，大夫不敢祖諸侯，而公廟之設於私家，非禮也，由三桓始也。」公廟謂桓公廟，三家皆桓出，故因立其廟。而以周公廟得用天子禮樂，遂亦於桓公廟用之。鄭氏述要：每佾人數集注有兩説，而世儒多主後説。其所引據最要者，即以傳載「鄭以女樂二八賂晉侯，晉侯以一八賜魏絳」，是樂舞無論俗雅，八人爲列，已有明證矣。若人數與佾遞降，則至士二佾四人，事實上即不成舞列。故造字者佾從八人，無八人即非佾，事理如此。是每佾八人，顯較前説爲優矣。而集注何以兩説並存，且并置此爲後説乎？吾蓋詳閲春秋經、傳，知其誤有由也。春秋隱五年經書「初獻六羽」，左傳載「公問羽數於衆仲。對曰：『天子用八，諸侯用六，大夫四，士二。夫舞所以節八音而行八風也，故自八以下。』公從之。於是初獻六羽，始用六佾也」云云。自是杜注即誤以問羽數爲問執羽者之人數，自八以下即誤爲自八人以下。杜注誤於前，難怪集注之誤於後矣。然傳意并非如此。觀其釋經「初獻六羽」曰：「始用六佾也。」是羽即佾也。知羽之即佾，則公問羽數即問佾數。所謂天子八，諸侯六，自八以下等語，皆就佾數言，與人無關也。程拳時四書識遺：漢百官志：「八佾舞三百八十四人。」（近本無「四」字。）據此是四十八爲列也，與杜預、何休注迥異。

按：説文無「佾」字，肉部：「𦙶，振𦙶也。从肉，八聲。」疑古止省作「𦙶」。𦙶字从八，則凡佾宜皆以八人爲列，服氏説爲長。沈約宋書樂志：「杜預注左傳佾舞云：諸侯六六三十六人。常以爲非。夫舞者所以節八音者也。八音克諧，然後成樂，故必以八人爲列。自天子至士，降殺以兩。兩者，減其二列耳。預以爲一列，又減二人，至士只餘四人，豈復成樂？按服虔注傳云：『天子八八，諸侯六八，大夫四八，士二八。』其義甚允云云。」蓋亦主服説也。惠士奇春秋説：左傳「將禘于襄公」云云。臧孫曰：「此之謂不能庸先君之廟。」論語孔子謂季氏「八佾舞于庭」是也。不用之於先君之廟，而用之於季氏之庭，故曰「是可忍也，孰不可忍也」。

管同四書紀聞：左昭二十五年傳曰：「將禘於襄公，萬者二人，其衆萬於季氏。臧孫曰：『此之謂不能庸先君之廟。』大夫遂怨平子。」君臣謀之，而乾侯之難作矣。夫昭公欲逐意如，誠可謂輕舉而得禍。而其臣臧、郈等之勸以逐者，皆爲私也。然而季氏之惡豈復可忍乎？謂昭公制之不得其道則可，謂季氏之惡可忍而不誅，則亂臣賊子無一而非可忍之人矣。而觀左氏及公羊，則當時之人率以意如爲可忍，故孔子特發此言，寬弱主，罪逆臣，而深警當時之瞶瞶者。

劉氏正義：「氏」者，五經異義云：「所以別子孫之所出。」凡氏或以官，或以邑，或以王父字。魯季孫得氏自文子始，以文子爲季友孫也。此文季氏及下篇「季氏旅於泰山」，「季氏富於周公」，「季氏將伐顓臾」俱不名者，内大夫，且尊者宜諱之也。又曰：説文：「忍，能也。」廣雅釋言：「忍，耐也。」「能」與「耐」同。當時君臣不能以禮禁止，而遂安然忍之，所謂魯以相忍爲國者也。後漢荀爽對策及魏高貴鄉公、文欽、晉元帝、盧諶、庾亮等，凡聲罪致討，皆用此文説之。

周柄中四書典故辨正：季氏，集解以爲桓子。案漢書劉向傳「季氏八佾舞於庭云云，卒逐昭公」，吴斗南兩漢刊誤補遺曰：「昭公二十五年，禘於襄公，萬者二人。其衆萬於季氏。孔子曰：『是可忍也，孰不可忍也？』蓋言尊家庭而簡宗廟一至於此，其勢將無所不爲，故向終其事曰『卒逐昭公』。真得聖人之微意。」據此季氏乃平子，非桓子。

按：此季氏當指平子。左傳昭公二十五年：「將禘於襄公，萬者二人，其衆萬於季氏。」林堯叟注：「季氏舞八佾，恐即此事。」漢書劉向傳：「季氏八佾舞于庭云云，卒逐昭公。」與左傳、林注合，是季氏確指平子，馬注以爲桓子誤也。劉寶楠曰：「平子既僭，桓子當亦用之，然此言於孔子未仕時可也。若孔子既仕，行乎季孫，此等僭制必且革之。韓詩外傳：『季氏爲無道，僭天子，舞八佾，旅泰山，以雍徹。孔子曰：是可忍也，孰不可忍也？然不亡者，以冉有、季路爲宰臣也。』此以季氏爲康子，與此馬注以爲桓子皆是大略言之，不爲據也。」忍字有敢忍、容忍二義。春秋傳所謂「忍人」，此敢忍之義也。所謂「君其忍之」，此容忍之義也。觀魏、晉以來討賊文告均用此語，是容忍本漢人舊説，蓋所以寬弱主，罪逆臣。集注於八佾及忍字均兼存兩説，後一説義均較長。

【集解】馬曰：「佾，列也。天子八佾，諸侯六，卿大夫四，士二。八人爲列，八八六十四人。魯以周公故受王者禮樂，有八佾之舞。季桓子僭於其家廟舞之，故孔子譏之。孰，誰也。」

【唐以前古注】皇疏：謂者，評論之辭也。夫相評論有對面而言，有遥相稱評。若此後子謂冉有曰「汝不能救與」，則是對面也。今此所言是遥相評也。

【集注】季氏，魯大夫季孫氏也。佾，舞列也。天子八，諸侯六，大夫四，士二。每佾人數如其佾數。或曰：「每佾八人。」未詳孰是。季氏以大夫而僭用天子之禮樂，孔子言其此事尚忍爲之，則何事不可忍爲。或曰：「忍，容忍也。」蓋深疾之之辭。

【餘論】毛士春秋諸家解：魯僭八佾起於隱公。春秋隱五年書「考仲子之宫，初獻六羽」。公羊傳：「初獻六羽何以書？譏。何譏爾？譏始僭諸公也。」僭諸公猶可言也，僭天子不可言也。蓋仲子者，隱之父妾。既隆其父妾，則必更隆其先君，前此六佾惟祭羣公用之，今隱既以是尊仲子，無使祖考等於妾媵之理，其復祟諸公加六爲八可知。按：季氏僭用八佾，由於魯君僭用天子之禮樂。此禮魯僭八佾起於隱公，以公羊傳爲據，亦一證也。

潘氏集箋：魯至定、哀時，禮樂征伐自大夫出。而八佾爲廟樂之僭不書於春秋者，春秋例不書大夫之祭。夫子此論，所以補春秋之闕也。

○三家者以雍徹。子曰：「『相維辟公，天子穆穆』，奚取於三家之堂？」

【考異】舊文「徹」爲「撤」。五經文字曰：「撤，去也。見論語。」論語釋文曰：「『撤』，本或作『徹』。」　詩「雍」字作「雝」。黄氏後案：「徹」當作「㣪」。「徹」借字，「撤」俗字。見説文段注。　皇本「穆穆」下有「矣」字。

【考證】四書稗疏：集注云：「徹，祭畢而收其俎也。」今按祭之有樂，殷以之求神，周以之侑神，故必當祭而作。有升歌，有下舞，皆在尸即席獻酢之際。及尸謖奏肆夏，則樂備而不復作。若徹，則尸謖主人降。祝先尸從，遂出於廟門，主人餕畢而後有司徹。徹者有司之事，主人且不與矣。尸與主人皆不在，神亦返合於漠，而尚何樂之作哉？抑繹雍詩之文義，皆非祭畢之辭。蓋大禘之升歌，則雖天子，不於徹時奏之。三家雖僭，奚爲於人神皆返之後更用樂乎？然則徹者，少牢饋食禮所謂「有司徹」，蓋大夫賓尸之祭名也。天子諸侯則於祭之明日繹，而大夫則於祭日之晏徹。徹以賓尸而用樂者，春秋「壬午，猶繹。萬入去籥」，是繹而用樂也。大夫少牢饋食徹以賓尸，則不用樂徹，而用樂又歌雍焉，斯其所以爲僭。正祭之日，升歌清廟，繹則歌雍。其詩曰：「既右烈考，亦右文母。」既云者，言其前日之已致虔也。然則奚以别於絲衣？蓋絲衣者，時享而繹之詩。雍者，禘而繹之詩。熟繹詩文當自知之。四書辨證：郊特牲：「諸侯不敢祖天子，大夫不敢祖諸侯。而公廟之設於私家，非禮也，由三桓始也。」鄭注：「仲孫、叔孫、季孫皆立桓公廟。魯以周公之故，立文王廟。三家見而僭焉。」賈疏：「天子禮樂特賜周公，魯惟文王廟、周公廟用之，若用於他廟則僭。」據此章推之，春秋時魯祭他廟必嘗用雍徹，故三家祀桓公亦用之。劉氏正義：左桓二年傳「諸侯立家」，杜注：「卿大夫稱家。」三家皆桓族，季氏假别子爲宗之義，立桓廟於家，而令孟孫、叔孫宗之。故以氏族言，則稱三家，以三家分三氏而統爲桓族故也。上章稱季氏，此章稱三家，文互見。毛詩序「雝，禘太祖也。」鄭注：「太祖謂文王。」此成王祭文王徹饌時所歌詩。周官樂師「及徹，率學士而歌徹」，注云：「徹者歌雍。」是天子祭宗廟歌之以徹祭也。又小師言王饗諸侯，徹歌此詩。荀子正論、淮南主術又言天子食，徹歌此詩。則凡徹饌皆得歌之矣。若仲尼燕居言：「諸侯饗禮，歌雍以送賓，振鷺以徹俎。」是諸侯相見亦得歌此詩也。何焯義門讀書記：廟制：室外爲堂，堂外爲庭。黄氏後案：三家之堂，金吉甫以爲此桓公之廟堂也。上言庭，此言堂，舞乃堂下之樂，歌者在堂上也。集注引程子説，斥成王、伯禽之失。吕伯恭博議謂用六佾於仲子之廟，是以禮處仲子，而不以禮處周公。故末流之弊，至以陪臣而舞八佾。其意正同。然據禮注魯禮降於天子，經有明證。據馬氏文獻通考諸書云，成王所賜，止用禘祭之籩豆樂舞於周公廟。明堂位、祭統等篇所言非盡無本，諸説未爲不通也。尚書金縢言王郊迎周公，洛誥言王拜手稽首於周公，知成王之待周公，不拘臣子之禮。公之死後，成王以烝祭配食常典不足以尊公，於是盛禮以賜之。稽之古今祀典，人以神貴，薦享由此增隆，名器不可假於生前，而猶可賜於身後。成王時知禮者多，其有以議定之矣。

四書賸言：論語八佾舞於庭，又曰雍徹于三家之堂，以廟即是堂，堂前有庭。歌在堂上，舞在堂下也。但季氏大夫，亦何得遂僭及天子禮樂？且三家者，仲孫、叔孫、季孫也。仲叔，慶父後。叔孫，叔牙後。二人皆得罪以死，本不宜世有享祭，即祭，亦不宜三家並廟。即並廟，亦斷不能以天子禮樂祀慶父、叔牙、季友三人。既並祭三人，又何得獨稱季氏，一若爲季氏專廟？凡此皆漢、晉、唐、宋諸儒無一解者。予論宗子，作大小宗通繹，乃遂因大小宗而得解此書。蓋魯爲宗國，以周公爲武王母弟，得稱別子，爲文王之宗。禮別子立宗，當祀別子所自出。因立文王廟于魯，爲周公之所自出，名出王廟。夫祭文王而可以不用天子禮樂也乎？其用天子禮樂者，以出王故。其祭出王者，以宗子故也。若三桓爲魯桓公子，季友以適子而爲宗卿，亦得祭所自出，而立桓公一廟。漢儒不解，有謂公廟設于私家者，此正三桓所自出之廟。以三桓並桓出，故稱三家堂。以季氏爲大宗，故又獨稱季氏。其所以用天子禮樂者以桓公故，而桓公得用之者，以文王用之而羣公以下皆相沿用之之故，然而僭矣。

【集注】三家，魯大夫孟孫、叔孫、季孫之家也。雍，周頌篇名。徹，祭畢而收其俎也。天子宗廟之祭，則歌雍以徹。是時三家僭而用之。相，助也。辟公，諸侯也。穆穆，深遠之意，天子之容也。此雍詩之辭，孔子引之，言三家之堂非有此事，亦何取於此義而歌之乎？譏其無知妄作，以取僭竊之罪。

【餘論】經正録引馮厚齋曰：大夫不得祖諸侯，公廟之設於私家，非禮也，由三桓始也。唯三家皆祖桓公而立廟，故得以習用魯廟之禮樂而僭天子矣。夫天子之禮樂作於前，安然不以動其心，則凡不臣之事皆忍爲之矣。論語稽：禮仲尼燕居篇，孔子言兩君相見之禮，賓出以雍徹。以此章之義推之，殊不可解。蓋禮記一書，或孔門弟子所輯，或秦、漢諸儒所增，其禮樂制度大抵皆春秋時所現行及魯所常用者。其中或遵古制，或出僭亂相沿之習，記者就所見聞而記之，遂謂禮當如是，而不能辨别其是非。其所載孔子之言，又或守師承，或得傳聞，或出僞記，故古制資以考見者固多，而其誣罔淆亂者亦不少，要當據理以去取之而已。夫春秋之世，以禮樂爲娱樂之物，且以其大者重者爲觀美，而不復辨此禮此樂之何以施用。此穆叔不拜肆夏、文王而拜鹿鳴之三，晉人所以有舍大拜細之問也。然則燕居所謂雍徹，及象、武、振羽、清廟，亦必魯人當時於兩君相見用之，亦僭亂之一端，記者不察而記入夫子之言耳。否則辟公天子又奚取耶？觀左氏傳魯有禘樂，賓祭用之，以比宋之桑林，亦可見其非禮矣。

○子曰：「人而不仁，如禮何？人而不仁，如樂何？」

【集解】包曰：「言人而不仁，必不能行禮樂。」

【唐以前古注】皇疏：此章亦爲季氏出也。季氏僭濫王者禮樂，其既不仁，則奈此禮樂何乎？又引江熙云：所貴禮樂者，以可安上治民移風易俗也。然其人在則興，其人亡則廢。而不仁之人，居得興之地，而無能興之道，則仁者之屬無所施之。故歎之而已。

【集注】游氏曰：「人而不仁，則人心亡矣，其如禮樂何哉？言雖欲用之，而禮樂不爲之用也。」李氏曰：「記者序此於八佾、雍徹之後，疑其爲僭禮樂者發也。」

按：此章皇疏及集注李氏之説均以爲爲季氏而發。漢書翟方進傳引此文説之云：「言不仁之人，亡所施用。不仁而多材，國之患也。亡所施用，則不能行禮樂，雖多材，祇爲不善而已。當夫子時，禮樂征伐自大夫出，而僭竊相仍，習非勝是。欲不崩壞，不可得矣。」其爲有爲而發無疑。

○林放問禮之本。

【考證】闕里文獻考：林放字子丘，或曰孔子門人。經義考：家語弟子解、史記弟子傳均無林放姓名，惟蜀禮殿圖有之。又曰：漢人表，孔子弟子居五等者有林放。泰山郡志：泰安崇禮鄉之放城集，相傳爲林放故里。劉氏正義：蜀禮殿圖以林放爲孔子弟子。鄭以弟子傳無林放，故不云弟子。其以爲魯人，亦當別有據。元和姓纂謂比干之後，逃難長林之下，遂姓林氏。鄭樵通志謂平王世子林開之後。皆出附會，不足據也。

【集解】鄭曰：「林放，魯人。」

【集注】林放，魯人。見世之爲禮者專事繁文，而疑其本之不在是也，故以爲問。

【餘論】論語注義問答通釋：本之説有二，其一曰仁義禮智根於心，則性者禮之本也。故曰中者，天下之大本。其一曰禮之本，禮之初也。凡物有本末，初爲本，終爲末，所謂「夫禮，始諸飲食者」是也。二説不同。集注乃取後説，曰儉者物之質，戚者心之誠，則便以儉戚爲本。又取楊氏禮始諸飲食以證之。讀四書大全説：黄勉齋分爲二説以言本，極爲别白。所以謂奢儉皆不中禮者，以天下之大本言也。其以儉戚爲本者，初爲本、終爲末之謂也。勉齋之以初爲本、終爲末者，爲范、楊言之，而非夫子之本旨也。林放問禮之本，祇見人之爲禮皆無根生出儀文，而意禮之必不然，固未嘗料量到大本之中。夫子於此，若説吾性所固有於喜怒哀樂之未發者，原具此天則，則語既迂遠，而此天則者行乎豐儉戚易之中而無所不在，自非德之既修而善凝其道者，反藉口以開無忌憚之端矣。故但從夫人所行之禮較量先後，則始爲禮者，於儉行禮，以戚居喪。雖儉而已有儀文，但戚而已有喪紀。本未有奢，而不能極乎其易，然而禮已行焉，是禮之初也。抑此心也，在古人未有奢未盡易者既然，而後人既從乎奢既務爲易之後，亦豈遂迷其本哉？苟其用意於禮，而不但以奢易誇人之耳目，則夫人之情固有其量。與其取之奢與易而情不給也，無如取之儉與戚而量適盈也。將繇儉與戚而因文之相稱者，以觀乎情之正繇此而天則之本不遠焉。迨其得之，則充乎儉之有餘而不終於儉，極乎戚之所不忍不盡而易之事又起，則不必守儉而專乎戚，而禮之本固不離也。蓋以人事言之，以初終爲本末。以天理言之，以體用爲本末。而初因於性之所近，終因乎習之所成，則儉與戚有所不極，而尚因於性之不容已。用皆載體而天下之大本亦立，此古道之不離於本也。又曰：林放問本，而夫子姑取初爲禮者，使有所循以見本，而非直指之辭也。若求其實，則上章所云「人而不仁，如禮何」者乃爲徑遂。儉與戚近乎仁，而非仁之全體大用。奢與易不可謂仁，而亦非必其不仁。仁也、中也、誠也，禮之本也。勉齋言天下之大本得之矣，通范、楊之窮而達聖人之微言者也。黄氏後案：禮器曰：「忠信，禮之本也。義理，禮之文也。無本不立，無文不行。」是禮中有本也。注以本爲本體。語録以本指禮之初，已自異矣。近或以禮竱指儀文言，遂於禮外求本，尤謬。

子曰：「大哉問！

【唐以前古注】皇疏引王弼云：時人棄本崇末，故大其能尋禮本意也。

【集注】孔子以時方逐末而放獨有志於本，故大其問。蓋得其本，則禮之全體無不在其中矣。

禮，與其奢也，寧儉。喪，與其易也，寧戚。」

【考異】魏書禮志引論語「喪與其易寧戚」，無「也」字。南史顧憲之傳「喪易寧慼」，慼字从心。

俞琰書齋夜話：「易」字疑是「具」字。檀弓云：「喪具君子恥具。」「具」與「易」蓋相似也。

【考證】劉氏正義：荀子天論言文質一廢一起，應之以貫。貫者，言以禮爲條貫也。禮運云：「故禮之不同也，不豐也，不殺也。」禮器云：「孔子曰：『禮不同，不豐不殺。』蓋言稱也。」又曰：

「先王之制禮也，不可多也，不可寡也，唯其稱也。」不同者，禮之差等。禮貴得中，凡豐殺即爲過中不及中也。過中不及中俱是失禮，然過中失大，不及中失小，然則二者相較，則寧從其失小者取之，所謂權時爲進退也。質有其禮，儉戚不足以當之，而要皆與禮之本相近。蓋禮先由質起，故質爲禮之本也。「易」者，先兄五河君經義說略：「爾雅：『弛，易也。』展轉相訓，則易亦訓弛。言喪禮徒守儀文之節，而哀戚之心浸以怠弛，則禮之本失矣。故下文云：『期悲哀，三年憂。』言其戚也。喪，三日不怠，三月不懈。』不怠不懈，即不弛之義。雜記孔子曰：『少連、大連善居喪，蓋易者哀不足，戚者哀有餘。檀弓子路曰：『吾聞諸夫子：喪禮與其哀不足而禮有餘也，不若禮不足而哀有餘也。』義與此同。」謹案淮南本經訓：「處喪有禮矣，而哀爲主。」高誘注引此文。隋書高祖紀下：「喪與其易也，寧在於戚，則禮之本也。禮有其餘，未若於哀，則情之實也。」並以易爲禮有餘。鄭此注但云易簡，未明其義。

【集解】包曰：「易，和易也。言禮之本意失於奢，不如儉。喪失於和易，不如哀戚。」

【唐以前古注】釋文引鄭注：易，簡也。皇疏：或問曰：「何不答以禮本，而必言四失何也？」答云：「舉其四失，則知不失即其本也。其時世多失，故因舉失中之勝以誡當時也。」

【集注】易，治也。孟子曰：「易其田疇。」在喪禮，則節文習熟而無哀痛慘怛之實者也。戚則一於哀而文不足耳。禮貴得中，奢易則過於文，儉戚則不及而質。二者皆未合禮，然凡物之理，必先有質而後有文，則質乃禮之本也。范氏曰：「夫祭，與其敬不足而禮有餘也，不若禮不足而敬有餘也。喪，與其哀不足而禮有餘也，不若禮不足而哀有餘也。禮失之奢，喪失之易，皆不能反本而隨其末故也。禮奢而備，不若儉而不備之愈也。喪易而文，不如戚而不文之愈也。儉者物之質，戚者心之誠，故爲禮之本。」

【別解一】黃氏後案：易釋文引鄭君注云「簡也」，陳仲魚謂斥時人治喪以薄爲道也。朱子訓易爲節文習熟，必增説無實之義，皆未必是也。式三謂易，坦易也。包説爲是。異端家齊死生，而治喪皆簡率，後人喪中祭奠如吉禮，又用僧道贏鈸以喧雜之，皆由於坦易也。取儉取戚者，儉則有不敢越分之心，戚則有不忍背死之心，是禮中之本也。

【別解二】論語稽：奢者，儀節之繁。易者，變除之次。（易訓變易之易。）儉者，太羹玄酒之真意。戚者，躃踴哭泣之至性。禮無儀節則失之野，喪不變除則過於哀。是故行禮於既獻酢之後，有酧有旅，不覺遂至賓主百拜。居喪於既虞祔之後，有練有祥，不覺遂至以葛易麻。由儉而漸奢，由戚而漸易，斯亦人情所必至。特春秋時酬酢往來，專尚繁文，而臨喪不哀，至原壤敢爲登木之歌，宰我且發短喪之問，則奢易而竟忘其本矣。夫子既大放之問，又曰與其奢易寧儉戚者，蓋有感於時俗之言也。

【別解三】論語古訓：包以爲和易，意與戚相反，然世情當不至此。檀弓子思曰：「喪三日而殯，凡附于身者必誠必信，勿之有悔焉耳矣。」時人治喪以薄，爲其道失之簡略，故夫子以爲寧戚，言必盡哀盡禮也。當從鄭。

【別解四】羣經平議：包氏説戚字未得其義。蓋禮則奢儉俱失，失於奢不如失於儉，故有寧儉之言。若居喪哀戚，固其所也，乃云「與其易也寧戚」，恐不然矣。戚當讀爲慼。禮記禮器篇：「三辭三讓而至，不然則已慼。」此慼之義也。説文新附足部有「慼」字，曰：「迫也。」古無「慼」字，故叚「戚」爲之。言居喪者或失於和易，或失於迫慼，然與其和易無寧迫慼，爲得禮之本意耳。南史顧憲之傳「喪易寧慼」，是知「戚」字固有作「慼」者，其義視包注爲長。

按：以上四説，除第四説可備一義外，其餘均不如集注之長。禮檀弓：「喪，與其哀不足而禮有餘也，不若禮不足而哀有餘也。」即此節之注脚也。

【餘論】朱子語類：禮不過吉凶二者而已。上句泛言吉禮，下句專指凶禮。然此章大意不在此。孔子是答其問禮之本，然儉戚亦衹是禮之本而已。又曰：其他冠婚祭祀皆是禮，故皆可謂與其奢也寧儉。惟喪禮獨不可，故言與其易也寧戚。喪者人情之所不得已，若習治其禮有可觀，則是樂於喪而非哀戚之情也。故禮云：「喪事欲其縱縱爾。」鹿善繼四書説約：天下事實意爲本，苟無其實，繁文愈盛，衹增其僞耳。老子以爲忠信之薄，亂之首也。政指繁文之禮説。夫禮安得爲薄？無本則薄耳。

○子曰：「夷狄之有君，不如諸夏之亡也。」

【考異】論衡問孔篇作「不若諸夏之亡。」公羊傳襄公七年注、毛詩苕之華正義、劉逵三都賦注、韓昌黎集原道篇引文俱無「也」字。昌黎題爲經。翟氏考異：漢人稱論語爲經者，惟于定國傳一見。唐則昌黎此文而已。于傳所引文與商書小異大同，猶似未的。蓋論語雖久並五典稱經，其獨標經目，自昌黎始之矣。

【音讀】論語發微：釋文「亡」字無音，知讀如字。不取包氏説。

【考證】爾雅釋地「九夷、八狄、七戎、六蠻謂之四海」，郭注：「九夷在東，八狄在北，七戎在西，六蠻在南。」白虎通禮樂篇：何以名爲夷蠻？曰聖人本不治外國，非爲制名也，因其國名而言之耳。一説曰：名其短而爲之制名也。夷者，僔夷，無禮義。東方者少陽易化，故取名也。北方太陰鄙恡，故少難化。狄者，易也，辟易無别也。包氏温故録：夷狄，謂楚與吴。春秋内諸夏外夷狄。成、襄以後，楚與晉争衡，東方小國皆役屬焉，宋、魯亦奔走其庭。定、哀時，楚衰而吴横。黄池之會，諸侯畢至，故言此以抑之。襄七年鄬之會，陳侯逃歸。何氏云：「加逃者，抑陳侯也。孔子曰：『夷狄之有君，不如諸夏之亡。』言不當背也。」又哀十三年，公會晉侯及吴子于黄池，傳：「吴何以稱子？主會也。吴主會，曷爲先言晉侯？不與夷狄之主中國也。」何氏云：「明其實以夷狄之彊會諸侯爾。不行禮義，故序晉於上，主書者惡諸侯之君夷狄。」

【集解】包曰：「諸夏，中國也。亡，無也。」

【唐以前古注】皇疏：此章爲下僭上者發也。諸夏，中國也。亡，無也。言中國所以尊於夷狄者，以其名分定而上下不亂也。周室既衰，諸侯放恣，禮樂征伐之權不復出自天子，反不如夷狄之國尚有尊長統屬，不至如我中國之無君也。釋慧琳云：有君無禮，不如有禮無君。刺時季氏有君無禮也。

按：此條據論語集注旁證謂引出皇疏，而皇疏實無其文，玉函山房輯本亦無之。考慧琳秦郡人。宋世沙門，以才學爲太祖所賞愛，見宋書顔延之傳。嘗注孝經、老子，又作辨正論，其人蓋釋而儒者也。其論語説，隋、唐志、陸德明經典序録並不載，僅邢昺、皇侃二疏偶引之。此條用意新穎，難於割愛，容再續考。

【集注】吴氏曰：「亡，古無字通用。」程子曰：「夷狄且有君長，不如諸夏之僭亂，反無上下之分也。」

【别解一】邢疏：此章言中國禮義之盛而夷狄無也。舉夷狄則戎蠻可知。諸夏，中國也。亡，無也。言夷狄雖有君長，而無禮義，中國雖偶無君，若周、召共和之年，而禮義不廢，故曰「夷狄之有君，不如諸夏之亡也。」　論語足徵記：春秋莊四年傳曰：「上無天子，下無方伯。」解詁曰：「有而無益於治曰無。」吕氏春秋驕恣篇：春居問於宣王曰：「荆王釋先王之禮樂而樂爲輕，敢問荆國爲有主乎？」王曰：「爲無主。」「賢臣以千數而莫敢諫，敢問荆國爲有臣乎？」王曰：「爲無臣。」高注：「無主曰無賢主，無臣曰無賢臣。」此云有亡，義與彼同，謂夷狄雖有賢君，而紀綱不立，不如諸夏無賢君而猶守先王之遺法也。故何氏於襄七年「陳侯逃歸」注云：「孔子曰：『夷狄之有君，不如諸夏之亡。』不當背也。」承上經「公會晉侯以下于鄬」，傳曰：「以中國爲義，則伐我喪。以中國爲强，則不若楚。」何氏此注以晉爲諸夏，楚爲夷狄。言楚雖有賢君，不如晉無賢君也。集注程子曰：「夷狄且有君長，不如諸夏之僭亂，反無上下之分也。」義本皇疏。揆之春秋内諸夏而外夷狄之義，去之遠矣。

按：此説本於内中國外夷狄之原則，可備一義。

【别解二】論語發微：此蓋指魯之僭亂無君臣父子之義，同乎夷狄，不如滅亡之爲愈。春秋爲國諱，且欲據魯爲法，故見義於此。論語述何：夷狄之者，春秋於中國無禮義則夷狄之。衛劫天子之使，則書戎伐。郳、牟、葛三國同心朝事魯桓，則貶稱人之類。言朝則有君可知。諸夏之者，如潞子嬰兒之離於夷狄，雖亡，猶進爵書子，君子之所與也。書滅亡國之善辭，言當興也。論語訓：有君，謂進稱爵同小國也。亡，謂失地君也。貴者無後，待之以初，皆稱本爵。夷狄君不過子，故不如亡也。自明春秋例意，狄人有諱，滅狄無諱；相滅有譏，而兩狄相滅無譏；救皆義兵，而狄救不進，皆示内諸夏外夷狄之義。楊承禧説。

按：此説「亡」字如字讀，義極牽强。

【别解三】四書辨疑：南軒諸人之説，解亡君皆非實爲亡君，解有君皆是實爲有君。亡字之説皆是，有字之説皆非。有與亡今通言之，如言不有其父，不有其君，有字當準此義爲説。有君者，有其君者也。如言有無父之心，有無君之心，亡字當準此義爲説。亡君者，亡其君者也。蓋謂夷狄尊奉君命，而有上下之分，是爲有其君矣。諸夏蔑棄君命，而無上下之分，是爲亡其君矣。此夫子傷時亂而歎之也。又「如」字作「似」字説，意爲易見。

按：此説較皇、邢二疏義均長，似可從。

【發明】陳櫟四書發明：諸夏所以異於夷狄，以有君臣上下之分爾。今居中國，去人倫，夷狄之不如，春秋所以作也。日知録：歷九州之風俗，考前代之史書，中國之不如外國者有之矣。遼史言契丹部族生生之資，仰給畜牧，狃習勞事，不見紛華，故家給人足，戎備整完，卒之虎視四方，强朝弱附。金史，世宗嘗與臣下論及古今，又曰：「女真舊風，雖不知書，然其祭天地，敬親戚，尊耆老，接賓客，信朋友，禮意欵曲，皆出自然。其善與古書所載無異，汝輩不可忘也。」又曰：「遼不忘舊俗，朕以爲是。海陵習學漢人風俗，是忘本也。若依國家舊風，四境可以無虞，此長久之計也。」邵氏聞見録言：「回紇風俗樸厚，君臣之等不甚異，故衆志專一，勁健無敵。自有功於唐，賜遺豐腴，登里可汗始自尊大，而其俗亦壞。昔者祭公謀父之言，犬戎樹惇，能帥舊德，而守終純固。由余之對穆公言，戎夷之俗，上含淳德以遇其下，下懷忠信以事其上，一國之政猶一身之治，其所以有國而長世，用此道也。及乎薦居日久，漸染華風，不務詩書，唯徵玩好，服飾競於無等，財賂溢于靡用，驕淫務侈，浸以成習，於是中行有變俗之譏，賈生有五餌之策，又其末也。則有如張昭遠以皇弟皇子喜俳優飾姬妾，而卜沙陀之不永。張舜民見太孫好音樂美姝名茶古畫，而知契丹之將亡。後之君子誠監於斯，則知所以勝之之道矣。」四書訓義：夫子知世變之將極，而歎之曰：自帝王以來，長有諸夏者，唯此君臣之分義而已矣。上下相臨也，恩禮相洽也，威福相制也，故天下統於一。而□□□□□□乃今則異是矣。唯夷狄之有君矣，權未嘗分也，兵甲賦税未嘗私也，利歸之國而禍必相救也。不似諸夏之諸侯不知有天子，大夫不知有諸侯，可專則專之耳，可竊則竊之耳，而更無以一人宰天下，以一君制一國之理勢也。夫有君則一國之勢統於一，合心同力，可安可危，而不可亡。然則諸夏無統，□□□□入而統之矣，□□□乎。

按：船山遺書中多空白處，蓋當時多觸犯時忌語，識者自能辨之。

○季氏旅於泰山。子謂冉有曰："女弗能救與？"對曰："不能。"子曰："嗚呼！曾謂泰山不如林放乎？"

【考異】皇本作"汝不"。天文本論語校勘記：古本、唐本、津藩本、正平本均作"汝不"。太平御覽述作"汝不"。釋文："嗚呼"，本或作"烏乎"。韓李筆解："謂"當作"爲"。

【音讀】洪武正韻：祣，祀山川名，經典通作"旅"，傳寫誤耳。郎瑛七修類稿：祭名之祣從示，旅酬之旅從方，今坊刻論語皆作"旅於泰山"，蓋因增韻中誤起，遂傳寫爲一。劉氏正義：玉篇示部："祣，力煮切。祭名。論語作旅，廣韻同。"此後人所增字。漢書班固敘傳："大夫臚岱，侯伯僭時。"鄭氏曰："臚岱，季氏旅於泰山是也。"師古曰："旅，陳也。臚亦陳也。臚旅聲相近，其義一耳。"案"旅"作"臚"，當出古論。史記六國表："位在藩臣，而臚於郊祀。"亦作"臚"。儀禮士冠禮注："古文旅作臚。"周官司儀"旅擯後"，鄭云："旅讀爲鴻臚之臚。"是臚、旅音近得通用。

【考證】胡培翬研六室雜著答馬水部云（劉氏正義引）：承詢，謂庪縣不當訓爲埋，庪當與禮經「閣庪食」義同。按玉篇云：「庋，閣也。」庪同庋。引「祭山曰庪縣」可證。但爾雅、儀禮、周禮三經文各有當，而義無妨。爾雅云：「祭地曰瘞埋，祭山曰庪縣。」瘞埋是以牲玉埋藏於地中，庪縣則有陳列之義。李巡云：「祭山以黄玉以璧，庪置几上。」邢疏云：「縣，謂縣牲幣於山林中。」其説良近。蓋古者祭山之法，先庪縣而後埋之，故祭山又名旅。旅，臚陳之也。山海經凡祠山多言肆瘞，郭注云：「肆，陳之也。陳牲玉而後埋藏之。」此先陳後埋之證。後埋，故亦得名埋。　劉氏正義：案胡説是也。大宗伯言「旅四望」，彼謂國有大故，天子陳其祭祀而祈之，則旅爲天子祭山之名。惟旅祭是因大故先陳後埋，其他禮則皆從略，故鄭君以爲不如祀之備也。季氏旅泰山，或亦值大故而用天子禮行之，故書曰旅。與八佾、歌雍同是僭天子，非僭魯侯也。夫子謂冉求之言，其迫切當亦因此。王制云：「天子祭天下名山大川，諸侯祭名山大川之在其地者。」注：「魯人祭泰山，晉人祭河，是也。」祭法云：「諸侯在其地則祭之，亡其地則不祭。」公羊傳：「諸侯山川有不在其封内者，則不祭也。」是言諸侯之祭山川皆在封内也。禮器云：「齊人將有事於泰山。」泰山在齊、魯界，兩國通得祭之。禮言大夫祭五祀，不及山川，故祭山爲非禮。　梁氏旁證：近錢塘成君城泰安郡志云：「考泰安崇禮鄉之放城集，相傳爲林放故里。」宋刁衎贊林放云：「東岳稱美，長山表封。」一記其所生之地，一記其所封之地也。論語

「曾謂泰山不如林放乎」，當時必就其近者言之耳。

【集解】馬曰：「旅，祭名也。禮，諸侯祭山川在其封内者。今陪臣祭泰山，非禮也。冉有，弟子冉求，時仕於季氏。救，猶止也。」包曰：「神不享非禮。林放尚知問禮，泰山之神反不如林放耶？欲誣而祭之也。」

【集注】旅，祭名。泰山，山名，在魯地。禮，諸侯祭封内山川。季氏祭之，僭也。冉有，孔子弟子，名求，時爲季氏宰。救，謂救其陷於僭竊之罪。嗚呼，歎辭。言神不享非禮，欲季氏知其無益而自止之，進林放以勵冉有也。

【别解】論語徵：古注以爲譏僭，然觀其引林放，則孔子之譏在奢不在僭，必季氏爲魯侯旅，而其行禮徒務美觀故爾。後儒每言及季氏，輒謂之僭，豈不泥乎？

按：此論讀書得間，發前人未發，可備一説。

【餘論】讀四書叢説：大夫行諸侯之禮固是僭，但當時已四分魯國，魯君無民亦無賦，雖欲祭不可得。季氏既專魯，則凡魯當行典禮皆自爲之，旅泰山若代魯君行禮耳，亦不自知其僭。冉有誠不能救也，欲正之，則必使季氏復其大夫之舊，魯之政一歸於公然後可，此豈冉有之力所能？故以實告孔子，孔子亦不再責冉有而自歎也。

【發明】黄氏後案：季氏之旅，冉有不能救者，禳禍祈福儌幸之心勝，非口舌所能争也。後世封禪供億耗費，今日泰山之祀偏天下，僭禮者不止季氏，往往欲救之而不得也。元趙天麟上書言：「東岳者，太平天子告成之地，東方藩侯當祀之山。今乃有倡優戲謔之徒，貨殖屠沽之子，干越邦典，媟黷神明，停廢産業，耗損食貨，亦已甚矣。父慈子孝，何用焚香？上安下順，何須楮幣？不然竭天下之香，繼爐而焚之；罄天下之楮爲幣而爇之，知其斷無益矣。請自今無令妄費，非但巫風寖消，抑亦富民一助。」趙氏之言，可謂卓然不惑者矣，古今有幾人哉！

○子曰：「君子無所爭。必也射乎！揖讓而升，下而飲，其爭也君子。」

【音讀】釋文：「爭」絶句。鄭讀以「必也」絶句，「揖讓而升下」絶句。鄭注詩賓之初筵引此則云「下而飲」。飲，於鴆反，又如字。詩箋引論語曰：「下而飲，其爭也君子。」正義曰：「此謂飲射爵時揖讓而升下，意取而飲與爭，故引彼文不盡耳。」禮記射義與論語文無異。音義亦曰：「揖讓而升下絶句，而飲一句。」四書通義：孔、邢注、疏以「下」爲句，朱子以「升」爲句，總之以揖讓二字貫下。四書改錯：論語王肅注云：「此七字連作一句。」射義鄭玄注則「揖讓而升下」五字作句，「而飲」二字又句。翟氏考異：繹注、疏文，似以「揖讓」爲句，「而升」句，「下」句，「而飲」句。「下」字之上，論文法應更有「而」字。梁氏旁證：集注以「揖讓而升」爲句，「下而飲」爲句。王注則云：「射於堂，升及下皆揖讓而相飲。」則以「升下」相連爲文。皇、邢二疏同。按王注與鄭注禮記射義同，與鄭箋賓之初筵異。皇、邢疏兩存之，集注則用鄭箋也。經讀考異：按近讀以「爭」字絶句，「必也」連下讀。據釋文云：「鄭讀以『必也』絶句。」考論語「必也」連下爲句，如「必也聖乎」、「必也使無訟乎」、「必也正名乎」、「必也狂狷乎」、「必也親喪乎」，皆當以「必也」句絕，亦可並通。又案射義鄭氏注明云「必也射乎」，則亦以「必也」連下爲句。陸氏此釋云以「必也」絕句，鄭氏殆兩讀與？又云：舊讀從「升」字爲句。據釋文云：「鄭讀『揖讓而升下』絕句。」證之射義釋文，亦云「揖讓而升下」絕句，「而飲」一句。案鄭注詩賓之初筵引此則又云「下而飲」，似亦以「升」字絕句。蓋鄭兩讀，義皆可通。論語古訓：孔意以「君子無所争」絕句也。鄭讀「必也」絕句者，言君子平日必無所争也。「射乎」者，言於射見衆人之有争心也。然射義引此文，鄭注：「必也射乎，言君子至於射則有争也。」亦從舊説，以「必也射乎」連讀，與此不同。義疏云：「就王注意，則云『揖讓而升下』也。若餘人讀，則云『揖讓而升』，升屬上句。又云『下而飲』，下屬下句。然此讀不及王意也。」鱣謂義疏概指餘人，竊疑王肅亦從鄭讀。釋文「升下」絕句，復引鄭注詩則云「下而飲」，明與注詩不同也。又聘義鄭注：「下，降也。飲射爵者亦揖讓而升降，勝者袒決遂執張弓，不勝者襲説決拾，却左手，右加弛弓於其上而升飲，君子恥之，是以射者争中。」釋文：「揖讓而升下絕句，而飲一句。」是鄭讀不以「下而飲」連文也。論語補疏：釋文「揖讓而升下」絕句。鄭箋詩賓之初筵引此則云：「下而飲。」禮記少儀云：「僕於君子，君子升下則授綏。」此正以「升下」連文絕句，與論語此文同。鄭解「以祈爾爵」，專取於飲，以「而飲」二字引之不可成句，故連「下」字。其「揖讓而升」四字，義無所取，則舍之不引。射義引此文，鄭注云：「下，降也。飲射爵者亦揖讓而升降。」釋文云：「揖讓而升下絕句，而飲一句。」「揖讓而升降」即「揖讓而升下」，然則鄭之句讀不專以「下而飲」爲句，引證之法，各有所當，非所拘也。此注先提起升及下，以揖讓迫就而飲，與鄭先提起飲射爵者，以揖讓而升降倒裝，解法不同，而所以發明其義者未有異也。皇侃疏云：「就王注意，則云『揖讓而升下』也。若餘人讀，則云『揖讓而升』，升屬上句。又云『下而飲』，下屬下句。然此讀不及王意也。」謂「下」屬下句，似指鄭氏詩箋，何未考射義鄭注，且此王注實以七字連屬爲句，未見其「揖讓而升下」爲句。以「揖讓而升下」爲句，正莫明於鄭氏射義注。釋文以「下」字絶句，正本射義，故又引鄭注賓之初筵以明其異，不知宜七字連屬爲句。鄭氏或斷「下而飲」爲句，或斷「揖讓而升下」爲句。如王氏此注且斷「揖讓」爲句，云「升及下」，則「升」字可句，「下」字亦可句。皇疏非也。

論語偶談：一耦二人，左名上射，右名下射。升階時必上射先一等避左，下射後一等避右，此讓也。下階亦然。至升飲則升階後，勝者且避右以讓，不勝者得以取觶於豐上。觶在堂上，必升飲，不便以「下而飲」爲句，必如王肅七字作一句讀，或如康成注射義以「揖讓而升下」五字爲句，「而飲」又句，禮節始明。

【集解】孔曰：「言於射而後有爭也。」王曰：「射於堂，升及下皆揖讓而相飲也。」馬曰：「多算飲少算，君子之所争也。」

【唐以前古注】皇疏：古者生男，必設桑弧蓬矢於門左，至三日夜，使人負子出門而射，示此子方當必有事於天地四方。故云至年長，以射進仕。禮，王者將祭，必擇士助祭。故四方諸侯並貢士於王，王試之於射宮。若形容合禮，節奏比樂，而中多者，則得預於祭。得預於祭者，進其君爵士。若射不合禮樂，而中少者，則不預祭。不預祭者，黜其君爵士。此射事既重，非唯自辱，乃係累己君，故君子之人於射而必有争也。就王注意，則云「揖讓而升下」也。若餘人讀，則云「揖讓而升」，「升」屬上句。又云「下而飲」，「下」屬下句。然此讀不及王意也。又引顔延之云：射許有争，故可以觀無争也。又引李充云：君子謙卑以自牧，後己先人，受勞辭逸，未始非讓，何争之有乎？射藝競中，以明能否，而處心無措者勝負若一。由此觀之，愈知君子之無争也。又引欒肇云：君子於射，講藝明訓，考德觀賢，繁揖讓以成禮，崇五善以興教。故曰：「君子無所争。必也射乎！」言於射尤必君子之無争。周官所謂「陽禮教讓，則民不争」者也。君子於禮，所主在重，所略在輕。若升降揖讓，於射則争，是爲輕在可讓，而重在可争，豈所謂禮敬之道哉？且争無益於勝功者也。求勝在己，理之常也。雖心在中質，不可謂争矣。故射儀曰「失諸正鵠，還求諸身」，求中以辭養，不爲争勝以恥人也。又曰：「射，仁道也。發而不中，不怨勝己者，反求諸己而已。」因稱此言以證無争焉。誠以争名施於小人，讓分定於君子也。今説者云必於射而後有争，此爲反論文，背周官，違禮記，而後有争之言得。通考諸經傳，則無争之證益明矣。

按：肇，晉書無傳。陸德明經典釋文序録云：「字永初，泰山人。晉太保掾尚書郎。」皇疏列江熙所集十三家，有欒肇字及里爵，與釋文敍述同。隋書經籍志載論語釋疑十卷，又云：「梁有論語駮序二卷，亡。」唐書藝文志稱：「論語釋疑十卷，駮二卷。」陸氏釋文亦云「釋義十卷」，今已佚。此段辯論鋒起，似駁序之文，然書無明證，不能區分也。

【集注】揖讓而升，大射之禮，耦進三揖而後升堂也。下而飲，謂射畢揖降，以俟衆耦皆降，勝者乃揖不勝者升取觶立飲也。言君子恭遜，不與人争，惟於射而後有争。然其争也雍容揖讓乃如此，則其争也君子，而非若小人之争矣。

【餘論】陳埴木鐘集：孔子言射曰：「其争也君子。」孟子言射曰：「不怨勝己者，反求諸己。」惟其不怨勝己者，其争也乃君子之争，則雖争猶不争矣。君子之争者禮義，小人之争者血氣。

【發明】反身録：世間多事多起於争，文人争名，細人争利，勇夫争功，藝人争能，强者争勝。無往不争，則無往非病。君子學不近名，居不謀利，謙以自牧，恬退不伐，夫何所争？　呂留良四書講義：君子無争，不是故尚高雅，原以天下本無可争耳。

按：呂氏在當時以悖逆至於剖棺戮尸，意其書必有桀驁不馴者。今觀其所著四書講義，恪守程、朱，力闢陸、王之學，語語純正，迂腐則有之。其書亦未必能傳，殺之適成其名也。雍正九年，大學士朱軾等以翰林院編修顧成天駁呂四書，奏請刊布。吹毛求疵，本無足道，而呂書焚燬之餘，其説反賴以保存。事有因禍反得福者，此類是也。　松陽講義：今日

俞樾論語小言：兩壯夫相與處而鬭者有之矣，兩童子相與處而鬭者有之矣，一壯夫一童子相與鬭未之有也，非童子之能讓壯夫也，彼壯夫固不與童子較也。君子之於天下也，其猶壯夫居童子之羣乎。己大而物小，己重而物輕，己貴而物賤，是故君子無所争也。

講這章書，須要自省胸中有一毫勢利否，有一毫矜傲否。這一毫不要看小了他，這便是敗壞世道之根，這便是君子小人之分，須猛力拔去，斬盡根株。世間有一等人，惟知隱默自守，不與人争，而是非可否亦置不論。此朱子所謂謹厚之士，非君子也。有一等人，惟知闇然媚世，將是非可否故意含糊，自謂無争。此夫子所謂鄉愿，非君子也。又有一等人，激爲高論，託於萬物一體，謂在己在人，初無有異，無所容争。此是老、莊之論，亦非君子也。是皆不可不辨。

按：以此爲教，而世間猶多鑽營奔競，争名於朝；計較錙銖，争利於市者。況明目張膽詔以權利競争之説乎？傳曰：「作法於凉，其弊猶貪。作法於貪，弊將若之何？」君子於此可以觀世變矣，而世顧以爲文明先進也，嗚呼！豈其然哉！豈其然哉！

○子夏問曰：「『巧笑倩兮，美目盼兮，素以爲絢兮』，何謂也？」

【考異】舊文「盼」字爲「盻」。釋文曰：「盼，普莧反，又匹簡反。」詩衛風作「盻。」史記弟子傳亦作「盻」。説文解字引詩「美目盼兮」，與今論語同。字鑑：「美目盼兮，俗作『盻』」，非。盻，胡計切。恨視也。」

【考證】説文引「素以爲絢兮」，不云逸詩。周子醇樂府拾遺：孔子删詩有删一句者，「素以爲絢兮」是也。朱子或問：此句最有意義，夫子方有取焉，而反見删何哉？且碩人四章，章皆七句，不應此章獨多此一句而見删，必别自一詩而今逸矣。史繩祖學齋佔畢：詩經秦火之餘，逸此一句，而毛、韓諸家不暇證據魯論而增入耳。

按：舊注以碩人詩有脱句，故詩下一句逸。朱子説此皆逸詩，非碩人文，其義爲長。

【集解】馬曰：「倩，笑貌。盼，動目貌。絢，文貌。此上二句在衞風碩人之二章，其下一句逸也。」

【集注】此逸詩也。倩，好口輔也。盼，目黑白分也。素，粉地，畫之質也。絢，采色，畫之飾也。言人有此倩盼之美質，而又加以華采之飾，如有素地而加采色也。子夏疑其反謂以素爲飾，故問之。

子曰：「繪事後素。」

【考異】釋文：「繪」，本又作「繢」，同。　文選夏侯常侍誄注、唐崔鐶北嶽廟碑引文俱作「繢」。　讀書叢録：古論作「繪」，魯論作「繢」。

【考證】惠士奇禮説：古者裳繡而衣繪。畫繪之事，代有師傳，秦廢之而漢明復古。所謂「斑間賦白，疎密有章」，康成蓋目睹之者。鄉射記曰：「凡畫者丹質。」則丹地加采矣。　淩廷堪校禮堂文集：朱子不用舊注，以後素爲後於素。於考工記注亦反之，以後素功爲先以粉地爲質而後施五采。近儒皆以古訓爲不可易，而于禮後之旨，則終不能會通而發明之，故學者終成疑義。竊謂詩云「素以爲絢兮」者，言五采待素而始成文也。今時畫者尚如此，先布衆色畢，後以粉勾勒之，則衆色始絢然分明。詩之意即考工記意也。子夏疑五采何獨以素爲絢，故以爲問。子以「繪事後素」告之，則素以爲絢之理不煩言而解矣。子夏禮後之説，因布素在衆采之後而悟及之者也。蓋人之有仁義禮智信五性，猶繪之有青黄赤白黑五色是也。禮居五性之一，猶素爲白采，居五色之一也。五性必待禮而後有節，猶之五色必待素而後成文，故曰禮後乎，本非深文奥義也。何氏集解云「以素喻禮」，但依文解之，而不能申言其義。毛氏、惠氏、戴氏雖知遵舊注，而解因素悟禮之處，不免格格不吐，皆坐不知禮爲五性之節故也。全祖望經史問答：問：「禮器『甘受和，白受采』，是一説。考工『繪畫之事後素功』，又一説。古注於論語『繪事後素』引考工，不引禮器。其解考工亦引論語。至楊龜山解論語，始引禮器，而朱子合而引之，近人多非之，未知作何折衷？」曰：論語之説正與禮器相合。蓋論語之素乃素地，非素功也，謂其有質而後可文也。何以知之？即孔子借以解詩而知之。夫巧笑美目，是素地也。有此而後可加粉黛簪珥衣裳之飾，是猶之繪事也，所謂絢也，故曰繪事後於素也。而因之以悟禮，則忠信其素地也，節文度數之飾，是猶之繪事也，所謂絢也。若考工所云，則素功非素地也，謂繪事五采，而素功乃其中之一，蓋施粉之采也。粉易於污，故必俟諸采既施而加之，是之謂後。然則與論語絶不相蒙。夫巧笑美目，豈亦粉黛諸飾中之一乎？抑亦巧笑美目出於人工乎？且巧笑美目反出於粉黛諸飾之後乎？此其説必不可通者也。龜山知其非，故别引禮器以釋之。朱子既是龜山之説，而仍兼引考工之文，則誤矣。

按：全氏之説是也。朱子之失，在引考工不引禮器。曹寅谷四書摭餘説論之曰：「楊文靖公解論語始引禮器。朱子既是龜山之説，又兼引考工，以爲即禮器之解，無怪乎攻朱者之未能釋然也。然朱子之誤亦有所本，蓋出於鄭宗顔之解考工。宗顔又本之荆公，蓋不知論語與禮器之爲一説，考工之又别爲一説也。全謝山謂朱子誤解考工，却不誤解論語，若古注則誤解論語矣。」可謂持平之論。

【集解】鄭曰：「繪，畫文也。凡繪畫先布衆色，然後以素分布其間，以成其文，喻美女雖有倩盼美質，亦須禮以成之也。」

【唐以前古注】皇疏：如畫者先雖布衆采蔭映，然後必用白色以分間之，則畫文分明，故曰繪事後素。

【集注】繪事，繪畫之事也。後素，後於素也。考工記曰「繪畫之事後素功」，謂先以粉地爲質，而後施五采，猶人有美質然後可加文飾。

曰：「禮後乎？」子曰：「起予者商也！始可與言詩已矣。」

【考異】漢石經無「者」字。韓詩外傳：子夏問詩，學一而知二。孔子曰：「起予者商也！始可與言詩已矣。」

【集解】孔曰：「孔子言繪事後素，子夏聞而解，知以素喻禮，故曰禮後乎。」包曰：「予，我也。孔子言子夏能發明我意，可與共言詩。」

【唐以前古注】皇疏引沈居士云：孔子始云「未若貧而樂道，富而好禮」，未見貧者所以能樂道，富者所以能好禮之由。子貢答曰：切磋琢磨，所以得好禮也。則是非但解孔子旨，亦是更廣引理以答也，故曰「告諸往而知來者」也。孔子曰「繪事後素」，本政是以素喻禮。子夏答云「禮後乎」，但是解夫子語耳，理無所廣，故云起予，而不云知來也。

【集注】禮必以忠信爲質，猶繪事必以粉素爲先。起，猶發也。起予，言能起發我之志意。謝氏曰：「子貢因論學而知詩，子夏因論詩而知學，故皆可與言詩。」楊氏曰：「甘受和，白受采，忠信之人可以學禮。苟無其質，禮不虛行，此繪事後素之説也。」

【餘論】困學紀聞：商爲起予，理明辭達也。回非助我，默識心通也。四書近指：「後」之一字是子夏創語，夫子創聞，故曰起予。夫後之爲言，末也。後起於先，然不可離先而獨存其後。末生於本，然不可離本而獨存其末。明於先後本末之旨，方可與言詩。黄氏後案：老子云：「失義而後失禮。禮者，忠信之薄而亂之首。」分禮與忠信爲二，以斥文勝之弊輕言失禮後之禮也。禮器云：「先王之立禮也，有本有文。忠信，禮之本也。義理，禮之文也。」又云：「君子欲觀仁義之道，禮其本也。」重言禮也。又云：「忠信之人可以學禮。苟無忠信之人，則禮不虛道。」言禮中自有忠信，無忠信則禮不虛行，亦重言禮也。八佾篇詳言禮，此言禮爲後，猶言禮之不可以已也。禮兼忠信節文而言，倩盼美貌當有禮以成之，亦重禮也。後，猶終也，成也。近解媜以儀文爲禮，遂滋本末輕重之説。申其説者，遂云未有禮先有理也。信如是，則忠信，理也，本也。禮，文也，末也。與禮器之言不大相背謬乎？抑五經中固有此言乎？經傳中有以儀文言禮者，如「敬不足而禮有餘」、「哀不足而禮有餘」是也。有對儀文而言禮者，如女叔齊、子大叔禮儀之辨是也。若此經及禮器之言，自兼忠信節文以言禮矣。經傳有析言渾言之異，讀者所宜詳也。陸稼書曰：「自古亂天下之言有二：一曰禮豈爲我輩設。一曰六經皆我注脚。此章内皆可羼入，故講學不明，即流毒天下。」式三案：陸氏雖未考古注，而以禮後爲重禮之言，不是薄禮，齗齗於卜氏言與老、莊之不同，可爲後學發𫜓。

按：黄氏此論隱斥程、朱以理言禮之非，而言辭閃灼。實則不但老、莊，即陸、王何嘗有是哉？明眼人自能辨之。

○子曰：「夏禮，吾能言之，杞不足徵也。殷禮，吾能言之，宋不足徵也。文獻不足故也，足，則吾能徵之矣。」

【考異】史記世家引文無「文獻不足故也」一句，謂子序書、傳時語。

【音讀】禮記禮運篇：孔子曰：「我欲觀夏道，是故之杞而不足徵也，吾得夏時焉。我欲觀殷道，是故之宋而不足徵也，吾得坤乾焉。」王棌野客叢書：據禮運「之杞」「之宋」之文，知論語「夏禮吾能言」、「殷禮吾能言」，蓋當于「言」字上點句。「之」字各連下爲句。論語訓：徵禮者，孔子非欲杞、宋徵之也。包、鄭皆誤以「之」字絶句，則吾能徵之，何以更望杞、宋文獻之足乎？子不能徵，而曰杞、宋不足，乖互之甚也。此言作春秋託魯之意。之杞者，往杞；之宋者，往宋也。中庸曰：「雖善無徵。」杞已見黜，宋不如魯，欲託以制作，則文儀不備，故不可空言禮意，而必依魯史之事。獻、儀古今字。

【考證】四書釋地又續：杞不足徵，人皆以杞行夷禮，春秋貶而稱子之故。不知此時之杞非復周武王初封東樓公之杞國也。初封杞即今開封杞縣。索隱曰：「至春秋時，杞已遷東國，雖未知的都何所要。」隱四年，莒人伐杞，取牟婁。桓二年七月，杞侯來朝。九月伐杞，入之。與今之莒州及曲阜縣相鄰也可知。逮桓五年淳于公，即經所稱州公者，其國亡，杞似并之。杜元凱曰：「遷都於淳于。」僖十四年，杞辟淮夷，諸侯爲城焉。杜元凱曰：「又遷於緣陵。」襄二十九年，晉合諸侯以城杞，即昭元年祁午數趙文子之功云「城淳于」者。杜元凱曰：「杞又遷都淳于。」淳于，漢置縣，屬北海郡。其故城一名杞城，在今青州安丘縣東北三十里。其遺趾宛然。緣陵，杜止注「杞邑」。臣瓚曰：「漢北海之營陵縣，春秋謂之緣陵。」以余考，殆今昌樂縣東南五十里營丘城，是蓋杞當春秋去初封已千有餘里，而顛沛流離，賴人之力以圖存。史記一則杞小微，其事不足稱述。再則杞微甚，不足數也。又云：續考得陳留雍丘縣，注云：「故杞國也。先春秋時徙魯東北。」按今安丘縣正在魯東北，惟先春秋而徙，故入春秋邑，輒爲莒得。明據至此，以杜元凱之博洽，曷不直引此文？乃云推尋事跡始知之。讀書無漏，豈非大難。四書辨證：王制疏：「殷滅夏時，必封其後，但不知名杞以否。」愚謂封夏之後於杞，不自周始也。大戴禮少間篇：「湯放桀，乃遷姒姓於杞。」又水經注：「睢水東逕雍丘縣故城北，縣舊杞國也。殷湯、周武以封夏後，繼禹之嗣。」又寰宇記：「開州雍丘縣，古雍國，黃帝之後，姞姓。殷湯封夏後於此爲杞。周武封夏後得東樓公於杞，是爲杞國。」又路史：「湯封少康之後於杞以郊禹。後分於曹東之僂，是爲東樓，生西樓公。周興求後，得東樓後之杞爲禹後。」則知杞本故國，武特因而重封之。杞於莊公二十七年稱伯，至僖二十三年、二十七年兩稱子，自後並稱伯，惟襄二十九年稱子。其時伯時子何也？僖二十三年杜注云：「杞入春秋稱侯，莊二十七年絀稱伯，至此用夷禮貶稱子。」李氏廉曰：「杞之稱侯，本無所據，注左氏者泥於桓公編杞侯之誤耳。」考桓二年「杞侯來朝」，公、穀並作「紀」。程子曰：「凡杞稱侯者皆當爲紀，文誤也。」又九月，入杞，傳曰：「秋七月，杞侯來朝，不敬。杞侯歸，乃謀伐之。」劉氏敞曰：「左氏誤紀爲杞，遂生不敬之説。」然則杞實伯爵，三稱子皆以用夷禮故也。詹道傳四書纂箋：自微子至戴公凡十君，其間禮樂廢壞。正考父爲孔子七世祖，得商頌十二篇於周之太師。自夫子録詩，已亡其七篇，可見典籍不足徵矣。魯僖公二十七年，杞桓公來朝，用夷禮，故經書子以貶之。又可見賢者已不足徵。

【集解】包曰：「徵，成也。杞、宋，二國名，夏、殷之後也。夏、殷之禮吾能説之，杞、宋之君不足以成之也。」鄭曰：「獻，猶賢也。我不能以其禮成之者，以此二國之君文章賢才不足故也。」

【集注】杞，夏之後。宋，殷之後。徵，證也。文，典籍也。獻，賢也。言二代之禮我能言之，而二國不足取以爲證，以其文獻不足故也。文獻若足，則我能取之以證吾言矣。

按：包注：「徵，成也。」邢疏：「徵，成。釋詁文。」按今爾雅亦無此文。以杞、宋之君闇弱，不足以成之，訓徵字殊晦，未若集注之長。經中徵、證多通借也。

【別解】論語意原：杞，夏之後。宋，商之後。魯，周之後。杞、宋亡夏、商之禮，以無文獻可證也。若魯則不然，以文則有典籍，以獻則有夫子。魯之君臣莫之考證何也？夫子意不在杞、宋，託杞、宋以見其意，特於魯則微其辭爾。戴望論語補注：王者存二王之後，杞、宋於周皆得郊天，以天子禮樂祭其始祖受命之王，自行其正朔服色，備其典章文物。周衰，杞爲徐、莒所脅而變於夷，宋三世内娶，皆非其國之故。孔子傷其不用賢以致去禮，故言俱不足徵以歎之。劉氏正義：漢書藝文志：「古之王者，世有史官。左史記言，右史記事。事爲春秋，言爲尚書。帝王靡不同之。周室既微，載籍殘缺，仲尼思存前聖之業，乃稱曰『夏禮吾能言之』云云。以魯周公之國，禮文備物，史官有法。故與左丘明觀其史記，據行事，仍人道，因興以立功，就敗以成罰，假日月以定曆數，藉朝聘以定禮樂。」據漢志，是夫子此言因修春秋而發。春秋亦本周禮也。論語發微：孔子雖觀坤乾之義、夏時之等，然以文獻不足之故，未及筆削成書，以齊六經之列。周有百二十國之寶書，文也。使子夏等十四人求之，獻也。文獻足而春秋成，故能據魯親周故殷絀夏，運之三代。禮運一篇皆發明志在春秋之義，而夏、殷之禮亦可推而知矣。

按：以上諸家之説，皆據史記世家以此爲子序書、傳時語，雖別解，實正論也。

【餘論】論語集注考證：古者二王之後，各守其先代禮物。聖人於夏、殷之禮，不曰知之，而曰能言之，此蓋定禮樂時語也。聖人生知之資，其於禮之義理則知之明矣。此其所言，蓋謂二代制度文爲之詳耳。雖當時二代之禮亡失將盡，而以聖人之資，觸類旁通，皆能歷歷言之。但聖人謹重之意，必欲得典籍故舊以證成其書，而文獻二者卒不可得，故終於從周，後人迄不見其成書之盛也。

四書釋地又續：余向謂聖人之言，述於賢人口中，少有改易，便不如聖人之確。如論語杞、宋並不足徵，中庸易其文曰「有宋存」。越後二十餘年，歲寒夜永，老鰥無睡，忽憶孔子世家末言伯魚生伋字子思，嘗困於宋，子思作中庸。不覺豁然以悟，起坐歎曰：中庸既作於宋，易其文，殆爲宋諱乎？荀子禮居是邑，不非其大夫，況宋實爲其宗國。仲尼次春秋，爲有所褒諱貶損，不可書見也，口授弟子。又定、哀多微辭。孔叢子雖僞書，然載宋大夫樂朔與子思論尚書，朔以爲辱己，起徒攻子思。子思既免，於是撰中庸之書。似亦未必全無因。則書中辭宜遜，且爾時杞既亡而宋獨存，易之亦與事實合。論語述何：夫子於杞得夏時，以言夏禮。於宋得坤乾，以言殷禮。惜其文獻皆不足徵，故采列國之史文，取夏時之等、坤乾之義，而寓王法於魯。黜杞故宋，因周禮而損益之，以治百世也。

【發明】反身録：問：夏、殷之亡久矣，夫子何故致意其禮？曰：國可亡，史不可亡。況一代有一代之典章制度，雖時異勢殊，非所以施於昭代，而其大經之法，豈可令其泯滅而失傳。夏、殷之禮，夫子蓋於殘編斷簡之中，因流窮源，由微知著，能言其概。嘗欲參考巨證，筆之於書，以存二代經世之典，使後世議禮制度者有所考鏡折衷。惜乎既無成籍可據，又鮮老於典故者相質，無徵不信，故不禁流連而三歎也。大抵上古與後世不同，後世書皆印本，凡朝廷典章制度，刊布既廣，一旦改革，其書散藏人士之家，雖久不至盡亡。上古則蝌蚪漆寫，藏之廟堂，人士艱於鈔傳，一經改革兵燹之餘，存者幾希，年代既久，老成凋謝，子孫又多微弱不振，流播之餘，於先典不惟不遑收藏，亦且不知收藏，此文獻所以不足也。其流行於人士之家，類非典禮儀制所關，而書史文翰之不至泯絶者，在夏則僅僅禹貢、夏小正、五子之歌、胤征數篇，在殷則湯誥、太甲、説命、盤庚、戡黎數篇而已。惜哉！又曰：沛公入關，諸將争取財物金帛，蕭何獨收圖籍，沛公由是具悉天下阸塞，户口强弱。即斯一節觀之，則知文獻所關之重矣。故在天下則關係天下，在一省則關係一省，在一邑則關係一邑，在一家則關係一家，述往昭來，爲鑑匪尠，若子孫於先世遺籍及誌狀譜牒以其非關日用之急，視爲故紙而忽之，任其散逸，漫不珍藏，則賢不肖可知矣，繼述之謂何。

○子曰：「禘自既灌而往者，吾不欲觀之矣。」

【考證】論語稽求篇：禘祭有三，一是大禘，大傳、喪服小記所云：「禮，不王不禘。王者禘其祖之所自出，以其祖配之。」而國語與祭法則皆云「周人禘嚳而郊稷」是也。一是吉禘，春秋閔二年：「吉禘於莊公。」杜預、何休輩皆以爲合羣廟祧廟之主升食于太祖，即是祫祭，然變名稱禘。文二年「大事于太廟，躋僖公」，公羊所謂「大事是祫」是也。一是時禘，即時祭之一。王制云：「春礿夏禘。」祭統亦云：「春祭曰礿，夏祭曰禘。」而郊特牲與祭義則皆云「春禘而秋嘗」，然總是時祭是也。論語之禘當是「不王不禘」之禘。此本王者大祭，而明堂位、祭統皆云：「成王以周公爲有勳勞于天下，賜以重祭。」則祭所自出，立出王廟，原得用天子禮樂。但羣公雜用，便屬非禮，故不欲觀。此與禮運所引子曰「魯之郊禘非禮也，周公其衰矣」一歎正同。康成誤增吉禘，且又以郊與圜丘俱是禘，此則誤之中又加誤者。蓋夫子嘗郊矣，孟子「膰肉不至」，史記「郊又不致膰俎于大夫」是也。夫子嘗禘矣，「子入太廟」，「禘自既灌而往」是也。郊是郊，禘是禘，未嘗合并，而至于吉禘，則夫子全無之。考夫子仕魯在定公十四年，此時未遭國喪，不容吉禘。且諸侯五廟計之，閔、僖逆祀，越文、宣、成、襄、昭五公，久已在祧壇之列。又且定之元年，季寤與公山弗狃等因陽虎欲去三桓，順祀先公而祈焉，遂就閔、僖祧廟而各順其位，則此時不惟祧兼且不逆，而解論語者尚曰「不欲觀以逆祀故」，夢哉！

胡培翬禘祫答問：大傳曰：「禮，不王不禘。王者禘其祖之所自出，以其祖配之。」所謂祖，始祖也。王者立七廟，祭始祖而下，又推而上之，以及於始祖所自出，故其祭爲特大，而諸侯不得干焉。爾雅曰：「禘，大祭也。」言宗廟之祭莫大於是也。公羊傳曰：「大祫者何？合祭也。毁廟之主陳於大祖，未毁廟之主皆升合食於大祖。」（注：「自外來曰升。」）蓋時祭各於其廟，又不及毁廟，祫則已毁未毁廟之主皆聚食於大祖廟，故其祭特取義於合。（王制注：「祫，合也。」）説文曰「祫，大合祭先祖親疏遠近」是也。大傳言「禘其祖之所自出」，此其義之著於經而各異者也。又曰：問：鄭氏注喪服小記及大傳俱以禘爲郊祀天，謂祖之所自出者感生帝靈威仰也。今以爲宗廟之祭，其義何據？曰：喪服小記云：「王者禘其祖之所自出，以其祖配之，而立四廟。」大傳云：「王者禘其祖之所自出，以其祖配之。」下又云：「諸侯及其大祖。大夫士有大事，省於其君。干祫及其高祖。」知皆説宗廟之事，與祭天無涉。儀禮喪服傳云：「都邑之士則知尊禰矣，大夫及學士則知尊祖矣。諸侯及其大祖，天子及其始祖之所自出。」據其文由禰由祖由大祖推而至於始祖所自出，明皆一本之親，非指天帝審矣。趙氏昌曰：「禘者，帝王立始祖之廟，猶謂未盡其追遠之誠，尊先之義，故又推尋始祖所自出之帝而追祀之。以其祖配之者，謂於始祖廟祭之，便以始祖配祭也。」此説最是。如周人以稷爲始祖，嚳爲稷之所自出，故周人禘嚳，虞、夏禘黄帝，殷禘嚳亦然。又曰：禘字義以爾雅「禘，大祭也」之訓爲正。蓋祫祭與時祭俱及始祖而止，禘更及始祖之上，故爲大祭。張純、何休訓禘。説文云：「禘，禘祭。」以其祭遼遠，故有審禘之義。賈逵訓爲遞，後人本其説，以爲由親廟祧廟毀廟而遞及焉。義亦得通。又曰：祭義云：「祭不欲數，數則煩。」周公制禮，以祠禴嘗烝爲時祭，月歲舉行。而禘則追其祖之所自出，祫則大合羣廟之主，其典爲特隆，故必待三年五年而後行。此斟酌簡煩之精意。禮緯云：「三年一祫，五年一禘。」鄭氏所據。何休公羊亦同。許慎説文解字云：「周禮三年一祫，五年一禘。」漢儒多依此爲説，蓋必有所受之也。至禘祫之時，張純曰：「禘祭以夏四月。夏者陽氣在上，陰氣在下，故正尊卑之義。祫祭以冬十月。冬者五穀成熟，物備禮成，故合聚飲食。」説得其正。馬端臨文獻通考：夫所謂祀周公以天子之禮樂者，如樂用宫縣，舞用八佾，以天子所以祭其祖者用之於周公之廟。張横渠以爲成王之意不敢臣周公，故以二王之後待魯，而命以禮樂，特伯禽不當受。此説得之。明堂位首言命魯世世祀周公以天子之禮樂。又云：「季夏六月以禘禮祀周公於太廟，牲用白牡犧尊云云。」即此觀之，可見當時止許其用郊禘之禮樂以祀周公，未嘗許其遂行郊禘之祀，後來乃至於禘嚳郊稷，祀天配祖，一一用天子之制，所謂穿窬不戢，遂至斬關。作俑不止，遂至用人。亦始謀之未善有以肇之也。左傳：「宋公享晉侯於楚丘，請以桑林。荀罃辭。荀偃、士匄曰：『諸侯宋、魯於是觀禮。魯有禘樂，賓祭用之。』」乃知宋、魯不特僭天子之禮樂以祀郊禘，雖燕享賓客亦用之矣。

秦蕙田五禮通考：成王命魯世世祀周公以天子之禮樂，雖其文出於戴記，先儒亦多疑之。然如馬氏所云，終不敢謂事之必無。蓋報功崇德之意隆，非此不足以自慊，而不知其爲僭端之始基也。自幽、厲傷周道，平王東遷，周室衰而天下諸侯之心動矣。是以惠公因魯素用天子之禮樂，遂有宰讓郊廟之請。然王使史角止之，亦猶不許晉文請隧之意也。蓋是時王室之勢雖弱，政府典章未移，而諸侯亦無敢有顯然上干王章者。是以王朝列國之賢公卿大夫，如王孫滿距楚子之問鼎，周公閱辭備物之享，甯武子不答湛露、彤弓，蓋猶辭嚴義正，其氣足以奪僭奸之魄。況魯號稱秉禮，周公之澤未衰，而謂惠公竟儼然用天子之郊禘，尚有所不敢也。此郊禘非禮，所以孔子有周公其衰之歎。若謂成王之賜、伯禽之受，即及郊禘，尤不然矣。馬氏謂杞、宋因天子之後，僭用禮樂，而遂及於郊祀。魯亦因其用天子之禮樂而並效杞、宋之尤，蓋非一朝一夕之故，此固事勢所必然者。僖公數從伯討，遂爲望國。行父請命於先，史克作頌於後，至三十一年而卜郊見於春秋，閟宮頌及皇祖，且爲之微辭曰「周公之孫，莊公之子」。是明著此禮之始於僖公，而僭成之一大證據也。不然何以僖公之後書郊不絕，而隱、桓、莊、閔及僖三十年以前無一筆及之耶？若謂魯郊之僭行之已久，視爲常事不書。惟卜之不從，牛之有變，及時之大異而後書。豈前此卜必獲吉，而鼷鼠必不傷牛也？無是理也。是魯之僭郊，其作俑始於成王，其見端由於魯惠，其蔑禮成於僖公，無可疑矣。四書稗疏：集注誤立灌地降神之文，而慶源輔氏盛爲之説，徇白虎通之失，與開元禮酹酒之妄。愚已詳辯之於詩稗疏矣。抑考家禮注引張子曰：「奠酒，奠，安置也。若言奠贄、奠枕是也。」則張子已知程子酒必灌於地之説之非矣。乃楊氏復又曰：「家禮初獻取盞祭之茅者，代神祭也。」則説尤支離。夫家禮之舉盞灌於茅上，其所取法則祖白虎通之説，以擬禘之灌鬯耳。今云代神祭，則禘之灌鬯亦代神祭乎？雖朱子嘗曰酹酒有兩説，一用鬱鬯灌地以降神，一以古者飲食必祭神，不能自祭故代之。乃不知飲食而祭者于豆間，人之祭也不以茅，何獨代神祭之用茅也？用茅者，沿杜預以包茅縮酒誤爲酹酒，因雜引以成乎非禮耳。蓋降神之説既窮，而又爲代祭之説以文之，但因仍流俗而强爲之飾耳。不知灌非虚置之筵上，乃置之尸前也。既獻之尸，則尸舉之，尸祭之，奚有别降之神？而又何代爲之祭耶？唯不知祼爲酌鬯初獻之名，而灌乃祼字之假借，初非灌園之灌。諸妄展轉，愈入於迷，等祖考之靈於圃蔬畦稻。唯以張子之言爲破妄之斧，博求之詩及周禮以爲論定，而反求之爲人子孫者之心，謂傾酒於糞壤以事先爲安否，則諸説之謬不攻而退矣。惠士奇禮説：獻之屬莫重於祼。祼之言觀也，易之觀卦於此取名。凡祼事，鬱人沃盥，故祼一作盥。易曰：「觀盥而不薦，有孚顒若。」詩曰：「顒顒卬卬，如圭如璋。」圭璋，祼玉。顒顒，温貌。卬印，盛貌。祼之儀也。君有君之儀，臣有臣之儀，君祼以圭瓚，臣助之亞祼以璋瓚。詩曰：「濟濟辟王，左右奉璋。奉璋峩峩，髦士攸宜。」濟濟者，辟王之容，君之儀也。峩峩者，奉璋之貌，臣之儀也。鬱人詔祼將之儀者以此。宋人之享也置折俎，仲尼使舉之，以爲多文辭。魯人之祼也禘周公，仲尼欲觀之，以爲多威儀歟？

論語釋故：爾雅：「禘，大祭也。」凡祭之大者皆謂之禘。祭天莫大乎圜丘與南郊。祭法曰：「周人禘嚳而郊稷。」禘嚳謂冬至祭天於圜丘而以嚳配，謂之禘也。郊稷者，即大傳云「王者禘其祖之所自出，以其祖配之」。祖之所自出，天也。周以夏正祭青帝於南郊，而以稷配，亦謂之禘也。祭地莫大於方澤，祭宗廟莫大於五年之祭，皆曰禘。是禘天神二，地示人鬼各一。天地之禘不灌，灌者據宗廟言。宗廟之禘又有三，其一王制曰：「宗廟之祭，春曰礿，夏曰禘。」此殷禮也。周改春曰祠，夏曰礿。其二則三年之喪畢而吉禘，此諸侯皆得行之。左傳叔向曰「以寡君之未禘祀」，謂吉禘也。惟三年一祫，五年一禘，乃天子之禮。祫禘皆宗廟之大祭，諸侯得祫不得禘。祫禘之分，祫者，合也。禘者，審諦昭穆也。審諦昭穆，故昭穆各於其廟也。周官大宗伯「以肆獻祼享先王，以饋食享先王」，注：「肆獻祼，祫也。饋食，禘也。」凡天子三年喪畢而祫於大廟，明年春禘於羣廟，自後五年而再殷祭。一祫一禘，祫在秋，禘在夏。祭統曰：「昔者周公旦有勳勞於天下。周公既没，成王、康王追念周公之所以勳勞者而欲尊魯，故賜之以重祭。内祭則大嘗禘是也。夫大嘗禘升歌清廟，下而管象，朱干玉戚以舞大武，八佾以舞大夏，此天子之樂也，康周公，故以賜魯也。」明堂位曰：「季夏六月，以禘禮祀周公於太廟。」是則成王命魯唯禘於周公廟，而不及羣廟，與天子之禘有殊。其後僭於他廟，昭十五年禘於武公，二十五年禘於襄公，定八年禘於僖公，皆行於一廟，而不徧及羣廟，但用天子之禘禮耳。其始禘用六月，其後或以七月，或以三月，或以十月，皆非禮。雜記孟獻子曰：「七月日至，可以有事於祖。」七月而禘，獻子爲之也。吕氏春秋言：「魯惠公使宰讓如周請郊廟之禮，桓王使史角往止之。」據此則非成、康所賜始於惠公也。周禮大宗伯所謂「以肆獻祼享先王」，是凡祭求諸陰陽之義也。肆獻所以求諸陽，灌所以求諸陰。周人貴陰，故先求諸陰，郊特牲謂「臭陰達於淵泉」者即謂灌。凡祭重灌，於禘尤甚，故夫子欲觀之。禘視曰觀，非常視也。故易曰：「觀盥而不薦，有孚顒若。」禮作「祼」，易作「盥」，本書記作「灌」，並同。集解用孔安國義，文無依據，鄭説近之。

按：「灌」即「祼」字之假借，船山之言是也。因集注疏於考證，故詳著漢學家之説，而此章之義乃明。

【集解】孔曰：「禘祫之禮爲序昭穆也，故毁廟之主及羣廟之主皆合食於太祖。灌者，酌鬱鬯灌於太祖，以降神也。既灌之後，列尊卑序昭穆，而魯逆祀，躋僖公，亂昭穆，故不欲觀之矣。」

【唐以前古注】周禮天官籩人疏引鄭注：禘祭之禮，自血腥始。

【集注】趙伯循曰：「禘，王者之大祭也。王者既立始祖之廟，又推始祖所自出之帝，祀之於始祖之廟，而以始祖配之也。成王以周公有大勳勞，賜魯重祭，故得禘於周公之廟，以文王爲所出之帝，而周公配之，然非禮矣。灌者，方祭之始，用鬱鬯之酒灌地以降神也。魯之君臣，當此之時，誠意未散，猶有可觀，自此以後，則浸以懈怠而無足觀矣。蓋魯祭非禮，孔子本不欲觀，至此而失禮之中又失禮焉，故發此歎也。」謝氏曰：「夫子嘗曰，我欲觀夏道，是故之杞而不足證也。我欲觀商道，是故之宋而不足證也。又曰，我觀周道，幽、厲傷之，吾舍魯何適矣。魯之郊禘非禮也，周公其衰矣，考之杞、宋已如彼，考之當今又如此，孔子所以深歎也。」

按：孔安國以不欲觀爲逆祀亂昭穆者，孔意以閔、僖兄弟相繼，例同父子，各爲昭穆，三傳及國語皆同。賈公彦周官冢人疏言兄弟異昭穆，徐健庵讀禮通考極稱其説。象山姜氏讀左補義主之，段氏懋堂文集及説文示部「禘」字下辨甚詳，皆同孔注也。魯文公逆祀，至定公時已順祀，孔注以此指逆祀，意謂此言在未順祀之前也。昭穆亂於既灌者，皇疏云：「未陳列主之前，王與祝入太祖廟堂中，以酒獻尸。尸以祭，灌於地以求神，求神竟而出堂，列定昭穆。」據皇疏：是既灌之後，逆列始定也。朱子或問不採舊注，而用趙伯循之説，其所謂失禮之中又失禮焉，未嘗不可言之成理，惜空洞毫無依據，此以理詁經之弊也。集注圈外謝氏之説較勝。與武進莊述祖論語别記亦主謝説，而考證特爲詳明。是知夫子之歎，在譏其僭，非譏其怠。（别記云：義疏云：「先儒舊論灌法不同。一云於太祖室下章或人之問，方能針鋒相對云。裏龕前東向，束白茅置地上，而持鬯酒灌白茅上，使酒味滲入淵泉以求神也。而鄭康成不正的道灌地。或云灌尸，或云灌神，故郊特牲云：『周人尚臭，灌用鬯臭，鬱合鬯，臭陰達於淵泉。灌以圭璋，用玉氣也。既灌然後迎牲，致陰氣也。』鄭注：『灌，謂以圭瓚酌鬯，始獻神也。』又祭統云：『君執圭瓚灌尸，大宗執璋瓚亞灌。』鄭注：『天子諸侯之祭禮，先有灌尸之事，乃後迎牲。』案鄭二注或神或尸，故解者或云灌神是灌地之禮，灌尸是灌神之禮。而鄭注書大傳則云：『灌是獻尸，尸乃得獻，乃祭酒以灌也。』」今案：灌義雖異，至宗廟有灌，天子諸侯之禮同也，魯之失禮，孔安國以爲魯逆祀，躋僖公，亂昭穆，故不欲觀。不知孔子仕魯在從祀先公之後，不當復譏逆祀。而鄭康成說又與魯禘義異。明堂位曰：「魯君孟春乘大路，載弧韣，旂十有二旒，日月之章，祀帝於郊，配以后稷。」又曰：「季夏六月，以禘禮祀周公於太廟，牲用白牡，尊用犧象山罍，鬱尊用黄目，灌用玉瓚大圭。」明魯禘有灌，魯郊無灌矣。郊特牲曰：「黄目，鬱氣之上尊也。」鄭注：「黄目，黄彝也。周所造，於諸侯爲上也。」正義云：「明堂位灌尊夏后氏以雞彝，殷以斝，周以黄目。天子則黄彝之上有雞彝斝彝，備前代之器，諸侯但有黄彝，故曰於諸侯爲上也。」又周禮司尊彝職曰：「春祠夏禴，祼用雞彝鳥彝。秋嘗冬烝，祼用斝彝黄彝。追享朝享，祼用虎彝蜼彝。」今魯禘灌用黄彝，不備前代之器，從諸侯禮也。至迎牲以後，朝踐再獻之時，則白牡山罍，兼用四代之禮，其餘可以類推。故夫子曰：「吾不欲觀之矣。」又禘之見於春秋者，閔二年吉禘于莊公，僖八年禘于太廟，左傳於昭十五年有事于武宮，定八年從祀先公，皆稱爲禘。昭二十五年傳「將禘于襄公」，是魯太廟有禘，羣廟亦有禘。襄十六年傳「晉人曰寡君之未禘祀」，是晉亦有禘矣。蓋三年喪畢，合祭于太廟，自此以後五年而再殷祭。諸侯與天子禮同，而天子有禘，與諸侯異。魯祭太廟用禘禮，遂假禘之名，其實與王者禘其祖之所自出之祭自别，故不譏禘，但譏既灌而往者之僭禮也。襄十年傳云：「魯有禘樂，賓祭用之。」郊特牲云：「諸侯之宫縣，而祭以白牡，擊玉磬，朱干設鍚，冕而舞大武，乘大路，諸侯之僭禮也。」是禘於羣廟皆僭天子之禮樂也。）

【别解】論語訓：此譏助祭諸臣之怠慢也。往，謂往太廟也。大祭先有朝事之薦，用毛炰之豚，燔燎黍稷，玄酒以祭，然後有朝踐之薦，迎牛牲，薦毛血，夫人薦涚水，灌用鬱鬯。二禮既成，乃延尸入卿大夫序，從而行饋食之禮。其先二朝時，助祭者從尸在外，待既灌乃入也。諸臣受宿，當三日在公所，時禮廢人怠，見迎尸前無事，待既灌乃往，大慢不敬。孔子既不能糾正，故不忍觀也。

【餘論】劉氏論語補注：禘非魯所宜行，夫子不欲觀之旨蓋有難言，故託言既灌以往以明之。其實不欲觀者，並不徒係乎灌以往也，並不徒在乎灌後之不敬也。夫灌在迎牲之前，周人先求諸陰，以是爲祭之首事，灌畢而後迎牲。是既灌以後，尚是行禮之初，所行儀節不過十分之一。魯之君臣方致祭太廟，未必即于此時已懈怠也，而不欲觀之意果何以徵哉？蓋魯禘非禮，夫子本不欲觀，而祭時中所用之禮儀，其僭越尤爲過甚。自既灌以往，用牲則有白牡。薦獻之時，尊爵俎豆皆用天子及四代之器制，甚至朱干玉戚以舞大武，皮弁素積以舞大夏，又納夷蠻之樂于太廟，僭分侈張，正夫子所目覩而心慨者。而其儀又多行于灌後，此子所以託爲是言也。蓋禘不欲觀，乃夫子本意，又不可直言其非。而由灌後以觀，又失禮中之失禮者，故即既灌以往以寓不欲之意，其旨微矣。不然，季氏私祭，自闇及夜而後肅敬漸怠，而謂太廟大祭，方行灌畢頃刻之後，君臣皆全無誠敬之意乎？而曾私祭之不若乎？注雖有言，吾不敢信。經正録：禘以上治而統祖，宗以下治而統族，二者相爲表裏，皆禮之大者。大傳發明其義，故謂大傳禘祀之禮昉於虞，而備於周。宗子之法，殷惟有小宗，而周立大宗。蓋周先王以親親爲政教之本，仁至義盡，其道尚矣。自周之亡，秦蔑典禮，禘祀不行，而宗法廢。漢氏以後，雖有欲修明之者，而得姓所由莫可稽考，故或依附失實，抑或懲其妄而姑已之。惟宗之亡而致禘不可行，然後知先王肇修人紀之意至深遠也。

按：此條據經正録引出船山，而訓義及大全説均無其文，不知所引何書。因其頗有理致，故録而存之。

論語偶記：集注葄於王肅。近時毛西河、閻百詩所著經學書尚泥集注，未及辯正諸侯自有禘祭之禮。至毛氏謂魯祭出王，原得用天子禮樂。閻氏復欲以王季或太王定爲魯始祖，文王所自出之帝。妄謬至何日止哉？又毛氏譏孔注謂諸侯五廟，閔、僖逆祀，越文、宣、成、襄、昭五公，久已在祧壇之列。殊不思毁廟之主升食太廟，則雖在祧壇合食時，逆祀依然。即陽虎順祀先公，僅定八年一舉，此外不然可知。更不思哀三年春秋書「桓宫、僖宫災」，於時僖廟尚未毁哉。古注蓋無可議。又案春秋時，魯之禘祭不必定在太廟，羣廟及禰廟亦屢有是事。閔二年經書「吉禘于莊公」，昭十五年傳稱「禘于武公」，二十五年傳稱「將禘於襄公」，定八年傳稱「禘于僖公」。武、僖非太祖，莊、襄又特閔、昭之禰，而經傳明言有禘。凡此皆非正法，夫子之歎，或兼爲此歟？

○**或問禘之說。子曰：「不知也。知其説者之於天下也，其如示諸斯乎？」指其掌。**

【考異】史記封禪書述文曰：或問禘之說。孔子曰：「不知。知禘之説，其於天下也視其掌。」　史記辨惑：此孔子自指其掌而言耳。封禪書引之，直云「其於治天下視其掌」，不已疏乎？

【考證】論語集注考證：中庸曰：「明乎郊社之禮，禘嘗之義，治國其如示諸掌乎？」章句謂與論語大同小異，特記者有詳略。王文憲謂論語約而難知，中庸詳而易見。不若以中庸解論語，辭不費而義明。　劉氏正義：仲尼燕居子曰：「郊社之義，所以仁鬼神也。嘗禘之禮，所以仁昭穆也。」又曰：「明乎郊社之義，嘗禘之禮，治國其如指諸掌而已乎？」又祭統言四時之祭云：「禘者，陽之盛也。嘗者，陰之盛也。故曰莫重於禘嘗。古者於禘也，發爵賜服，順陽義也。於嘗也，出田邑，發秋政，順陰義也。故曰禘嘗之義大矣，治國之本也，不可不知也。明其義者，君也。能其事者，臣也。不明其義，君人不全。不能其事，爲臣不全。」中庸云：「宗廟之禮，所以序昭穆也。序爵，所以辨貴賤也。序事，所以辨賢也。旅酬下爲上，所以逮賤也。燕毛，所以序齒也。」又曰：「郊社之禮，所以事上帝也。宗廟之禮，所以祀乎其先也。明乎郊社之禮，禘嘗之義，治國其如示諸掌乎？」諸文皆禘説之可知者。鄭注中庸云：「示讀如寘諸河干之寘。寘，置也。物而在掌中，易爲知力者也。」此文無注，意亦當同。莊氏論語别記：白虎通云：「帝者天號，始祖所自出之帝，故曰天大祖。」王肅之説斯近之矣。趙匡附會其説，以爲魯禘文王，則非也。蓋自魯以禘禮祀周公，故殷祭謂之禘，由是而時祭亦謂之禘。太廟謂之禘，由是而羣廟亦謂之禘。魯謂之禘，由是而諸侯亦謂之禘。習而不察，故於魯禘之灌，節取其禮之正。又問禘之説，以正其名之不正也。春秋書「禘于太廟」，又書「大事于太廟」，書「吉禘于莊公」，又書「有事于武宫」。殷祭曰大事，時祭曰有事。於其始書禘，以著其名之不正。又書大事有事，以著其實非禘。觀此而微言大義可以互相發明矣。論語稽：大凡祖宗能庇蔭子孫與否，亦視其名位之大小。故士祭二代，大夫祭三代，諸侯則五代，惟王者最尊，故可至七代九代。今禘禮則又於七代九代之上，追本求原祭始祖所自出。譬之樹木根大則枝茂，其高百尺，其蔭之廣亦必百尺。王者由下溯上，能探一本之原，即由近及遠，能措天下之事，故於天下如示諸掌。

按：孔子答或人之意，必合正名、報本二義乃爲完備，故備録之如右。

【集解】孔曰：「答以不知者，爲魯君諱也。」包曰：「孔子謂或人，言知禘禮之説者，於天下之事如指示掌中之物，言其易了也。」

【集注】先王報本追遠之意，莫深於禘，非仁孝誠敬之至，不足以與此，非或人之所及也。而不王不禘之法又魯之所當諱者，故以不知答之。示與視同。指其掌，弟子記夫子言此而自指其掌，言其明且易也。蓋知禘之説則理無不明，誠無不格，而治天下不難矣。聖人於此，豈真有所不知也哉？

【餘論】四書辨疑：此以指其掌爲言禘之易知也，此又以指其掌爲言天下易治也。一易字之意而以兩圖爲説，亦甚未安。其下再説蓋知禘之説天下不難治，此外若無别説，則易知之意定矣。注文本意蓋於中庸見其「明乎郊社之禮，禘嘗之義，治國其如示諸掌乎」，文與此章頗有同處。故於明且易之下，又言天下不難治也。殊不審兩經之文雖有數字相類，而其義實不同。中庸一章普言以孝爲治之易，禘嘗二字乃是於宗廟祀先之禮中舉其大概耳，非如此章專言禘之一事也。如云「修其祖廟，陳其宗器，設其裳衣，薦其時食」，又云「事死如事生，事亡如事存」。蓋以爲慎終追遠，則民德歸厚，故言治國如示諸掌，非虚語也。今言知禘之説，則理無不明，誠無不格，而天下不難治。以公論評之，僅知禘之一説便能明盡事物之理，纔知其説，未嘗持守奉行，便能無不感格，皆無此理。況自三代而下，以及於今，知禘之説者蓋不少也，未聞皆能平治天下如示手掌之易也。由此觀之，則其所謂天下不難治者，蓋亦無據之空言耳。黄氏後案：孔注嫥以掩君惡爲解既未是，朱子解不知之答則得之，其中趙説則非也。唐制，天寶時禘於大清宫，以李耼爲始祖所自出。趙氏因此有追嚳配稷之説。至宋王介甫信其説，神宗遂因之罷禘享。南渡後遵前制，朱子因援趙説以入經注矣。

按：黄氏後案尚有駁趙氏六謬，大旨謂趙氏好攻三傳，自立臆説。至論禘之禮，又歷指左傳所云烝嘗禘於廟及寡君未禘祀之文，以爲左氏之妄。並偏詆禮記春禘夏禘等文爲徒據春秋經文以附會之。掊擊諸經傳，藐無忌憚云云。文長不録。

○祭如在，祭神如神在。

【考證】春秋繁露祭義篇：祭之爲言，際也，與察也。祭然後能見不見之見者。見不見之見，然後知天命鬼神。知天命鬼神，然後明祭之意。明祭之意，乃知重祭祀。孔子曰：「吾不與祭，祭神如神在。」重祭事如事生，故聖人於鬼神也，畏之而不敢欺也，信之而不獨任，事之而不專恃。其公報有德也，幸其不私與人福也。

按：劉寶楠云：「董釋祭神之義，而引文有脱誤。王制『大夫祭五祀』，鄭注：『五祀，謂司命也，中霤也，門也，行也，厲也。此祭謂大夫有地者，其無地祭三耳。』孔疏申鄭意，以此及祭法但是周禮。若曲禮『大夫祭五祀歲徧』，注以爲殷制，不言有地無地之分。又曲禮云『士祭其先』，亦與周制士立二祀或立一祀異也。此文祭神統言五祀，夫子是無地大夫，亦止有三祀也。」

捫蝨新語：論語中有因古語而爲説者，如「祭如在」二句正是古語。其子曰云云，乃孔子因之有感，發爲是説也。

【集解】孔曰：「祭如在，言事死如事生也。祭神，謂祭百神也。」

【唐以前古注】皇疏：此以下二句乃非孔子之言，亦因前而發也。孔所以知前是祭人鬼，後是祭百神者，凡且稱其在以對不在也。前既直云如在，故則知是人鬼，以今之不在對於昔之在也。後既云祭神如神在，再稱於神，則知神無存没，期之則在也。

【集注】程子曰：「祭，祭先祖也。祭神，祭外神也。祭先主於孝，祭神主於敬。」愚謂此門人記孔子祭祀之誠意。

子曰：「吾不與祭，如不祭。」

【考異】舊唐書馬周傳引文「與」字作「預」。

【音讀】羣經義證：舊讀以「吾不與祭」爲句，見春秋繁露。愚謂當以「與」字斷。大宗伯：「若王不與祭祀，則攝位。凡大祭祀，王后不與，則攝而薦豆籩徹。」外宗：「王后不與，則贊宗伯。」祭僕：「王之所不與。」周官歷著可據。經讀考異：舊讀以「吾不與祭」爲句，愚謂以「與」字斷。祭如不祭，義自豁然矣。朱子集注明言或有故不得與，正可舉證。近人篤信朱子，于此反從舊讀，義所未安也。黄氏後案：韓子讀墨子篇云：「孔子祭如在，譏祭如不祭者。」洪氏注言：「祭如不祭，吾所不與。與，許也。」如此句讀，解義皆異，亦一説也。

按：特牲饋食禮疏引作鄭注，故「不致敬」作「不致肅敬」。又公羊桓八年傳何注：「士有公事不得及此四時祭者，則不敢美其衣服，蓋思念親之至也。故孔子曰：『吾不與祭如不祭。』」公羊以士職卑，有公事不能使人攝祭，則廢祭也。注引論語者，謂孔子仕爲大夫，有事故使人攝

【集解】包曰：「孔子或出或病而不自親祭，使攝者爲之，不致肅敬於心，與不祭同。」

祭，已未致其思念，如不祭，然則與士廢祭同也。賈引論語注無姓名，今鄭注輯本皆據疏列入，但與包注文同，或賈即引包氏也。

【唐以前古注】筆解：韓曰：「義連上文『禘自既灌而往，吾不欲觀之矣。』蓋魯僖公亂昭穆，祭神如神在，不可躋而亂也。故下文云『吾不與祭』，蓋歎不在其位不得以正此禮矣，故云『如不祭』，言魯逆祀，與不祀同焉。」

【集注】又記孔子之言以明之。言己當祭之時，或有故不得與而使他人攝之，則不得致其如在之誠，故雖已祭，而此心缺然如未嘗祭也。

【别解】論語發微：孔子仕魯，凡郊禘以及夏禴秋嘗冬烝春社秋省而遂大蜡皆與於祭。禮運「與於蜡賓」即其一事。魯郊禘非禮，以不欲觀。不知其説以爲國諱。其大者既奢僭而不知本，其餘祭必皆虚文而無實。凡内祭外祭，其君若臣不能精意以通昭明，天神地示人鬼不可得而享，故曰「吾不與祭，如不祭」也。若謂孔子或出或病，不自親祭，使攝者爲之，則指孔子自舉祭，不當以與祭言也。　論語訓：與讀如「則誰與」之與，予也。春秋傳曰「不與晉」，又曰「不與大夫」，若祭非其鬼及逆祀立煬宫，旅泰山，猶三望，皆所不與，以其與不祭同也。禮有攝祭，不可云如不祭。

按：王氏讀「不與」斷句可也，至訓與爲許，則未免好奇之過。竊謂「祭如在」二句，蓋古語，記者引之，先經以起例。陳善之説是也。禮特牲賈疏：「大夫已上時至，唯有喪故不祭，自餘吉事皆不廢祭。若有公事及病，使人攝祭。」又祭統云：「是故君子之祭也，必身親涖之，有故則使人可也。」皆可爲此章注脚。孔子係大夫，除祭祖先之外，尚須祭五祀。非有特别事故，而使他人攝祭，則精意不誠，雖祭猶之未祭也。

【餘論】朱子語類：此弟子見孔子祭祖先及祭外神，致其孝敬以交鬼神也。孔子當祭祖先之時，孝心純篤，雖死者已遠，因時追思，若聲容可接，得以竭盡其孝心以祀之也。祭外神，雖神明若有若無，聖人盡其誠敬，儼然如神明之來格，得以與之接也。范氏所謂有其誠則有其神，無其誠則無其神。蓋神明不可見，惟是此心盡其誠敬專一在於所祭之神，便見洋洋如在其上，如在其左右。然則神之有無，皆在於心之誠與不誠，不必求之恍惚之間也。又曰：問：范氏謂有其誠則有其神，無其誠則無其神。祇是心誠則能體得鬼神出否？曰：誠者，實也。有誠則凡事皆有，無誠則凡事皆無。如祭祀有誠意，則幽明便交。無誠意，便都不相接。

按：范氏之説極爲船山所贊許，故曰惟聖人能知鬼神之情狀。

論語集釋卷六

八佾下

○王孫賈問曰：「與其媚於奧，寧媚於竈，何謂也？」

【考證】四書稗疏：五祀夏祭竈。竈者火之主，人之所以養也。祀以雞。其禮，先席於門奧西東，設主於竈陘。先席於門奧西東者，迎神也。門奧西東者，門在東，奧在西。席設於門之西奧之東，正當室之中，而居户外，其非席於奧審矣。祀門設主於門左樞，祀户設主於門内之西，祀行爲軷壤於廟門之西，設主於其上，唯祀中霤設主於牖下。牖在室西南，其下即奧也。是則唯祭中霤則於奧，餘祀皆不於奧而設席也。與其媚奧寧媚竈云者，謂中霤爲土，分王四季，不能爲四時之主，故集注謂無恆尊，不如竈之主火而司養，專四時之一，爲在時而乘權也。昧者誤讀設席於門奧西東之文，遂謂四時之祭皆先席於奧，亦習謬而不覺矣。四書辨證：顧氏據禮器疏，故云奧竈是一神。若然，只宜祭竈設席迎尸於此，中霤禮何以云五祀皆然哉？蓋奧有在廟者，如少牢「設饌于奧」之類是。有在宫者，如曲禮「人子居不主奧」之類是。要是空虚之處，祭五祀皆迎尸於此，似常尊，却以及時之神爲神，如祭竈迎尸於此，即以竈神爲神，猶人主以權臣之權爲權，而已莫能爲主焉。顧説非也。四書摭餘説：毛西河專執鄭氏五祀祭於廟之説，謂從來行祭無在家室中者，不惟祭祖宗在廟，即祭五祀亦無不在家廟之中，而謂「祭於其所」是朱子自造禮文。不知宗廟之祭，尸入始祭籩豆及黍稷醴。此于竈陘已祭尸，入應坐而饌食，不更祭黍稷及肉醴，故曰「略如宗廟之儀」。夫竈陘則所爲祭於其所也。既徹而設饌筵前，所爲迎尸而祭于奥也。祭廟時不祭竈而祭爨，爨者老婦之祭。然則五祀當祭于宫矣，朱子亦何嘗自造禮文也？惟是鄭言設席于奥，疏以爲廟門之奥，則不然。蓋廟之奥，廟主在焉，必不可以設神席。若後寢之奥，衣冠藏焉，恐亦非是。古中霤禮于祀竈言席于門之奥，其諸皆門堂之奥歟？鄭注謂祭五祀用特牲。特牲者，一牲也，即禮器之牲羊。小司徒所云「小祭祀供羊牲」者，孔疏謂用特牛，非。郊之特牲是騂犢，安得謂五祀與郊同？而諸侯社稷且少牢，亦無五祀反以牛之理，是天子以下皆羊牲也。設主用醴肉，迎尸用鼎俎。所謂醴肉鼎俎者，羊牲耳。白虎通云：「天子諸侯用牛，大夫用羊。」又云：「户以羊，竈以雞。」皆非也。但注言竈雖卑賤，則黄帝作竈，死爲竈神之説，固不足信。而古周禮説顓頊氏有子曰祝融，爲竈神，是亦上公之貴也。不如高氏誘呂氏春秋孟春紀注之説曰：「吴回，回禄之神，託於竈，是月火王故祀之。」蓋五祀皆迎尸于奥，故奥有常尊，而自天子以至於庶人皆賴養于竈，故曰當時用事。漢書曰：「李少君言祀竈可致神物，天子親祀焉。」淮南子曰：「有虞氏祀先中霤，夏后氏先户，殷人先門，周人先竈。」則時俗媚竈之説，誠非無自。劉氏正義：御覽五百二十九引鄭此注云：「王孫賈自周出仕於衞也。」案白虎通姓名篇：「王者之子稱王子，王者之孫稱王孫。故春秋有王子瑕。論語有王孫賈。」是賈爲周王者孫也。皇疏以賈爲靈王孫。廣韵引世本、通志氏族略並以爲頃王之後。梁氏玉繩古今人表考引春秋分記，又以爲康叔子王孫年之後。則以王孫爲氏，本爲衛人，非自周出仕，與鄭氏異義，非也。下篇言衛靈公之臣王孫賈治軍旅，是賈仕衛也。

【集解】孔曰：「王孫賈，衛大夫。奧，内也，以喻近臣。竈以喻執政。賈執政者，欲使孔子求昵之，微以世俗之言感動之也。」

【唐以前古注】釋文引鄭注：奧，西南隅。皇疏：時孔子至衛，賈誦此舊語以感切孔子，欲令孔子求媚於己，如人之媚竈也。

【集注】王孫賈，衛大夫。媚，親順也。室西南隅爲奧。竈者，五祀之一，夏所祭也。凡祭五祀，皆先設主而祭於其所，然後迎尸而祭於奧，略如祭宗廟之儀。如祀竈則設主於竈陘，祭畢而更設饌於奧以迎尸也。故時俗之語因以奧有常尊而非祭之主，竈雖卑賤而當時用事，喻自結於君，不如阿附權臣也。賈，衛之權臣，故以此諷孔子。

【別解一】羣經平議：媚奧媚竈皆媚人，非媚神也。古以奧爲尊者所居，故曲禮曰：「爲人子者居不主奧。」而春秋時有奧主之稱。昭十三年左傳「國有奧主」是也。竈則執爨者居之，所謂厮養卒也。當時之人以爲居奧者雖尊，不如竈下執爨之人實主飲食之事，故媚奧不如媚竈。國語周語載人之言曰：「佐饔者嘗焉。」即此意也。王孫賈引之，蓋以奧喻君，以竈自喻。孔注未得其旨。

【别解二】四書典故辨正：羅整菴云：「子見南子，子路不悦，蓋疑夫子欲因南子以求仕也。然當是時不獨子路疑之，王孫賈亦疑之矣。媚奥之諷，殆指南子而言也。觀夫子所謂天厭之者，即獲罪於天之意。」此説得之。奥者，室中深隱之處，以比南子。竈是明處，蓋謂借援於宫闈之中，不如求合於朝廷之上耳。

【别解三】四書約旨：或謂王孫賈在衛算不得權臣，當時市權只有彌子瑕一人，或是他自家欲酌所媚而問耳。

按：以上三説，以此説最爲合理。蓋賈本周人，入仕於衛。當靈公之時，政權操於南子、彌子瑕之手，以孔子之賢且不能不見南子。孟子云：「彌子之妻與子路之妻兄弟也。彌子使人告子路曰：『孔子主我，衛卿可得也。』」其聲勢赫奕至此。賈蓋謀所以自處之道於孔子。奥在内位尊，喻南子也。竈之卑賤，喻彌子也。與當時情勢最爲相合。觀孔子答以獲罪於天，仍是答子路有命之意。賈在衛國並非權臣，孔子且稱其有治軍旅之才，而注疏家意欲以陽貨待之，不可解也。任氏之説雖創而實確。

【餘論】日知録：奥何神哉？如祀竈則迎尸而祭於奥，此即竈之神矣。時人之語，謂媚其君者將順於朝廷之上，不若逢迎於燕退之時也。注以奥比君，以竈比權臣，本一神也。析而二之，未合語意。

【發明】反身録：古來權奸憑藉寵靈，勢位已極，又患無名，每以美職厚禄牢籠正人君子，以爲名高。而不知正人君子惟恐不義富貴，浼其生平，超然遠引，若鳳翔千仞，豈彼所得而牢籠之哉？學者於此處須慎之又慎，所謂風急天寒夜，纔看當門定脚人。若此處一錯，一失脚便成千古憾矣。

子曰：「不然。獲罪於天，無所禱也。」

【考證】春秋繁露郊祭篇：天者，百神之大君也。事天不備，雖百神猶無益也。何以言其然也？祭而地神者春秋譏之，孔子曰：「獲罪於天，無所禱也。」劉氏正義：墨子經上：「辠，犯禁也。」説文：「辠，犯法也。從辛，從自。言罪人蹙鼻苦辛之憂。秦以辠似皇字，改爲罪。」賈自周出仕衛，必有獲罪周王者。臣以君爲天，故假天言之。「禱」者，説文云：「告事求福也。」周官大祝「五曰禱」，是禱亦祭名。

【集解】孔曰：「天以喻君也。孔子距之曰：如獲罪於天，無所禱於衆神。」

【唐以前古注】皇疏引欒肇云：奥尊而無事，竈卑而有求。時周室衰弱，權在諸侯，賈自周出仕衛，故託世俗言以自解於孔子。孔子曰「獲罪於天，無所禱」者，明天神無上，王尊無二，言當事尊，卑不足媚也。

按：欒氏此説，黄氏式三認爲創解，實則尚不如任説之切合當時情勢。

【集注】天即理也，其尊無對，非奥竈之可比也。逆理則獲罪於天矣，豈媚於奥竈所能禱而免乎？言但當順理，非特不當媚竈，亦不可媚於奧也。

【餘論】崔述論語餘説：注云：「天即理也，逆理則獲罪於天矣。」説者云：天者，上帝之稱。以理爲天非也。案集注凡正釋其意者，皆云「某，某也」。若云「某即某也」、「某猶某也」，皆非本字之義。乃推明其義，使人易曉耳。蓋天沖漠無朕，獲罪與否，無可徵者，故指理以明。但有悖於理，即獲罪於天，非謂理爲天也。錢氏養新録：宋儒謂性即理是也，謂天即理恐未然。獲罪於天無所禱，謂禱於天也，豈禱於理乎？詩云敬天之怒、畏天之威，理豈有怒與威乎？又云敬天之渝，理不可言渝也。謂理出於天則可，謂天即理則不可。四書改錯：天解作理，四書集注補辨之甚悉。大抵宋儒拘滯，總過執理字，實是大錯。況天是天神，又有天道，故先儒解「獲罪于天」，亦曰援天道以壓衆神。衆神者，室神與竈神也。又且漢、魏後儒引此句皆明指蒼蒼之天，南齊書所載有雜詞云：「獲罪於天，北徙朔方。」可曰獲罪於理，徙朔方乎？蔡清四書蒙引：獲罪之罪明以禍福言，若謂逆理即是禍害，反不足以折姦雄之膽。

【發明】反身録：人生真實有命，窮達得喪咸本天定。須是安分循理，一聽於天。若附熱躁進，於定命無秋毫之益，於名節有泰山之損。

○子曰：「周監於二代，郁郁乎文哉！吾從周。」

【考異】史記世家無「於」字。漢書儒林傳「代」作「世」。隸釋載漢華山碑「監」作「鑒」。汗簡云：古論語「郁」作「戫」。説文繫傳「戫」字下云：論語「郁郁乎文哉」本作此

「戫」，假借「郁」字。又「彣」字下引論語「戫戫乎文哉」。王氏考異：「郁」當作「戫」，古無「郁」字，从阝，从卩，俱所不安。

【考證】漢書禮樂志：周監於二代，禮文尤具，事爲之制，曲爲之防。故稱禮經三百，威儀三千。於是教化浹洽，民用和睦，災害不生，禍亂不作，囹圄空虚，四十餘年。孔子美之曰：「郁郁乎文哉！吾從周。」　劉氏正義：魯，周公之後。周公成文、武之德，制禮作樂。祝鮀言伯禽封魯，「其分器有備物典册」。典册即周禮，是爲周所賜也。故韓宣子謂周禮盡在魯。又孔子對哀公言「文、武之道，布在方策」。方策者，魯所藏也。中庸云：「吾學周禮，今用之，吾從周。」今亦指魯。夫子此言吾從周，是據魯所存之周禮言。禮運孔子曰：「吾觀周道，幽、厲傷之。吾舍魯何適矣？」是言魯能存周禮也。　論語稽：周世樟曰：「如井田一端，雖周亦助，是法乎殷也。學校一端，大學在國，小學在郊，是法乎夏也。封國則五服亦宗夏制，而特異其男邦采衛之名。建官則六卿亦祖殷法，而第更其司士大宗之位。巡狩則五載易爲十二，而陳詩納賈則同。述職則四朝變爲六年，而敷言試功不異。宗廟雖有三祖二宗之殊，其爲七廟同也。明堂雖有七尋九筵之別，其爲五室同也。冠禮或以毋追，或以章甫，或以委貌，其爲三加同也。魯禮或迎於庭，或迎於堂，或迎於著，其爲親迎同也。養老或兼享，或兼食，莫非別年之心也。格祖或尚聲，或尚臭，莫非求神之意也。推之一車旗，一服物，如王制、明堂所載，莫不參夏、殷而兼用之，所謂監於二代也。」

【集解】孔曰：「監，視也。言周文章備於二代，當從之。」

【集注】監，視也。二代，夏、商也。言其視二代之禮而損益之。郁郁，文盛貌。

【餘論】輔廣論語答問（經正録引）：先王之制，與氣數相爲始終，而前後相爲損益，固非一人一日之所能致也。三代之禮，至周大備，則以氣數至此極盛，而前後相承，互爲損益，至此而始集其大成也。　論語述何：正朔三而改，文質再而復，如循環也。故王者必通三統，周監夏、殷，而變殷之質，用夏之文。夫子制春秋，變周之文，从殷之質，所謂从周也。乘殷之輅，从質也。服周之冕，从文也。　論語發微：春秋王者繼文王之體，守文王之法度。隱元年春王正月，傳曰：「王者孰謂？謂文王也。」何休説以上繫王於春，知謂文王也。文王，周始受命之王。天之所命，故上繫天端，方陳受命制正月，故叚以爲王法。不言謚者，法其生，不法其死，與後王共之，人道之始也。　潘氏集箋：此知春秋雖據魯新周，然必託始於文王，故孔子曰：「文王既没，文不在茲乎？」以是知「周監於二代，郁郁乎文哉」，謂文王之法度也。自杞、宋不足徵，乃據魯作春秋。魯，周公之後。周公成文、武之德，而制作明備。孔子從而損益之，故曰從周。從周者，即監二代之義，謂將因周禮而損益之也。

○**子入大廟，每事問。或曰：「孰謂鄹人之子知禮乎？入大廟，每事問。」子聞之，曰：「是禮也。」**

【考異】漢石經「大」字作「太」。　注疏本亦作「太」。　翟氏考異：今注疏本非復依何氏集解之舊,故其文與集注本無小異,數「大」字增筆作「太」。考諸釋文,俱有音泰之釋,則當時之集解自爲「大」字。梁氏旁證:左傳「鄹人紇」,唐石經及宋本皆作「鄹」,酈道元引作「鄹」,始與論語同。「聚」字古或省作「取」。説文:「郰,魯下邑,孔子鄉。」

【考證】論衡知實篇:孔子未嘗入廟,廟中禮器衆多非一,孔子雖聖,何能知之? 四書釋地續:鄹,魯邑名。今則在鄒縣界。鄹人之子乃孔子少賤時之稱。集注:「此蓋孔子始仕之時入而助祭也。」最當。始仕,即指孔子年二十爲委吏,二十一爲乘田吏言,方與少賤稱相闕合。或曰:二者何等卑職,敢駿奔走於廟中? 余曰:觀祭統「煇者,甲吏之賤者也。胞者,肉吏之賤者也。翟者,樂吏之賤者也。閽者,守門之賤者也」,皆以有事於宗廟,尸以其餘畀之。則委吏若周禮之委人,共祭祀之薪蒸木材。乘田吏,周禮之牛人、羊人。牛人,凡祭祀共其牛牲之互,與其盆簝以待事;羊人,凡祭祀飾羔祭割羊牲登其首者也,非無與於廟事,其應在羣有司之列可知。獨當祭時,魯君在前,卿大夫侍從,雝雝肅肅,安得容一少且賤者呶然致辭説哉? 故顧瑞屏以爲子入廟,當是隔日宿齊,始可每事問者。是不然作平日往觀,如荀子所載孔子觀於魯桓公廟,有欹器,問守廟者曰「此爲何器」之類。則非執事有恪時,縱來不知禮之誚,亦不必毅然立辨曰是禮也,以明其敬謹之意。此則吴愈亦韓語余云爾,因并識之。札樸:文十五年左傳「卞人以告」注文:「卞人,魯下邑大夫。」正義云:「治邑大夫例呼爲人。孔子父爲鄹邑大夫,謂之鄹人。」沈欽韓左傳補注:史記正義引括地志云:「故鄒城在兖州泗水縣東南六十里,昌平山在泗水縣南六十里。」輿地志云：「鄒縣西界闕里，有尼丘山。」此「㽞城」應是「鄒城」之誤，釋文無音可知也。一統志：「鄹縣在曲阜縣東南。」縣志云：「東十里有西鄒集，與邾婁之改名鄒者別。」水經注謂「邾國，叔梁之邑，孔子生於此」者，誤。劉氏正義：王制：「天子七廟，三昭三穆，與太祖之廟而七。諸侯五廟，二昭二穆，與太祖之廟而五。」鄭注以爲周制。漢書韋玄成傳：「禮，王者始受命，諸侯始封之君，皆爲太祖，以下五廟而迭毁。」周公是魯始封，爲魯太祖，故廟曰太廟也。公羊文公十三年傳：「周公稱大廟，魯公稱世室，羣公稱宫。周公何以稱大廟于魯？封魯公以爲周公也。」穀梁傳略同。明堂位：「大廟天子明堂，山節藻棁，復廟重檐，刮楹，達鄉崇坫，康圭疏屏，天子之廟飾也。」阮氏元明堂論：「魯之大廟，猶周明堂中之清廟也。魯侯國，故左氏傳：『取郜大鼎于宋，納于大廟。』臧哀伯即以清廟茅屋爲説，明堂以茅蓋屋也。魯侯國，不得别立明堂，其一切非常典禮皆於大廟行之。」又云：潛夫論志氏姓云：「伯夏生叔梁紇，爲鄹大夫，故曰鄹叔紇。」是鄹人爲鄹大夫，漢人相傳有此説也。左傳孔疏云：「古稱邑大夫，多以邑冠人。」邢疏引左傳「新築人仲叔于奚」證之是也。段氏玉裁説文注謂：「郰人是舉所居之地，非爲所治邑。郰大夫之文始見王肅私定家語，孔氏論語注乃肅輩僞託者，似不足信。」段氏此辨甚是。然其誤自潛夫已然，亦非始王肅也。

【集解】包曰：「大廟，周公廟。孔子仕魯，魯祭周公而助祭。」孔曰：「鄹，孔子父叔梁紇所治邑。時人多言孔子知禮，或人以爲知禮者不當復問也。雖知之當復問，慎之至也。」

按：論語古訓：「安國爲孔子十一世孫，而注云『孔子父叔梁紇』，此更可疑者。」

【集注】大廟，魯周公廟。此蓋孔子始仕之時入而助祭也。鄹，魯邑名。孔子父叔梁紇嘗爲其邑大夫。孔子自少以知禮聞，故或人因此而譏之。孔子言是禮者，敬謹之至，乃所以爲禮也。

【別解】羣經平議：古字也、邪通用。陸氏經典釋文序所謂「如、而不分，也、邪無別」者是也。論語「子張問十世可知也」、「井有人焉，其從之也」、「豈若匹夫匹婦之爲諒也」，諸也字並當讀作邪。又如「事君盡禮，人以爲諂也」、「子曰其事也」，此兩也字，尋繹文義，亦邪字也。魯僭王禮，大廟之中，犧牲服器之等，必有不循舊典者，子入大廟每事問，所以諷也。或人不諭其旨，反有孰爲知禮之譏，故子曰「是禮也」，猶云是禮邪，乃反詰之辭，正見其非禮矣。論語別記：魯用禘禮始自周公廟，其後羣公廟皆有禘。子入大廟，凡禮樂犧牲服器之等每事問焉，此薄正祭器之時也，雖爲之兆，未能遽革。而或人乃有孰謂知禮之譏，子聞之曰「是禮也」，斯聖人之正言，猶不欲觀之歎、不知之對，言問是禮者，欲魯之君臣知其非禮而革之也。論語述何：魯自僖公僭禘於大廟，用四代之服器官，其後大夫遂僭大禮。每事問者，不斥言其僭，若爲勿知而問之，若曰此事昉於何時，其義何居耳。以示天子之事，魯不當有也。或人習而不察，故正言以告之。

按：此可備一說。

【餘論】讀四書大全說：若說入太廟是助祭，則當奏假無言之時而諄諄詰難，更成甚禮？荀子所記孔子觀欹器事亦是閒時得入。想古宗廟既無像主，又藏於寢，蓋不禁人游觀。而諸侯覲問冠昏皆行於廟中，或有執事之職，君未至而先於此待君，故得問也。每事問即非不知，亦必有所未信，從好古敏求得者，若未手揗而目擊之，終只疑其爲未然。聖人豈必有異於人哉？尋常人一知便休，則以疑爲信，知得來儘是粗疎，如何會因器以見道？夫子則知問者信之由，不問者疑之府，而禮之許人問者，乃使賢者俯就，不肖者企及，以大明此禮於天下也。若已知已信而故作謹縟之狀，此正朱子所云石慶數馬之類，又何足以爲聖人？尹和靖雖知亦問之説，衹要斡旋聖人一個無所不知，無所不謹，而誠僞關頭早已鶻突。蓋不知不信原有深淺之分，而聖人之知則必以信爲知。未信而問，問出於誠，聖人之所以忠信好學不可及者正以此耳。雷氏經説：子入大廟每事問，非君后承祭時，蓋祭之前夕。太史讀禮書而協事，祭之日夙興入廟，太史執禮書以次位。當此時，凡執事者皆可向太史辨問，故禮曰「辨事者考焉」。子之每事問當在此時，故曰是禮。論語後録：此當是入廟助祭，有所職守，當行之事不敢自專，必咨之主祭者而後行。若問器物，則廟中爲嚴肅之地，夫子必不嬈嬈如是。充説非也。吕氏春秋「無醜不能，無惡不知」，高注：「孔子入大廟，每事問，是不醜不能，不惡不知。」比充説爲近。

○子曰：「射不主皮，爲力不同科，古之道也。」

【音讀】爲，馬讀如字，集注爲去聲。

按：此章集注義長，應讀去聲。

【考證】淩廷堪周官鄉射五物考：一曰和，二曰容，三曰主皮，四曰和容，五曰興舞。此周官鄉大夫五物之序也。前既云和容，後復云和容，人多不得其解。鄭司農曰：「和，謂閨門之內行。容，謂容貌。」鄭康成曰：「和載六德，容包六行。四曰和容，杜子春讀爲和頌，謂能爲樂。」又馬融論語注：「一曰和，志體和。二曰容，有容儀。四曰和頌，合雅、頌。」此皆因經文和容前後再見，故强生異義。不知「頌」即「容」字。史記儒林傳「徐生善爲容」，漢書作「頌」。顔注：「頌讀與容同。」是頌、容本無區别。至主皮之射，説者尤爲聚訟。考周官明云「退而以鄉射之禮五物詢衆庶」，則五者固在鄉射禮之中，不在鄉射禮之外也。今鄉射一篇載在禮經，並未闕佚。不以經證經，而徒以意衡之，是亦説經者之過也。蓋「一曰和，二曰容」者，即鄉射禮之三耦射也。獲而未釋獲，但取其容體比於禮也。是爲第一次射。「三曰主皮」者，即鄉射禮之三耦及賓主人大夫衆耦皆射也。司射命曰「不貫不釋」，蓋取其中也，故謂之主皮，馬氏論語注以主皮爲能中質是也。是爲第二次射。「四曰和容，五曰興舞」者，即鄉射禮之以樂節射也。司射命曰「不鼓不釋」，既取其容體比禮，又取其節比樂也。比於禮故謂之和容，蓋如前三耦射也。比於樂故謂之興舞，取其應鼓節也。故前已言和容，此復言和容也。是謂第三次射。鄉射記「禮，射不主皮」，鄭注：「不主皮者，貴其容體比於禮，其節比於樂，不待中爲雋也。」蓋古經師相傳之解，指第三次射而言，深得經意。不主皮爲第三次射不鼓不釋，則主皮爲第二次射不貫不釋可知矣。鄭不知主皮之射爲第二次射，而下以己意，謂張獸侯而射，故雖引尚書傳爲證，而亦不敢決之也。又考論語「射不主皮，爲力不同科」，孔子稱爲古之道者，蓋時至春秋之末，鄉射但以不貫不釋爲重，而容體比於禮，節比於樂，不復措意，故孔子歎之，以爲古禮仍有不主皮之射也。「爲力不同科」，馬融注：「力役之事有上中下三科。」是别爲一事。後儒謂主皮是貫革之射，非先王之禮。審若是，則武王克殷，貫革之射已息，何以主皮猶在鄉射五物之中？而鄉射記復舉以證經乎？其非貫革也明矣。或謂鄉射記云「主皮之射者，勝者又射，不勝者降」，則似鄉射之外更有此射者，此殊不然。鄉射記所云，即指第二次射也。凡經所未言，見於記者甚多，即如此記中衆賓不與射者不降，賓主人射則司射擯升降，卒射即席而反位卒事，大夫降立於堂西以俟射，主人亦飲於西階上之屬，皆是不獨主皮之射一節也。若貫革及張獸皮而射，尚何升降之有哉？或又謂大射之侯有皮，鄉射之侯無皮，何故謂之主皮。此亦不然。主皮者，不失正鵠也。布侯謂之正，皮侯謂之鵠。鄉射用布侯而云主皮者，舉皮以賅布，亦散文則通之義，經例往往如此，不必致疑也。劉履恂秋槎雜記：考工記「往體寡，來體多，謂之王弓之屬，利射革與質」，注：「革，謂干楯。質，木椹。」樂記「貫革」，注：「射穿甲革。」疏：「革，甲鎧也。所謂軍射也。軍中不習容儀，又無别物，但取甲鎧張之而射，穿多爲善，謂爲貫革。養由基之射七札是也。」是主皮非貫革矣。案周禮「以鄉射之禮五物詢衆庶，三曰主皮」，疏稱州長習射，名爲鄉射。鄉射有侯，鄉大夫用此鄉射之禮詢衆庶，衆庶卑無侯，故張皮射。鄉射名禮射，張皮射名主皮之射，故云「禮射不主皮」。禮射二番不勝，仍待後番復升射。主皮之射則勝者復射，不勝者不復射，是尚力也。故鄭注謂主於獲。此言鄉射所以不用主皮之禮者，取其比於禮樂，不勝許其復射，不尚力也，爲力不同等也。論語稽求篇：「射不主皮」一句係周時禮文，夫子誦而釋之。儀禮亦引入鄉射禮篇。朱注云「鄉射禮文」是也。但儀禮原文云：「禮射不主皮。」上有禮字則該舉諸射，如大射、燕射、賓射類，不止鄉射。其下文又云「主皮之射者，勝者再射，不勝者降」，則又另有力射，如儀禮注澤宮獻禽後班餘獲之射，不是武射。朱注不明出禮射字，而又誤以主皮爲貫革，爲即武射，則兩失之矣。按主皮與貫革不同。主者，着也。主皮者，着于皮也。鄭康成所云「善射」，扶風馬氏所云「能中質」是也。夫射期中質，豈有習射而反以不中爲能事者？射名不同，有專主皮者，有不專主皮者。主皮者，力射也。矢至于皮非力不能，孟子曰：「其至爾力也。」不主皮者，禮射也。其容體比于禮，其節比于樂，雖發必祈中而不止于祈中者，以爲禮也。禮射與力射截然二等，故夫子解之曰「禮射不主皮」者，謂與力射不同等故耳。舊注引周禮，朱注引儀禮，猶是引經證經，引禮證禮，而不經諦觀，便復有誤，況臆斷乎？惜抱軒經說：凡射之侯有三，一曰五采之侯，畫布爲正者也。古者與賓客燕射則用之，梓人職所云「張五采之侯則遠國屬」是也。二曰獸侯，布侯中畫獸，天子之侯畫熊，諸侯之侯畫麋，大夫之侯畫虎豹，士之侯畫鹿豕。此君與其臣燕射所用，梓人職所云「張獸侯則王以燕息」是也。三曰皮侯，以熊虎豹之皮爲質，設於侯中，是謂棲皮曰鵠。此因祭祀而大射於澤宮之禮，蓋祭之義序事以辨賢，故取服猛之義，亦微尚乎武焉，梓人職所云「張皮侯而棲鵠則春以功」是也。此三者非主皮之射。夫皮侯棲鵠固用皮矣，然而終不可謂之主皮之射者，蓋雖虎豹之猛而革非甚堅也，故其義稍取乎力而非專重乎力，不可云主皮也。若賓燕之禮尤尚文焉，故第以布侯也。鄉之飲酒也，以賓禮禮士也，其射亦賓射而已，其侯亦畫布而已。若夫主皮之射，軍禮也，所謂貫革之射也。國中賓燕之禮無所用之也。然而周禮鄉大夫職乃曰「以鄉射之禮詢衆庶，一曰和，二曰容，三曰主皮」者，蓋鄉大夫於三年大比之後既興賢能矣，賢能士之在鄉學者也，若庶人未嘗入學，而其中未必無傑士焉，故復以鄉射之禮詢衆庶以廣取之。曰衆庶，則非士也。曰以鄉射禮，則非鄉射也。其所以取人者，則異鄉射布侯之常制。夫士有拳勇股肱之力，亦國家干城所賴，不可不選以備用，故其射不用侯而張獸皮。既張獸皮，取貫革之勇，則所張者必牛兕犀可用爲甲者之皮，故司弓矢職「王弓弧弓以授射甲革者」，是之謂主皮之射矣。後世禮衰，鄉之取士，雖當鄉射正禮，亦變先王興賢能之法，而用鄉大夫詢衆庶之法，此尚武之意盛矣。故曰「射不主皮，古之道也」。經咫：據鄉射記正義，中者雖不中也取，不中者雖中也不取。云中不中，又在中的不中的之外者，行葦之詩既曰「序賓以賢」，又曰「序賓以不侮」，蓋分於此。今日校射重所謂架子，而中猶次之，髣髴相似，但不是比禮比樂耳。

【集解】馬曰：「射有五善焉：一曰和志，體和也。二曰和容，有容儀也。三曰主皮，能中質也。四曰和頌，合雅、頌也。五曰興武，與舞同也。天子有三侯，以熊虎豹皮爲之，言射者不但以中皮爲善，亦兼取之和容也。爲力，爲力役之事也。亦有上中下設三科焉，故曰不同科。」

【集注】射不主皮，鄉射禮文。爲力不同科，孔子解禮之意如此也。皮，革也。布侯而棲革於其中以爲的，所謂鵠也。科，等也。古者射以觀德，但主於中而不主於貫革，蓋以人之力有强弱不同等也。記曰「武王克商，散軍郊射，而貫革之射息」，正謂此也。周衰禮廢，列國兵争，復尚貫革，故孔子歎之。

按：朱子之説本於劉敞七經小傳，謂不主皮者以力不同之故，則主皮之射爲尚力，其説較舊注爲優。但主皮當訓中，非訓貫革也。淩説良是。

【餘論】經正録：案據鄭注，主皮之射，庶人之禮也。據引尚書傳，是鄉大夫用之以詢衆庶外，卿大夫又用之習射於澤宫，二者皆非禮射之正。又案鄭云：「不主皮者，不待中爲雋。」非也。禮射義云：「故射者進退周旋必中禮，内志正，外體直，然後持弓矢審固。持弓矢審固，然後可以言中。」又曰：「發而不失正鵠者，其唯賢者乎？若夫不肖之人，則彼將安能以中？」又曰：「射中者得與於祭，不中者不得與於祭。射中則得爲諸侯，射不中則不得爲諸侯。」經傳言射未有不主於中者，如鄭注儀禮記「禮射不主皮」云：「禮射，謂大射、賓射、燕射。」然則大射、賓射、燕射皆不主於中乎？無是理矣。朱子語類：問明道云：「射不專以中爲善如何？」曰：「如内志正，外體直，衹是要中。」張蒿菴曰：「不主皮當作主於中而不主於貫革爲塙。貫革之射，習戰之射也。其射當亦三番，故勝者又射，不勝者則不復射也。」黄氏後案：朱子注以主皮爲貫革之射。姚秋農曰：「樂記言：『散軍郊射，貫革之射息。』如主皮即貫革，鄉大夫何以詢衆庶哉？」式三案周官司弓矢曰：「王弓弧弓以授射甲革椹質者。」弓人曰：「往體寡，來體多，謂之王弓之屬，利射革與質。」則軍旅之行，自有貫革之射，朱子説亦備一義。　論語訓：凡言古者，皆謂殷也。言周不改殷制。

○子貢欲去告朔之餼羊。

【考異】集注考證：餼，猶今言生料也。本作「氣」，俗加「食」。

【音讀】論語駢枝：告讀如字，舊音古篤反，非也。

【考證】蔡邕明堂月令論：古者諸侯朝正于天子，受月令以歸而藏諸廟中，天子藏之於明堂，每月告朔朝廟。仲尼譏之，經曰「閏月不告朔，猶朝于廟」，刺舍大禮而徇小義也。自是告朔遂闕，而徒用其羊。子貢非廢其令而請去之。仲尼曰：「賜也，爾愛其羊，我愛其禮。」庶明王復興，君人者昭而明之，稽而用之。　惠棟明堂大道録：明堂月令者，乃虞、夏、商、周四代治天下之大法。魯爲望國，始廢其禮，故春秋特書之。子曰「我愛其禮」，其猶有東周之志乎？哀三年桓、僖廟災，季桓子御公立於象魏之外，觀舊縣之處，命藏大廟中象魏。則知告朔之羊，哀公時猶未去也。　萬斯大學春秋隨筆：春秋：「文十有六年夏四月，公四不視朔。」不告朔，故不視朔。書四不視朔，則不視者二月至五月耳。六月以後復如初矣。公羊云：「自是公無疾不視朔也。」果爾，則經不應有「四」字。經有「四」字，必非遂不視朔也。然則告朔之廢始於何時？蓋自昭公遜齊，季孫專魯，然不敢擅行告朔。及昭公卒，定公立，亦遂因而不行。雖不行而羊尚存。使自文公竟廢告朔，豈自此至定、哀立五六君，百數十年而羊尚存乎？唯其廢之未久，故有司供羊如故。子貢目擊前此之告，而今之不告也，遂憤然欲去之耳。論語駢枝：周禮太史「正歲年以序事，頒之于官府及都鄙。頒告朔于邦國」，鄭注：「頒讀爲班，班，布也。以十二月朔告布天下諸侯。」孔子三朝記云：「天子告朔于諸侯，率天道而敬行之，以示威于天下也。」又數夏桀、商紂之惡曰：「不告朔于諸侯。」穀梁文六年傳云：「閏月者，附月之餘日也。天子不以告朔。」又十六年傳云：「天子告朔于諸侯，諸侯受乎禰廟，禮也。」然則告朔云者，以上告下爲文，不以下告上爲義。天子所以爲政于天下，而非諸侯所以禮于先君也。餼之爲言，乞也，謂乞與也。凡供給賓客，或以牲牢，或以禾米，生致之皆曰餼。説文：「氣，饋客芻米也。從米，乞聲。或作餼。」其見於經傳者曰饔餼，曰稍餼，曰餼牢，曰餼獻，曰餼牽。天子之于諸侯有行禮，有告事。行禮于諸侯，若頫問賀慶賑膰賵禬之屬，大使卿，小使大夫。告事於諸侯，若冢宰布治，司徒布教，司馬布政，司寇布刑之屬，皆常事也。以其爲歲終之常事，又所至非一國，故不使卿大夫，而使微者行之以傳遽，達之以旌節，然後能周且速焉。諸侯以其命數禮之，或以少牢，或以特羊而已。幽王以後，不告朔於諸侯，而魯之有司循例供羊，至於定、哀之間猶秩之。夫謂文公始不視朔者，據十六年夏五月「公四不視朔」之文言之也。夫四不視朔而謂之始不視朔可乎？四不視朔，曠也。始不視朔，廢也。曠之與廢，則必有分矣。曠四月不視朔，猶必詳其月數而具書之，而況其廢乎？變古易常，春秋之所謹也。初税畝、作丘甲、用田賦，皆謹而書之。

始不視朔，豈得不書？鄭君此言出於公羊。公羊之說曰：「公曷爲四不視朔？公有疾也。何言乎公有疾？不視朔。自是公無疾不視朔也。然則曷爲不言公無疾不視朔？有疾猶可言也，無疾不可言也。」彼欲遷就其大惡諱、小惡書之例，因虛造此言耳。如其說，自十六年二月公有疾，至十八年公薨，並閏月數之，其爲不視朔者二十有六，而春秋橫以己意爲之限斷，書於前而諱於後，存其少而没其多，何以爲信史！

劉氏正義：白虎通三正篇：「朔者，蘇也，革也。言萬物革更於是，故統焉。」四時篇：「朔之言蘇也，明消更生故言朔。」說文：「朔，月一日始蘇也。」書大傳：「夏以平旦爲朔，殷以雞鳴爲朔，周以夜半爲朔。」謂夏用寅時殷用丑時周用子時也。史記曆書：「三王之正若循環，窮則反本。天下有道則不失紀序，無道則正朔不行於諸侯。幽、厲之後，周室微，陪臣執政，史不記時，君不告朔。」君謂天子，正朔不行，則天子不復告也。漢書五行志：「周衰，天子不班朔。」律曆志：劉歆曰：「周道既衰，天子不能班朔。」班朔即告朔。史記言幽、厲之後，是統東遷言之。駢枝之說最確。書堯典曰：「敬授民時。」授時即頒官府都鄙之制。其下分命、申命，則所謂頒告朔於邦國也。宋氏翔鳳說：「月令：『季秋合諸侯，制百縣，爲來歲受朔日。』鄭注謂百縣與諸侯互文。四方諸侯極於天下，必三月而後畢達，故以季秋行之。非如鄭說秦以建亥爲歲首，於是歲終也。」其說良是。天子頒告諸侯謂之告朔，又謂之告月。春秋文公六年：「閏月不告月，猶朝于廟。」不告月，王朝之禮失也。猶朝于廟，魯之未失禮也。公羊傳：「不告月者，不告朔也。曷爲不告朔？天無是月也。閏月矣，何以謂之天無是月？非常月也。」穀梁傳：「不告月者何也？不告朔也。不告朔則何爲不言朔也？閏月者，附月之餘日也，積分而成於月者也。天子不以告朔而喪事不數也。」二傳意以天子閏月本不告朔，左氏則以閏月不告朔爲非禮，左氏義長。蓋不告，則諸侯或不知有閏也。至以告朔爲天子告於諸侯，三傳皆然，無異義也。諸侯視天子所頒者而行之謂之視朔。左僖五年傳：「春王正月辛亥朔，日南至。公既視朔，遂登觀臺以望。」又文十六年傳「夏五月，公四不視朔」是也。又謂之聽朔。玉藻：「天子玄端而朝日東門之外，聽朔於南門之外。諸侯皮弁聽朔於太廟。」鄭注以南門爲明堂。天子稱天而治，亦有聽朔之禮，與諸侯同。特天子聽朔於明堂，諸侯則於廟耳。於廟故又謂之朝廟，春秋所云「猶朝於廟」是也。其歲首行之，謂之朝正，左襄二十九年傳「釋不朝正于廟」是也。襄公以在楚不得朝正，則是公在國時必朝正矣。朝正即視朔，當時天子猶頒告朔，故魯視朔之禮尚未廢。至定、哀之時，天子益微弱，告朔不行，而魯之有司猶供餼羊，故子貢欲去之。論語稽求篇：魯自文公始不告朔。春秋文六年經云：「閏月不告朔，猶朝于廟。」此是夫子特書之文，無可易者。案周禮太史「頒告朔于邦國」，注謂：「天子頒朔于諸侯，藏之祖廟，至每月朔必朝于廟，告而受行之。于是乎以腥羊作獻，謂之餼羊。」則此餼羊者，本朝廟告朔之物。所云「諸侯告朔以特羊，天子以特牛」是也。至告朔畢，夫然後出而聽治此月之政，謂之視朔，又謂之聽朔。故玉藻云：「天子聽朔于南門之外，諸侯皮弁聽朔于太廟。」則是告朔與視朔截然兩事，告朔朝廟，視朔聽政，迥乎不同。考文自六年始不告朔，然猶朝廟。十六年始不視朔。蓋朔有朝享朝廟二禮，朝享即月祭，不在祖廟。其供羊祖廟者專爲告朔，與視朔全無關涉。告朔當有羊，視朔不當有羊，故曰告朔之餼羊。今子貢所欲去者，告朔之羊也。其引文公者，此時在定、哀之間，去文公已遠，但以文公爲不告朔所始見之經文，故引之也。論語偶記：漢書五行志云：「周衰，天子不頒朔，魯曆不正，置閏不得其月，月大小不得其度。」案左氏桓十七年傳「十月朔，日有食之。不書日，官失之也。天子有日官，諸侯有日御」云云，則日官爲天子掌曆之官，傳云官失之，明當時之朔爲周天子所班也。漢志非矣。

【集解】鄭曰：「牲生曰餼。禮，人君每月告朔於廟，有祭謂之朝享。魯自文公始不視朔。子貢見其禮廢，故欲去其羊。」

【唐以前古注】皇疏：禮，天子每月之旦居於明堂，告其時帝。布政讀月令之書畢，又還太廟，告於太廟。諸侯無明堂，但告於太廟。並用牲，天子用牛，諸侯用羊。于時魯家昏亂，自文公而不復告朔，以至子貢之時也。時君雖不告朔，而其國之舊官猶進告朔之羊，子貢見告朔之禮久廢而空有其羊，故使除去其羊也。餼者，腥羊也。腥牲曰餼。

按：鄭君注「牲生曰餼」，據皇疏當作「腥牲曰餼」。詩箋云：「牛羊豕爲牲。繫羊者曰牢。孰曰饔，腥曰餼，生曰牽。」今鄭君云「牲生曰餼」者，對孰言之。腥、生當得通名。然知此必是腥者，殺而腥送，故愛之，生養則何以愛之？皇疏之義是也。劉寶楠正義謂鄭此注其誤有四，論之特詳，文長不録。

【集注】告朔之禮，古者天子常以季冬頒來歲十二月之朔於諸侯，諸侯受而藏之祖廟，月朔則以特羊告廟請而行之。餼，生牲也。魯自文公始不視朔，而有司猶供此羊，故子貢欲去之。

【餘論】四書訓義：朔之必告，崇天時以授民以奉天也，定天下於一統以尊王也，受成命於先公以敬祖也，其爲禮也大矣。魯秉周禮，累世行之，文公以後乃廢之。君之怠荒而不君爾，非敢以爲禮之可變而革之也。故有司猶具其羊餼之於牢以待，此魯所以爲秉禮之國，君雖無禮而官不廢事，則猶可復於他日焉，乃曆百年而徒爲有司之累。時有裁冗費以節國用之說，而子貢議欲去之，去之則竟不復知有告朔之名，夫子乃呼子貢而告之。王肯堂論語義府：古者每月之政皆載於朔，如月令之類，人君告而行之。蓋以萬幾之繁一人理之，明有不到，則權移於近習，禍亂之原往往出此。故簡其節，敬其事，月朔朝廟，遷坐正位，合羣吏而計之。事敬而禮成，是豈可廢哉？禮雖不行於朝廷，而羊供則禮猶存於有司，故羊之存即禮之存也。

子曰："賜也！爾愛其羊，我愛其禮。"

【考異】唐石經"爾"作"汝"。皇本作"汝"。天文本論語校勘記：古本、唐本、津藩本、正平本均作"汝"。漢書律曆志注引作"汝"。張禹傳：孔子稱賜愛其羊。

【考證】論語發微：史記曆書曰："三王之正若循環，窮則反本，天下有道則不失紀序，無道則正朔不行於諸侯。幽、厲之後，周室微，陪臣執政，史不紀時，君不告朔，故疇人子弟分散。"此天子不告朔之始也。故禮運孔子曰："吾觀周道，幽、厲傷之。"謂不告朔則王政不行，而周道缺自幽、厲始。又曰：「吾舍魯何適矣?」謂魯秉周禮，遂有曆官。故漢書藝文志有夏殷周魯曆十四卷，史記十二諸侯年表、漢書律曆志並以春秋續共和以前之年，所謂魯曆即春秋之曆也。魯既有曆，故能行告朔之禮，其始猶以大夫奉天子命而受，至文公四不視朔之後，而告朔朝廟之禮並廢。春秋不書不告朔而書不視朔者，以不視朔比不告朔，則不告朔之惡尤大，故諱愈深。其先於六年書「閏月不告月，猶朝于廟」者，不告月是也，猶朝于廟非也。以見朝廟視朔皆本告朔以行之，則告朔之禮當愛矣。鄉黨篇云：「吉月必朝服而朝。」皇侃云：「君雖不視朔，而孔子月朔必服以朝，是我愛其禮也。」蓋魯君不視朔，則大夫有吉月不朝者，故以必朝言之，亦切證也。

【集解】包曰：「羊存猶以識其禮，羊亡禮遂廢。」

【集注】愛，猶惜也。子貢蓋惜其無實而妄費，然禮雖廢，羊存猶得以識之而可復焉。若并去其羊，則此禮遂亡矣。孔子所以惜之。

【餘論】論語述何：經書文公四不視朔，有疾猶可言。自是無疾亦不視朔朝廟，大惡不可言也，故於餼羊發之。

○子曰：「事君盡禮，人以爲諂也。」

【考異】高麗本無「也」字。

【考證】葉夢得論語釋言：如拜下之類，違衆而從禮，宜時人以爲諂也。論語竢質：孔子事君之禮，如衆拜上而子獨拜下，又如鄉黨所記，聞君命，入公門，及過位鞠躬如，色勃如，足躩如，雖未見君而已形敬畏，升堂見君則鞠躬屏氣，皆是人不能然，而或反以爲諂也。

【集解】孔曰：「時事君者多無禮，故以有禮者爲諂。」邢疏：「言若有人事君盡其臣禮，謂順其美及善則稱君之類，無禮之人反以爲諂佞也。」

【唐以前古注】皇疏：當於爾時臣皆諂佞阿黨，若見有能盡禮竭忠於君者，因而翻謂爲諂，故孔子明言以疾當時也。

按：皇、邢二疏均以事君指他人言，與集注不同。論語訓云：「事君以盡禮爲事，今人但以禮文其諂，是以禮爲諂也。」蓋亦主舊説者，可備一義。

【集注】黄氏（名舜祖，字繼道，三山人）曰：「孔子於事君之禮非有所加也，如是而後盡爾。時人不能，反以爲諂，故孔子言之，以明禮之當然也。」

【餘論】陳震筤墅説書：或謂程子（明道）於荆公當加禮。程子曰：「何不責某以盡禮而云加禮，禮可加乎？」時人於禮不能盡，遂以盡禮爲加禮。嘗謂周末文勝，非文之增，乃質之減。此更以人之減疑聖人之增矣。

○定公問：「君使臣，臣事君，如之何？」孔子對曰：「君使臣以禮，臣事君以忠。」

【考證】困學紀聞：尹和靖云：「君臣，以義合者也，故君使臣以禮，則臣事君以忠。東潤謂如言父慈子孝，加一則字，失本義矣。」四書纂疏：夫子之言因定公而發，恐亦有此意，專以警爲君者也。焦氏筆乘：晏子曰：「惟禮可以爲國。」是先王維名分絶亂萌之具也。定公爲太阿倒持之君，故欲坊之以禮。三家爲尾大不掉之臣，故欲教之以忠。俞正燮癸巳類稿：君使臣以禮，禮非儀也。晉女叔齊曰：「禮所以守其國，行其政令，無失其民。」譏魯君公室四分，民食其他，不圖其終爲遠於禮。齊晏嬰爲其君言陳氏之事，亦曰：「惟禮可以已之。家施不及國，大夫不收公利。禮者，君令臣共而不貳，父慈而教，子孝而箴，兄愛而友，弟敬而順，夫和而義，妻柔而正，姑慈而從，婦聽而婉，禮之善物也。」晉女叔論昭公，齊晏嬰告景公，皆痛心疾首之言。孔子事定公，墮三都，欲定其禮。禮非恭敬退讓之謂，孔子告景公，欲其君君臣臣。若使定公承昭出之後，慕謙退之儀，是君不君矣。天地間容有迂議，然非孔子之言也。

【集解】孔曰：「定公，魯君謚。時臣失禮，定公患之，故問也。」

【唐以前古注】皇疏：言臣之從君如草從風，故君能使臣得禮，則臣事君必盡忠也。君若無禮，則臣亦不忠也。

按：此尹氏之説所本。

【集注】定公，魯君，名宋。二者皆理之當然，各欲自盡而已。尹氏曰：「君臣，以義合者也。故君使臣以禮，則臣事君以忠。」

按：宋志：「尹焞論語解十卷。又説一卷。」經義考云：「未見。」或問尹氏之説。朱子曰：「尹氏之説，則爲君而言之爾。若爲臣而言，則君之使臣雖不以禮，而臣之事君亦豈可以不忠也哉？」

【餘論】經正録引馮厚齋曰：「以尊臨卑者易以簡，當有節文。以下事上者易以欺，當盡其心。君臣以義合，名分雖嚴，必各盡其道。三家之强，惟有禮可以使之。定、哀以吴、越謀伐，則非禮矣。徒激其變，無益也。大抵聖人之言中立不倚，異時答齊景公之問亦曰：『君君臣臣父父子子。』本末兩盡，含蓄不露，此聖人之言也。」四書近指：君於臣不難於有情，而難於有禮。臣於君不難於有禮，而難於有情。禮使忠事，君明臣良，其古三代之隆乎？此正君之學也。

○子曰：「關雎樂而不淫，哀而不傷。」

【考異】毛詩關雎箋曰：「哀，蓋字之誤也，當爲『衷』。衷謂中心恕之，無傷善之心，謂好逑也。」正義曰：「以后妃之求賢女，直思念之耳，無哀傷事在其間也。故云哀蓋字之誤。蓋者疑辭。鄭注論語仍不以衷爲義。其答劉琰云：『論語注人間行久，義或宜然，故不復定，以遺後説。』是鄭以爲疑，故兩解之也。」

【考證】漢書匡衡傳：臣聞之師曰：妃匹之際，生民之始，萬福之原。婚姻之禮正，然後品物遂而天命全。孔子論詩以關雎爲始，言太上者民之父母，后夫人之行不侔乎天地，則無以奉神靈之統而理萬物之宜。故詩曰：「窈窕淑女，君子好仇。」言能致其貞淑，不貳其操，情欲之感無介乎容儀，宴私之意不形於動静，夫然後可以配至尊而爲宗廟主。此綱紀之首，王教之端也。論語發微：鄭以毛詩關雎爲文王后妃之詩，樂王化之基，不能兼哀言之，故於篇義讀「哀」爲「衷」。於論語「哀」字不改讀者，以魯詩説關雎爲康王時詩。漢書杜欽傳曰：「佩玉晏鳴，關雎歎之。」注：「李奇曰：『后夫人雞鳴佩玉去君所，周康王后不然，故詩人歎而傷之。』臣瓚曰：『此魯詩也。』」是説關雎者有二義，樂而不淫，毛學之所傳也。哀而不傷，魯學之所傳也。兩家皆七十子之遺學，同出孔子。　論語駁異：申公詩説云：「關雎，文王之妃太姒思得淑女以充嬪御之職，而供祭祀賓客之事，故作是詩。　由是觀之，關雎后妃所作也。所謂窈窕淑女，蓋指所求嬪妾而言，未得而憂，既得而喜，此其性情之正可以想見。其所云參差荇菜者，爲潔俎豆以供祭祀賓客之事，而后妃皆資左右之助焉。汲汲乎求賢内輔，絶無閨房燕暱之情，孔子所稱『樂而不淫，哀而不傷』者也。」此説勝朱注，然畢竟鄭漁仲得之。　通志略云：「人之情聞歌則感。樂者聞歌則感而爲淫，哀者聞歌則感而爲傷。關雎之聲和而平，樂者聞之而樂其樂，不至於淫；哀者聞之而哀其哀，不至於傷。此關雎所以爲美也。」　論語騈枝：詩有關雎，樂亦有關雎，此章據樂言之。古之樂章皆三篇爲一。傳曰：「肆夏之三，文王之三，鹿鳴之三。」記曰：「宵雅肄三。」鄉飲酒禮，工入升歌三終，笙入三終，間歌三終，合樂三終。蓋樂章之通例如此。國語曰：「文王、大明、緜，兩君相見之樂也。」左傳但曰：「文王，兩君相見之樂也。」不言大明、緜。儀禮合樂周南關雎、葛覃、卷耳，召南鵲巢、采蘩、采蘋，而孔子但言關雎之亂，亦不及葛覃以下，此其例也。樂亡而詩存，説者遂徒執關雎一詩以求之，豈可通哉？樂而不淫者，關雎、葛覃也。哀而不傷者，卷耳也。關雎樂妃匹也。葛覃，樂得婦職也。卷耳，哀遠人也。哀樂者，性情之極致，王道之權輿也。能哀能樂，不失其節，詩之教無以加於是矣。葛覃之賦女功，與七月之陳耕織，一也。季札聞歌豳而曰：「美哉！樂而不淫。」即葛覃可知矣。陳奐毛詩疏：劉向列女傳仁智篇、揚雄法言孝至篇、司馬遷十二諸侯年表序、儒林傳序、班固漢書杜欽傳、范曄後漢書明帝紀、皇后紀、馮衍傳、楊賜傳、張衡傳所引皆申培魯詩。又李賢注明帝紀、馮衍傳引薛方丘韓詩章句，並以關雎爲刺詩。然關雎三章，周公已用合鄉樂，作爲房中之樂，著於儀禮鄉飲酒、燕等篇。三家詩别有師承，不若毛詩之得其正也。論語後録：毛詩故訓傳「哀窈窕」，鄭箋：「哀當爲衷。衷謂中心恕之。」鄭君兩釋互異。鄭志答劉琰曰：「論語注人間行久，義或宜然。」是鄭先注論語爲哀，繼箋毛詩改衷也。

【集解】孔曰：「樂不至淫，哀不至傷，言其和也。」

【唐以前古注】鄉飲酒禮疏引鄭注：關雎，國風之首篇。皇疏引鄭玄云：樂得淑女以爲君子之好仇，不爲淫其色也。寤寐思之，哀世夫婦之道不得此人，不爲減傷其愛也。又引江熙云：樂在得淑女，疑於爲色。所樂者德，故有樂而無淫也。又引李充云：關雎之興，「樂得淑女以配君子，憂在進賢，不淫其色」，是樂而不淫也。「哀窈窕，思賢才，而無傷善之心」，是哀而不傷也。

【集注】關雎，周南國風詩之首篇也。淫者，樂之過而失其正者也。傷者，哀之過而害於和者也。關雎之詩，言后妃之德，宜配君子，求之未得，則不能無寤寐反側之憂。求而得之，則宜其有琴瑟鐘鼓之樂。蓋其憂雖深而不害於和，其樂雖盛而不失其正，故夫子稱之如此。欲學者玩其詞，審其音，而有以識其性情之正也。

【餘論】趙悳四書箋義纂要：此蓋欲學者於詩與樂皆當察之。既玩其詞，而知其所以不淫不傷；復審其音，而知其所以不淫不傷。樂記曰：「凡音之起，由人心生也。」又曰：「樂者，音之所由生也。其本在人心之感於物也。」故因人心而可以識其性情也。劉氏正義：八佾此篇皆言禮樂之事，而關雎諸詩列於鄉樂，夫子屢得聞之，於此贊美其義，他日又歎其聲之美盛洋洋盈耳也。

○哀公問社於宰我。宰我對曰：「夏后氏以松，殷人以柏，周人以栗，曰使民戰栗。」

【考異】釋文：社如字，鄭本作「主」，云主，田主，謂社也。邢疏：張、包、周本以爲哀公問主於宰我，先儒或以爲宗廟主者，杜元凱、何休用之以解春秋。程子遺書：伊川曰：『社』字本是『主』字，文誤也。」九經古義：鄭本「社」作「主」，云田主謂社。案三王世家載春秋大傳曰：「天子之國有泰社，將封者各取其物色，裹以白茅，封以爲社，此之謂主土。主土者，立社而奉之也。」公羊傳云：「虞主用桑，練主用栗。用栗者，藏主也。」何休云：「夏后氏以松，殷人以柏，周人以栗。松，猶容也，想見其容貌而事之，主人正之意也。柏，猶迫也，親而不遠，主地正之意也。栗者，猶戰栗謹敬貌，主天正之意也。」疏云：「『夏后氏』以下出論語，而鄭氏注云『謂社主』，正以古文論語哀公問社於宰我故也。今文論語無社字，是以何氏以爲廟主耳。」皇本末句下有「也」字。天文本論語校勘記：古本、唐本、津藩本、正平本均有「也」字。

【考證】困學紀聞：春秋正義云：「哀公問主於宰我。」案古論語及孔、鄭皆以爲社主，張、包、周等並爲廟主。今本作問社，集解用孔氏説。凡建邦立社，各以其土所宜之木，亦不言社主，然正義必有據。論語古訓：春秋文二年「作僖公主」，杜注引論語正義曰：「論語哀公問主于宰我。宰我對曰云云。」先儒舊解或有以爲宗廟主者，故杜依用之。古論語及孔、鄭皆以爲社主。社爲木主者，古論不行於世。且社主周禮謂之田主，無稱單主者。以張、包、周等並爲廟主，故杜所依用。劉炫就所以規杜過，未爲得也。又公羊文二年傳：「練主用栗。」何注引論語，徐疏引鄭氏注云：「謂社主。正以古文論語哀公問社于宰我故也。今文論語無『社』字，是以何氏爲廟主耳。」按論語字雖不同，義不得各異，如鄭説則古、魯可通。翟氏考異：集解孔氏曰：「凡建邦立社，各以其土所宜之木。」蓋即以樹木爲社主，而社爲國社也。孔所注者，古文論語。故公羊疏獨謂古論爲社，而當時齊、魯二論似亦未與古異。惟周禮大司徒有「樹之田主，各以其野所宜木」文，鄭據論語注之曰：「所宜木，謂若松柏栗。」社與田主嫌未脗合，鄭乃更參改此「社」字爲「主」，而何氏、杜氏遂因其改文轉説以爲宗廟主。釋文但言鄭本作「主」，不言其因某讀。又述鄭以齊、古讀正魯論凡五十事，而問主一事不預數中，則此字爲鄭氏刱改甚彰明也。然以爲田主，已與下「使民戰栗」語牴牾。以爲宗廟主，違距若尤遠矣。劉氏就規杜過，良非無因。惜其所規之辭今不可詳也。唐孔氏援張、包、周爲解。張、包、周書久亡，孔氏何由而見？蓋特借以抗劉，循尊本注之例云爾。邢氏承其説爲此經疏，恐未可以深信。羣經識小：釋文及爾雅疏：古本原作「哀公問主于宰我」。哀公四年六月亳社災，復立其主。故問其所宜木也。陳士元論語類考：魯之外朝東有亳社，西有國社，故左傳云「間於兩社」也。趙氏曰：「定公五年，盟三桓於周社，盟國人於亳社。則魯之兩社亦聚民警戒之地。哀公四年六月，亳社災。意者公之問因亳社之災而有所慮乎。」

按：劉寶楠云：「左文二年經作『僖公主』，杜注：『主者，殷人以柏，周人以栗。』孔疏引此文作『問主』，又引張、包、周等並爲『廟主』，凡皆魯論義也。鄭此注云：『主，田主，謂社主。』皇疏：『鄭論本云問主。』釋文：『社如字，鄭本作主。』左文二年疏：『案古論語及孔、鄭皆以爲社主。』禮器、祭法疏引五經異義云：『論語哀公問社於宰我云云。』是古論作『問社』，鄭君據魯論作『問主』，而義則從古論爲社主，亦是依周禮說定之矣。天子諸侯別有勝國之社，爲廟屏戒，與廟相近，故左氏言間于兩社，亦以勝國社在東，對在西之國社言也。周受殷社曰亳社，亳者，殷所都也。春秋哀公四年六月，亳社災。李氏惇識小以爲哀公問宰我即在此時，蓋因復立其主，故問之。其說頗近理。」可備一義。

白虎通社稷篇引尚書曰：大社惟松，東社惟柏，西社惟栗，南社惟梓，北社惟槐。淮南子齊俗訓：有虞氏之禮其社用土，夏后氏其社用松，殷人之禮其社用石，周人之禮其社用栗。蘇子由古史：哀公將去三桓而不敢正言。古者戮人於社，其託於社者，有意於誅也。宰我知其意而亦以隱答焉。曰使民戰栗，以誅告也（容齋五筆以「使民戰栗」爲哀公語）。孔子知其不可，曰此先君之所以爲植根固矣，不可以誅戮齊也。蓋亦有意於禮乎？不然，何咎予之深也？ 癸巳類稿：侯國社主用木依京師，凡主皆然也。大司徒云：「設其社稷之壝而樹之田主，各以其野之所宜木。」明周社樹非栗。又云：「遂以名其社與其野。」若皆樹栗，則天下皆栗社栗野，何勞名之？又云：「社藏主石室。」左傳莊十四年正義謂「慮有非常火災」，而郊特牲言「大社必受霜露風雨以達天地之氣」，故藏主於壇中石匱，後世埋石不爲匱，號之爲主。又云：「軍出取社主以行。」小宗伯所謂「太師立軍社奉主車」，大祝所謂「太師宜於社立社主」。定四年左傳云：「君以軍行拔社釁鼓，祝奉以從。」定知社主非樹矣。鄭注小宗伯云：「社主蓋用石。」案鄭以軍社立主，不宜空社而行，當如守圭有瑑。許慎云：「今山陽俗祠有石主。」社故以土爲壇，石是土類，或鄭以所見況之，又或鄭以禮行軍取遷廟主，則社取殷石主，非謂大社王社國社侯社主用石，賈疏不曾明鄭意也。 惠士奇禮説：宋史志：「社以石爲主，長五尺，方二尺，剡其上，培其半。先是州縣社主不以石，禮部以爲社稷不屋而壇，當受霜露風雨以達天地之氣，故用石主，取其堅久。請令州縣社主用石，尺寸廣長半大社之制。從之。」崔靈恩曰：「地産最實，故社主用石。」鄭注及孔疏亦云然，故宋人據以爲説。小宗伯「大師立軍社」，肆師「師田祭社宗」。社宗者，社主與遷主皆載於齊車者也。秦、漢以後，載主未聞。春秋鄭入陳，陳侯擁社，擁社者，抱主以示服。若後世五尺之石主，埋其半於地，既不便於載，亦不可抱而持。然則社主春秋以前皆用木，秦、漢以後或用石與？

按：俞氏之意以松柏栗爲社主所用之木，其社樹則各以其土之所宜，不與社主同用一木，其義視鄭爲長。又俞氏謂軍社用石主，是就鄭意揣之，與惠氏石主不便於載之説異，當以惠氏爲允。

拜經日記：經文明云「使民戰栗」，以社稷爲民而立，故曰使民。若廟主，與民何與？張、包、周等徒守古論，不考古義，疏矣。鄭君雖注魯論而從古義，可見鄭學之宏通。潘氏集箋：讀書證疑云：「墨子明鬼篇：『聖王建國營都，必擇國之正壇置以爲宗廟，必擇木之修茂者立以爲菆位。』韓非子外儲説右上：『君亦見夫爲社者乎？樹木而塗之，鼠穿其間，掘穴託其中。燻之則恐焚木，灌之則恐塗阤。』是但以泥塗木，作爲神主。半農禮説據此謂樹主木主必兼兩義。過庭録謂漢時古論、魯論同作問主，故今文家以爲廟主，古文以爲社主。如古論本作問社，則鄭方解爲社土，文亦必從古讀，正不得反作問主。蓋何晏集解採孔注，遂妄改作問社。較前説爲長。蓋齊、魯二論之作社無據，又果鄭改爲主，杜即因鄭，何必不因鄭也？」論語偶記：張、包、周及鄭本作「哀公問主於宰我」，蓋古本也。鄭注云：「主，田主，謂社主也。」異義：「公羊説以問主爲宗廟之主，云祭有主者，孝子之主繫，夏后氏以松，殷人以柏，周人以栗。」鄭駁之曰：「論語所云，謂社主也。」是古論語作問主，無作問社者。朱子云：「古者立社，各樹其土之所宜木以爲主。」案周禮大司徒云：「樹之田主，各以其野之所宜木，遂以名其社與其野。」尚書無逸傳云：「大社惟松，東社惟柏，南社惟梓，西社惟栗，北社惟槐。」漢書地理志「潁川長社縣」，應劭

注：「其社中樹暴長故名。」眭孟傳「昌邑有枯社木，卧復生」，師古注：「社木，社主之樹也。」是皆以所宜木爲社主之證也。康成注宗伯云：「社之主蓋用石。」蓋者疑辭。今據宰我之言及周禮經文、書傳、漢書證之，鄭蓋無據。或疑古人有奉社主出行者，有擁社示服者。樹爲社主，難載以出。愚謂曾子問：「師行無遷主則何如？」孔子曰：「主命天子諸侯將出，必以幣帛皮圭告於祖禰，遂奉以出。」以祖例社，則祀社之幣帛亦足爲主歟？

【集解】孔曰：「凡建邦立社，各以其土所宜之木。宰我不本其意，妄爲之説，因周用栗，便云使民戰栗。」

【唐以前古注】皇疏：夏稱后氏，殷、周稱人者，白虎通曰：「夏以揖讓受禪爲君，故褒之稱后。后，君也。又重其世，故氏係之也。殷、周以干戈取天下，故貶稱人也。」白虎通又云：「夏得禪授，是君與之，故稱后也。殷、周從人民之心而伐取之，是由人得之，故曰人也。」然社樹必用其土所宜之木者，社主土生，土生必令得宜，故用土所宜木也。夏居河東，河東宜松。殷居亳，亳宜柏。周居酆、鎬，酆、鎬宜栗也。

【集注】宰我，孔子弟子，名予。三代之社不同者，古者立社，各樹其土之所宜木以爲主也。戰栗，恐懼貌。宰我又言周所以用栗之意如此，豈以古者戮人於社，故坿會其説與？

【别解】容齋五筆：古人立社，但各因其本地所宜木爲之，初非求異而取義於彼也。哀公本不必致問，既聞用栗之言，遂起使民戰栗之語，其意謂古者弗用命戮于社，所以威民，然其實則非也。

孔子責宰我不能因事獻可替否，既非成事，尚爲可説；又非遂事，尚爲可諫；且非既往，何咎之云。或謂「使民戰栗」一句亦出於宰我，記之者欲與前言有别，故加曰字以起之，亦是一説。然戰栗之對使出於我，則導君於猛，顯爲非宜。出於哀公，則便即時正救，以杜其始。兩者皆失之，無所逃於聖人之責也。哀公欲以越伐魯而去三家，不克成，卒爲所逐，以至失邦，其源蓋在於此。

子聞之曰：「成事不説，遂事不諫，既往不咎。」

【考證】論語偶記：宰我戰栗之對，胡安國作春秋傳引之，用韓非書之説曰：「哀公問於仲尼曰：『春秋記隕霜不殺草，李梅實。何爲記之也？』曰：此言可殺也。夫宜殺而不殺，則李梅冬實。天失其道，草木猶干犯之，而況君乎？是故以天道言，四時失其序，則其施必悖，無以統萬象矣。以君道言，五刑失其用，則其權必喪，無以服萬民矣。哀公欲去三桓，張公室，問社於宰我。宰我對以使民戰栗，蓋勸之斷也。仲尼則曰：『成事不説，遂事不諫，既往不咎。』其自與哀公言乃以爲可殺何也？在聖人則能處變而不失其常，在賢者必有小貞吉大貞凶之戒矣。」愚案斯時哀公與三桓有惡，觀左氏記公出孫之前，遊於陵阪，遇武伯曰：「余及死乎？」至於三問，是其杌隉不安欲去三桓之心已非一日。則此社主之問，與宰我之對，君臣密語，隱衷可想。又社陰氣主殺。甘誓云：「不用命，戮于社。」大司寇云：「大軍旅涖戮于社。」是宰我因社主之義而起哀公威民之心，本非臆見附會。夫子責之曰：「成事不説，遂事不諫。」云成事遂事，必指一事而言。左氏襄十年傳：「知伯曰：『女成二事而後告予。』」注：「二事：伐偪陽，封向戌。」可爲論語成事之證。緣哀公與宰我俱作隱語，謀未發洩，故亦不顯言耳。其對立社之旨本有依據，是以夫子置社主不論，但指其事以責之，蓋已知公將不没於魯也。獨慨宰我因數爲聖人所責，論社有不咎之戒，晝寢有何誅之警，從井之疑，短喪之問，皆非所與，遂使人幾忘其列聖門言語之科，發賢於堯、舜之論，受五帝德、帝繫姓之傳，及問鬼神而聞反古復始之教諸美事，而疑其行若有短。雖司馬遷作弟子傳亦誣其與田常作亂也。悲夫！劉氏正義：夫子時未反魯，聞宰我言因論之也。成事遂事當指見所行事，既往當指從前所行事。竊疑既往指平子言，平子不臣，致使昭公出亡。哀公當時必援平子往事以爲禍本，而欲聲罪致討，所謂既往咎之者也。然而禄去公室，政在大夫，已非一朝一夕之故。哀公未知使臣當以禮，又未能用孔子，遽欲逞威洩忿，冀以收已去之權勢，必不能，故夫子言此以止之。

【集解】包曰：「事已成，不可復解説也。事已遂，不可復諫止也。事既往，不可復追咎也。孔子非宰我，故歷言三者，欲使慎其後也。」

【唐以前古注】皇疏引李充云：成事不説，而哀釁成矣。遂事不諫，而哀謬遂矣。既往不咎，而哀政往矣。斯似責宰我，而實以廣道消之慨，盛德衰之歎。言不咎者，咎之深也。

【集注】遂事，謂事雖未成而勢不能已者。孔子以宰我所對非立社之本意，又啓時君殺伐之心，而其言已出，不可復救，故歷言此以深責之，欲使謹其後也。

【别解】論語意原：哀公心存殘忍，以栗爲使民戰栗。宰我聞之而不復辨，是以責之曰：汝欲成遂其殘忍之事，故不説不諫乎？汝以失之於既往，而不復咎之乎？

按：此是别一義，似與經文未洽，姑存之。

【餘論】四書箋義纂要：魯有二社：曰周社，曰亳社。周社者，天子大社也。亳社者，商社也。武王勝商，班列其社於諸侯，以爲亡國之戒，故魯有兩社。定公五年，盟三桓於周社，盟國人於亳社。則魯之二社亦聚民警戒之地。哀公四年六月，亳社災。意者哀公之問因亳社之火而有所慮焉。則一言之發，一語之對，豈不有繫於社稷之興廢乎？是時三家削魯，國社幾危。宰我不能以是爲説，反有妄對，此夫子所以深責之也。陸隴其四書困勉録：戰栗一言，蓋見魯以忠厚衰微，須以嚴救之。後此申、韓名法亦是欲救衰周之敝，然其效驗亦可覩矣。夫子痛責宰我，防微杜漸，意至深遠。

○子曰：「管仲之器小哉！」

【考異】淮南子繆稱訓、説苑君道等篇「管仲」俱作「筦仲」。新序雜事篇引「孔子曰：『小哉！管仲之器。』」

【考證】九經古義：管子中匡篇：「施伯謂魯侯曰：『管仲者，天下之賢人也，大器也。』」蓋當時有以管仲爲大器者，故夫子辨之。過庭録：管子版法解曰：「抱蜀者，祠器也。」祠讀爲治，即治器也。史記管晏列傳贊曰：「管仲世所謂賢臣，然孔子小之。豈以爲周道衰微，桓公既賢，而不勉之至王乃稱伯哉？」劉向新序雜事篇亦云：「桓公用管仲則小也，故至於伯而不能以王。故孔子曰：『小哉！管仲之器。』蓋善其遇桓公而惜其不能以王也。」

【集解】言其器量小也。

【唐以前古注】皇疏引孫綽云：功有餘而德不足，以道觀之，得不曰小乎？又引李充云：齊桓隆霸王之業，管仲成一匡之功，免生民於左衽，豈小也哉？然苟非大才者，則有偏失。好内極奢，桓公之病也。管生方恢仁大勳，宏振風義，遺近節於當年，期遠濟乎千載，寧謗分以要治，不潔己以求名，所謂君子行道忘其爲身者也。漏細行而全令圖，唯大德乃堪之。季末奢淫，愆違禮則。聖人明經常之訓，塞奢侈之源，故不得不貶以爲小也。

【集注】管仲，齊大夫，名夷吾，相桓公霸諸侯。器小，言其不知聖賢大學之道，故局量褊淺，規模卑陋，不能正身修德以致主於王道。

或曰：「管仲儉乎？」曰：「管氏有三歸，官事不攝，焉得儉？」

【考異】皇本「儉」下有「乎」字。

【考證】過庭録：凡論語言或者，大抵老氏之徒。如或曰「以德報怨」，即老子「報怨以德」也。管子爲道家之言先於老子。老子治天下有三寶，其一曰儉。又老子言禮，此以管仲爲儉爲知禮，皆道家之説。　論語後録：韓非子：「管仲相齊，曰：『臣貴矣，然而臣貧。』桓公曰：『使子有三歸之家。』曰：『臣富矣，然而臣卑。』桓公使立於高、國之上。曰：『臣尊矣，然而臣疏。』乃立爲仲父。孔子聞而非之曰：『泰侈偪上。』」一曰：「管仲父出，朱蓋青衣，置鼓而歸，庭有陳鼎，家有三歸。孔子曰：『良大夫也。其侈偪上。』」説苑：「齊桓公立仲父，致大夫曰：『善我者入門而右，不善我者入門而左。』有中門而立者，桓公問焉。曰：『管仲之智可與謀天下，其强可與取天下，君恃其信乎，内政委焉，外事斷焉，民而歸之，是亦可奪也。』桓公曰：『善。』乃謂管仲：『政則卒歸於子矣，政之所不及，惟子是匡。』管仲故築三歸之臺以自傷於民。」案兩書之説不合。　四書摭餘説：黄氏日抄云：「説苑謂管仲避得民而作三歸，殆于蕭何田宅自汙之類。想大爲之臺，故云非儉；而臺以處三歸之婦人，故以爲名歟？」至筭家三歸法之説似陋，歸三路人心之説似鑿，都不必從。　秋槎雜記：春秋莊十九年經：「公子結媵陳人之婦于鄄。」左氏無傳。公羊云：「媵者何？諸侯娶一國，則二國往媵之，以姪娣從。姪者何？兄之子也。娣者何？弟也。諸侯一聘九女，諸侯不再娶。」成十年經：「齊人來媵。」公羊傳云：「三國來媵，非禮也。惟天子取十二女。」左氏成八年經，杜注：「古者諸侯娶適夫人及左右媵乃有姪娣，皆同姓之國。國三人，凡九女。」穀梁注全録杜注，則是三傳意皆以天子諸侯娶妻班次有三：適也，娣也，姪也。天子取后，三國媵之，國三人，並后本國爲十二女。諸侯娶夫人，二國媵之，並夫人本國爲九女。夫人本國之媵，從夫人歸于夫家者也。士昏禮：「女從者畢袗玄。」又云「媵布席于奥」，鄭注「女從者，謂姪娣也。媵，謂女從者也」是也。二國之媵或與夫人同行，春秋成八年「夏，宋公使公孫壽來納幣。冬，衛人來媵。九年春二月，伯姬歸于宋」是也。或後夫人行，

「九年夏，晉人來媵。十年夏，齊人來媵」是也。其本國歸女爲一次，二國各一次，故曰三歸。左氏譏齊媵爲異姓，公羊譏齊媵爲三國媵天子，皆不譏齊媵女之遲也。包曰「三姓女」，依左氏成八年傳「同姓媵之，異姓則否」，包說非也。鮑曰：「三娶女。國君娶夫人，大夫娶妻，姪娣不言娶，故公羊云諸侯不再娶。」鮑說亦非也。又案曲禮「大夫不名世臣姪娣，士不名家相長妾」，正義引熊氏云：「士有一妻二妾。言長妾者當謂娣。」是大夫姪娣俱不名，士但不名娣，異于大夫，其皆有姪娣明矣。士無娣則媵二姪，士昏禮「雖無娣媵先」是也。故詩江有汜序正義據士昏禮以爲士有姪娣，但不必備。據喪大記「大夫撫姪娣」，以爲大夫有姪娣而未明言。大夫士姪娣之數，以諸侯八妾士二妾例之，卿當六妾，大夫當四妾。北齊元孝友傳：「孝友嘗奏表曰：『古諸侯娶九女，士一妻一妾。晉令諸王置妾八人，郡君侯妾六人，官品令第一第二品有四妾，第三第四有三妾，第五第六有二妾，第七第八有一妾，蓋仿古制而變通之。』」論語稽求篇：舊注引包咸說，謂三歸是娶三姓女，婦人謂嫁爲歸。諸儒說皆如此。朱注獨謂三歸是臺名，引劉向說苑爲據。則遍考諸書，並無管仲築臺之事。即諸書所引仲事，亦並無有以三歸爲臺名之說，劉向誤述也。或謂三歸臺亦是因三娶而築臺以名之，古凡娶女多築臺，如詩衛宣公築新臺娶齊女，左傳魯莊公築臺臨黨氏娶孟任類，然管氏築臺終無據，不可爲訓。孫志祖讀書脞録：三歸之爲臺名是也。然所以名三歸者，亦以娶三姓女之故。如詩衛宣公築新臺於河上以要齊女，左傳魯莊公築臺臨黨氏以娶孟任之類。

【集解】包曰：「或人見孔子小之，以爲謂之大儉乎。三歸者，取三姓女也。婦人謂嫁曰歸。攝，猶兼也。禮，國君事大，官各有人，大夫兼并。今管仲家臣備職，非爲儉也。」

【唐以前古注】皇疏：禮，諸侯一娶三國九女，以一大國爲正夫人，正夫人之兄弟女一人，又夫人之妹一人，謂之姪娣，隨夫人來爲妾。又二小國之女來爲媵，媵亦有姪娣自隨。既每國三人，三國故九人也。大夫婚不越境，但一國娶三女，以一爲正室，二人姪娣從爲妾也。管仲是齊大夫，而一娶三國九人，故云有三歸也。

【集注】或人蓋疑器小之爲儉。三歸，臺名。事見説苑。攝，兼也。家臣不能具官，一人常兼數事，管仲不然，皆言其侈。

【別解一】梁玉繩瞥記：三歸，注疏及史記禮書、漢書地理志、戰國策周策皆以爲三姓女，惟朱子從説苑以爲臺名。翟灝以管氏本書輕重篇證之，三歸特一地名，蓋其地以歸之不歸而名之也。本公家地，桓公賜以爲采邑耳。按晏子春秋雜下篇：「晏子相景公，老，辭邑。公曰：『先君桓公有管仲，身老，賞之以三歸，澤及子孫。今欲爲夫子三歸，澤及子孫，豈不可哉？』」又韓子外儲右下及難二：「管仲相齊，曰：『臣貴矣，然而臣貧。』桓公曰：『使子有三歸之家。』」據此，則爲地名者近之。史記公孫弘曰：「管仲相齊有三歸，侈擬於君。」亦是言其侈富也。

按：此以三歸爲地名。劉寶楠云：「管子明言五衢之名，樹下談語，專務淫游，終日不歸。歸是民歸其居，豈得爲管仲所有，而遂附會爲地名耶？」則地名之説非也。

【别解二】羣經平議：就婦人言之謂之歸，自管仲言之當謂之娶，乃諸書多言三歸，無言三娶者。且如其説，亦是不知禮之事，而非不儉之事。則其説非也。朱注據説苑「管仲築三歸之臺以自傷於民」，故以三歸爲臺名。然管仲築臺之事不見於他書。戰國策周策曰：「宋君奪民時以爲臺，而民非之，無忠臣以掩蓋之也。子罕釋相爲司空，民非子罕而善其君。齊桓公宫中七市，女閭七百，國人非之。管仲故爲三歸之家以掩桓公，非自傷于民也。」説苑所謂「自傷於民」者疑即本此。涉上文子罕事而誤爲築臺耳。古事若此者往往有之，未足據也。然則三歸當作何解？韓非子外儲説篇曰：「管仲相齊，曰：『臣貴矣，然而臣貧。』桓公曰：『使子有三歸之家。』一曰管仲父出，朱蓋青衣，置鼓而歸，庭有陳鼎，家有三歸。」韓非子先秦古書，足可依據。先云「置鼓而歸」，後云「家有三歸」，是所謂歸者，即以管仲言，謂管仲自朝而歸，其家有三處也。家有三處，則鐘鼓帷帳不移而具從可知矣。故足見其奢。且美女之充下陳者亦必三處如一，故足爲女閭七百分謗，而娶三姓之説亦或從此出也。晏子春秋雜篇曰：「昔吾先君桓公有管仲，恤勞齊國，身老，賞之以三歸，澤及子孫。」是又以三歸爲桓公所賜，蓋猶漢世賜甲第一區之比。賞之以三歸，猶云賞之以甲第三區耳。故因晏子辭邑而景公舉此事以止之也。其賞之在身老之後，則娶三姓女之説可知其非矣。近人或因此謂三歸是邑名，則又不然。若是邑名，不得云「使子有三歸之家」，亦不得云「家有三歸」也。合諸書參之，三歸之義可見。下云「官事不攝」，亦即承此而言。管仲家有三處，一處有一處之官，不相兼攝，是謂官事不攝。但謂家臣具官，猶未見其奢矣。

按：此以三歸爲家有三處，較舊注、朱注義均長，似可從。

【别解三】包慎言温故録：韓非子：「管仲相齊，曰：『臣貴矣，然而臣貧。』桓公曰：『使子有三歸之家。』孔子聞之曰：『泰侈逼上。』」漢書公孫弘傳：「管仲相桓公有三歸，侈擬於君。」禮樂志：「陪臣管仲、季氏三歸雍徹，八佾舞庭。」由此數文推之，三歸當爲僭侈之事。古「歸」與「饋」通。公羊注引逸禮云：「天子四祭四薦，諸侯三祭三薦，大夫士再祭再薦。」又云：「天子諸侯卿大夫牛羊豕凡三牲曰大牢，天子元士、諸侯之卿大夫羊豕凡二牲曰少牢，諸侯之士特豕。」然則三歸云者，其以三牲獻與？故班氏與季氏之舞佾歌雍同稱。晏子春秋内篇：「公曰：『昔先君桓公以管子爲有功，邑狐與穀，以共宗廟之鮮，賜其忠臣。今子忠臣也，寡人請賜子州。』辭曰：『管子有一美，嬰不如也；有一惡，嬰弗忍爲也。』其宗廟養鮮，終辭而不受。」外篇又云：「晏子老，辭邑。公曰：『桓公與管仲狐與穀以爲賞邑。昔吾先君桓公有管仲，恤勞齊國，身老，賞之以三歸，澤及子孫。今夫子亦相寡人，欲爲夫子三歸，澤及子孫。』」合觀内、外篇所云，則三歸亦出於桓公所賜。内篇言以共宗廟之鮮，而外篇言賞以三歸，則三歸爲以三牲獻無疑。晏子以三歸爲管仲之惡，亦謂其侈擬於君。

按：此以三歸爲三牲，「歸」與「饋」通，義稍迂曲。

【别解四】武億羣經義證：臺爲府庫之屬，古以藏泉布。史記周本紀：「散鹿臺之泉。」管子三至篇：「請散棧臺之錢，散諸城陽。鹿臺之布，散諸濟陰。」是齊舊有二臺，以爲貯藏之所。韓非子「管仲相齊」云云，以三歸對貧言，則歸臺即府庫别名矣。泉志載布文有「齊歸化」三字，疑爲三歸所斂之貨。又晏子春秋内篇云：「管仲恤勞齊國，身老，賞之以三歸，澤及子孫。」又一證也。

論語發微：三歸，臺名，古藏貨財之所。聚斂即是不儉，若取三姓女，則桓公安得賞之？

黄氏後案：國策周策：「齊桓公宫中七市，女閭七百，國人非之。管仲故爲三歸之家以掩桓公，非自傷於民也。」包注據之。説苑善説篇：「桓公疑政歸管仲，管仲築三歸之臺以自傷於民。」朱子注據之。家東發先生曰：「臺以處三歸之婦人，故名。」杭堇浦云：「古昏禮有築臺以迎女之事。詩衛宣公築新臺娶齊女，左傳魯莊公築臺臨黨氏娶孟任。」是合二注爲一事也。武虚谷曰：「臺爲府庫之屬，古以藏泉布。史記周本紀『散鹿臺之泉』，説文解字通論『武王散鹿臺之錢』是也。管子三至篇：『請散棧臺之錢散諸城陽，鹿臺之布散諸濟陰。』是齊國舊有二臺以爲貯藏之所也。韓非子管仲相齊，曰：『臣貴矣，然而臣貧。』桓公曰：『使子有三歸之家。』晏子春秋：『管仲恤勞齊國，身老，賞之以三歸，澤及子孫。』皆其據也。」

按：此以三歸爲藏貨財之所，最爲有力，即論語稽亦取之。宦伯銘謂：「周策本文無取三歸之説，鮑注以上文女閭云云，遂謂取女以掩，因以婦人謂嫁曰歸附會之。然諸侯得取三國女，仲果取三國女，是與塞門反坫同，非僅不儉也。且取三國女，而晏子春秋曷言賞也？又以歸三不歸爲采地，則采地無傷於儉也。今以韓非子『得三歸而富之』語觀之，正與儉字對勘。其云『三歸之家』者，猶云千乘之家也。」亦可備一說。

「然則管仲知禮乎？」曰：「邦君樹塞門，管氏亦樹塞門。邦君爲兩君之好，有反坫，管氏亦有反坫。管氏而知禮，孰不知禮？」

【考異】皇本「然則」上有「曰」字，「孰不知禮」下有「也」字。漢石經「邦」作「國」。隸釋：漢人作文不避國諱，威宗諱志，順帝諱保，石經皆臨文不易。樊毅碑「命守斯邦」、劉熊碑「來臻我邦」之類，未嘗爲高帝諱也。此「邦君爲兩君之好」與「何必去父母之邦」，皆書「邦」作「國」，疑漢儒所傳如此，非獨遠避此諱也。

【考證】全祖望經史問答：坫有三，爾雅：「垝謂之坫。」古文作「襜」，是以堂隅言，郭景純所謂端也。至許叔重以爲屏牆，則又是一坫。其絫土以庋物者，又是一坫。而絫土庋物之坫又有三，有兩楹之間之坫，即明堂位所云「反坫出尊」及論語反爵之坫也，蓋兩君之好用之庋爵者。鄉飲酒禮尊在房户間，燕禮尊在東楹之西。至兩君爲好，則必於兩楹之間，而特置坫以反之。有堂下之坫，乃明堂位所云「崇坫」也，蓋用之庋圭者。何以知庋圭之坫在堂下？覲禮「侯氏入門奠圭」，則在堂下矣。惟在堂下，故稍崇之。有房中之坫，即內則「閣食之制」也。士於坫一，康成謂士卑不得作閣，但於房中爲坫以庋食也。然則同一絫土之坫，而庋爵庋圭尊者用之，庋食則卑者用之。方密之曰「凡絫土庋物者皆得曰坫」是也。堂隅之坫亦有二，士虞禮「苴茅之制僎於西坫」，士冠禮「執冠者待於西坫南」，蓋近於奧者，故謂之西坫。既夕記「設棜於東堂下南順，齊於坫」，是近於交者，則東坫也。至屏牆之坫亦曰反坫，而其義又不同。郊特牲所云「臺門旅樹反坫」是也。是乃外向爲反。黄東發曰：「如今世院司臺門内立牆之例，是正所謂屏牆也。」蓋反坫與出尊相連是反爵之坫，反坫與臺門旅樹相連是屏牆之反向於外者，郊特牲所云乃大夫宫室之僭，論語所云乃燕會之僭，而東發疑論語之反坫與上塞門相連，恐皆是宫室之事，不當以坫之反爲爵之反，則又不然。蓋反坫出尊正與兩君之好相合，禮各有當，不必以郊特牲之反坫强并於論語之反坫也。賈氏不知坫有三者之分，又不知絫土之坫亦有三者，而漫以爲絫土之坫爲專在廟中，則既謬矣。又誤以豐爲坫，不知豐用木，坫用土。豐形如豆，故字从豆；坫以土，故字从土：不可合而爲一也。至周書「既立五宫，咸有四阿反坫」，注以四阿爲外向之室。則反坫者亦屏牆也。禮記郊特牲云：「旅樹反坫，大夫之僭禮也。」雜記云：「管仲鏤簋而朱紘，旅樹而反坫，山節而藻棁，賢大夫也，而難爲上也。」亦謂其僭禮也。金鶚求古録：坫有四，一曰堂隅之坫，士冠禮：「爵弁皮弁緇布冠各一匴，執以待于西坫南。」大射儀：「大師及少師上工皆東坫之東南西面北上坐。」又云：「小射正取公之決拾于東坫上。」又云：「贊設拾以笥，退奠于坫上。」既夕禮：「設棜于東堂下南順，齊于坫。」士虞禮：「苴刌茅長五寸束之，實于篚，饌于西坫上。」鄭注：「坫在堂角。」爾雅釋宫「垝謂之坫」，郭注：「在堂隅坫墆也。」釋文：「墆，高貌也。」坫有高貌，明是絫土。且爾雅以垝釋坫，説文訓垝爲毁垣。垣是牆之卑者，毁垣則更卑，與坫相似，故曰「垝謂之坫」，又可見坫爲絫土也。蓋堂隅設坫，一以爲堂上奠物之處，一以爲堂下位立及設物相直之準，一以爲堂之飾且以爲蔽。說文釋坫爲屏固非正義，然亦可見其築土而爲堂隅之蔽也。一曰反爵之坫，論語「邦君爲兩君之好，有反坫」，鄭注：「反坫，反爵之坫，在兩楹之間。人君與鄰國爲好會，其獻酢之禮更酌，酌畢則各反爵於其上。」郊特牲「臺門而旅樹反坫」，明堂位「反坫出尊」，鄭注亦皆謂反爵之坫，引論語解之。聶崇義謂坫即豐，然豐字從豆，其制當如豆而高，以木爲之，非築土也。且反坫非大夫所有，而鄉射爲大夫士之禮，亦得設豐，坫之非豐明矣。一曰康圭之坫，明堂位：「崇坫康圭，天子之廟飾也。」案覲禮：「侯氏入門右坐奠圭。」圭是重物，必不奠於地上，有坫以康之宜矣。經不言坫者，文略也。入門即言奠圭，則康圭之坫在堂下可知。入門右而奠圭，則坫在庭之東可知。坐而奠圭，則坫不高可知。而云崇坫者，以其奠圭，故特稱崇以尊之，非高於諸坫也。一曰庋食之坫，内則：「天子之閣，左達五，右達五。（鄭注：「達，夾室也。」）公侯伯於房中五。大夫於閣三。士於坫一。」孔疏：「大夫既卑無嫌，故亦於夾室。」然則士亦於夾室可知，但不得爲閣，（鄭注：「閣以板爲之，庋食物。」）故築土爲坫以庋食物。總而論之，康圭之坫惟天子有之，庋食之坫惟士有之，反爵之坫諸侯以上斯有之，堂隅之坫則通上下皆有之也。經傳考證：此與「富而可求也」、「君而知禮」，「而」並與「如」同。

【集解】包曰：「或人以儉問，故答以安得儉。或人聞不儉，便謂爲得禮也。」鄭曰：「人君別内外於門，樹屏以蔽之。反坫，反爵之坫，在兩楹之間。若與鄰國君爲好會，其獻酢之禮更酌，酌畢則各反爵於坫上。今管仲皆僭爲之，如是，是不知禮。」

【集注】或人又疑不儉爲知禮。屏謂之樹。塞，猶蔽也，設屏於門以蔽内外也。好，謂好會。坫在兩楹之間，獻酬飲畢則反爵於其上。此皆諸侯之禮而管仲僭之，不知禮也。蘇氏曰：「自修身正家以及於國，則其本深，其及者遠，是謂大器。揚雄所謂大器（四書通證：揚子先知篇：「或曰：『齊得夷吾而霸。仲尼曰小器。請問大器。』『其猶規矩準繩乎？先自治而後治人之謂大器。』」），猶規矩準繩、先自治而後治人者是也。管仲三歸反坫，桓公内嬖六人，而霸天下，其本固已淺矣。管仲死，桓公薨，天下不復宗齊。」

【餘論】朱子文集（讀余隱之尊孟辨）：夫子之於管仲，大其功而小其器。邵康節亦謂「五霸者，功之首，罪之魁也」，知此者，可與論桓公、管仲之事矣。夫子言如其仁者，以當時王者不作，中國衰，夷狄横，諸侯之功未有如管仲者，故許其有仁者之功，亦彼善於此而已。至於語學者立心致道之際，則其規模宏遠自有定論，豈曰若管仲而休耶？曾西之恥而不爲，蓋亦有説矣。李氏美管仲之功，如救父祖之鬬。愚以爲桓公、管仲救父祖之鬬而私其則以爲子舍之藏者也。故周雖小振，而齊亦寖强矣。夫豈誠心惻怛而救之哉？孟子不與管仲，或以是耳。余隱之以爲小其不能相桓公以王於天下，恐不然。齊桓之時，周德雖衰，天命未改，革命之事不可爲也。孟子言以齊王猶反手，自謂當年事勢，且言己志，非爲管仲發也。論語集注考證引何基曰：仲尼與桓公講論治國，公辭以已要奢淫，恐妨爲治。爲仲者合就桓公心術整頓，然後事乃可爲。而仲謂皆不害霸，是被才使急於自見，惟恐君不見用，無以成其功業，故曲意深縫至於如此。及其後也，三歸具官，塞門反坫，奢僭之事至身自爲之，與辭上卿之禮全別。是又動於功業致滿溢而不自知，其視正身修德之事，反若迂闊而不切於事，此非局量褊淺而何？李氏論語劄記：或人是反覆求器小之説，非與夫子辨論。儉是器小之似固易知，至夫子答以非儉又轉爲知禮之疑者，守禮近於拘迫，而似乎器小，蓋亦世俗之見也。凡論語記或人所問，夫子多不盡其辭，蓋以其人之識未足深論。然就所謂示諸斯者而思之，則禘之説可知。就所謂不儉不知禮者而推之，則器小之指亦可悟。此所以爲聖人之言也。讀四書大全説：集注謂管仲不知聖賢大學之道，故局量褊淺，規模卑狹，此爲探本之論。乃由此而東陽執一死印板爲大學之序，以歸本於格物致知工夫未到，其在管仲既非對證之藥，而其於大學本末始終之序，久矣其泥而未通也。大學固以格物爲始教，而經文具曰以修身爲本，不曰格物爲本。今以管仲言之，其遺書具在，其行事亦班然可考，既非如霍光、寇準之不學無術，又非如釋氏之不立文字，瞎著去參，而其所以察乎事物以應其用者，亦可謂格矣；其周知乎是非得失以通志而成務者，亦可謂致矣。以視小儒之專己保殘以精訓詁，不猶賢乎？若以格物致知之功言之，則聖門諸子雖如求、路，必不能爲管仲之所爲，則亦其博識深通之有未逮，又豈東陽所得議其長短哉！使東陽以其所謂格物致知者勸勉之，直足供一笑而已。蓋朱子之重言格致者，爲陸子静救也。

按：東陽以不能格物責管仲，可謂笑話，明人不通至此。船山此論最爲宏通，所謂解人不當如是耶？

○子語魯大師樂，曰：「樂其可知也：始作，翕如也；從之，純如也，皦如也，繹如也，以成。」

【考異】注疏本「大」作「太」。七經考文補遺：古本「語」作「謂」。皇本「樂其可知也」下有「已」字，「以成」下有「矣」字。天文本論語校勘記：足利本、正平本作「樂其可知已也」，唐本、津藩本「也」作「已」。

【音讀】釋文：大師，音泰，注同。從，何讀爲縱。天香樓偶得書：周官三公有太師，三孤有少師，注云：「師者，道之教訓也。」至若周禮宗伯之屬有大師、小師，注云：「凡樂工皆以瞽蒙爲之，擇其賢智者爲之師也。」則此明云大師與小師對耳。論語「魯大師」當讀如字，朱注音泰，則與三公之太師同號矣。史記作「縱」。後漢書班固典引篇注引論語「從」作「縱」。四書湖南講：從讀如字，是接連始作，不間歇也。阮元論語注疏校勘記：唐石經避憲宗諱「純」作「絇」，後放此。按史記孔子世家「從」作「縱」。後漢書班固傳注亦引作「縱」，當是古論。論語後録：鄭君讀從爲重，何晏讀爲縱，不云鄭讀爲縱者，當以釋文但云「何讀爲縱」，子用反」，所引鄭注僅八音，皆作四字。御覽五百六十四引從讀爲縱，不云鄭注，故云然。陳鱣輯古訓，宋翔鳳輯鄭注，恒以御覽此條爲鄭注，疑何讀即本鄭，故釋文無兩音。錢説非是。

【考證】四書釋地三續：集注於「魯大師」云：「大師，樂官名。」於「師冕」云：「師，樂師瞽者。」余謂前注不備。按鄭康成周禮大師注：「凡樂之歌必使瞽矇爲焉，命其賢知者以爲大師小師。晉杜蒯云：『曠也，大師也。』」賈公彦疏：「以其無目，無所覩見，則心不移於音聲，故不使有目者爲之也。就瞽之中命大賢知爲大師，其次賢知小者爲小師，其餘爲瞽矇也。」又曰：大師是瞽人之中樂官之長，故凡國之瞽矇屬焉而受其政教。故注爲未備。或曰：「大師下大夫二人，小師上士四人，不比瞽矇直云上瞽四十人，中瞽百人，下瞽百有六十人。安知當時有目而審於音者不以充之乎？且大師一則曰大祭祀帥瞽，再則曰大射帥瞽，三則曰大喪帥瞽。帥之云爾，未見其身之爲瞽也。」余請儀禮以證曰：大射儀曰僕人正，正者，長也，相大師。僕人師，師者，佐也，相少師。僕人士，士者，吏也，相上工。瞽方有相，不比樂正，猶周禮大司樂小樂正猶樂師，不復言相。此有目無目之别也。四書辨證：如周禮本文「太師」之「太」當作「大」，則「少師陽」之「少」亦當作「小」。然殷本紀微子與太師少師謀去，下接言微子、箕子，故孔安國以爲太師，箕子；少師，比干也。又曰「太師少師持樂器奔周」，周本紀則曰「太師疵、少師强抱樂器奔周」，則知樂官擇其賢智者爲之師，猶公孤有師之名，而不嫌其同也。論語注疏本「大」已作「太」，疏云：「太師，猶周禮之大司樂。」固未嘗即以大師當之。翟氏考異：孔子世家有與齊太師言樂一事，索隱注曰：「論語『子語魯太師樂』，非齊太師也。」是殆肆未卒篇遂率爾議之歟？與齊太師言樂，子年三十五，爲齊高昭子家臣，即論語聞韶忘味時。語魯太師樂，乃子自衛反魯正樂後事，本書甚分明也。論語發微：孔子世家記此節於哀公十一年孔子自衛反魯後，知語魯大師者，即樂正雅、頌得所之事。始作是金奏頌也。考儀禮大射儀，納賓後乃奏肆夏，樂闋後有獻酢旅酬諸節，而後升歌，故曰從之。「從」同「縱」，謂縱緩之也。入門而金作，其象翕如變動。緩之而後升歌，重人聲，其聲純一，故曰純如，即樂記所謂「審一以定和」也。繼以笙入，笙者有聲無辭，然其聲清別，可辨其聲而知其義，故曰皦如。繼以間歌，謂人聲笙奏間代而作，相尋續而不斷絕，故曰繹如。此三節皆用雅，所謂「雅、頌各得其所」也。有此四節而後合樂，則樂以成。

黄氏後案：案史記秦始皇本紀「但恐諸侯合從翕而出不意」，是翕乃合起之貌。説文：「翕，起也。」玉篇：「翕，合也。」字从羽，謂鳥初飛而羽合舉也。皦者，玉石之白甚明也。純者，不雜之絲。繹者，不絶之絲。皆設諭之辭，故四言如也。

【集解】大師，樂官名。始作言五音始奏，翕如盛也。從讀曰縱，言五音既發，放縱盡其音聲。純，和諧也。皦如，言其音節分明也。縱之以純如、皦如、繹如，言樂始於翕如，而成於三者也。

【唐以前古注】周禮大司樂疏引鄭注：始作，謂金奏。　御覽五百六十四引論語注：時聞金奏，人皆翕如。翕如，變動之貌。從讀曰縱。縱之，謂八音皆作。純如，感人之貌。皦如，使清别之貌。繹如，志意條達之貌。

按：論語古訓云：「御覽不云鄭注，然與集解異，與鄭合，蓋亦鄭注。今以釋文所引鄭注參較，大體相同，其爲鄭注無疑。」

【集注】語，告也。大師，樂官名。時音樂廢缺，故孔子教之。翕，合也。從，放也。純，和也。皦，明也。繹，相續不絶也。成樂之一終也。

【發明】讀四書大全説：孟子七篇不言樂，自其不逮處，故大而未化。唯其無得於樂，是以爲書亦爾。若上篇以好辨終，下篇以道統終，而一章之末咸有尾煞。孔子作春秋即不如此，雖絶筆獲麟，而但看上面兩三條則全不知此書之將竟。王通竊倣爲玄經，到後面便有曉風殘月、酒闌人散之象。故曰：「不學詩，無以言。」詩與樂相爲表裏，如大明之卒章纔説到「會朝清明」便休，緜之卒章平平序四有，都似不曾完著，所以爲雅。關雎之卒章兩興兩序，更不收束，所以爲南。皆即從即成，斯以不淫不傷也。若谷風之詩便須説「不念昔者，伊予來塈」，總束上「黽勉同心」之意。崧高、烝民兩道作誦之意旨以終之，所以爲淫爲變。雅與南之如彼者，非有意爲之，其心順者言自達也。其心或變或淫，非照顧束裹，則自疑於離散。上推之樂而亦爾，下推之爲文詞而亦爾，此理自非韓、蘇所知。

按：船山以音樂發明行文之理，其所作宋論追蹤韓、蘇，真天下之至文，餘子不能及也。

○儀封人請見，曰：「君子之至於斯也，吾未嘗不得見也。」從者見之。出曰：「二三子何患於喪乎？天下之無道也久矣，天將以夫子爲木鐸。」

【考異】皇本「斯」下「也」字作「者」，「無道」下無「也」字。七經考文：「天下之無道也」，古本無「也」字。天文本論語校勘記：古本、唐本、津藩本、正平本「道」下均無「也」字。

【音讀】釋文：於喪，息浪反。劉敞七經小傳：喪讀如問喪之喪。失位爲喪，是時仲尼去大夫，故云喪也。論語後録：喪讀如「將喪斯文」、「未喪斯文」之喪。

【考證】四書釋地續補：孔子時衛都濮陽，爲今大名府開州。生平凡五至衛焉：第一去魯司寇輒適衛。第二將適陳過匡過蒲，皆不出衛境内而反衛。第三過曹而宋而鄭而陳，仍適衛。第四將西見趙簡子，未渡河而反衛。第五如陳而蔡而葉，復如蔡而楚，仍反乎衛。儀邑城在今開封府蘭陽縣西北二十里，乃衛西南境，距其國五百餘里。不知孔子先至國而後儀邑，或由儀邑而國都，皆不可知。要爲第一次適衛時事則無疑。後漢郡國志：「陳留郡，浚儀本大梁」，劉昭注：「晉地道記：儀封人此縣也。」義門讀書記：古者相見必由紹介，逆旅之中無可因緣，故稱平日未嘗見絕于賢者，見氣類之同，致詞以代紹介，故從者因而通之，夫子亦不拒其請，與不見孺悲異也。論語補疏：後漢郡國志：「東郡聊城有夷儀。」聊城今屬山東東昌，爲齊、衛之界，孔子至衛未嘗由齊，非是此也。郡國志「浚儀」注引晉地道記：「儀封人，此邑也。」水經注引西征記亦以儀封人即浚儀縣，而酈氏非之。浚儀在開封，漢屬陳留，以漢縣計之，衛之境止得長垣多，得封丘、南燕少。自此而南皆鄭、宋地，衛不得有之。使儀封人在浚儀，當今祥符蘭陽之間，雖爲由陳至衛之道，而邑非衛邑矣。鄭云「蓋衛邑」，蓋者，疑詞也。四書典故辨正：續漢郡國志「浚儀本大梁」注云：「晉地道記：『儀封人，此邑也。』」又西征記亦以浚儀爲封人之邑，見水經注。浚儀今開封府之祥符縣，城内有浚儀街，爲其遺址。王中川云：昔孔子去衛適陳，道經於儀。儀蓋今之祥符。此去衛都僅百數十里，自衛適陳，道必經由。水經注：「浚水實出邑下。衛詩云：『孑孑干旄，在浚之郊。』」浚之於儀，實惟一所。若儀封在漢爲東昏縣，後易東明，宋、元始易爲儀封，去衛適陳，必不由此。封人官名，何取儀封？殊不足信。

徐有儀楚，陳有儀行父云。經注集證：儀封人姓名不傳。國邑紀云：「儀之封人也。」或曰封人儀姓，族出晉陽。

別。左傳則與論語一例。論語偶記：周禮封人掌設王之社壝爲畿，封而樹之。與論語傳「宋高哀爲蕭封人，以爲卿」，昭十九年傳「郹陽封人」，二十六年傳「呂封人華豹」，皆冠以邑名，乃疆吏也。隱元年傳「潁考叔爲潁谷封人」，桓十一年傳「祭封人仲足」，文十四年

【集解】鄭曰：「儀，蓋衛邑。封人，官名。」包曰：「從者，弟子隨孔子行者。通使得見。」孔曰：「語諸弟子，言何患於夫子聖德之將喪亡耶，天下之無道已久矣，極衰必有盛也。木鐸，施政教時所振也，言天將命孔子制作法度以號令於天下。」

【唐以前古注】皇疏引孫綽云：達者封人，棲遲賤職，自得於懷抱，一觀大聖，深明於興廢，明道內足，至言外亮，將天假斯人以發德音乎？夫高唱獨發而無感於當時列國之君，莫救乎聾盲，所以臨文永慨者也。然元風遐被，大雅流詠，千載之下，若瞻儀形，其人已遠，木鐸未戢，乃知封人之談，信於今矣。

【集注】儀，衛邑。封人，掌封疆之官，蓋賢而隱於下位者也。君子，謂當時賢者。至此皆得見之，自言其平日不見絶於賢者而求以自通也。見之，謂通使得見。喪，謂失位去國。禮曰「喪欲速貧」是也。木鐸，金口木舌，施政教時所振以警衆者也。言亂極當治，天必將使夫子得位設

教，不久失位也。封人一見夫子而遽以是稱之，其所得於觀感之間者深矣。或曰：「木鐸所以徇於道路，言天使夫子失位，周流四方以行其教，如木鐸之徇於道路也。」

【餘論】劉開論語補注：木鐸之義，注以爲得位行教。又以天使夫子失位，周流以行其教，亦可並存，故附於後。余謂是不難一言斷之。封人不曰天以夫子爲木鐸，而曰天將以爲木鐸，是專言將必得位以行教者矣。若以失位周流爲行教，則夫子現在失位，天已使爲木鐸矣，何將以之有？

論語稽：夫子去魯司寇而適衞，入疆之初，故封人得請見。書胤征曰：「每歲孟春，遒人以木鐸徇於路。」封人所言，蓋即所掌封疆之事，以喻夫子之不得安於位者，如木鐸之徇道路以爲教誨也。喪者，出亡在外之名。封人之言即告通辭以見之從者，然則此封人者，其所見固非常人可及，而夫子一見之，遽致其推許如是，其德容之盛亦迥出言思擬外矣。四書典故辨正：木鐸，注有兩說。揚子法言學行篇云：「天之道不在仲尼乎？仲尼，駕說者也。不在茲儒乎？如將復駕其所說，則莫若使諸儒金口而木舌。」以金口木舌爲駕說，正注中後說所本，當從之。乃知封人知天處。若泥得位設教之解，則封人之言終不驗，且何必以木鐸爲言也。春秋演孔圖云：「聖人不空生，必有所制以顯天心，某爲木鐸制天下法。」此即孔注所云「制作法令以號令於天下」者。蓋謂聖人雖不得位，必爲天下制法，斷不空生，與封人「何患於喪，天將以爲木鐸」之語意正相吻合也。

按：集注有兩說，劉開主前說，周柄中主後說。輔氏廣曰：「本說意實而味長，後說意巧而味短。」

論語集説：當是之時，莫有知聖人者，封人乃能知之，其必有所見矣。觀其言曰「君子之至於斯也，吾未嘗不得見也」，其求見君子之心如此其切。蓋以天下之亂極矣，意其必有聖人者出而明道救時，故一見夫子而知天意之攸屬，斯文之有所託也。四書發明：封人一見夫子，能知聖道之不終窮，世道之不終亂，天意之不終忘斯世，可謂智足以知聖人且知天矣。汪烜四書詮義：爲木鐸墒主得位設教，信理不信數也。然夫子究不得位，天之理其未可信歟？抑天意之在夫子更有厚於得位者，是則非封人所能逆睹也。黄氏後案：左傳引夏書「遒人以木鐸徇於路，官師相規，工執藝事以諫」，此即漢書食貨志所謂「行人振木鐸徇於路以采詩，獻之大師」也。據此，則使爲木鐸者，謂使之上宣政教下通民情也。蓋封人所見君子既衆，一旦見出類拔萃之大聖，遂以爲天生君子，復生大聖，此天心之復，即否極而泰之侯矣。封人言天道之常耳，豈知其道終不行哉。

○子謂韶：「盡美矣，又盡善也。」謂武：「盡美矣，未盡善也。」

【考異】錢氏養新録：「子謂韶，盡美矣，又盡善也」，按漢書董仲舒傳引孔子曰：「韶盡美矣，又盡善矣。」又引「武盡美矣，未盡善也。」上矣下也，語意不同，當是論語古本，今漢書亦改作「也」，唯宋景祐本是「矣」字，西漢策要與景祐本同。王念孫讀書雜誌：顏注云：「故聽其樂而云盡美盡善矣。」則正文是「矣」字可知。羣書治要引作「韶盡善矣」，文雖從省，亦是「矣」字之證也。　翟氏考異：禮記樂記注引孔子曰：「韶盡美矣。」漢書董仲舒傳亦引孔子曰：「韶盡美矣。」又孔子曰：「武盡美矣。」文選典引注引孔子曰：「韶盡美矣。」晉紀總論注引論語孔子曰：「武盡美矣。」均以「曰」當「謂」字。

【考證】左襄二十九年傳：季札見舞象箾、南籥者，曰：「美哉！猶有憾。」見舞大武者，曰：「美哉！周之盛也，其若此乎？」見舞韶箾者，曰：「德至矣哉！大矣！如天之無不幬也，如地之無不載也，雖甚盛德，其蔑以加於此矣。觀止矣！若有他樂，吾弗敢請已。」　春秋繁露楚莊王篇：文王之時，民樂其興師征伐也，故武。武者，伐也。是故舜作韶而禹作夏，湯作頀而文王作武，四樂殊名，則各順其民始樂於己也。　又云紂爲無道，諸侯大亂，民樂文王之怒而詠歌之也。周人德已洽天下，反本以爲樂，謂之大武，言民所始樂者，武也云爾。　日知録：觀於季札論文王之樂，以爲美哉猶有憾，則知夫子謂武未盡善之旨矣，猶未洽於天下，此文之猶有憾也；天下未安而崩，此武之未盡善也。記曰：「樂者，象成者也。」又曰：「移風易俗，莫善於樂。」武王當日誅紂伐奄，三年討其君，而寶龜之命曰：「有大艱於西土，殷之頑民廸屢不靜。」視舜之從欲以治四方風動者何如哉？故大武之樂雖作於周公，而未至於世變風移之日，聖人之時也，非人力之所能爲矣。　陳壽祺左海經辨：漢書禮樂志曰：「高祖廟奏文始、五行之舞。文始舞者，本舜韶舞也，高祖六年更名曰文始。五行舞者，本周舞也，秦始皇二十六年更名曰五行。」宋書樂志：「魏文帝黄初二年，改文始曰大韶舞，五行曰大武舞。」南齊書樂志：「晉傅玄六代舞歌有虞韶舞辭，有武舞辭。宋孝建初，朝議以凱容舞爲韶舞，宣烈舞爲武舞。宣烈即古之大武，凱容本舜韶舞也。」宋志又曰：「晉武帝太始二年，改制郊廟歌，其樂舞仍舊。九年，荀勗知樂事，使郭夏、宋識造正德大豫之舞，勗及張華、傅玄又各造此舞歌辭。」蓋周存六代之樂，至秦惟餘韶武，歷漢、魏，晉初其樂譜皆相承用，不造新曲。自荀勗等競刱舞詞，韶、武遂亡。

論語補疏：武王未受命，未及制禮作樂，以致太平，不能不有待於後人，故云未盡善。善，德之建也（國語）。周公成文、武之德，即成此未盡善之德也。　論語後録：呂不韋書「周公作大武」，案即詩「於皇武王」之奏也。毛公亦云周公作。禮記樂記云「干戚之舞，非備樂也」，注：「樂以文德爲備，若咸池。孔子曰『韶盡美矣』云云。」正義曰：「舜以文德爲備，故云韶盡美矣，謂樂音美也。又盡善也，謂文德具也。虞舜之時，雜舞干羽於兩階，而文多於武也。謂武盡美矣者，大武之樂比體美矣。未盡善者，文德猶少，未致大平。」

【集解】孔曰：「韶，舜樂名也。謂以聖德受禪，故曰盡善也。武，武王樂也。以征伐取天下，故曰未盡善也。」

【唐以前古注】御覽五百六十四引論語注云：韶，舜樂也。美舜自以德禪于堯，又盡善，謂大平也。武，周武王樂。美武王以此定功天下，未盡善，謂未致大平也。　皇疏：天下萬物樂舜繼堯，而舜從民受禪，是會合當時之心，故曰盡美也。揖讓而代，於事理無惡，故曰盡善也。天下樂武王從民伐紂，是會合當時之心，故曰盡美也。而以臣伐君，於事理不善，故曰未盡善也。

【集注】韶，舜樂。武，武王樂。美者，聲容之盛。善者，美之實也。舜紹堯致治，武王伐紂救民，其功一也，故其樂皆盡美。然舜之德，性之也，又以揖遜而有天下；武王之德，反之也，又以征誅而得天下，故其實有不同者。

【餘論】朱子語類：問：「韶盡美盡善，武盡美未盡善，是樂之聲容皆盡美，而事之實有盡善未盡善否？」曰：「不可如此分説。是就樂中見之，蓋有此德然後做得此樂，故於韶之樂見舜之德如此，於武之樂見武王之德如此。」

○子曰：「居上不寬，爲禮不敬，臨喪不哀，吾何以觀之哉？」

【考證】大戴禮曾子立事篇：臨事而不敬，居喪而不哀，祭祀而不畏，朝廷而不恭，則吾無由知之矣。　春秋繁露仁義法篇：君子攻其惡，不攻人之惡，非仁之寬與？自攻其惡，非義之全與？此之謂仁造人，義造我。是故以自治之節治人，是居上不寬也。以治人之度自治，是爲禮不敬也。爲禮不敬，則傷行而民弗尊。居上不寬，則傷厚而民弗親。　論語後録：漢書五行志：「思心之不容，是謂不聖。思心者，心思慮也。容，寬也。孔子曰：『居上不寬，吾何以觀之哉？』言上不寬大包容臣下，則不能居聖位。」伏氏洪範五行傳鄭注云：「容當爲睿。」依志義爲睿，觀讀如觀政之觀。

按：以上均先漢遺義，録而存之。

【唐以前古注】皇疏：此章譏當時失德之君也。爲君居上者寬以得衆，而當時居上者不寬也。

又禮以敬爲主，而當時行禮者不敬也。又臨喪以哀爲主，而當時臨喪者不哀。此三條之事並爲乖禮，故孔子所不欲觀，故云吾何以觀之哉。

【集注】居上主於愛人，故以寬爲本。爲禮以敬爲本。臨喪以哀爲本。既無其本，則以何者而觀其所行之得失。

【别解】論語訓：此蓋譏孟武伯也。孟氏世事孔子，故言觀之。

按：此章必有爲而發，今不可考矣。王氏以爲譏孟武伯，未知何據。

【餘論】朱子文集（答廖子晦）：爲政以寬爲本者，謂其大體規模意思當如此耳。古人察理精密，持身整肅，無偷惰戲豫之時，故其政不待作威而自嚴，但其意則以愛人爲本耳。及其施之於政事，便須有綱紀文章關防禁約，截然而不可犯，然後吾之所謂寬者得以隨事及人，而無頹敝不舉之處；人之蒙惠於我者亦得以通達明白實受其賜，而無間隔欺蔽之患。聖人説政以寬爲本，而今反欲其嚴，正如古樂以和爲主，而周子反欲其淡。蓋今之所謂寬者乃縱弛，所謂和者乃哇淫，非古之所謂寬與和者，故必以是矯之，乃得其平耳。如其不然，則雖有愛人之心而事無統紀，緩急先後可否與奪之權皆不在己，於是姦豪得志而善良之民反不被其澤矣。蓋爲政必有規矩，使姦民猾吏不得行其私，然後刑罰可省，賦斂可薄，所謂以寬爲本。體仁長人，孰有大於此者乎？四書辨疑：不正責其現有之過，却欲别勸他處得失，亦迂闊矣。居上褊隘而不寬，爲禮傲惰而不敬，臨喪無哀戚之容，今人中似此者甚多，見其情態者無不惡之。夫子之言亦只是惡其現有之不寬不敬不哀而不欲觀，非謂無此三本無以觀其他所行之得失也。高拱問辨録：只言大體既失，末節何恥。何以觀之，猶世人所謂如何看得上也。注謂以何者觀其所行之得失，添蛇足矣。

論語集釋卷七

里仁上

○子曰：「里仁爲美。擇不處仁，焉得知？」

【考異】困學紀聞：張衡思玄賦：「匪仁里其焉宅兮，匪義迹其焉追。」注引論語：「里仁爲美。宅不處仁，焉得知？」里宅皆居（集證後漢張衡傳注、文選注並同）。石林（案經義考載此條「石林」下有「論語釋言」四字）云「以擇爲宅」，則里猶宅也。蓋古文云然，今以宅爲擇，而謂里爲所居，乃鄭氏訓解而何晏從之，當以古文爲正。致堂云：「里，居也。居仁如里，安仁者也。」九經古義：王伯厚云：「張衡思玄賦引論語云：『里仁爲美，宅不處人。』里宅皆居也。蓋古文云然，今以宅爲擇，而謂里爲所居，乃鄭氏訓解而何晏從之，當以古文爲正。」棟案釋名曰：「宅，擇也，擇吉處而營之。」是宅有擇義，或古文作「宅」，訓爲擇，亦通。孟子亦作「擇」，趙岐曰：「簡擇不處仁爲不智。」　馮登府論語異文考證引劉璠梁典「署宅歸仁里」，亦作「宅」字。　皇本「知」作「智」。　梁氏旁證：今論語「智」俱作「知」，餘仿此，不復出。　翟氏考異：公冶長篇「何如其知」、「邦有道則知」、雍也篇「樊遲問知」、「知者樂水」、子罕篇「知者不惑」、顏淵篇

「問知」、「見夫子而問知」、憲問篇「臧武仲之知」、「知者不惑」、衛靈公篇「知者不失人」、「知及之」、陽貨篇「可謂知乎」、「唯上知」、「好知不好學」、「惡徼以爲知」、子張篇「一言以爲知」、「爲不知」，義疏本「知」俱作「智」。天文本論語校勘記：唐本、津藩本、正平本「美」作「善」。

【考證】劉氏正義：爾雅釋詁：「里，邑也。」説文：「里，居也。」「仁之所居」，「仁」當依皇本作「民」。文選潘岳閒居賦注「民」作「人」，此唐人避諱。居於仁者之里是爲美者，大戴禮王言云：「昔者明王之治民有法，必別地以州之，分屬而治之，然後賢民無所隱，暴民無所伏。使有司日省，如時考之，歲誘賢焉，則賢者親，不肖者懼。」是古有別地居民之法，故居於仁里即已亦有榮名，是爲美也。求居而不處仁者之里，不得爲有知者，此訓擇爲求也。荀子勸學篇：「故君子居必擇鄉，遊必就士，所以防邪僻而近中正也。」今求居不處仁者之里，是無知人之明，不得爲有知矣。鄭氏此訓與論語古文義合。皇疏引沈居士云：「言所居之里尚以仁地爲美，況擇身所處而不處仁道，安得智乎？」案孟子公孫丑上孟子曰：「矢人豈不仁於函人哉？矢人惟恐不傷人，函人惟恐傷人。巫匠亦然，故術不可不慎也。孔子曰：『里仁爲美，擇不處仁，焉得智？』夫仁，天之尊爵也，人之安宅也，莫之禦而不仁，是不智也。」觀孟子所言，是擇指行事。沈説蓋本此，於義亦通。

【集解】鄭曰：「里者，民之所居也。居於仁者之里，是爲善也。求是善居而不處仁者之里，不得爲有智。」

【唐以前古注】皇疏引沈居士云：言所居之里尚以仁地爲美，況擇身所處而不處仁道，安得智乎？

【集注】里有仁厚之俗爲美。擇里而不居於是焉，則失其是非之本心而不得爲知矣。

【别解】容齋隨筆：「里仁爲美。擇不處仁，焉得智？」孟子論函矢巫匠之術而引此以質之，説者多以里爲居，居以親仁爲美。予嘗記一説云：「函矢巫匠皆里中之仁也，然於仁之中有不仁存焉，則仁亦在夫擇之而已矣。」嘗與鄭景望言之，景望不以爲然。予以爲此特謂閭巷之間所推以爲仁者固在所擇，正合孟子之意。不然，仁之爲道大矣，尚安所擇而處哉？

【餘論】四書或問：孟子嘗引以明擇術之意。今直以擇鄉言，以文義考之，則擇云者不復指言所擇，而特因上句以爲文，恐聖人本意止於如此，而孟子姑借此以明彼耳。

【發明】反身録：里有仁風，則人皆知重禮義而尚廉恥。縱有一二頑梗，亦皆束於規矩，不至肆無忌憚，而資質之美者益薰陶漸染以成其德。居於此者不惟可以養德保家，亦且可以善後，子孫而賢且智固足以有成，即昏且愚亦不至被小人引入匪彝，辱宗敗家。故人或未有定居，擇里而不居於是者，其爲無識不待言。即或已有定居而其鄉實無仁風，卻貪戀苟安，不能舍互鄉而入康莊，亦爲駑馬戀棧豆，智不能舍也。故古今推孟母之三遷，其智爲千古之獨絶與。

○子曰：「不仁者不可以久處約，不可以長處樂。仁者安仁，知者利仁。」

【考異】七經考文：「不可以長處樂」，古本「樂」下有「也」字。

【考證】禮記表記：子曰：「仁有三，與仁同功而異情。與仁同功，其仁未可知也。與仁同過，然後其仁可知也。仁者安仁，知者利仁，畏罪者强仁。」又子曰：「中心安仁者，天下一人而已矣。」又曰：「無欲而好仁者，無畏而惡不仁者，天下一人而已矣。」大戴禮曾子立事篇曰：仁者樂道，智者利道。册府元龜品藻部：鍾繇等對魏文帝曰：「仁者安仁，性善者也。知者利仁，力行者也。」

【集解】孔曰：「不可久約，久困則爲非也。不可長樂，必驕佚也。」包曰：「惟性仁者自然體之，故謂安仁也。」王曰：「知者知仁爲美，故利而行之也。」

【唐以前古注】皇疏：約，猶貧困也。夫君子處貧愈久，德行無變。若不仁之人久居約，則必斯濫爲盜，故不可久處也。樂，富貴也。君子富貴愈久，愈好禮不倦。若不仁之人久處富貴，必爲驕溢也。辨行仁之中有不同也，若禀性自仁者則能安仁也，何以驗之？假令行仁獲罪，性仁人行之不悔，是仁者安仁也。智者，謂識昭前境，而非性仁者也。利仁者其見行仁者若於彼我皆利，則己行之；若於我有損，則使停止，是智者利仁也。

按：無所爲而爲之謂之安仁，若有所爲而爲之，是利之也，故止可謂之智，而不可謂之仁。皇疏所解，語雖稍露骨，而較朱注爲勝，故特著之。

【集注】約，窮困也。利，猶貪也。蓋深知篤好而必欲得之也。不仁之人失其本心，久約必濫，久樂必淫。惟仁者則安其仁而無適不然，知者則利於仁而不易所守，雖深淺不同，然皆非外物所能奪矣。謝氏曰：「仁者心無内外遠近精粗之間，非有所存而自不亡，非有所理而自不亂，如目視而耳聽，手持而足行也。知者謂之有所見則可，謂之有所得則未可，有所存斯不亡，有所理斯不亂，未能無意也。安仁則一，利仁則二。安仁者，非顔、閔以上去聖人爲不遠不知此味也。諸子雖有卓越之才，謂之見道不惑則可，然未免於利之也。」

按：此章聖人不過泛論，謝氏乃借此以貶抑聖門，真別有肺腸矣。朱子不察而誤採之，可謂全書之玷。

【餘論】朱子語類：安仁者不知有仁，如帶之忘腰，屨之忘足。利仁者見仁爲一物，就之則利，去之則害。四書訓義：外境之足以奪心，非境能奪我也。心無所得，則性情一寄於外物之得喪，而不能不隨之以流。故學者因其性之所近，而專以其事求於心以自成其德之爲亟亟也。今夫不仁者既無以守此心之正，而抑昧於本心之明，則其生平所歷之境，或約焉，即若身之無所容，雖或暫爲恬静，而及久也必忮求之交作，約爲之困甚矣，不可處矣；或樂焉，即若不復知有其身，雖或暫爲斂輯，而及其長也，必驕吝之著見，樂爲之累甚矣，不可處也。夫人以身涉世，非其約也，即其樂也，而皆不可以久處長處，則無一而不足以喪其志行矣。

【發明】此木軒四書説：境有萬變而心則一，不能處約，必不能處樂，處樂而淫，則處約而濫可知。反身録：處約最易動心，不必爲非犯義而後爲濫。只總是心上自生病痛，不干境事。心一有不堪其憂之意，便是心離正位，纔離正位，便是泛濫無問，將來諂諛卑屈苟且放僻之事未必不根於此。故吾人處困而學，安仁未可蹴幾，須先學知者利仁，時時見得内重外輕，不使貧窶動其心，他日必不至敗身辱行自蹈於乞燔穿窬也。吴康齋遇困窘無聊，便誦明道先生行狀以自寬，其庶幾知者利仁歟？吾儕所宜師法。

○子曰：「惟仁者能好人，能惡人。」

【考異】皇本、宋石經本、宋刻九經本「惟」字俱作「唯」。蔡節論語集説本亦作「唯」。

【集解】孔曰：「惟仁者能審人之所好惡也。」

按：論語補疏：「仁者好人之所好，惡人之所惡，故爲能好能惡。必先審人之所好所惡，而後人之所好好之，人之所惡惡之，斯爲能好能惡也。」劉寶楠云：「注説頗曲，姑依焦説通之。」

【唐以前古注】皇疏又一解云：謂極仁之人也。極仁之人，顔氏是也。既極仁昭，故能識審他人好惡也。又引繆播云：仁者，人之極也，能審好惡之表也，故可以定好惡。若未免好惡之境，何足以明物哉？

【集注】惟之爲言，獨也。蓋無私心，然後好惡當於理，程子所謂得其公正是也。游氏曰：「好善而惡惡，天下之同情。然人每失其正者，心有所繫而不能自克也。唯仁者無私心，所以能好惡也。」

【餘論】王柏標注四書（論語集注考證引）：朱子此章論好惡由心而達之事，故先無私而後當理。後篇論忠清因事以原其心，故先當理而後無私。程子論陽復則曰：「仁者天下之公。」論禮樂則曰：「仁者天下之正理。」此章則曰：「得其公正無私心也。」體也當理，正也用也，開說方可合說。　梁氏旁證：按集注似與孔注不同，而其實正相發明也。蓋惟仁者好人之所好，惡人之所惡。必先審人之所好所惡，而後人之所好好之，人之所惡惡之，斯爲能好能惡，非公正同情而何哉？

○子曰：「苟志於仁矣，無惡也。」

【音讀】論語釋文：惡如字，又烏路反。　蘇轍論語拾遺：能好能惡，猶有惡也。無所不愛，則無所惡矣。故曰：「苟志於仁矣，無惡也。」惡讀烏路反。　朱子答張敬夫曰：此章「惡」字只是入聲。　嶺雲軒瑣記：集注云：「其心誠在於仁，則必無爲惡之事。」按此何待言哉？豈有既志於仁而爲惡事者？本書之意蓋謂無惡於志。惡字當讀爲去聲。

按：前後章皆言好惡，此亦當讀去聲。

【考證】春秋繁露玉英篇：難者曰：「爲賢者諱皆言之，爲宣、繆諱獨弗言，何也？」曰：「不成於賢也。其爲善不法，不可取亦不可棄。棄之則棄善志也，取之則害王法，故不棄亦不載，以意見之而已。苟志於仁無惡，此之謂也。」　鹽鐵論刑德篇：故春秋之治獄，論心定罪，志善而違於法者免，志惡而合於法者誅。

按：此先漢遺義，附識於此。

【集解】孔曰：「苟，誠也。言誠能志於仁，則其餘終無惡。」

【集注】苟，誠也。志者，心之所之也。其心誠在於仁，則必無爲惡之事矣。

【别解】論語意原：志於仁者，無一念不存乎仁，其視萬物同爲一體。體有貴賤，皆天理也，世豈有好耳目而惡足髀者哉？民之秉彝，與我無間，不仁而喪其良心，矜之而已，雖謂之無惡可也。曰能好惡人，所以明性情之正；曰無惡也，所以明體物之心。羣經平議：上章云「惟仁者能好人，能惡人」，此章云「苟志於仁矣，無惡也」，兩章文義相承。此惡字即上「能惡人」之惡。賈子道術篇曰：「心兼愛人謂之仁。」然則仁主於愛，古之通論。使其中有惡人之一念，即不得謂之志於仁矣。此與上章或一時之語，或非一時語而記者牽連記之。論語訓：釋文「惡，又烏路切」是也。苟，假聲近通用。上言仁者能惡，嫌仁者當用惡以絶不仁，故此明其無惡。仁者愛人，雖所屏棄放流，皆欲其自新，務於安全。不獨仁人無惡，但有志於仁皆無所憎惡。

按：俞氏、王氏之説並是，集注失之。

【餘論】李來章達天録：苟志於仁，先立其大，學者入門不可不有此識見規模。然隨時隨地又皆有細密功夫，非衹志與立便了也。

○子曰：「富與貴，是人之所欲也；不以其道得之，不處也。貧與賤，是人之所惡也；不以其道得之，不去也。

【考異】後漢書李通傳論、晉書夏侯湛傳俱引「富與貴是人之所欲」，無「也」字。後漢書陳蕃傳注、文選鮑照擬古詩注引「是人之所欲」，皆無「也」字。牟子理惑論、文選幽通賦注引全節文，「惡」下各無「也」字。　天文本論語校勘記：唐本、津藩本、正平本句末均無「也」字。　張弧素履子暨初學記、太平御覽述「是人之所欲」，又述「是人之所惡」，亦各無「也」字。翟氏考異：此「也」字唐以前人引述悉略去，未必不謀盡同也，恐是當時傳本有如此。　論衡問孔篇、刺孟篇「不處也」皆引作「不居也」。　後漢書陳蕃傳：讓封侯疏曰：「竊慕君子不以其道得之，不居也。」　鹽鐵論褒賢章：君子不以道得之，不居也。

【音讀】集注考證：王文憲與下「去仁」並作上聲。然自去去聲，去之上聲，已違之去聲，驅而去之上聲。　四書辨證：此句何氏集解言人之所惡亦不可違而去之。下節「去仁」，邢言「若違去仁道，何得成名爲君子」，則二去字皆去聲，故朱子不音作上聲，然則去仁即違仁，故即接言君子無之。　書齋夜話：此究當就「不以其道」點句，若就「得之」點，則富貴固有以其道得之，亦有不以其道得之者，若貧賤則安有以其道而得之者哉？　王若虛論語辨惑：貧與賤下當云「以其道得之」，「不」字非衍即誤也。若夷、齊求仁，雖至餓死而不辭，非以其道得貧賤而不去乎？　夫生而富貴不必言不處，生而貧賤亦安得去，此所云者，蓋儻來而可以避就者耳，故有以道不以道得之辨焉。　朱子文集：程允夫言此當以「不以其道」爲一句，「得之」爲一句。先生批曰：「如此説則『其』字無下落，恐不成文理。」　劉氏正義：呂覽有度篇注：「不以其道得之不居。」畢氏沅校云：「按古讀皆以『不以其道』爲句。此注亦當爾。論語『不處』，此作『不居』。論衡問孔、刺孟兩篇並同。」按後漢陳蕃傳、鹽鐵論褒賢篇亦作「不居」，自是齊、古、魯文異。呂覽注「居」下無「也」字，高麗本「不去」下亦無「也」字，當以有「也」字爲是。且古讀皆至「得之」爲句，畢校非是。

【考證】禮坊記：君子辭貴不辭賤，辭富不辭貧。荀子性惡篇：「仁之所在無貧窮，仁之所亡無富貴。」謝氏墉校注：「此言仁之所在，雖貧窮甘之；仁之所亡，雖富貴去之。」

【集解】孔曰：「不以其道得富貴，則仁者不處。」何曰：「時有否泰，故君子履道而反貧賤。此則不以其道得之，雖是人之所惡，不可違而去之。」

【集注】不以其道得之，謂不當得而得之。然於富貴則不處，於貧賤則不去，君子之審富貴而安貧賤也如此。

【別解】論語意原：説者謂有得富貴之道，有得貧賤之道，非也。聖人嘗言得矣，曰見得思義，曰戒之在得，曰先事後得。得之爲言，謂於利有獲也。兩言不以其道得之，初無二意。若曰富貴固人之所欲，不以其道而有得焉，得則可富貴矣，然君子不處此富貴也。貧賤固人之所惡，不以其道而有得焉，則不貧賤矣，然君子不去此貧賤也。以富貴貧賤反覆見意，欲人人知此理，是以互言之也。

按：此以得爲利，得不連富貴貧賤説。可備一義。

【發明】反身録：伊尹一介弗取，千駟弗顧；夫子疏水曲肱而樂，不義之富貴如浮雲；顔子之樂不以簞瓢改；柳下惠之介不以三公易。古之聖賢，未有不審富貴安貧賤以清其源而能正其流者，而況於中材下士乎。孫奇逢四書近指：人初生時，祇有此身，原來貧賤，非有所失也。至富貴則有所得矣，無失無不得，有得有所失，故均一非道。富貴不可處，以其外來；貧賤不可去，以其所從來。孔子樂在其中，顏子不改其樂，全是於此看得分明，故不爲欲惡所乘。

按：常人之情，好富貴而惡貧賤。不知富貴貧賤皆外來物，不能自主，君子所以不處不去者，正其達天知命之學。何者？福者禍之基，無故而得非分之位，顛越者其常，幸免者其偶也。無端而得意外之財，常人所喜，君子之所懼也。世之得貧賤之道多矣，如不守繩檢，博弈鬭狠，奢侈縱肆，皆所以取貧賤之道。無此等事以致貧賤，是其貧賤生於天命也。君子於此惟有素其位而行，所謂素貧賤行乎貧賤者。稍有怨天尤人之心，或思打破環境，則大禍立至矣。故不處不去，正君子之智，所謂智者利仁也。

君子去仁，惡乎成名？

【集解】孔曰：「惡乎成名者，不得成名爲君子。」

【唐以前古注】皇疏：此更明不可去正道以求富貴也。惡乎，猶於何也。言人所以得他人呼我爲君子者，政由我爲有仁道故耳。若捨去仁道，傍求富貴，則於何處更得成君子之名乎。

【集注】言君子所以爲君子，以其仁也。若貪富貴而厭貧賤，則是自離其仁而無君子之實矣，何所成其名乎。

【餘論】四書辨疑：前段論富貴貧賤去就之道，自此以下至「顛沛必於是」止，是言君子不可須臾去仁。彼專論義，此專説仁，前後兩段，各不相關。自漢儒通作一章，注文因之，故不免有所遷就而爲貪富貴厭貧賤之説。本段經文意不及此，後注又言取舍之分明，然後存養之功密。以理言之，未有在内不先存養而在外先能明於取舍者。南軒曰：「君子之所以爲君子者，以其不已於仁也。去仁，則何自而成君子之名哉？」此説本分與前段富貴貧賤之意不復相關，蓋亦見兩段經文難爲一意，故不用諸家之説也。然無顯斷，猶與上段連作一章，前後兩意愈難通説。予謂「君子」以下二十七字當自爲一章，仍取南軒之説爲正。

按：論語中有本一章誤分爲二章者，如宰予晝寢及性相近也等章。其次章之「子曰」，説者以爲衍文是也。有本二章誤合爲一章者，如此章及「君子篤於親」節，皆與前節各不相蒙，必欲牽合爲一，反失聖人立言之旨，陳氏之説是也。

君子無終食之間違仁，造次必於是，顛沛必於是。」

【考異】翟氏考異：穀梁傳僖二十三年注引孔子曰：「君子去仁，惡乎成名？造次必於是，顛沛必於是。」中無「無終食間」句。此撮略經文致失條理者，不可以異同論。

【考證】曾子制言篇：昔者，舜匹夫也，土地之厚則得而有之，人徒之衆則得而使之，舜唯以得之也。是故君子將説富貴，必勉於仁也。昔者，伯夷、叔齊仁者也，死於溝澮之間，其仁成名於天下。夫二子者居河、濟之間，非有土地之厚、貨粟之富也，言爲文章，行爲表綴於天下。是故君子思仁，晝則忘食，夜則忘寐，日旦就業，夕而自省，以殁其身，亦可謂守業矣。漢書河間獻王傳：「被服儒術，造次必於儒者。」顔注：「造次，謂所嚮必行也。」詩大雅蕩篇「顛沛之揭」，傳：「顛，仆。沛，拔也。」正義：「顛是倒頓之名，仆是偃僵之義，故以顛爲仆。沛者，勿遽離本之言，此論本事，故知爲拔。」論語竢質：說文解字：「趚，倉卒也。从走，朿聲。讀若資。」鄭公讀次爲趚也。顛沛讀若趚跟。說文解字曰：「趚，走頓也。从走，真聲。讀若顛。跟，步行獵跋也。从足，貝聲。」是從江說，顛沛當爲趚跟。從陳說，當爲蹎跋。而其以顛沛爲假借則同也。

【集解】馬曰：「造次，急遽。顛沛，偃仆。雖急遽偃仆不違仁。」

【唐以前古注】釋文引鄭注：造次，倉卒也。

【集注】終食者，一飯之頃。造次，急遽苟且之時。顛沛，傾覆流離之際。蓋君子之不去乎仁如此，不但富貴貧賤取舍之間而已也。

【餘論】讀四書大全說：遏欲有兩層，都未到存理分上。其一，事境當前，却立著個取舍之分，一力壓住，則雖有欲富貴惡貧賤之心，也按捺不發，其於取舍之分也，是大綱曉得，硬地執認，此釋氏所謂折服現行煩惱也。其一，則一向欲惡上情染得輕，又向那高明透脱上走，使此心得以恆虚，而於富貴之樂，貧賤之苦，未交心目之時，空空洞洞著，則雖富貴有可得之機，貧賤有可去之勢，他也總不起念，由他打點得者心體清閒，故能爾爾，則釋氏所謂自性煩惱永斷無餘也。釋氏碁力酒量只到此處，便爲絶頂，由此無所損害於物，而其所謂七菩提八聖道等，亦只在者上面做些水墨工夫。聖學則不然，雖以奉當然之理壓住欲惡按捺不發者爲未至，却不恃欲惡之情，輕走那高明透脱一路，到底只奉此當然之理以爲依，而但由淺向深，由偏向全，由生向熟，由有事之擇執向無事之精一上做去，則心純乎理，而擇夫富貴貧賤者精義入神，應乎富貴貧賤者敦仁守土。由此大用以顯，便是天秩天叙。所以説「一日克己復禮，天下歸仁」，非但無損於物，而以虚願往來也。集注説兩個明字，中間有多少條理，在貧無諂、富無驕之上有貧樂、富好禮，德業經綸都從此明字生出。

黄氏後案：終食時暫，造次時遽，顛沛時危，君子無違仁，觀其暫而久可知也，觀其變而常可知也，言爲仁無間斷之時也。後漢書盧植傳論：「風霜以别草木之性，危亂而見貞良之節。夫蠭蠆起懷，雷霆駭耳，雖賁、育、荆、諸之倫未有不冘豫奪常者也。君子之於忠義，造次必於是，顛沛必於是也。」此造次顛沛以事變危急言也。後漢書崔駰傳：「駰子瑗以事繫獄，獄掾善爲禮。瑗問考訊時，輒問以禮説。其專心好學，雖顛沛必於是。」此以顛沛爲危時也。朱子以造次顛沛指存養言，申之者謂動則省察，静則存養，此專以静寂無事之時言也。式三謂造次顛沛非静寂無事之時，終食之間亦該動静言也。且言静存者，謂戒慎於未行事之時則可，謂存養於心中無一事之時，則是屏事息勞，閉目凝神，無所用心。而謂仁者是矣，可乎哉？

高攀龍高子遺書：仁是人人具足者，因世情俗見封蔽不得出頭。今於富貴貧賤看得透，心中湛然，方見仁之真體。有此真本體，方有真功夫。所以君子終食亦在此，造次顛沛亦在此，實落做得主宰，摇撼不得，方是了生死學問。

【發明】潘德輿養一齋劄記：前二節所謂名節者，道德之藩籬也。末節所謂道德者，名節之堂奧也。今人藩籬不立，堂奧自無從窺，轉以能成君子之名者爲矯激而務名。不知此名即名節名教之名，不成此名，則名節頹，名教斁，士行掃地矣。如聖門季路、原憲之流，亦是於富貴貧賤一刀兩段，故孔子與論存養精微。使世味尚濃，遑言心德乎？富貴貧賤乃入道之第一關，此關不通，於道永無望矣。願天下之學者共懍之。顧氏四書講義：此章是孔門勘法。蓋吾人有平居無事之時，有富貴貧賤造次顛沛之時。平居無事，不見可喜可嗔可疑可駭，行住坐卧即聖人與衆人無異。至遇富貴貧賤造次顛沛，鮮不爲之動矣，到此四關，直令人肺腑俱呈，手足盡露，非能勉强支吾者。故就源頭上看，必其無終食之間違仁，然後於四者處之如一。就關頭上看，必其能於四者處之如一，然後算得無終食之間違仁。予謂平居無事，一切行住坐卧常人與聖人同，就大概言耳。究其所以，却又不同。蓋此等處在聖人都從一團天理中流出，是爲真心；在常人則所謂日用而不知者也，是爲習心。指當下之習心混當下之真心，不免毫釐而千里矣。

○子曰：「我未見好仁者，惡不仁者。好仁者，無以尚之；惡不仁者，其爲仁矣，不使不仁者加乎其身。

【考異】漢石經：「未見好仁惡不仁者」，「好仁」下無「者」字。三國志顧雍傳注：惡不仁者，其爲仁矣。集注考證：此「矣」字不是絶句，是引下文之辭，故朱子作「者」字説。

【集解】孔曰：「無以尚之，難復加也。不使不仁者加乎其身，言惡不仁者能使不仁者不加非義於己，不如好仁者無以尚之爲優。」

【唐以前古注】皇疏：尚，猶加勝也。言若好仁者，則爲德之上無復德可加勝此也。言既能惡於不仁而身不與親狎，則不仁者不得以非理不仁之事加陵於己身也。一云：「其，其於仁者也。言惡不仁之人雖不好仁而能惡於不仁者，不欲使不仁之人以非禮加陵仁者之身也。」又引李充云：所好唯仁，無物以尚之也。不仁，仁者之賊也。奚不惡不仁哉？惡其害仁也。是以爲惜仁人之篤者，不使不仁者加乎仁者之身，然後仁道無適而不申，不仁者無往而不屈也。

【集注】夫子自言未見好仁者，惡不仁者。蓋好仁者真知仁之可好，故天下之物無以加之。惡不仁者真知不仁之可惡，故其所以爲仁者必能絕去不仁之事而不使少有及於其身。此皆成德之事，故難得而見之也。

有能一日用其力於仁矣乎？我未見力不足者。

【考異】皇本「仁」下有「者」字，「不足者」下有「也」字。天文本論語校勘記：古本、唐本、津藩本、正平本「者」下均有「也」字。文苑英華盧照鄰乞藥直書引仲尼曰：「有能一日用其力於仁者乎？」

【集解】孔曰：「言人無能一日用其力修仁者耳，我未見欲爲仁而力不足者。」

【集注】言好仁惡不仁者雖不可見，然或有人果能一旦奮然用力於仁，則我又未見其力有不足者。蓋爲仁在己，欲之則是，而志之所至，氣必至焉。故仁雖難能，而至之亦易也。

【別解】李氏論語劄記：無以尚之者，好之至也。不使不仁者加乎其身，惡之深也。此如大學之「如好好色，如惡惡臭」，正是用力處，似不必以成德言。蓋求必得而後爲好之至，務決去而後爲惡之深，志氣相生。豈有力不足之患。讀四書大全説：一日用力於仁，較前所云好仁惡不仁者只揀下能好惡者一段入手功夫説，原不可在資稟上分利勉。朱子云：「用力説氣較多，志亦在上面。」此語雖重説氣，又云：「志之所至，氣必至焉。」志立自是奮發敢爲，則抑以氣聽於志，而志固爲主也。用力於仁，既志用氣，則人各有力，何故不能用之於仁？可見只是不志於仁。不志於仁便有力亦不用，便用力亦不在仁上用。夫子從此看破不好仁不惡不仁者之明效，所以道我未見力不足者。非力不足，則其過豈非好惡之不誠哉。好惡還是始事，用力纔是實著，唯好仁惡不仁，而後能用力。非好仁惡不仁，雖欲用力而恒見力之不足。是非好仁惡不仁之爲安行而高過於用力者之勉行可知矣。前一節是大綱，説兼生熟久暫在内。後言一日則即功未久而習未熟者爲言，實則因好惡而後用力。終身一日，自然勉强，其致一也。至云「我未見力不足者」，則但以徵好惡誠而力必逮，初不云我未見一日用力於仁者，其云蓋有之而我未見，雖寬一步説，要爲聖人修辭立誠，不詭於理一分殊之節目，不似釋氏所云一切衆生皆有佛性之誣。謂人之性情已正，而氣力不堪，在大造無心賦予中莫須有此，而終曰我未之見，則以氣力之得於天者略同，而性情之爲物欲所蔽者頓異。其志不蔽而氣受蔽者，於理可或有，而於事則無也。

按：王用誥云：「船山以用力爲好惡之實事實功，不分成德學者，與安溪説同。以次節未見爲徵好惡誠而力必逮，末節反覆歎息，乃終言無用力而力不足之事，非歎未見用力而力不足之人，似勝集注説。」

【餘論】劉氏正義：夫子言：「力不足者中道而廢。」又表記子曰：「鄉道而行，中道而廢，忘身之老也，不知年數之不足也，俛焉日有孳孳，斃而後已。」並言爲仁實用其力，惟力已盡，身已斃，而學道或未至，方是中道而廢。其廢也，由於年數不足，有不得不廢者也。如是而後謂之力不足，是誠不足也。若此身未廢，而遽以力不足自諉，是即夫子之所謂畫矣。夫仁，人心也。人即體質素弱，而自存其心，志之所至，氣亦至焉。豈患力之不足？故曰我欲仁，斯仁至矣。一日克己復禮，天下歸仁焉。一日者，期之至近而速者也。

蓋有之矣，我未之見也。」

【考異】皇本「矣」作「乎」。天文本論語校勘記：古本、唐本、津藩本、正平本均作「乎」。

【集解】孔曰：「謙不欲盡誣時人。言不能爲仁，故云爲能有爾，我未之見也。」

【集注】蓋，疑辭。有之，謂有用力而力不足者。蓋人之氣質不同，故疑亦容或有此昏弱之甚欲進而不能者，但我偶未之見耳。蓋不敢終以爲易，而又歎人之莫肯用力於仁也。

【餘論】松陽講義：慶源輔氏曰：「此章三言未見，而意實相承。初言成德之未見，次言用力之未見，末又言用力而力不足者之未見，無非欲學者因是自警而用力於仁耳。」此又是一樣講。若欲依此，則講末節當云天下亦實有用力而力不足之人，此項人雖或垂成而止，或半塗而廢，然猶愈於自畫而不進者也。雖同一自暴自棄，而自暴棄於垂成半塗之時，與初頭便自暴棄者有間矣。然此等人今亦難得，真可歎息。大抵世上人看得仁是箇迂遠不急之物，莫肯走到這一條路上去，肯上這條路就是好的了。故夫子並用力而力不足者亦思之也。如此講亦於理無礙。存之以備一説可也。論語經正録引劉念臺曰：夫子既言好仁，又言惡不仁，一似複語。然所好者必合之所惡而後清，蓋人心本有仁無不仁，而氣拘物蔽之後，不仁常伏於仁者之中。至於仁不仁相爲倚伏，而不仁者轉足以勝仁，此時尤賴本心之明發而爲好惡之正者，終自不爽其衡，而吾固不難力致其決，以全其有仁無不仁之體，則聖學之全功於是乎在矣。若於此而又復自欺焉，好不能如好好色，惡不能如惡惡臭，亦終歸於不仁而已。然人雖可以自欺，而終不可以欺好惡，故曰我未見力不足者，又曰蓋有之矣，我未之見也。

按：張子説以好仁惡不仁爲一人，朱子善之，以不合於兩者字，不用其説。劉氏發明言好仁又言惡不仁之故，兩者字作一人説，義亦精審。

【發明】反身録：顏子簞瓢陋巷，不改其樂；舜、禹有天下而不與，所好在仁，故無以尚之。白沙云：「人爭一箇覺，纔覺便我大而物小。物有盡而我無窮，夫惟無窮，故微塵六合，瞬息千古，生不知愛，死不知惡，又何難銖軒冕而塵金玉耶？」

○子曰：「人之過也，各於其黨。觀過，斯知仁矣。」

【考異】皇本「人」作「民」。天文本論語校勘記：古本、唐本、津藩本、正平本「人」作「民」。後漢書吴祐傳曰：「掾以親故，受污穢之名，所謂『觀過斯知人矣』。」「仁」作「人」。陸采冶城客論曰：「斯知仁矣」，「仁」是「人」字，與「宰我問井有仁焉」之「仁」皆以字音致誤。

【考證】表記：子曰：「仁之難成久矣。人人失其所好，故仁者之過易辭也。」注：「辭，猶解説也。仁者恭儉，雖有過不甚矣。」子曰：「仁有三，與仁同功而異情。與仁同功，其仁未可知也。與仁同過，然後其仁可知也。仁者安仁，知者利仁，畏罪者强仁。」注云：「三，謂安仁也、利仁也、强仁也。利仁强仁功雖與安仁者同，本情則異。功者，人所貪也。過者，人所辟也。在過之中非其本情者，或有悔者焉。」劉氏正義：案表記此文最足發明此章之義。漢書外戚傳：「燕王上書言：『子路喪姊，期而不除。』」後漢書吴祐傳言：「嗇夫孫性私賦民錢，市衣進父。」南史張裕傳言：「張岱母年八十。籍注未滿，便去官還養。」三傳皆引此文美之。惟吴祐傳作「知人」。「人」與「仁」通用字。

【集解】孔曰：「黨，類也。小人不能爲君子之行，非小人之過，當恕而勿責之。觀過，使賢愚各得其所，則爲仁矣。」

【唐以前古注】皇疏：過，猶失也。黨，黨類也。人之有失，各有黨類。小人不能爲君子之行，則非小人之失也。猶如耕夫不能耕，乃是其失，若不能書，則非耕夫之失也。若責之，當就其輩類責之也。又引殷仲堪云：言人之過失各由於性類之不同，直者以改邪爲義，失在於寡恕；仁者以惻隱爲誠，過在於容非。是以與仁同過，其仁可知。觀過之義，將在於斯者。

按：仲堪，陳郡人，官至振威將軍，荆州刺史。事蹟詳晉書本傳。其人殊無足取，所注論語，隋、唐諸志皆不載，蓋亡佚已久。録存一家，不没其心力焉爾。

又按：唐以前本「人」作「民」，故孔注、皇疏依「民」字解之。唐諱「民」，改經「民」字作「人」，宋因之。皇疏：「不求備於一人，則此觀過之人有仁心。」其解觀過知仁，與今日觀念大異。至仲堪之説，當日認爲别解，而不知即爲程子、尹氏所本，乃繼起者坐享盛名，反使創始者埋没不顯，揆之事理，寧得謂平？是書於魏、晉、六朝古注之亡佚者，孤詞單句，搜採靡遺，匪惟攄懷古之夙志，抑以發潛德之幽光云爾。

【集注】黨，類也。程氏曰：「人之過也，各於其黨。君子常失於厚，小人常失於薄。君子過於愛，小人過於忍。」尹氏曰：「於此觀之，則人之仁不仁可知矣。」

【别解】論語補疏：各於其黨，即是觀過之法，此爲蒞民者示也。皇侃云：「猶如耕夫不能耕，乃是其失，若不能書，則非耕夫之失也。」此説黨字義最明。後漢吴祐傳以掾私賦民錢市衣進父爲觀過知仁，是以賦錢之過爲仁，異乎孔注。漢書外戚傳：「燕王旦爲丁外人求侯，上書稱：『子路姊喪，期而不除，孔子非之。子路曰：由不幸寡兄弟，不忍除之。故曰觀過知仁。』」是當時有此一說。然以蓋主而侯外人，豈得爲仁？子路親愛其姊，偶愆於禮，夫子裁之，即時改正。且以此爲觀過知仁，儗非其倫矣。吴祐所稱孫性之事，尤足長詐而敝俗，遂因有安丘男子因母殺人之事矣。孔子之訓精善，吴祐之見乖乎聖人。

按：焦氏意在申舊注。劉寶楠云：「注說甚曲，焦氏不免曲徇。且知仁因觀過而知，則仁即過者之仁，而孔以爲觀者知仁術，亦誤。」

【餘論】論語稽求篇：史稱陳仲弓外署非吏，此爲本司受過。又劉宋張岱爲司徒左西曹掾，母年八十，籍注未滿，岱便去官還養，有司以違制糾之。宋孝武帝曰：「觀過可以知仁，不須案也。」若漢外戚傳燕王上書稱：「子路喪姊，期而不除，孔子非之。子路曰：『由不幸寡兄弟，故不忍除。』故曰觀過知仁。」又後漢吴祐傳：「嗇夫孫性私賦民錢，市衣以進父。父怒，遣性伏罪。祐屏左右問故，歎曰：『掾以親故，受汙辱之名，可謂觀過知仁矣。』」此皆漢儒解經之見于事者。然皆是知仁，並無知不仁者。　四書辨疑：經文止言「斯知仁矣」，未嘗言知不仁也。程子、尹氏仁與不仁皆兩言之。若知其失於厚過於愛者爲仁，以此爲斯知仁矣，固猶有說。至於知其失於薄過於忍者爲不仁，則斯知仁矣無可說也。　劉開論語補注：黨非類也，有所親比謂之黨。書云「無偏無黨」，子曰「羣而不黨」，皆言比也。人之過於禮而用其情者，各於其親比而深諱之，如父爲子隱，子爲父隱，雖有偏私，而情不得不如此也，故觀過可知仁矣。如周公過於愛兄，孔子過於諱君，雖非此過之比，然理當乎公而情出於私，即同謂之黨，有不辭也。「吾聞君子不黨，君子亦黨乎？」孔子並不避黨之名，非故爲引過，其心以爲未嘗非親比於君也。但本於天理人情之安，而黨即仁之至者耳。夫人之過用其情而不免於私比，其不失爲忠厚，亦猶是也。行有高下，而其情之可見則一也。若以黨爲類，而謂君子過於厚，小人過於薄。過於厚謂之仁可也，過於薄亦可知仁乎？而既分爲君子小人之類，又何以知其類之專指君子乎？吴廷棟拙修集：或問載劉氏之説曰：「周公使管叔監殷，而管叔以殷畔；魯昭公實不知禮，而孔子以爲知禮，實過也。然周公愛其兄，孔子厚其君，乃所以爲仁也。案孟子謂周公之過，不亦宜乎？」以此語推之，則周、孔之過正仁至義盡處，其實不得謂之過矣。似不得引以爲觀過知仁之證。

【發明】松陽講義：學者讀這章書，要知修己與觀人不同。若論修己，則過是不可一毫有的。若有一毫過當處，雖出於慈祥愷惻，然非中正之道，亦是吾見識未到處，是吾檢點未到處，皆是學問病痛，必須如芒刺在背，負罪引慝，省察克治，必去之而後已。所以夫子平日説「過則勿憚改」，説「吾未見能見其過而内自訟」，而於欲寡其過之伯玉、不貳過之顔子，則歎賞之，何嘗肯教人自恕？若論觀人，則不如此。瑕瑜自不相掩，雖視以觀由察安，考之之法極嚴，而待之之心甚恕。其黨未分之前，可以過決之。其黨既分之後，可以過諒之。若只論其過不過，不論其仁不仁，使君子與小人同棄，此非聖賢觀人之道也。

○子曰：「朝聞道，夕死可矣。」

【考異】漢石經「矣」作「也」。

【考證】黄氏後案：依何解，年已垂暮，道猶不行，心甚不慰，世治而死，乃無憾也。依朱子説，是因至道難聞，老將死而昧於道，深歎其不可也。漢書夏侯勝、黄霸同下獄，霸欲從勝受經，引此文，與朱注合。新序雜事一引此云：「楚共王卒用筦蘇，退申侯伯，於以開後嗣，覺來世，猶愈於没身不寤者也。」意亦同何解。式三謂此言以身殉道也。朝聞當行之道，夕以死赴之，無苟安，無姑待，成仁取義，勇決可嘉矣。唐書郭子儀傳贊曰：「遭讒惎詭奪兵柄，然朝聞命，夕引道，無纖介自嫌。」王伯厚集：「朝聞夕道，猶待子儀。」引用不誤。

【集解】言將至死，不聞世之有道也。

按：孫奕示兒編：「孔子豈尚未聞道者？苟聞天下之有道，則死亦無遺恨，蓋憂天下如此其急。」此亦本舊注而集注不從。劉寶楠云：「新序雜事篇載楚共王事，晉書皇甫謐傳載謐語，皆謂聞道爲己聞道，非如注云『聞世之有道』也。」劉氏疏集解者也，而不堅持門户之見，其見解終非一般漢學家所及。

【唐以前古注】皇疏引欒肇云：道所以濟民，聖人存身，爲行道也。濟民以道，非以濟身也。故云誠令道朝聞於世，雖夕死可也。傷道不行，且明己憂世不爲身也。

按：魏、晉時代道家之説盛行，此章之義正可藉以大暢玄風。當時注論語者，此等迎合潮流之書當復不少，而何氏皆不採，獨用己説，其見解已非時流所及。皇氏生齊、梁之世，老、莊之外，雜以佛學，其時著述尤多祖尚玄虛，如王弼之論語釋疑、郭象之論語體略、太史叔明之論語集解，皆出入釋、老，亦當代風趨使然也。乃皇氏獨引欒肇以申注義，並不兼採以廣其書，其特識尚在宋儒之上。沈埋幾數百年，終能自發其光，晦而復顯，蓋其精神有不可磨滅者在也。

【集注】道者，事物當然之理。苟得聞之，則生順死安，無復遺恨矣。朝夕所以甚言其時之近。

【餘論】朱子語類：問：「集注云：『道者，事物當然之理。』嘗思道之大者莫過乎君臣父子夫婦朋友之倫，而其有親義序別。學者苟至一日之知，則孰不聞焉？而即使之死，亦覺未甚濟事。所謂道者，果何爲真切至當處？又何以使人聞而遂死亦無憾？」曰：「道誠不外乎日用常行之間，但説未甚濟事者，恐知之或未真耳。若知得真實，必能信之篤，守之固。幸而未死，可以充其所知爲聖爲賢。萬一即死，則亦不至昏昧一生如禽獸然。是以爲人必以聞道爲貴也。」曰：「聖人非欲人聞道而必死，但深言道之不可不聞耳。將此二句反之曰：人一生而不聞道，雖長生亦何爲。曰：然若人而不聞道，則生亦枉生，死亦枉死。」論語或問：或問：「朝聞夕死，無得近於釋氏之説乎？」曰：「吾之所謂道者，固非彼之所謂道矣。且聖人之意又特主於聞道之重，而非若彼之恃此以死也。」曰：「何也？」曰：「吾之所謂道者，君臣父子夫婦昆弟朋友當然之實理也。彼之所謂道，則以此爲幻爲妄而絶滅之以求其所謂清净寂滅者也。人事當然之實理，乃人之所以爲人而不可以不聞者，故朝聞之而夕死亦可以無憾。若彼之所謂清净寂滅者，則初無所效於人生之日用，其急於聞之者，特懼夫死之將至而欲倚是以敵之耳。是以爲吾之説者，行法俟命而不求知死。爲彼之説者，坐亡立脱變見萬端而卒無補於世教之萬分也。故程子於此專以爲實見理義重於生，與夫知所以爲人者爲説，其旨亦深切矣。」李中谷平日録（黄宗羲明儒學案引）：孔子曰：「朝聞道，夕死可矣。」會得此意，則必終日乾乾，學惟爲己而已，何處著絲毫爲人之意哉！李恕谷曰：「聞非偶然頓悟，乃躬行心得之謂。顏子之歎、曾子之唯，庶克當之。方不徒生，亦不虚死，故曰可矣。道，猶路也。有原有委，性與天道，道之本也。三綱五常，道之目也。禮樂文章，道之事也。經有統言者，有專言者，當各以文會之。」

【發明】日知録：吾見其進也，未見其止也。有一日未死之身，則有一日未聞之道。嶺雲軒瑣記：杜子光先生惟熙傳姚江學派，造詣深粹。年八十餘，小疾，語諸友曰：「明晨當來別。」及期，焚香端坐，曰：「諸君看我如是而來，如是而去，可用得意見安排否？」遂瞑。王門之學，能入悟境者曾無幾人。一悟則其臨終從容若此，頗得「朝聞道，夕死可矣」之意。又云：世間所有者皆身外之物，而身又性外之物也。但存吾性，並此身不有之可也。問者曰：「身亡，性存何所？」曰：「性存於兩大之間。子以爲不信，孔子曰：『朝聞道，夕死可矣。』此又何義？豈孔子亦有邪説歟？聞道而死，猶老氏所謂死而不亡，釋氏之入涅槃滅度，皆死其身而存其性也。否則要此朝夕間一了然何益？」又云：或叩余以養生之訣，應之曰：「君子無終食之間違仁，是養生之真訣也。須識得此仁意象何如。」又問長生。應之曰：「朝聞道，夕死可矣。是長生也。長生不着落形體上。」其人惘然辭去。

○子曰：「士志於道，而恥惡衣惡食者，未足與議也。」

【考證】劉氏正義：士爲學人進身之階。荀子儒效篇：「匹夫問學，不及爲士，則不教也。」聖門弟子來學時多未仕，故夫子屢言士。而子張、子貢亦問士，皆循名責實之意。記言「士先志」，孟子言「士尚志」，又言「士志仁義，大人之事備」，仁義即此文所言道也。

【唐以前古注】皇疏引李充云：夫貴形骸之内者，則忘其形骸之外矣。是以昔之有道者有爲者乃使家人忘其貧，王公忘其榮，而況於衣食也。

【集注】心欲求道，而以口體之奉不若人爲恥，其識趣之卑陋甚矣，何足與議於道哉！

【餘論】論語或問：問：「恥惡衣惡食者，其爲未免於求飽求安之累者乎？」曰：「此固然也。然求飽與安者，猶有以適乎口體之實也。此則非以其不可衣且食也，特以其不美於觀聽而自恧焉。若謝氏所謂『食前方丈則對客泰然，疏食菜羹則不能出諸其户』者，蓋其識趨卑凡，又在求飽與安者之下矣。」

【發明】吕柟四書因問：季氏八佾舞於庭，三家以雝徹，犯分不顧，皆是恥惡衣惡食一念上起。此處最要見得，則能守得。反身録：近代焦弱侯受學於耿天臺先生之門，天臺以其根器邁衆，時與浹談，年餘未嘗及道。久之弱侯請問，天臺訝曰：「吾輩渾是俗骨，而言道乎？」夫以弱侯之深心大力，猶不驟以語及，況其下焉者乎？故學道者須先掃清俗念，而後可以言此。若天理人欲並行，未有能濟者也。劉源渌日記（經正録引）：子曰：「君子食無求飽，居無求安。」又曰：「士志於道，而恥惡衣惡食者，未足與議。」此義利之關，君子小人之別也。能透此關，而後可與共學。

按：自來贓污寇盜元凶大憝，其最初原因亦不過恥惡衣食耳。王沂公一生勳業皆自其「不在温飽」之一言發之也。故士須有子路緼袍不恥之風，而後始足以言道。

○子曰：「君子之於天下也，無適也，無莫也，義之與比。」

【考異】皇本「比」下有「也」字。天文本論語校勘記：古本、唐本、津藩本、正平本同。

【音讀】釋文：「適」，鄭本作「敵」。莫，鄭音慕。九經古義：古「敵」字皆作「適」。禮記雜記曰「赴於適者」，鄭注云：「適讀爲匹敵之敵。」史記范雎傳「功適伐國」，田單傳「適人開户」，李斯傳「羣臣百官皆畔不適」，徐廣皆音征敵之敵。荀卿子君子篇云：「天子四海之内無客禮，告無適也。」注讀爲敵。集注考證：比當作毗志反，如「周而不比」、「與射者比」，皆毗志反。「比死者」、「比化者」，皆必二反。朱子嘗因學者之問，欲改未及。論語古訓：爲論語音者，始于晉徐邈，此音非鄭本文。盧學士曰：「陸氏以其義，知其讀耳。」鄭以適爲敵者，古「敵」通作「適」。雜記「大夫訃於同國適者」，鄭注：「適讀爲匹敵之敵。」荀卿君子篇：「四海之内無客禮，告無適也。」楊注適讀爲敵。史記范雎傳「攻適伐國」，田單傳「適人開户」，李斯傳「羣臣百官皆畔不適」，徐廣俱音敵。是「適」通作「敵」也。鄭讀莫爲慕者，慕从心，莫聲。古本省作「莫」耳。

【考證】論語稽求篇：適莫與比皆指用情言。適者，厚也，親也。莫者，薄也，漠然也。比者，密也，和也。當情爲和，過情爲密，此皆字義之有據者。若曰君子之于天下何厚何薄何親何疏，惟義之所在與相比焉。國語司馬侯曰：「罔與比而事吾君矣。」與比二字，此爲確注。又正義于「子見南子」節疏云：「子路以爲君子當義之與比，不當見淫亂與比。」義與親亂，反覿更自明白。此節舊解無注，然舊儒解經自如此。羣經平議：以適莫爲富厚窮薄，其義至陋。釋文曰：「適，鄭本作『敵』，莫，鄭音慕，無所貪慕也。」此章大旨鄭讀得之。敵之言相當也，相當則有相觸迕之義，故方言曰：「適，牾也。」郭璞注曰：「相觸迕也。」無適之適當從此義，言君子之於天下無所適牾，無所貪慕，惟義是親而已。劉氏正義：敵當即仇敵之義。無敵無慕，義之與比，是言好惡得其正也。鄭氏專就事言。後漢書劉梁傳：「梁著和同論，云：『夫事有違而得道，有順而失義，有愛而爲害，有惡而爲美，其故何乎？蓋明智之所得，闇僞之所失也。是以君子之于事也，無適無莫，必考之以義焉。』」此義當與鄭合。又李固傳：「子爕所交，皆舍短取長，成人之美。時潁川荀爽、賈彪雖俱知名而不相能，爕並交二子，情無適莫。」白虎通諫諍篇：「君所以不爲臣隱何？以爲君之於臣，無適無莫，義之與比。賞一善而衆臣勸，罰一惡而衆臣懼。」風俗通十反篇：「蓋人君者，闢門開窗，號咷博求，得賢而賞，聞善若驚，無適也，無莫也。」諸文解適莫皆就人言。皇疏引范甯曰：「適莫猶厚薄也。比，親也。」范氏意似以適爲厚，莫爲薄。故邢疏即云：「適，厚也。莫，薄也。」此與鄭氏義異。疑李固傳及白虎通、風俗通皆如此解，則亦論語家舊説，於義並得通也。至邢疏又云：「言君子於天下之人無問富厚窮薄，但有義者則與之爲親。」其義淺陋，不足以知聖言矣。黄氏後案：鄭君與范説相反，其主待人言則同也。三國志魏陳羣傳：「君子在朝，無適無莫，雅仗名義，不以非道假人。」蜀蔣琬傳、吴顧雍傳兩言「心無適莫」，皆指待人言。古經説如此。依朱子説指行事言，是孟子所謂「言必信，行必果，惟義所在」也。謝氏無可無不可之説謬。

按：適莫，鄭主敵慕，邢疏主厚薄，俞氏主觸迕貪慕，皆指待人言。漢、魏解經先後一轍，觀下文比字可以知之。朱注指行事言，已屬隔膜。謝氏乃以此爲存心，其説雖本於韓李筆解，然不免差之毫釐謬以千里矣。

【唐以前古注】釋文引鄭注：莫，無所貪慕也。皇疏引范甯云：適莫，猶厚薄也。比，親也。君子與人無有偏頗厚薄，惟仁義之親也。

按：此章邢疏無注而皇本有之，曰「言君子之於天下無適無莫，無所貪慕也，唯義之所在也」云云，蓋何注也。劉寶楠疑爲妄人所增，兹不録。

筆解：韓曰：「無適，無可也。無莫，無不可也。惟有義者與相親比爾。」

【集注】適，專主也。春秋傳曰「吾誰適從」是也。莫，不肯也。比，從也。謝氏曰：「適，可也。莫，不可也。無可無不可，苟無道以主之，不幾於猖狂自恣乎？此佛老之學所以自謂心無所住而能應變，而卒得罪於聖人也。聖人之學不然，於無可無不可之間有義存焉。然則君子之心，果有所倚乎。」

按：宋儒好苛論人。謝氏於知者利仁章貶抑聖門，已屬非是；今又謗及佛老，更不可爲訓。子貢方人，孔子以爲不暇。至詁經之失，猶其小焉者也。

【別解】論語徵：無量壽經、華嚴經皆有「無所適莫」之文。華嚴經慧苑音義引漢書注曰：「適，主也。」爾雅曰：『莫，定也。』謂普于一切，無偏主親，無偏定疏。」澄觀疏曰：「無主定於親疏。」無量壽經慧遠義疏曰：「無適適之親，無莫莫之疏。」璟興連義述文贊曰：「適，親也。莫，疏也。」乃知適莫爲親疏，古來相傳之説。

按：此可備一義。

【餘論】南軒論語解：適莫，兩端也。適則有所必，莫則無所主，蓋不失之於此，則失之於彼，鮮不倚於一偏也。夫義，人之正路也。倚於一偏，則莫能遵於正路矣。惟君子之心無適也而亦無莫也，其於天下惟義之親而已。四書近指：今人皆將比義作用權看，不知此是君子有主之學，非以之與二字爲聽憑天下也。内以律身，外以律人，不論經權常變，務得其心之所是。比者，君了孤立於天下，他無所恃，恃此義耳。

按：此章程、朱派概以處事言，陸、王派概以存心言，均屬模糊影響之談，非聖人立言之旨。茲各節録一二，以見一斑，餘悉不録。

○子曰：「君子懷德，小人懷土。君子懷刑，小人懷惠。」

【考異】漢石經「刑」字作「荆」。張有復古編曰：「刑，从刀，幵聲。剄也。荆，从刀井，法也。」今經史皆通作「刑」。翟氏考異：説文：「荆，罰罪也。从井刀。」字義與「刑」有别，經典相承借用。學齋佔畢謂懷刑乃懷思典刑而則效之。字形既失，畸論遂緣之起矣。

【考證】説文：懷，思念也。楊慎丹鉛録：貢禹乞骸骨。元帝詔答之，引傳曰：「亡懷土。」黄氏所稱傳者，即論語「小人懷土」之文。易「小人」二字作「亡」，蓋嫌于以小人稱其臣也。後案：懷土，孔訓重遷，漢時師説如此，見於史記、漢書者此義甚多。韋賢傳：「嗟我小子，豈不懷土？庶我王寤，越遷於魯。」又敍傳班彪王命論以高祖沛人而都關中，而云「斷懷土之情」，皆引經之明顯者也。懷刑者，不愆不忘，率由舊章，兢兢焉恐踰先王之法度也。漢書霍、金同傳。金翁叔教誨有法度，霍子孟家有盈溢之欲，以取顛覆，是勳臣不可不懷刑也。後漢黨錮禍起，申屠蟠獨擅見幾之譽，則激濁揚清之士不可不懷刑也。論語傳注：重耳懷安敗名，殷民安土重遷，皆懷土也。韓信以捐地會兵，陳豨將爲多陷，皆懷惠也。

【集解】孔曰：「懷，安也。懷土重遷也。懷刑，安於法也。」包曰：「惠，恩惠也。」

【唐以前古注】皇疏：又一説云：「君子者，人君也。小人者，民下也。上之化下，如風靡草。君若化民安德，則民下安其土，所以不遷也。人君若安於刑辟，則民下懷利惠也。」又引李充云：凡言君子者，德足軌物，義兼君人，不唯獨善而已也。言小人者，向化從風，博通下民，不但反是之謂也。故曰「君子之德風，小人之德草」也。此言君導之以德，則民安其居而樂其俗，鄰國相望而不相與往來，化之至也。是以太王在岐，下輦成都，仁政感民，猛虎弗避，鍾儀懷土而謂之君子，然則民之君子，君之小人也。斯言例也，齊之以刑，則民惠利矣。夫以刑制物者，刑勝則民離。以利望上者，利極則生叛也。筆解：韓曰：「德難形容，必示之以法制。土難均平，必示之以恩惠。上下二義，轉相明也。」

【集注】懷，思念也。懷德，謂存其固有之善。懷土，謂溺其所處之安。懷刑，謂畏法。懷惠，謂貪利。君子小人趣向不同，公私之間而已矣。

【別解】羣經平議：此章之義自來失之。君子，謂在上者。小人，謂民也。懷者，歸也。詩匪風篇「懷之好音」，皇矣篇「予懷明德」，毛傳竝曰：「懷，歸也。」泮水篇「懷我好音」，鄭箋曰：「懷，歸也。」韋昭注國語，杜預注左傳竝有此文，是懷之訓歸固經傳之達詁。禮記緇衣篇「私惠不歸德」，鄭注曰：「歸或爲懷。」文選上林賦「悠遠長懷」，郭璞曰：「懷亦歸，變文耳。」皆古人以懷爲歸之證。公冶長篇「少者懷之」，孔曰：「懷，歸也。」然則此懷字亦可訓歸矣。「君子懷德，小人懷土」者，言君子歸於德，則小人各歸其鄉土。老子曰「甘其食，美其服，安其居，樂其俗，鄰國相望，雞狗之聲相聞，民至老死不相往來」是也。「君子懷刑，小人懷惠」者，言君子歸於刑，則小人歸於他國慈惠之君。孟子曰「民之歸仁也，猶水之就下，獸之走壙也。故爲淵敺魚者，獺也。爲叢敺爵者，鸇也。爲湯、武敺民者，桀與紂也」是也。此章之義，以懷德懷刑對舉相形，欲在位之君子不任刑而任德也。夫安土重遷，人之常情，小民於其鄉土，豈無桑梓之念？故泰山之婦，因無苛政而不去，此即所謂小人懷土也。惟上之人荼毒其民，使之重足而立，而忽聞鄰國之君有行仁政者，則舊都舊國之思不敵其樂國樂郊之慕，而懷土者變而懷惠矣。説此章者皆不得其義。若從舊説，則何不曰君子懷德懷刑，小人懷土懷惠。亦足見君子小人所安之不同，而何必錯綜其文乎？

【別解二】論語意原：上有德，則禮義明，教化行，固君子之所安也。上有刑，則善有所恃，惡有所懼，亦君子之所安也。小人則不然，有土以居之，則苟安重遷，德則非所知也。有惠以私之，則樂其所養，刑則非其所利也。君子小人識慮之遠近，用心之公私，於此分矣。當時之君既無德政，又無刑章，何以安君子。争城争地，民不得一日安其居，重征厚斂，未嘗有以惠其下，又無以安小人矣。君子小人皆失其所，是以微示傷歎之意也。

按：以上兩説均以君子小人指位言之，本李充舊説也。論語訓云：「李説美矣。然以懷刑爲用刑，未爲得也。懷，思也。思刑者，思刑罰之當否，故民懷其惠政。」蓋亦主此説者。

【餘論】四書辨疑：既以懷爲思念，而於通解處却不全用思念之意。四懷字之説意各不同，四者之事亦不相類。懷德解爲存其固有之善，懷刑解爲畏法，存是存在，畏是畏懼，皆與思念意不相干。所謂固有之善者，蓋以德爲自己之德也。四者之中，土刑惠皆在己身之外，惟此却爲己所固有之物，事不相類。所謂畏法者，蓋以刑爲刑罰之刑也。四者之中，德土惠皆在人心所欲，惟此却爲人所畏避之物，意亦不倫。德不可説爲自己之德，刑與德皆當歸之於國家。德與「德之流行」之德同，蓋謂國家之仁政也。刑與「刑于四海」之刑同，蓋謂國家之法則也。

【發明】松陽講義：學者讀這章書，要知我一箇懷便是君子小人分途處。今人説了君子，誰不豔慕？説了小人，誰不羞愧？然誠内自省，能信得過是君子不是小人麽？即就舉業論之，今日大家讀書，還是要講求聖賢義理，身體力行，上之繼往開來，次之免於刑戮乎？抑只要苟且悦人，求保門户，求取功名富貴乎？若只從保門户起見，便是懷土。若只從取功名富貴起見，便是懷惠。是終日讀書，終日只做得小人工夫。這箇念頭熟了，一旦功名富貴到手，不是將書本盡情抛却，徹内徹外做箇小人，便是將聖賢道理外面粉飾，欺世罔人，敗壞世道，病根都是從習舉業時做起的，豈不可歎！

按：此章言人人殊。竊謂當指趨向言之。君子終日所思者，是如何進德修業，小人則求田問舍而已。君子安分守法，小人則惟利是圖，雖蹈刑辟而不顧也。未知然否。

○子曰：「放於利而行，多怨。」

【音讀】黄氏後案：説文放本訓逐。驅逐、追逐皆爲放，放利即逐利也。放縱、放棄之義亦從放逐引申，今讀去聲。依放之放今讀上聲，或作仿字，古無是分別也。

【考證】荀子大略篇：故義勝利者爲治世，利克義者爲亂世。上重義則義克利，上重利則利克義，故天子不言多少，諸侯不言利害，大夫不言得失，士不通貨財，有國之君不息牛羊，錯質之臣不息雞豚，冢卿不修幣，大夫不爲場園，從士以上皆羞利而不與民爭業，樂分施而恥積臧，然故民不困財，貧窶者有所竄其手。　四書賸言：論語「放於利而行」，孔安國曰：「放，依也。」然並無他據。後見檀弓「梁木其壞，則吾將安放」，鄭注有云：「梁木，衆木所放，謂榱桷皆依梁以立，比之衆之依夫子。」始知俗以安放爲安效者誤也。

【集解】孔曰：「放，依也。每事依利而行，取怨之道。」

【集注】孔氏曰：「放，依也。多怨，謂多取怨。」程子曰：「欲利於己，必害於人，故多怨。」

【餘論】四書詮義：貪利之人，義理所不知畏矣，故以多怨惕之。

【發明】朱子語類：凡事祇認己有便宜處做，便不恤他人，所以多怨。　四書訓義：世之衰也，天下日相尋於怨，大之爲兵戎，小之爲爭訟，迨其怨之已成，而不能相下也。則見爲氣之不能平，而機之相爲害，乃夫子窮其致怨之本而推言之曰：夫人亦何樂乎怨人，而亦何樂乎人之怨己哉？乃上下相怨而忘乎分，親戚相怨而忘乎情，乃至本無夙恨自可以相安之人，而成乎不可解之忿者，何其多也！放於利者，豫擬一利以爲準，因是而或行或止，必期便於己而有獲者，乃爲之曲折以求其必遂，則己之益人之損，己之得人之失，雖假爲之名，巧爲之術，人既身受其傷，未有能淡然相忘者焉。激之而氣不可抑，相制相挾而機不可測，則無所往而不得怨焉，實自此始也。故君子欲静天下之争以反人心於和平，無他，以義裁利而已矣。　嶺雲軒瑣記：有因置産與售者爭論紛然，其子在傍曰：「大人可增少金，吾輩他日賣時亦得善價。」世上愚夫原可唤醒，無如欲占便宜之心不能禁止，坐看得人我太分明耳。不知人我在天地間皆偶然之幻相，任多便宜失便宜，其實兩無加損，有蓋棺之日在也，是則同。又云：見丐者號於途，見餓者僵於室，不肯出一錢以畀之者，分界太明，謂我財非彼所得而用之也。試問貲積如山，内中能盡不落他人手否？何妨先看得徹，稍存惻隱之心哉！

按：利己是世人通病，李氏所言最足發人深省。

論語集釋卷八

里仁下

○子曰：「能以禮讓爲國乎？何有？不能以禮讓爲國，如禮何？」

【考異】後漢書劉般傳：賈逵上書曰：「孔子稱能以禮讓爲國，於從政乎何有？」列女傳：曹世叔妻上疏曰：「論語曰：『能以禮讓爲國，於從政乎何有？』」

按：毛氏四書賸言云：「漢時論語必有多『於從政』三字者。且於本文較明白。或云是古論、齊論本，非魯論本，然亦不可考矣。」

【考證】左襄十三年傳：君子曰：「讓，禮之主也。世之治也，君子尚能而讓其下，小人農力以事其上，是以上下有禮，而讒慝黜遠，由不争也。謂之懿德。及其亂也，君子稱其功以加小人，小人伐其技以馮君子，是以上下無禮，亂虐並生，由争善也。謂之昏德。國家之敝，恒必由之。」禮運：何謂人情？喜怒哀懼愛惡欲七者弗學而能。何謂人義？父慈、子孝、兄良、弟弟、夫義、婦聽、長惠、幼順、君仁、臣忠十者謂之人義。講信修睦謂之人利，争奪相殺謂之人患。故聖人之所以治人七情，修十義，講信修睦，尚辭讓，去争奪。舍禮，何以治之？管子五輔篇：夫人必知禮然後恭敬，恭敬然後尊讓，尊讓然後少長貴賤不相踰越，故亂不生而患不作，故曰禮不可不謹也。　荀子禮論篇：人生而有欲，欲而不得，則不能無求。求而無度量分界，則不能不争。争則亂，亂則窮。先王惡其亂也，故制禮義以分之，以養人之欲，給人之求，使欲必不窮於物，物必不屈於欲，兩者相持而長，此禮之所由起也。

【集解】何有者，言不難也。包曰：「如禮何者，言不能用禮也。」

【唐以前古注】皇疏引江熙云：范宣子讓，其下皆讓之。人懷讓心，則治國易也。不能以禮讓，則下有争心，錐刀之末，將盡争之，惟利是恤，何遑言禮也？

【集注】讓者，禮之實也。何有，言不難也。言有禮之實以爲國，則何難之有。不然，則其禮文雖具，亦且無如之何矣，而況於爲國乎？

【餘論】讀四書大全説：雙峰以下諸儒將禮讓對争奪説，朱子原不如此。本文云如禮何，言其有事於禮而終不得當也。乃云上下之分不得截然不奪不饜，若到此豈但不能如禮何，而禮亦直無如此人此世界何矣。此章乃聖人本天治人，因心作極，天德王道之本領。此所謂有關雎、麟趾之精意，而後周官之法度可行也。豈但上下截然不奪不攘之謂哉！湯之聖敬日躋，文之小心翼翼，皆此謂也。其非訓詁之儒所得與知宜矣。

【發明】四書訓義：國之所與立者，禮也。禮之所自生者，讓也。無禮則上下不辨，民志不定，而争亂作，亦終不足以保其國矣。蓋合一國爲一心，則運之不勞。而欲合一國之心，則唯退以自處，而可容餘地以讓人，此先王制禮之精意，感人心於和平，而奠萬國於久安長治之本，言治者其可忽乎？

○子曰：「不患無位，患所以立。不患莫己知，求爲可知也。」

【考異】皇本「不患莫己知」下有「也」字。王符潛夫論貴忠篇引孔子曰：「不患無位，患己不立。」

【考證】劉氏正義：或謂「立」與「位」同，上二句兩「位」字，與下二句兩「知」字文法一例。漢石經春秋「公即位」作「即立」。周官小宗伯「掌建國之神位」，故書「位」作「立」。鄭司農云：「古立、位同字。」患所以位，謂患己所以稱其位者。」此説亦通。

【集解】包曰：「求善道而學行之，則人知己也。」

【集注】所以立，謂所以立乎其位者。可知，謂可以見知之實。

【别解】容齋隨筆：説者皆以爲當求爲可知之行。唯謝顯道云：「此論猶有求位求可知之道在。至論則不然，難用而莫我知，斯我貴矣，夫復何求？」予以爲君子不以無位爲患，而以無所立爲患；不以莫己知爲患，而以求爲可知爲患。第四句蓋承上文言之，夫求之有道，若汲汲然求爲可知，則亦無所不至矣。

【餘論】此木軒四書説：患無位，謂不得其位，則無以行道而濟民，故教之以患所以立，正爲所以立者之難，如漆雕開言「吾斯之未能信」是也。患莫知，亦是謂道德學問必以人知爲驗，故欲人知己之有此具也。教之以求爲可知，正懼聲聞過情，惟務實之爲急。若夫志在富貴，但求邦家必聞者，蓋將無所不至，豈復可與言患所以立、求爲可知哉？ 黄氏後案：位之所以立，上則經天緯地，下則移風易俗，固難也。事無不可對人言，乃稱可知否，則屋漏之愧，惟恐十目十手之指視，則可知難。士君子行事非徒取信一時，必使百世俟聖而不惑，以此言可知則尤難。左傳載狼瞫之言曰：「謂上不我知，黜而宜，乃知我矣。」此雖怒言，實爲至言。人有所學不全而見黜者，非人之不知我，乃人之知我也。然則學者能返己自問，其自治不暇也明矣。此經恉也。謝顯道疑此經非聖人之至論，駁謝者謂聖人就名利以誘人，二説皆非。經明言不患無位，不患莫己知，尚謂就名利以誘人乎？ 具濟世之猷，不求世之用己也；修足譽之德，不求人之譽己也，尚謂非聖人至論乎？ 君子之於位與名，聽其自至而已，避之與急求之皆非也。

○子曰：「參乎！吾道一以貫之。」曾子曰：「唯。」

【考異】皇本「貫」下有「哉」字。

【音讀】釋文：參，所金反，又七南反。 九經字樣：説文曑音森，隸省作「曑」，與「參」字不同。參音驂，從厽。今經典相承通作「參」。 增修禮部韻略：曾參字子輿，蓋取驂乘之義，音當讀驂。 翟氏考異：孝經「參不敏」，音義本作「曑」字，所林切。合唐氏字樣説，曾子名字應作曑，音讀森。乃説文「曑」下但云「商星也」，不及曾子名。而「森」下云：「讀若曾參之參。」則曾子實名參矣。 大戴禮衞將軍篇：「曾參之行也。」又以「參」作「叅」。漢唐扶頌「家有㕘、驂」，陳君閣道碑「行同㕘、騫」皆然。參可讀驂，㕘不可讀森也。毛氏據㕘音，謂曾子之所以字輿取此，其説尚不爲穿鑿。陸氏兩釋之，蓋當時已不能辨定其一是矣。徐官印史謂曾子名當讀如「參前倚衡」之參，故字子輿。參前，包氏訓參然在目前，釋文惟所金一音，至朱子始改讀七南。「參前倚衡」復屬兩段義，何可以證其當字子輿？謬悠之言，更不足取。

【考證】王念孫廣雅疏證：衞靈公篇：「子貢問曰：『有一言而可以終身行之者乎？』子曰：『其恕乎？』」里仁篇：「子曰：『吾道一以貫之。』」一以貫之即一以行之也。荀子王制篇云：「爲之貫之。」貫亦爲也。漢書谷永傳云：「以次貫行，固執無違。」後漢書光武十王傳云：「奉承貫行。」貫亦行也。爾雅：「貫，事也。」事與行義相近，故事謂之貫，亦謂之服；行謂之服，亦謂之貫矣。　揅經室集：論語貫字凡三見，曾子之一貫也，子貢之一貫也，閔子仍舊貫也。此三貫字其訓不應有異。按貫，行也，事也。（爾雅「貫，事也」，廣雅「貫，行也」，詩「三歲貫汝」，周禮「使同貫利」，傳注皆訓爲事。）孔子呼曾子告之曰：「吾道一以貫之。」此言孔子之道皆於行事見之，非徒以文學爲教也。一與壹同，一以貫之，猶言壹是皆以行事爲教也。弟子不知所行爲何道，故曾子曰：「夫子之道，忠恕而已矣。」此即中庸所謂「忠恕違道不遠」，乃庸德庸言，言行相顧之道也。此即曾子本孝篇所謂「忠爲孝之本」，衞將軍文子篇所云曾子中夫孝弟忠信四德之道也。此皆聖賢極中極庸極實之道，亦即天下古今極大極難之道也。若云賢者因聖人一呼之下即一旦豁然貫通焉，此似禪家頓宗冬寒見桶底脱大悟之旨，而非聖賢行事之道也。　洪頤煊讀書叢録：論語一貫之旨，兩見於經。宋儒謂一貫爲孔門不傳之秘，惟曾氏得其真詮，端木氏次之，其餘不可得聞。此其説非也。按爾雅釋詁云：「貫，事也。」又云：「貫，習也。」古人解貫字皆屬行説，即孔子所謂道也。曾氏以忠恕解一貫，忠即是一，恕即是貫。恕非忠不立，忠非恕不行，此皆一貫之義，非忠恕之外别有一貫之用也。孔子因能行者少，故偶呼曾氏以發之。吕氏春秋云：「亡國之主一貫。」説文引董子云：「一貫三爲王。」莊子德充符云：「以可不可爲一貫。」是一貫亦當時常語，非果有不傳之秘也。焦循雕菰樓集：孔子言「吾道一以貫之」，曾子曰「忠恕而已矣」，然則一貫者，忠恕也。忠恕者何？成己以及物也。孔子曰：「舜其大知也與？舜好問而好察邇言，隱惡而揚善，執其兩端，用其中於民。」孟子曰：「大舜有大焉，善與人同。舍己從人，樂取於人以爲善。」舜於天下之善無不從之，是真一以貫之，以一心而容萬善，此所以大也。又云：孟子曰：「物之不齊，物之情也。」惟其不齊，則不得以己之性情例諸天下之性情，即不得執己之所習所學所知所能例諸天下之所習所學所知所能，故有聖人所不知而人知之，聖人所不能而人能之。知己有所欲，人亦各有所欲；己有所能，人亦各有所能。聖人盡其性以盡人物之性，因材而教育之，因能而器使之，而天下之人共包含於化育之中。致中和，天地位焉，萬物育焉。是故「人之有技，若己有之」，保邦之本也。「己所不知，人其舍諸」，舉賢之要也。「知之爲知之，不知爲不知」，力學之基也。克己則無我，無我則有容天下之量。有容天下之量，以善濟善，而天下之善揚；以善化惡，而天下之惡亦隱。貫者，通也，所謂通神明之德，類萬物之情也。惟事事欲出乎己，則嫉忌之心生；嫉忌之心生，則不與人同而與人異；不與人同而與人異，執一也，非一以貫之也。孔子又謂子貢曰：「女以予爲多學而識之者與？」曰：「然，非與？」曰：「非也，予一以貫之。」聖人惡乎不知而作者，曰：「多聞，擇其善者而從之，多見而識之，知之次也。」次者，次乎一以貫之者也。多學而後多聞多見，多聞多見，則不至守一先生之言執一而不博。然多仍在己，未嘗通於人。未通於人，僅爲知之次而不可爲知。必如舜之舍己從人而知乃大。不多學則蔽於一曲，雖兼陳萬物而縣衡無其具。乃博學則不能皆精，吾學焉而人精焉，舍己以從人，於是集千萬人之知以成吾一人之知，此一以貫之所以視多學而識者爲大也。孔子非不多學而識，多學而識不足以盡，若曰我非多學而識者也，是一以貫之也。多學而識，成己也。一以貫之，成己以及物也。僅多學而未一貫，得其半未得其全，故非之。

張甄陶四書翼注論文：此章道理最平實，是以盡心之功告曾子，非以傳心之妙示曾子。曾子之唯是用力承當，與顏子「回雖不敏，請事斯語」口氣一同，不是釋迦拈花，文殊微笑。忠恕而已，是直截切指，與門人共證明此第一義，不是將一貫之語移下一層。蓋曾子年最少，夫子没時年方二十九。一以貫之非他，從心所欲不踰矩也。夫子亦三十而立，曾子此時安有此水到渠成瓜熟蒂落氣候，夫子遽付以秘密心印？且曾子至死尚戰戰兢兢，何曾得夫子此言便是把柄入手，縱横貫串無不如意？故謂此章夫子以盡心之功告曾子則是，以傳心之妙示曾子則非。

按：一貫之義，自漢以來不得其解，兹故雜引諸家之説以資參考，而張氏甄陶所説尤精。考史記弟子傳「曾子少孔子四十六歲」，孔子卒時，曾子年不及三十。以云大澈大悟，似尚非其時，何秘密傳授心印之有？

又按：朝聞道夕死可，集解、義疏不以之申道家之説，而此章集注獨借此大談理學，此不特可定三書之優劣，且益信古今人果不相及也。

【集解】孔曰：「直曉不問，故答曰唯。」

【唐以前古注】皇疏：道者，孔子之道也。貫，猶統也。譬如以繩穿物，有貫統也。孔子語曾子曰：吾教化之道，唯用一道以貫統天下萬理也。又引王弼云：貫，猶統也。夫事有歸，理有會。故得其歸，事雖殷大，可以一名舉。總其會，理雖博，可以至約窮也。譬猶以君御民，執一統衆之道也。

【集注】「參乎」者，呼曾子之名而告之。貫，通也。唯者，應之速而無疑者也。聖人之心渾然天理，而泛應曲當，用各不同。曾子於其用處蓋已隨事精察而力行之，但未知其體之一爾。夫子知其真積力久，將有所得，是以呼而告之。曾子果能默契其指，即應之速而無疑也。

【餘論】朱子語類：一以貫之，猶言以一心應萬事。又云：曾子未聞一貫之前，見聖人千頭萬緒都好，不知皆是此一心做來。及聖人告之，方知皆從此一大本中流出，如木千枝萬葉都是此根上生氣流注去貫也。又云：問理一分殊。曰聖人未嘗言理一，多衹言分殊。蓋能於分殊中事事物物理會得其當然，然後知理本一貫，不知萬殊各有一理而徒言理一，不知理一在何處。聖人教人學者終身從事，祇要得事事物物各知其所當然而得其所以然，祇此便是理一矣。若曾子不曾理會得萬殊之理，則所謂一貫者亦無可貫。蓋曾子知萬事各有一理，而未知萬理本乎一理，故聖人指以語之，曾子是以言下有得，發出忠恕二字，極爲分明。且知禮儀三百，威儀三千，是許多事，爲何要理會？如曾子問問禮之曲折如此，便是理會得川流處方見得敦化處耳。孔子於鄉黨，從容乎此者也。學者戒謹恐懼而謹獨，所以存省乎此者也。格物者，窮究乎此者也。致知者，真知乎此者也。能如此著實用功，而理一之理自森然於中，一一皆實，不虚頭説矣。

按：朱子之説一貫，以爲猶一心應萬事是也。而欲以理貫之，則非也。理者，佛家謂之障，非除去理障不見真如，如何貫串得來？

讀四書大全説：潛室倒述易語，錯謬之甚也。易云：「同歸殊途，一致百慮。」是一以貫之。若云「殊途同歸，百慮一致」，則是貫之以一也。釋氏萬法歸一之説，正從此出。此中分別，一線千里。「同歸殊塗，一致百慮」者，若將一粒粟種下，生出無數粟來，既天理之自然，亦聖人成能之事也。其云「殊途同歸，百慮一致」，則是將太倉之粟倒併作一粒，天地之間，既無此理，亦無此事。而釋氏所以云爾者，只他要消滅得者世界到那一無所有底田地，但留此石火電光依稀若有者謂之曰一。已而並此一而欲除之，則又曰一歸何處，所以有蕉心之喻，芭蕉直是無心也。若夫盡己者，己之盡也。推己者，己之推也。己者同歸一致，盡以推者殊塗百慮也。若倒著易文説，則收攝天下固有之道而反之，硬執一己以爲歸宿，豈非三界唯心萬法唯識之唾餘哉？比見俗儒倒用此二語甚多，不意潛室已爲之作俑。　方東樹儀衛軒遺書：一貫之義，兼知行而言，非真用功造極人不能真知。即彊説之，祇是知解，不是心得。此事與禪學次第相似。蓋道術不同，而功候無異，即一切百工技藝文學之事，莫不皆有此候，如斵輪承蜩可見。但聖賢所授受又廣大精微，非尋常所能喻耳。若以知解求之，莫如杜元凱「冰釋理順」四字及前人水漚之喻，而張薦明之論鼓音亦可相發。要其事則必俟實力躬踐，久而功到始知之。蓋自以閱歷參差異同不之齊故，千山萬水，今始會通，覿面相呈，祇可自喻，難遽以語人。蓋此自是得之候，非學之候，兼知行而言之也。故曾子亦難以語門人，而特告之以要約，使自求而得之。　東塾讀書記：宋儒好講一貫，惟朱子之説平實。語類云：「嘗譬之一便如一條索，那貫底物事便如許多散錢，須是積得這許多散錢了，却將那一條索來串穿，這便是一貫。」若陸氏之學，只是要尋這一條索，却不知道都無可得穿。今人錢也不識是甚麽，錢有幾箇孔。良久曰：「公没一文錢，只有一條索子。」困學紀聞云：「孔門受道唯顔、曾、子貢。」自注云：「子貢聞一以貫之之傳，與曾子同。」澧謂必以一貫爲受道，論語二十篇中無夫子告顔一貫之語也，何以顔子亦受道乎？顔子自言「夫子博我以文，約我以禮」，此爲受道無疑矣，此即一貫無疑矣。然第六篇子曰：「君子博學於文，約之以禮，亦可以弗畔矣夫。」第十二篇子曰：「博學於文，約之以禮，亦可以弗畔矣夫。」邢疏云：「弟子各記所謂，故重載之。」然則顔子所受博文約禮之道，諸弟子所共聞，豈單傳密授哉？　義門讀書記：曾子年甚少，夫子亦示之知本，使不求之汗漫耳。一唯之後，正有事在，非傳道已畢也。其應之速而無疑，則以平日篤學，事事反身切己，故涣然得其本耳。後人看做通身汗下，一悟百了，則異端之高者猶不肯云爾也。論語集注補正述疏：或曰：中庸言孔子告哀公矣，其言政之有九經也，言三達德之行五達道也，皆曰所以行之者一也，是一以貫之也。雖哀公愚且柔，亦以告也，安待曾子與子貢邪？然告哀公者尊君也，豈門人比乎？而哀公終不喻矣。且時雨之化，適於曾子與子貢發焉，豈謂其餘必不及此乎？或曰：皇疏云：「貫，猶統也。吾惟一道以貫統天下萬理也。」王弼曰：「能盡理極，則無物不統。極不可二，故謂之一也。」此王説，本老子言得一者而言之爾，猶其以清譚釋易也。今朱子由王説而小變之，近清譚矣。釋詁云：「貫，事也。」廣雅云：「貫，行也。」行與事相因也。漢書谷永傳云：「以次貫行。」由是言之，一者，壹是也。今孔子告曾子，言吾道壹是皆以行之也。門人不知所行道爲何，故曾子以忠恕告焉。若孔子告子貢者，言非爲多學而識之，壹是皆以行之也。其説似矣。此本阮氏元而參之王氏念孫也。漢學家稱之矣。然道在行事，二三子宜即告也，門人皆在，何爲獨呼曾子以告乎？夫孔子稱予學而問子貢也，則子貢當從學久矣。其曰：「女以予爲多學而識之者與？」而乃對曰：「然，非與？」是子貢久學，竟未決言有行也，豈不知弟子行有餘力者乎？

子出，門人問曰：「何謂也？」曾子曰：「夫子之道，忠恕而已矣。」

【考異】風俗通義過譽引孔子曰：「君子之道，忠恕而已。」金樓子立言篇亦以「君子之道，忠恕而已矣」爲孔子語。

【考證】朱彝尊曝書亭集：歐陽子曰：「受業者爲弟子，受業於弟子者爲門人。」論語爲孔子而作，所云門人皆受業於弟子者也。「顔淵死，門人厚葬之」，此顔子之弟子也。「子出，門人問」，此曾子之弟子也。「子疾病，子路使門人爲臣」，又「門人不敬子路」，此子路之弟子也。「子夏之門人問交於子張」，此子夏之弟子也。孟子「門人治任將歸，入揖於子貢」，此子貢之弟子也。孔子曰：「自吾得回而門人日親。」回，無繇之子，本門人也，而列爲弟子，此門人所以日親也。「孔子既殁，門人疑所以服」，禮，弟子之於師，心喪三年，無可疑也，疑所以服者，門人之服也。東漢孔伷碑陰有門生，復有弟子，此門人弟子之别也。四書拾遺：曾子弟子有陽膚，見包咸注，沈猶行、公明高、子襄見趙岐注，樂正子春見鄭康成注，檀弓見胡寅注，單居離見大戴禮記注，公明宣見劉向説苑。又祭義云：「公明儀問於曾子曰：『夫子可以爲孝乎？』」孔穎達以爲曾子弟子是也。金鶚求古録：此説非也。古人著書自有體例，論語一書，凡孔子弟子皆稱門人，其非孔子之弟子則異其辭，如「子夏之門人問交於子張」，「曾子有疾，召門弟子」，不直稱門人，所以别於孔子弟子也。夫子語曾子以一貫，此時曾子在夫子門，不得率其門人同侍，則問於曾子者，必夫子門人也。

按：朱氏之説本於邢疏，然曾子與夫子問答時年尚幼，未必即有門人，此門人仍當屬之夫子，金氏之説義較長。

日知録：元戴侗作六書故，其訓忠曰：「盡己致至之謂忠。語曰：『爲人謀而不忠乎？』又曰：『言思忠。』記曰：『喪禮，忠之至也。』又曰：『祀之忠也，如見親之所愛，如欲色然。』又曰：『瑕不揜瑜，瑜不揜瑕，忠也。』傳曰：『上思利民，忠也。』又曰：『小大之獄雖不能察，必以情，忠之屬也。』孟子曰：『自反而仁矣，自反而有禮矣，其横逆由是也，君子必自反也，我必不忠。』觀於此數者，可以知忠之義矣。反身而誠，然後能忠。能忠矣，然後由己推而達之家國天下，其道一也。」其訓恕曰：「推己及物之謂恕。己欲立而立人，己欲達而達人，施諸己而不願，亦勿施於人，恕之道也。充是心以往達乎四海矣。故曰：『夫子之道，忠恕而已矣。』『忠也者，天下之大本也。恕也者，天下之達道也。』子貢問曰：『有一言而可以終身行之者乎？』子曰：『其恕乎！』夫聖人者何以異於人哉？知終身可行，則知一以貫之之義矣。」全祖望經史問答：一貫之説，不須注疏，但讀中庸便是注疏。一者，誠也。天地一誠而已矣，其爲物不貳，則其生物不測。「維天之命，於穆不已」，天地之一以貫之者也。誠者非自成己而已也，所以成物也。成己，仁也。成物，知也。性之德也，合外内之道也。故時措之宜也，聖人之一以貫之者也。忠恕違道不遠，施諸己而不願，亦勿施於人，學者之一以貫之者也。其謂聖人不輕以此告弟子，故惟曾子得聞之，次之則子貢。畢竟曾子深信，子貢尚不能無疑。蓋曾子從行入，子貢從知入。子貢而下遂無一得豫者，則頗不然。子貢之遜於曾子固矣，然哀公，下劣之主也。子之告之則曰：「天下之達道五，達德三，所以行之者一也。」又曰：「凡爲天下國家有九經，所以行之者一也。」一以行之，即一以貫之也。哀公尚能聞此奥旨，曾謂七十子不如哀公乎？其謂子貢自知入不如曾子自行入，則以多學而識之問原主乎知。然此亦未可以概子貢之生平而遽貶之，觀其問一言而可以終身行，則非但從事於知者矣。聖人告之以恕，則忠在其中矣。亦豈但子貢哉，仲弓問仁，子之告之不出乎此。「出門如見大賓，使民如承大祭」，敬也，即忠也。不欲勿施，恕也。曾謂七十子更無聞此者乎？故萬物一太極，一物一太極，一本萬殊，一貫萬分，諸儒之説，支附葉連，其文繁冗，其理轉晦，而不知在中庸已大揭其義也。蓋聖人於是未嘗不盡人教之，而能知而蹈之者則希。惟曾子則大醇而授之，子思卒闡其旨，以成中庸，是三世授受之淵源也。誰謂聖人秘其説者？故仲孫何忌問於顏子一言而有益於知，顏子答曰：「莫如豫。」一言而有益於仁，顏子曰：「莫如恕。」然則不特孔子以告哀公也。曾謂七十子不如仲孫乎？　潘氏集箋：趙春沂謂一毌之旨，或曰兼體用，或曰兼知行，或又曰一爲忠，毌爲恕，此皆不明六書之誼者也。説文：「毌，穿物持之也。从一横毌。」一者何？惟初大始，道立于一，故曰一達謂之道。此一毌之指，無可易者。今且即説文六書之例推之，文从一者，一在上爲天，在下爲地。如亟从二在天地之間，不字从一，一猶天也；至字从一，一猶地也；故古文丄丅字皆从一从丨者，上下通也。此非一毌之謂乎？士，事也。數始于一終于十，孔子曰：「推十合一爲士。」一者，道也。此非一毌之謂乎？十，數之具也。一爲東西，丨爲南北，則四方中央備矣。一丨而四方中央以備，此又非一毌之謂乎？且忠恕二字皆从心，六書之例又或以一爲心，如音聲生于心，有節于外謂之音，从言含一，一即心也，是忠恕之爲一毌與六書誼合。此證之説文而可通者也。

【唐以前古注】皇疏引王弼云：忠者，情之盡也。恕者，反情以同物者也。未有反諸其身而不得物之情，未有能全其恕而不盡理之極也。能盡理極，則無物不統。極不可二，故謂之一也。推身統物，窮類適盡，一言而可終身行者，其唯恕也。筆解：韓曰：「説者謂忠與恕一貫無偏執也。」李曰：「參也魯，是其忠也。參至孝，是其恕也。仲尼嘗言忠必恕，恕必忠，闕一不可，故曾子聞道一以貫之，便曉忠恕而已。」

按：宋相臺本、岳本此節下有集解云：「忠以事上，恕以接下。本一而已，惟其人也。」其注諸本並無，蓋後人所增。論語古訓云：「此注今各本缺，惠徵君從相臺、岳本校補。」

【集注】盡己之謂忠，推己之謂恕。而已矣者，竭盡而無餘之辭也。夫子之一理渾然而泛應曲當，譬則天地之至誠無息而萬物各得其所也。自此之外固無餘法，而亦無待於推矣。曾子有見於此而難言之，故借學者盡己推己之目以著明之，欲人之易曉也。蓋至誠無息者，道之體也，萬殊之所以一本也。萬物各得其所者，道之用也，一本之所以萬殊也。以此觀之，一以貫之之實可見矣。（或曰：「中心爲忠，如心爲恕。」於義亦通。）

按：十駕齋養新録云：「中心曰忠，如心曰恕。見周禮大司徒疏。歐陽守道謂二語本之王安石字説，非六書本義。宋儒不讀注疏，其陋如此。」

【餘論】真德秀四書集編：天地與聖人祇是一誠。天地祇一誠而萬物自然各遂其生，聖人祇一誠而萬事自然各當乎理，學者未到此地位，且須盡忠恕。誠是自然之忠恕，忠恕是著力之誠。孔子告曾子以一貫本是言誠，曾子恐門人未知，故降下一等，告以忠恕，要之忠恕盡處即是誠。　四書辨疑：東坡以爲一以貫之難言也，非門人之所及，故告之以忠恕。又楊龜山、游定夫親受説於程子，亦不免其爲疑，皆以忠恕爲姑應門人之語。王滹南辨惑惟取東坡、楊、游之説爲正，予與滹南意同。蓋當時問者必非曾門高弟子，曾子以其未可以語一貫之詳，故以違道不遠之忠恕答之也。　薛瑄讀書録：忠如水之源，恕如水之流。一忠做出千百箇恕，一源流出千百道水，即忠恕而一貫之旨明矣。自然體立用行者，聖人之忠恕也。盡己推己者，學者之忠恕也。曾子言「夫子之道，忠恕而已矣」，非謂學者盡己爲忠，推己爲恕也。姑借忠以明一之體，借恕以明貫之用，故知盡己推己其施無窮，則知一貫之理無不盡矣。　四書詮義：夫非從事於忠恕者其積力久幾於會通，則未易知一貫。故曾子之告門人也，則借學者忠恕之事，以著明夫子之道。第一貫之旨非言語所易形容，而忠恕功夫則學者所當從事，故姑即此以明之。使其於忠恕而力行之焉，則一貫之道亦不待外求而可以循至矣。

按：此章之義，約之不外一貫即在忠恕之中及在忠恕之外二説。余終以東坡之論爲然。明、清諸儒亦多從之者，惟專在理字上糾纏者不録。

○子曰：「君子喻於義，小人喻於利。」

【集解】孔曰：「喻，猶曉也。」

【唐以前古注】皇疏引范甯云：棄貨利而曉仁義則爲君子，曉貨利而棄仁義則爲小人也。

【集注】喻，猶曉也。義者，天理之所宜。利者，人情之所欲。

【别解】羣經平議：古書言君子小人大都以位而言，漢世師説如此。後儒專以人品言君子小人，非古義矣。漢書楊惲傳引董生之言曰：「明明求仁義，常恐不能化民者，卿大夫之意也。明明求財利，常恐困乏者，庶人之事也。」數語乃此章之塙解。此殆七十子相傳之緒論而董子述之耳。包慎言温故録：大雅瞻印「如賈三倍，君子是識」，箋云：「賈物而有三倍之利者，小人所宜知也。君子知之，非其宜也。孔子曰：『君子喻於義，小人喻於利。』」案如鄭氏説，則論語此章蓋爲卿大夫之專利者而發，君子小人以位言。雕菰樓文集：荀子王制篇：「古者，雖王公卿士大夫之子孫，不能屬於禮義，則歸之庶人。雖庶人之子孫，積文學正身行，能屬於禮義，則歸之卿士大夫。」案卿士大夫，君子也。庶人，小人也。貴賤以禮義分，故君子小人以貴賤言，即以能禮義不能禮義言。能禮義故喻於義，不能禮義故喻於利。無恒産而有恒心者，惟士爲能，君子喻於義也。若民則無恒産因無恒心，小人喻於利也。唯小人喻於利，則治小人者必因民之所利而利之，故易以君子孚于小人爲利。君子能孚於小人，而後小人乃化於君子。此教必本於富，驅而之善，必使仰足以事父母，俯足以畜妻子。儒者知義利之辨而舍利不言，可以守己而不可以治天下之小人。小人利而後可義，君子以利天下爲義。孔子此言正欲君子之治小人者知小人喻於利。

按：近代注論語者多採此説，如劉逢禄論語述何、劉寶楠論語正義其一例也，實則尚不如舊説之善。

【餘論】潘氏集箋：説文無「喻」字，錢坫、陳鱣竝云當作「諭」。四書參注：陸象山在白鹿洞講喻義章，學者聽之悚然警惕，至有泣下者。可知義利嚴界，爲學者最要關頭。夫君子小人其學業之就將，心力之勤厲，早作夜思，經營盡瘁，無一不同。然君子之爲學也，究心聖賢之道，致力倫常之間，事事從己身起見。故知則真知，非徒博物；行則力行，非有近名。潛修默證之中，自有欲罷不能之趣，乃足謂之深喻。此其人處則不媿詩、書，不媿衾影；出則不負朝廷，不負民物；遇有國是所關，民命所繫者，不憚廷諍力諫，而一身之利害不問；即至死生禍福之交，不難捐軀致命，以成一是，乃其喻義之究竟。小人之矻矻孜孜，何嘗讓於君子？然其所計者，辭章之善否，聲譽之有無。忍目前之苦，正以圖異日之甘；矯違心之節，正以冀非道之遇。而鑽營之巧，迎合之工，後先效尤，閃倏詭變，凡可以倖功名伺意旨者，無所不至，乃足謂之深喻。此等人即令名位可就，但知肥身家，不知愛百姓；但知取容説，不思報國家；營蠅狗苟，而事之不可告人，寤寐不堪自問者不知幾何矣。倘遇利害得喪之頃，心沮氣餒，患得患失，雖至生平盡喪，名節蕩然，而前此談道立名之身，矜己笑人之口，亦瓦裂塵飛而不堪回首，正其喻利之究竟。學者思此，直當搥心刻骨，豈惟泣下數行已邪！

【發明】張履祥備忘録：事物之來，君子動念便向義，小人動念便向利，雖在己有所不知也，由其平日用心各執一路故耳。故念慮之微，辨之不可不早。

按：此即象山辨志之説。

吕留良四書講義：至喻利則人但將貪污一流罩煞，不知這裏面正有人物在。天下頗有忠信廉潔之行而其實從喻利來者，盖其智慧實曉得如是則利，非然則害，故所行亦復近義。然要其隱微端倪之地，實不從天理是非上起脚，而從人事利害上得力。雖均之爲小人，而其等高下懸殊，不能深喻者其爲小人猶淺，至喻之能深篤者直與君子疑似。後世不察，每爲所欺，而此種學術遂流傳於天地之間。任啓運四書約旨：非必此事之無利也，君子深喻在義，即有利都不見得。亦非此事之無義也，小人深喻在利，即有義亦都不見得。反身録：君子喻於義，故其心常蕩蕩。小人喻於利，故其心常戚戚。黄氏後案：張敬夫義利辨：「無所爲而爲之謂之義，有所爲而爲之謂之利。」陸子静謂人之從事於利，更歷之多，講習之熟，安得不有所喻？近有解此經者云：「天下有忠信廉潔之行而實爲喻利者，彼知如是則利，不如是則害。其隱微之地，不計天理之是非，而計人事之利害。自無所爲而爲之説起，言義者不敢推驗於事宜之極，而義之説不全，則學義者何以使有歡忻鼓舞之慕哉？」而矯其説者沿陳同甫義利互用之説，抑又顯與經乖矣。合而言之，其不知義利則均也。

○子曰：「見賢思齊焉，見不賢而内自省也。」

【考異】太平御覽人事部引論語「見賢」上有「君子」二字。七經考文古本「不賢」下有「者」

字。天文本論語校勘記：唐本、津藩本、正平本「省」下有「者」字。

【集解】包曰：「思齊，思與賢者等也。」

【唐以前古注】御覽四百二引鄭注：齊，等也。省，察也，察己得無然也。皇疏引范甯云：顧探諸己謂之内省也。

【集注】思齊者，冀己亦有是善。内自省者，恐己亦有是惡。

【餘論】黄氏後案：賢不賢兼古今人説。儒者讀書稽古，閲歷時事，見聖賢之德業而思副其願，見小人之行事而返己求過皆是也。見者，知之明也。經正録引鄭文相曰：見人之賢者，知其德行之可尊可貴，則必思我亦有是善。天之所賦未嘗虧欠，何以不若於人？必須勇猛精進，求其必至於可尊可貴之地。見不賢者，則知彼是情欲汩没所以至此，必須惕然省察，恐己亦有是惡潛伏於内，不自知覺，將爲小人之歸。此言君子當反求諸身如此。此木軒四書説：見賢思齊，見不賢内省，見義不爲，見其過而内自訟，見善如不及，見不善如探湯，數見字皆是人所易見者，難處全在下截。徒責其知之不真，而不責其志之不篤、行之不勇，非聖人當下立言之意也。

【發明】薛氏讀書録：思齊内省，不獨見當時之人如此，以至讀古人之書，見古人之賢者皆思齊；見古人之不賢者皆自省，則進善去惡之功益廣矣。

○子曰：「事父母幾諫，見志不從，又敬不違，勞而不怨。」

【考異】皇本「敬」下有「而」字。　高麗本「勞」下無「而」字。　考文補遺引古本「敬」下有「而以」二字。

【考證】坊記：子云：「從命不忿，微諫不倦，勞而不怨，可謂孝矣。」　檀弓「事親有隱而無犯」，注：「隱，謂不稱揚其過失也。無犯，不犯顔而諫。」下引此文。　白虎通：「子諫父，父不從不得去者，父子一體而分，無相離之法，猶火去木而滅也。」論語：「事父母幾諫，又敬不違。」

按：包注以幾諫爲微諫，當即本坊記。　白虎通引此文以不違爲不去，即内則所云：「不説則孰諫，必待親從諫而後已，己不得違而去之也。」此與包注義别，亦通。

【集解】包曰：「幾者，微也。當微諫，納善言於父母也。見父母志有不從己諫之色，則又當恭敬，不敢違父母而遂己之諫也。」

【唐以前古注】皇疏：夫諫之爲義，義在愛惜。既在三事同，君親宜一，若有不善，俱宜致諫。今就經記，參差有出没難解。案檀弓云：「事親有隱無犯，事君有犯無隱。」則是隱親之失，不諫親之過。又諫君之失，不隱君之過。並爲可疑。舊通云：「君親並諫，同見孝經。微進善言，俱陳記傳。」故此云「事父母幾諫」，而曲禮云「爲人臣之禮不顯諫」，鄭玄曰：「合幾微諫也。」是知並宜微諫也。又若君親爲過大甚，則亦不得不極於犯顔。故孝經曰：「父有争子，君有争臣。」又内則云：「子之事親也，三諫不從，則號泣而隨之。」又云：「臣之事君，三諫不從，則逃之以就經記。」並是極犯時也。而檀弓所言欲顯真假本異，故其旨不同耳。何者？父子真屬，天性莫二。豈父有罪，子向他説也？故孔子曰：「子爲父隱，父爲子隱，直在其中。」故云有隱也。而君臣既義合，有殊天然。若言君之過於政有益，則不得不言，如齊晏嬰與晉叔向其言齊、晉二君之過是也。唯值有益乃言之，亦不恒爲口實，若言之無益則隱也。如孔子答陳司敗曰「昭公知禮」是也。假使與他言父過有益，亦不得言。

【集注】此章與内則之言相表裏。幾，微也。微諫，所謂「父母有過，下氣怡色，柔聲以諫」也。見志不從，又敬不違，所謂「諫若不入，起敬起孝，悦則復諫」也。勞而不怨，所謂「與其得罪於鄉黨州閭，寧孰諫。父母怒不悦而撻之流血，不敢疾怨，起敬起孝」也。

【别解】王引之經義述聞：勞，憂也。高誘注淮南精神篇：「勞，憂也。」凡詩言「實勞我心」、「勞心忉忉」、「勞心慱慱」、「勞人草草」之類，皆謂憂也。勞而不怨，即承上「見志不從」而言。言諫而不入，恐其得罪於鄉黨州閭，孝子但憂之而不怨其親也。曲禮曰：「三諫而不聽，則號泣而隨之。」可謂憂矣。皇侃引内則「撻之流血不敢疾怨」以爲證。按撻之流血，非勞之謂也。邢昺疏曰：「父母使己以勞辱之事，己當盡力殷勤，不得怨父母。」則與上文幾諫之事無涉，胥失之矣。孟子萬章篇曰：「父母愛之，喜而不忘。父母惡之，勞而不怨。」勞與喜相類，亦謂憂而不怨也。

按：勞字有三説。皇侃曰：「諫又不從，或至十至百，不敢辭己之勞，以怨於親也。」吕伯恭曰：「救父母於無過之地，左右前後，千方百計，盡其心力，即形神俱弊，亦不敢怨。」此以勞爲勞苦之勞。王伯申訓勞爲憂，亦備一義。黄式三云：「邢疏勞訓撻辱，不可從。子路篇：『愛之，能勿勞乎？』吕氏春秋高注：『勞，勉也。』勉與誨義相近，故勞誨並稱，亦不作撻辱解也。」

【餘論】讀四書大全説：幾諫者，非微言不盡之謂，而見微先諫之説爲允當。到過之已成，自非危言苦色不能止燎原之火。而在幾微初見之際，無一發難收之勢，可無用其垂涕之怨，則惟幾諫爲體，而後下氣怡色柔聲得以爲用。二者相因，而益以知見微先諫之妙也。見志不從，一志字明是過之未成，不從則漸成矣，故以「又敬不違」之道繼之。若其必不從而至於勞，則亦必已之直詞盡言有以嬰父母之怒。若微言不盡，約略含吐，則雖甚暴之父母，亦何至有撻之流血之事？既云微言不盡，又云得罪於父母，一章之中前後自相矛盾矣。凡此皆可以知見微而諫之説爲優。蓋人子於親不忍陷之於惡，關心至處，時刻警省，遇有萌芽，早知差錯，恰與自家慎獨工夫一樣細密。而家庭之間，父母雖善蓋覆，亦自無微不著，與臣之事君，勢位闊殊，必待顯著而後可言者自别。故臣以幾諫，則事涉影響，其君必以爲謗己，而父母則不能。且君臣主義，故人臣以君之改過爲榮。而親之於己，直爲一體，必待其有過之可改，則孝子之心直若己之有惡爲人攻發，雖可補救於後，而已慚於先矣。反身録：易謂幾者動之微。通書所謂介於有無之間者，幾也。誠察其微而豫挽之，潛消默化於將萌，如是則既不彰親之咎，又無進諫之名，善之善者也。經正録：幾諫精義載范、吕、楊、謝之説，皆以爲見幾而諫。朱子因用内則語注此章，故不從。然未嘗以其説爲不善也。

【發明】朱子語類：問此聖人教天下之爲人子者，不惟平時有愉色婉容，雖遇諫過之時，亦當如此，甚至勞而不怨，乃是深愛其親也。曰又敬不違者，上不違微諫之意，恐唐突以觸父母之怒；下不違欲諫之心，務欲置父母於無過之地，其心心念念祇在於此。若見父母之不從，恐觸其怒，遂止而不諫者，非也；欲必諫，遂至觸其怒，亦非也。

○子曰：「父母在，不遠遊，遊必有方。」

【考異】皇本「不」上有「子」字。　天文本論語校勘記：古本、唐本、津藩本、正平本作「子不遠遊」。

【考證】論語稽：古者，國異政，家殊俗，凡出遊者，自卿大夫士至庶民，必有節以達之，有傳以通之。周官掌節，凡邦國之使節，有虎節、人節、龍節、符節、璽節、旌節之不同，皆有期以反節，更有傳以輔之而達於天下。無節者，有幾則不達。幾者，察也。是遠遊非可以意往，若無節傳，則所往之國納之圜土。蓋當時法令所存，實無遊法，不似今世之無業遊民，奔走海内，而莫或禁之也。況父母在，則必供朝夕視膳之責，若遠遊而棄所授之田不耕，且有夫布之罰，甘旨又何所出乎？

【集解】鄭曰：「方，猶常也。」

【唐以前古注】皇疏：曲禮：「爲人子之禮，出必告，反必面，所遊必有常，所習必有業。」是必有方也。若行遊無常，則貽累父母之憂也。

【集注】遠遊則去親遠而爲日久，定省曠而音問疏，不惟己之思親不置，亦恐親之念我不忘也。遊必有方，如己告云之東，則不敢更適西，欲親必知己之所在而無憂，召己則必至而無失也。

按：方之訓常，鄭注檀弓、禮器並同。此外並見文選江賦、嘯賦、演連珠、答賓戲各注，蓋漢儒舊説如此。曲禮「所遊必有常」是也。集注以方向釋之，雖不合古訓，而意較醒豁，即所謂以理解經也。然玉藻「親老出不易方，復不過時」，此方字作方向解，似較常訓爲優。

【餘論】讀四書大全説：雙峰云：「聖人言常不言變。」看得聖人言語忒煞小了。流俗謂儒者當寘之高閣以待太平，皆此等啓之也。聖人一語如天覆地載，那有滲漏？只他就一事而言，則條派原分。子曰「不遠遊」，但以言遊耳，非概不遠行之謂。遊者，遊學遊宦也。仕與學雖是大事，却儘可從容著，故有閒遊之意。若業已仕而君命臨之，如蘇武之母雖存，匈奴之行十九年也辭不得。蓋武之行原非遊比也。遊固常也，即銜君命而遠使，亦常也，何變之可言，而聖人不言哉？至於避仇避難，則與父母俱行。若商賈之走四方，所謂「禮不下於庶人」，非所論也。

【發明】論語稽：父母之生子，以古者壯有室論之，則在三十以外。即以今人論之，亦在成童以後。然孩提無知，必稍長乃能愛能敬。假令父母得上壽中壽，其盡養亦不過二三十年，否則十數年耳。多爲一日之遊，即少盡一日之養。況壽夭生死本屬無常，偶違寒暑之和，保無風木之痛？近而有方，即急走追反，尚得於彌留時一訣。遠遊則勢有不及，遊而無方則信無可通，湯藥不得奉，含殮不得視，附身附棺，能無悔乎？一自高堂之別，遂抱終天之恨，不孝之罪，百身何贖。及至匍匐歸來，不過躃踴哭泣而已，即令極意體貼，於父母所未了之事未了之願一切了之，以慰先靈；而捫心自問，畢生果可無憾乎？故可已則已，其或家貧累重，菽水難謀，不能不出求生計以佐旨甘，則非有方不可；然究不如不遊之爲得也。

○子曰：「三年無改於父之道，可謂孝矣。」

【考異】釋文：此章與學而篇同，當是重出。學而是孔注，今此是鄭注，本或二處皆有集解，或有無者。七經考文補遺：「可謂孝矣」，古本「矣」作「也」。翟氏考異：陸氏謂集解一用孔注，一用鄭注，解説不同，不爲重出也。集解巧言章亦一用包注，一用王注。而巧言章兩無小異，直謂重出可矣。此逸其半，又與禮坊記所引論語者合，似不妨兩説而兩存之。論語古訓：漢石經亦有此章，當是弟子各記所聞，故鄭注之。

【集解】鄭曰：「孝子在喪，哀戚思慕，無所改於父之道，非心之所忍爲也。」

【集注】胡氏曰：「已見首篇，此蓋復出而逸其半也。」

【別解】論語訓：此別記居喪之禮，與上言觀志行者非一時之言。孔、鄭各説其義，何互採之非也？鄭於前無注，於此乃注，則不照矣。又不聞傳本有異，彼此互存，是迷誤也。改道者必大夫以上，生時有諍子，無過舉，故得無改也。

【餘論】此木軒四書説：論語文重出者蒙師多不授讀，此非也。「三年無改」之文，上下皆言人子事。不在其位，不謀其政。下文曾子引象辭意似相發。今皆不授讀，即與删去何異乎？

○子曰：「父母之年，不可不知也。一則以喜，一則以懼。」

【考異】文選閒居賦注引文無「也」字。

【集解】孔曰：「見其壽考則喜，見其衰老則懼。」

按：釋文云：「此章注或云孔注，或云包氏，又作鄭玄語辭，未知孰是。」

【唐以前古注】皇疏：人有年多而容少，或有年少狀老，此所不可爲定。故爲人子者，必宜知父母之年多少也。知父母年高而形猶壯，此是壽考之徵，故孝子所以喜也。年實未老而形容衰減，故孝子所以怖懼也。又一釋：若父母年實高而形亦隨而老，此子亦一喜一懼也。見年高所以喜，見形老所以懼也。　又引李充云：孝子之事親也，養則致其樂，病則致其憂。憂樂之情深，則喜懼之心篤。然則獻樂以排憂，進歡而去戚者，其唯知父母之年乎？豈徒知年數而已哉，貴其能稱年而致養也。是以唯孝子爲能達就養之方，盡將從之節。年盛則常怡，年衰則消息，喜於康豫，懼於失和，孝子之道備也。

【集注】知，猶記憶也。常知父母之年，則既喜其壽，又懼其衰，而於愛日之誠，自有不能已者。

【餘論】劉開論語補注：人子於父母之年，無時不當知，無日可以忽者也。「一則以喜，一則以懼」者，既喜其尚强，然恐父母强健之時不可多得也。既喜其壽考，然父母至壽考之日而其後已可危也。故懼即生於喜，終身在喜之内，即終身在懼之中也。若專言喜其壽而懼其衰，則於老年之父母如此，而人子少時，父母尚在强盛之年者，豈無所用其喜懼乎？斯亦義之闕而不全者矣。

○子曰：「古者言之不出，恥躬之不逮也。」

【考異】皇本作「古之者言之不妄出也」。高麗本「出」下有「也」字。天文本論語校勘記：唐本、津藩本、正平本未有「也」字。七經考文：一本「古」下無「之」字。翟氏考異：包氏注曰：「古人之言不妄出口。」據其文，或舊本經原有「妄」字未可知。若上一「之」字，則斷知其流傳訛衍。

【考證】禮緇衣：子曰：「言從而行之，則言不可飾也。行從而言之，則行不可飾也。故君子寡言而行，以成其信，則民不得大其美而小其惡。」

【集解】包曰：「古人之言不妄出口者，爲身行之將不及也。」

【唐以前古注】皇疏：古人不輕出言者，恥身行之不能及也，故子路不宿諾也。又引李充云：夫輕諾者必寡信，多易者必多難，是以古人難之也。

【集注】言古者，以見今之不然。逮，及也。行不及言，可恥之甚，古者所以不出其言爲此故也。范氏曰：「君子之於言也，不得已而後出之，非言之難，而行之難也。人惟其不行也，是以輕言之。言之如其所行，行之如其所言，則出諸其口必不易矣。」

【别解一】管同四書紀聞：「出如小德出入之出，其訓踰也，過也。舊説非。」

【别解二】讀四書大全説：馮氏以講説釋言字，可補集注之疎。有講説則必有流傳，故從千百年後而知其言之不出。若日用之間有所酬答，措施之際有所曉譬，則古人言之煩簡，夫子亦何從而知之？孟子説見知聞知皆傳道之古人也，太公望、散宜生既無傳書，伊尹、萊朱所作訓誥亦皆因事而作，不似老、莊、管、吕特地作出一篇文字。叔孫豹曰：「其次有立言。」至春秋時習尚已然。而古人不爾。恥躬之不逮者，不逮其所撰述之理，非不踐其所告語之事，本文自明。朱子云空言無實。空言字從夫子「我欲託之空言」來，明是説著述。范氏「出諸口」，一口字便有病。此章與孟子「人之患在好爲人師」一理，却與「仁者其言也訒」不同。辭之多寡静躁繫於存心，著述之有無則好名務實之異。古人非必存心之皆醇，特其務實之異於後世耳。論語訓：凡云古者，皆謂殷時也。出，出位也。處士而言治道，侯國而謀天下，身所不及無以驗其行，迹近可恥也。故殷以前無著書者。

【餘論】黄氏日鈔：古者，舉古之人以警今之人也。恥者，謂言或過其行，則古之人以爲深恥也。夫子此意，正欲學者訥於言而敏於行耳。蓋理有自然，本不待言。四時行，百物生，天不待言而有自然之運化，大之爲三綱五常，微之爲薄物細故。人亦不待言而各有自然之準則，此夫子所以歎「天何言哉」，而謂「予欲無言」，其有不得已而見於問答者，亦皆正爲學者躬行而發。凡今見於論語二十篇者，往往不過片言而止。言之非艱，行之爲艱，聖門何嘗以能言爲事？今日亦在明吾夫子之訓，而深以言之輕出爲恥。其形於言也，常恐行有不類，惕然媿恥而不敢輕於言。其見於行也，常恐不副所言，惕然媿恥而不敢不勉於行。則言日以精，行日以修，庶幾君子之歸矣。君子小人之分，決於言行之相顧與否。言行之相顧不相顧，又決於此心之知恥與否。吾徒豈可不加警省而徒以多言爲能哉？四書詮義：慎言正爲躬行地步，與其言之不怍章可對看。非行不得便不言，正要行得來方敢言。存一恥字，其於躬行必甚力也。不然，則身不孝而不敢言孝，身不弟而不敢言弟，雖言之不出，何足貴哉！

【發明】反身録：古人尚行，故羞澀其言而不敢輕出。今人尚言，故鼓掉其舌而一味徒言。若果學務躬修，自然沉潛静默，慎而又慎，到訥訥然不能出口時纔是大進。否則縱議論高妙超世，總是頑不知恥，總是没學問没涵養。論語傳注：人惟其不行也，是以輕言之。身之所行必及其言，則言自不輕出矣。言古者，以歎今之無恥也。

○子曰：「以約失之者鮮矣。」

【考異】漢書外戚傳：「傳不云乎？『以約失之者鮮。』」無「矣」字。後漢書王暢傳「以約失之鮮矣」注曰：「論語孔子之辭也。」無「者」字。

【音讀】經讀考異：此凡兩讀：「以約」爲句，「失之者鮮矣」爲句。又「以約失之者」爲句，「鮮矣」爲句。義並通。

【考證】表記：子曰：「夫恭近禮，儉近仁，信近情，敬讓以行此，雖有過其不甚矣。夫恭寡過，情可信，儉易容也。以此失之者，不亦鮮乎？」趙佑温故録：賁盡飾，受以剥。節當位，受以孚。君子損益盈謙，與時消息，於謙得六爻之吉，於豐廑日中之憂。天道人事，未有不始於約終於約者。約而爲泰則無恒，泰而能約故可久。曲禮曰：「敖不可長，欲不可從，志不可滿，樂不可極。」皆言約之道也。

【集解】孔曰：「俱不得中也。奢則驕溢招禍，儉約無憂患。」

【唐以前古注】皇疏引顏延之云：秉小居薄衆之所與，執多處豐物之所去。

【集注】謝氏曰：「不侈然以自放之謂約。」尹氏曰：「凡事約則鮮失，非止謂儉也。」

【餘論】朱子文集（答曾擇之）：約有收斂近裏著實之意，非徒簡而已。四書詮義：約者，束也。内束其心，外束其身，謹言慎行，審密周詳，謙卑自牧，皆所謂約。以約則鮮失，敬慎不敗也。若解作儉約、省約、徑約，則天下有許多不可約之事矣。

【發明】論語稽：言而約則不煩，動而約則不躁，用而約則不費，即有蹉跌，亦不過甚矣。老氏知其白守其黑，知其雄守其雌，一生得力在此。兵法曰：「常爲不可勝，以待敵之可勝。」亦此意也。

○子曰：「君子欲訥於言而敏於行。」

【考異】史記萬石君傳贊「仲尼有言」云云，徐廣注曰：「訥字多作『詘』，音同耳，古字假借。」玉篇「吶」字下引論語：「君子欲訥於言。」云：「或作『吶』。」

【考證】劉氏正義：說文云：「訥，言難也。」廣雅釋詁：「訥，遲也。」玉篇引論語作「吶」，以「吶」爲「訥」之或體。說文：「㕯，言之訥也。」㕯在口部，訥在言部，字異義同。檀弓「其言吶吶然如不出諸其口」，注：「吶吶，舒小貌。」亦遲鈍之義。潘氏集箋：禮記檀弓「文子其言吶吶然如不出諸其口」，注：「吶吶，舒小貌。」正義：「謂言語卑下也。」舒有遲緩意，遲緩則無易言，是兩義可兼通。

【集解】包曰：「訥，遲鈍也。言從遲而行欲疾。」

【唐以前古注】釋文引鄭注：言欲難。

【集注】謝氏曰：「放言易，故欲訥。力行難，故欲敏。」

按：說文解字云：「訥，言難也。」鄭訓本此。

【餘論】四書訓義：學者之病莫患于輕，而事之鮮終或由於惰。其輕也于言見之，當其有言如水之流，如簧之鼓，不自知其言之便給也。當其惰也，于事徵之，方其有行且前且却，徬徨瞻顧，不自知其行之退怯也。唯其無欲訥欲敏之心也，君子之立志則殷然矣。于言則欲訥焉，或箝其口或捫其舌。聽君子之言者，以爲此不能言之君子，而便給不如人者也。于行而欲敏焉，前或引之，後或推之。觀君子之行者，以爲此才質之過人，而得自性生者也。抑知此即君子矯輕警惰之心乎？世之爲君子者，不當如是乎？

○子曰：「德不孤，必有鄰。」

【考證】潘氏集箋：漢書董仲舒傳，仲舒引此以爲積善累德之效。師古注：「鄰，近也。言修德不獨空爲之而已，必有近助也。」易坤文言曰「敬義立而德不孤」，虞翻曰：「西南得朋，乃與類行，故德不孤。孔子曰『必有鄰也』。」劉氏正義：易坤文言曰：「君子敬以直内，義以方外，敬義立而德不孤。」言内外皆有所立，故德不孤。不孤者，言非一德也。韓詩外傳：「齊桓公遇麥丘之封人，謂其善祝，曰：『至德不孤，善言必再。』又曰：『至德不孤，善言必三。』」義尤明顯。必有鄰者，言己有德，則有德之人亦來歸也。鹽鐵論論誹篇引此文説之云：「故湯興而伊尹至，不仁者遠矣。未有明君在上而亂臣在下也。」漢書董仲舒傳：「臣聞天之所大奉使之王者，必有非人力所能致而自至者，此受命之符也。天下之人同心歸之，若歸父母，故天瑞應誠而至。書曰『白魚入於王舟』云云，此蓋受命之符也。孔子曰：『德不孤，必有鄰。』皆積善累德之效也。」此引論語爲人同心歸之之證，積善累德即釋不孤義也。

【集解】方以類聚，同志相求，故必有鄰，是以不孤也。

【唐以前古注】皇疏：言人有德者，此人非孤，然而必有善鄰里故也。魯無君子者，子賤斯焉取斯乎？又一云：「鄰，報也。言德行不孤矣，必爲人所報也。」又引殷仲堪云：推誠相與，則殊類可親。以善接物，物亦不皆忘以善應之，是以德不孤焉，必有鄰也。

按：説苑復恩篇：「孔子曰：『德不孤，必有鄰。』夫施德者貴不德，受恩者尚必報。」是以鄰爲報，亦漢人舊義也。

【集注】鄰，猶親也。德不孤立，心有類應，故有德者必有其類從之，如居之有鄰也。

按：南軒論語解云：「德立於己，則天下之善斯歸之，蓋不孤也。如善言之集，良朋之來，皆所謂有鄰也。至於天下歸仁，是亦不孤而已矣。」與集注意同而措辭較勝，故並著之。

【餘論】四書辨疑：注文本取坤卦文言「敬義立而德不孤」之義爲説，大意固亦相類，然經中有必字，義不可通。有德者固有類應相從之道，惟明治之世爲可必也。若昏亂之世，乃小人類進之時，君子則各自韜晦遠遯以避其害，却無類從不孤之理，必字於此不可解矣。鄰字解爲類從亦爲勉强。德不孤，必有鄰，蓋言人之德業不能獨成，必有有德者居相鄰近輔導之也。「魯無君子者，斯焉取斯」，義與此同。

按：陳氏祖皇疏以難集注，實則二説皆可成立，未易軒輊。論語意原云：「謂之獨行無徒者，心非可傳可繼之行。德者，人心所同。然安有德立而無親近之者乎？」蓋亦主朱氏之説者。

【發明】讀四書大全説：德不孤是從原頭説起，朱子所謂以理言是也。唯有其理，斯有其事。不然，則古今俱爲疑府，如何孔子之門便有許多英材？事既良然，而所以然者不易知也，則唯德之不孤也。至於德之所以不孤，則除是孔子見得親切，説得如此斬截，不但有上觀千古下觀萬年識量，而痛癢關心之際，直自血脈分明。鄰者如居之有鄰，偶然相遭而遂合，非有心招致之也。其爲德先於天則志動氣，其爲德後於天則氣動志，特不可爲無德者道耳。所以集注云「故有德者必有其類」，於「德不孤」之下添箇有德者，集注之補帖精密如此類者，自不可粗心看過。方信得有德者必有鄰之上有德本不孤的道理。易云：「同心相應，同氣相求，人也。」又云：「水流溼，火就燥，天也。」水無心而赴溼，溼亦無心而致水；火無心而趨燥，燥亦無心而延火，到此處說感應已差一層，故曰天理自然之合。乃近海之區，一勺之水亦自達於海；枯暵之候，一星之火而焚林。與夫黄河經萬里堅燥之壤以赴海；通都大邑，火發既烈，則溼薪生芻亦不轉盼而灰飛。前者氣動志，而後者志動氣，其歸一也。蓋德之深淺與時之難易，亦天理自然之消息，而伯夷能得之，叔齊、季札不能得之，闔廬不足疑也，要其爲德不孤之理，聖人則已洞見之矣。論語中唯言及德處爲不易知。「爲政以德，譬如北辰居其所而衆星共之。」此又驀地說箇「德不孤」，皆夫子搬出家藏底珍寶，大段說與人知。知者知其所以然，不知者可以知其必然而已。嗚呼！難言之矣。

○子游曰：「事君數，斯辱矣。朋友數，斯疏矣。」

【音讀】釋文：何云：「數，色角反。」鄭世主反。謂數己之功勞也。梁氏旁證：何讀色角反，此集注所本，正義也。鄭讀世主反，此異義也。

【考證】論語稽求篇：舊注數是速數，所謂偪促煩瑣也。祭義「祭不欲數」，曾子問「不知己之遲數」，賈誼文「淹數之度」，指煩速言。故爾雅、說文皆以疾注數，而廣韻、增韻即以頻煩屢數爲解。此即僕屬不絕、齷促取憎之意，故數即僕僕，子思所云「僕僕爾亟拜」；又即頻頻，揚子所云「頻頻之黨甚于鷽斯」皆是也。若先仲氏曰：「數有二義：一是煩數，如項羽示玦不應，又請舞劍類。一是細數，如宋哲宗手拈柳枝止以方長不折類。」其說甚備，然總不以進言立解。後聞姜汝皋論語亦有此說，惜未經見耳。吴嘉賓論語說：數與疏對。記曰「祭不欲數」是也。君子之交淡如水，小人之交甘如醴。君子淡以成，小人甘以壞。事君與交友皆若是矣。數者，昵之至於密焉者也。惟恐其辱，乃所以召辱；不欲其疏，乃所以取疏。故曰上交不諂，下交不瀆。

劉氏正義：案吴氏此説與邢疏合。宋書蕭思話劉延孫傳論：「夫侮因事狎，敬由近疏。疏必相思，狎必相厭。厭思一殊，營禮自隔。子曰：『事君數，斯疏矣。』」雖引文有誤，而其義亦與邢疏同。

按：數者，煩瑣之謂。五倫之中，父子兄弟以天合，君臣朋友以人合，夫婦之合，人而兼天者也。父子兄弟夫婦在家庭之間，雖煩瑣而不覺。若君與友，則生厭矣。爾雅釋詁：「數，疾也。」曾子立事篇「行無求數，有名。事無求數，有成」，注：「數，猶促速。」所謂君子淡以成，小人甘以壞，即斯義也。不必以進言爲限，毛説得之。

【集解】數，謂速數之數也。

按：論語補疏：「釋文云：『何云色角反，下同，謂速數也。鄭世主反，謂數己之功勞也。』此明以速數之訓屬之何氏。皇侃疏有『孔安國曰』四字，若然，豈陸德明未見耶？」韓李筆解又以此爲包注，未知何據。陳氏鱣古訓引錢廣伯説，速數乃疏數之訛，非是。

【唐以前古注】釋文引鄭注：數，世主反，謂數己之功勞也。又引梁武帝注：數，色具反，謂數己之功勞也。

按：梁書、南史武帝本紀均不言帝訓釋論語，隋、唐志亦不載。考古來帝王著述之富，無如梁武帝者，據本紀所載，帝所著有孝經義、周易講疏，及六十四卦、二繫、文言、序卦等義、樂社義、毛詩答問、春秋答問、尚書大義、中庸講疏、孔子正言、老子講疏，共二百餘卷。是帝固深於經術也。疑諸書所引當屬孔子正言之文，今不可考矣。

皇疏：斯，此也。禮不貴褻，故進止有儀，臣非時而見君，此必致恥辱，朋友非時而相往數，必致疏遠也。一云：「言數，計數也。君臣計數，必致危辱；朋友計數，必致疏絶也。」　筆解：韓曰：「君命召，不俟駕，速也。豈以速爲辱乎？吾謂數當謂頻數之數。」李曰：「頻數再三瀆，必辱矣。朋友頻瀆，則益疏矣。包云速數，非其旨。」

【集注】程子曰：「數，煩數也。」胡氏曰：「事君，諫不行則當去；導友，善不納則當止，至於煩瀆，則言者輕，聽者厭矣。是以求榮而反辱，求親而反疏也。」范氏曰：「君臣朋友皆以義合，故其事同也。」

按：胡氏紹勳四書拾義謂：「數有驟義，如廣雅釋詁三、小爾雅、廣言皆訓驟爲數。左傳宣二年『驟諫』服注、楚辭悲回風『驟諫君而不聽兮』注並云：『驟，數也。』驟諫未有不致辱者。」與朱注意同而較有依據，故並著之。

【別解一】論語補疏：詩小雅「僭始既涵」，毛傳云：「僭，數也。」釋文「數音朔」，與此色角反同。鄭箋云：「僭，不信也。」然則此數宜與僭同。事君不信，則辱矣。朋友不信，則疏矣。所謂信而後諫，不信則以爲謗己也。

【別解二】羣經平議：此數字即儒行所謂「其過失可微辨而不可面數」之數。數者，面數其過也。漢書高帝紀「漢王數羽」，師古注曰：「數，責其罪也。」是此數字之義也。禮記曲禮曰：「爲人臣之禮不顯諫。」故諫有五而孔子從其諷。其於朋友，則曰「忠告而善道之」。事君而數，則失不顯諫之義。朋友而數，則非所謂善道之矣。取辱取疏，職此之故。唐、宋以來，以犯顏極諫爲人臣之盛節，至有明諸臣遂有聚哭於君之門者，蓋自古義湮而君臣朋友之間所傷多矣。

按：以上二説，焦説迂曲不可從，俞説亦備一義。

【餘論】陳櫟四書發明：人倫中以人合者皆主義，義有可否之分，合則從，不合則去。不比父子兄弟以天合者皆主恩，恩則無可去之理。故君臣朋友之事同也。論語集注考證引何北山曰：君臣朋友皆以義合，故事君三諫不聽則有去義，道友忠告不可則有止義。過是若更彊聒不置，則是失之頻數，取辱取疏，乃其勢之必至。然若未至於數，而逆憚辱與疏而豫止焉，則爲不盡君臣朋友之義，而薄亦甚矣，尤非聖人之所許也。

【發明】四書訓義：夫其數數以言而必欲其從者，豈非以忠上而信友哉？乃至於既辱之後，則辱不可再，必且去國；既疏之後，則疏難復合，必且絶交。於吾匡諫之初心相戾，而成人道之大咎，然後知君子言簡而意深之能全恩而厚終也。君臣朋友人之大倫存焉，可勿慎與？四書近指：數便是辱疏處。忠臣不懼辱，良朋不憚疏，辱則回天無路，疏則責善無功，是以不貴數者，不絶其進言之路耳。

論語集釋卷九

公冶上

○子謂公冶長：「可妻也，雖在縲絏之中，非其罪也。」以其子妻之。

【考異】論衡問孔篇「謂」作「曰」。　釋文：「紲」，本今作「絏」。　皇本「絏」作「紲」。史記弟子傳作「累紲之中」。　五經文字曰：絏本文從世，緣廟諱偏旁，今經典並准式例變。　翟氏考異：史記孔子世家「起纍紲之中」，自序「幽于縲紲」，漢書司馬遷傳作「累紲」，縲字各殊，而紲不殊。蓋「絏」惟唐人造用，前無其字。　天文本論語校勘記：古本、唐本、津藩本、正平本「絏」作「紲」。

【考證】史記弟子傳：公冶長，齊人。　後漢書郡國志「琅邪國姑幕縣」，注引博物記云：「淮水入。城東南五里有公冶長墓。」　劉氏正義：家語弟子解則云魯人，與此孔注合。史記「長可妻也」，不連公冶爲文，故此注以公冶爲姓，長爲名。而又稱冶長者，猶馬遷、葛亮之比，凡兩字姓得單舉一字也。家語云名萇，邢疏引家語作字子長，釋文引家語作字子張，據史傳，亦字子長，皇疏及釋文引范甯曰：「名芝，字子長。」白水碑作子之，似又以子之爲字。諸說各異，當以史傳爲正。論語後録：縲即纍也，絏即紲也。易大壯「羸其角」，馬融注：「羸，大索也。」鄭康成本作「纍」。春秋傳：「臣負羈紲」，一本作「羈絏」是已。纍者，徽纆。絏，係也。易坎「係用徽纆」，即纍紲之説歟？徽纆，虞翻説黑索。劉表説三股爲徽，兩股爲纆。於字纍从三田，物不過三，三股徽者，三糾繩也。然則纍即徽矣。丹鉛録：世傳公冶長能通鳥語，不見於書，惟唐沈佺期燕語詩：「不如黄鳥語，能免冶長災。」白樂天烏鵲贈答詩序：「余非冶長，不能通其意。」似實有其事。論語疏曰：「舊説冶長解禽語，故繫之縲絏。以其不經，今不取也。」四書摭餘説：周櫟園書影云：「『唶唶嘖嘖，勺蓮水邊，有車覆粟，車脚淪泥，犢牛折角，收之不盡，相呼共啄。』此公冶長辯雀語，見論語疏。唐沈佺期詩云：『不如黄雀語，能免冶長災。』後人注沈詩者引此數語，則是冶長之災由雀致矣，何云免？俗傳冶長知鳥語，魯君不信，逮之獄。未幾雀復飛鳴曰：『齊人出師侵我疆。』如其言往跡，果然，方釋之，賜爵爲大夫。此雖不根之語，度亦有所自來。佺期詩指此也。」

按：周禮秋官夷隸掌與鳥言，貉隸掌與獸言。左傳僖二十九年：「介葛盧來。聞牛鳴，曰：『是生三犧，皆用之矣。』問之而信。」夷隸疏曰：「春秋傳賈服注：『益以八律之音，聽禽獸之鳴。』」秦風疏引蔡邕云：「伯翳綜聲於鳥語，葛盧辨音於牛鳴。」是伯益嘗明是術，故堯命作虞，以通其嗜欲，知其情狀。則通鳥獸語者，古有是術，何不經之有？

【集解】孔曰：「公冶長，弟子，魯人也。姓公冶，名長。縲，黑索。絏，攣也。所以拘罪人。」

【唐以前古注】皇疏引范甯云：公冶長名芝，字子長也。公冶行正獲罪，罪非其罪。孔子以女妻之，將以大明衰世用刑之枉濫，勸將來實守正之人也。又云：别有一書，名爲論釋，云：「公冶長從衛還魯，行至二堺上，聞鳥相呼往清溪食死人肉。須臾見一老嫗當道而哭，冶長問之，嫗曰：『兒前日出行，于今不反，當是已死亡，不知所在。』冶長曰：『向聞鳥相呼往清溪食肉，恐是嫗兒也。』嫗往看，即得其兒也，已死。嫗告村司，村司問嫗從何得知之，嫗曰：『見冶長道如此。』村官曰：『冶長不殺人，何緣知之？』因録冶長付獄。主問冶長何以殺人，冶長曰：『解鳥語，不殺人。』主曰：『當試之。若必解鳥語，便相放也。若不解，當令償死。』駐冶長在獄六十日。卒日有雀子緣獄栅上相呼：『嘖嘖唶唶，白蓮水邊，有車翻，覆黍粟，牡牛折角，收斂不盡，相呼往啄。』獄主未信，遣人往看，果如其言。後又解豬及燕語屢驗，於是得放。」然此語乃出雜書，未必可信，而亦古舊相傳云冶長解鳥語，故聊記之也。

按：公冶逸事賴此而傳，雖係雜書，終是漢、魏小説，彌可寶貴。邢疏以其不經不取，如是則古書之亡佚多矣。此邢疏所以不及皇疏也。

【集注】公冶長，孔子弟子。妻，爲之妻也。縲，黑索也。絏，攣也。古者獄中以黑索拘攣罪人。長之爲人無所考，而夫子稱其可妻，其必有以取之矣。又言其人雖嘗陷於縲絏之中而非其罪，則固無害於可妻也。夫有罪無罪，在我而已，豈以自外至者爲榮辱哉？

【餘論】輔廣論語答問：在我無得罪之道，而不幸有罪自外至，何足以爲辱？在我有得罪之道，雖或幸免其罪於外，何足以爲榮？故君子有隱微之過於暗室屋漏之中，則其心媿恥若撻於市。不幸而遇無妄之災，則雖市朝之刑、裔夷之竄，皆受之而無悪也。

子謂南容：「邦有道不廢，邦無道免於刑戮。」以其兄之子妻之。

【考異】史記、論衡述此文兩「邦」字並諱作「國」。三國志鍾繇傳注「李修稱鍾覲」云云，亦作「國」。太平御覽宗親部述論語曰：「子謂公冶長：『可妻也，雖在縲絏之中，非其罪也。』以其子妻之。南容三復白圭。孔子以其兄之子妻之。」牽合先進篇文。

【考證】經義考：史記南宫括字子容，論語「括」作「适」。家語南宫韜字子容。檀弓鄭注稱：「南宫韜，孟僖子之子南宫閲也，字子容，其妻孔子兄女。」又稱：「南宫敬叔，魯孟僖子之子仲孫閲也。」左傳昭七年「屬説與何忌於夫子」，杜注：「説，南宫敬叔，僖子之子。」若然，括也，适也，韜也，説也，閲也，一字南容而名有五也。崇禎末，高郵夏洪基元開輯孔子弟子傳略，以南宫韜、括、适字子容爲一人。以仲孫説、閲謚敬叔者爲一人。至於説苑所載南宫邊子，謂是「适」字之譌。然漢書人表既有南容，又有南宫敬叔，又有南宫邊子。顔師古注於南容則云南宫韜，於敬叔則名南宫适，是韜與适，适與邊子均未可混而爲一矣。羣經識小：南宫韜字子容，又名适，此一人也。南宫敬叔即仲孫閲，又一人也。敬叔與何忌同母，稱敬叔者，固孟懿子之弟也。周制君承姓，卿承氏。敬叔爲弟，故不襲卿承氏而氏南宫也。讀史訂疑：南宫适非敬叔。史記南宫适字子容，不云孟僖子之子，可疑一。适見家語，一名韜，是已有二名，而左傳孟僖子云：「必屬説與何忌於夫子。」索隱又云：「仲孫閱。」是又一名。天下豈有一人而四名者？可疑二。孔子在魯，族姓頗微，而南宫敬叔公族元士，遣從孔子時定已娶於强家，豈孔子得以兄子妻之？可疑三。檀弓載南宫敬叔反，必載寶而朝。孔子曰：「喪不如速貧之爲愈也。」若而人，豈能抑權力而伸有德，謹言語而不廢於有道之邦耶？可疑四。愚以南宫敬叔之與南容皦然二人矣。

潘氏集箋：據此諸説，則南容之非南宫敬叔明甚。蓋其誤始於世本，而鄭君沿之，莫有是正者。今即以論語證之。先進篇謂南容三復白圭，憲問篇記南宫适問羿、奡、禹、稷事，夫子稱爲君子，又稱爲尚德。此邦有道所由不廢，邦無道所由免於刑戮歟？至南宫敬叔，不見於論語。論語記諸大夫例稱謚不稱名，若孟懿子、孟武伯之類，不當於敬叔獨異之。不得以家語載其從孔子適周，見金人緘口，孔子戒以謹言事，疑即謹言之南容也。古家語久亡，今所傳乃王肅僞造，而肅此注不云即敬叔，則亦不以爲一人矣。王引之春秋名字解詁云：「魯南宫括字子容，一名韜。括者，包容之稱也。韜亦容受之稱。廣雅：『韜，容寬也。』玉篇：『韜，藏也，寬也。』劒衣謂之韜，弓藏謂之韜，皆取包容之義。是容之爲字，與名括名韜皆相應，其爲一人無疑矣。」

四書賸言：敬叔本公族，與家語及王肅論語注稱容爲魯人者大别，即曾受僖子命與其兄懿子學禮孔子，然並不在弟子之列。史記、家語所載弟子祗容一人，向使容即敬叔，則未有載敬叔不載懿子者。至韜妻姑喪，孔子誨兄女髽法。若是敬叔，則此姑者，孟僖子妻也。其喪在孟氏，或廟或寢，夫子亦安得誨之？况世族喪服自有儀法，不容誨也。又曰：「邦有道不廢」二句，明非敬叔。無論敬叔是大夫，即不然，亦當以國倅作大夫之貳，此見有成法，非廢不廢可虛揣也。若刑戮則幾見魯之公族，二百四十年間，有以不謹言致不免者，而慮及此乎？至敬叔更不得爲懿子之兄。昭十一年傳明言泉丘女先生懿子，後生敬叔，且不聞敬叔氏南容乎？嫡長嗣爵，必襲氏，次得更之。敬，更氏者也。兄伯而弟叔，敬叔，叔也。

按：南容名适，一名縚，與敬叔名説者當爲二人。諸家之説略同。否則斷無一人五名之理。此其誤始於世本「中孫貜生南宫縚」，而鄭注檀弓遂沿其誤，謂「南宫縚，孟僖子之子南宫閲」，集注又沿鄭君之誤。然四書釋地則云：「孟僖子宿于薳氏，生懿子及南宫敬叔于泉丘人。注云二子似雙生。畢竟何忌在先，嗣父位，謚稱子。仕爲大夫，謚稱叔。」而集注乃以敬叔爲懿子之兄，誤之誤已。毛氏能糾舊注之失，而又以南宫适别爲一人，非即南容，與史記不合。顔師古漢書注以南容即南宫縚，敬叔即南宫括，雖不盡可信，姑録之以廣異聞。

【集解】王曰：「南容，弟子南宫縚，魯人也，字子容。不廢，言見任用也。」

【唐以前古注】皇疏：昔時講説，好評公冶、南容德有優劣，故妻有己女兄女之異。侃謂二人無勝負也。卷舒隨世，乃爲有智；而枉濫獲罪，聖人猶然，亦不得以公冶爲劣也。以己女妻公冶，兄女妻南容者，非謂權其輕重，正是當其年相稱而嫁，事非一時，在次耳，則可無意其間也。

【集注】南容，孔子弟子，居南宫，名縚，又名适，字子容，謚敬叔，孟懿子之兄也。不廢，言必見用也。以其謹於言行，故能見用於治朝，免禍於亂世也。或曰：「公冶長之賢不及南容，故聖人以其子妻長，而以兄子妻容，蓋厚於兄而薄於己也。」程子曰：「此以己之私心窺聖人也。凡人避嫌者，皆内不足也。聖人自至公，何避嫌之有？況嫁女必量其才而求配，尤不當有所避也。若孔子之事，則其年之長幼，時之先後，皆不可知。唯以爲避嫌，則大不可。避嫌之事，賢者且不爲，況聖人乎？」

按：何晏集解本分此爲二章，朱子合爲一章，今從朱子。

【餘論】張爾岐蒿菴閒話：免於刑戮，夫子以取南容，則免刑戮之難也。朱子以謹言行釋之，蓋時當無道，動人不平者甚多，窺伺君子者亦密，言行豈易謹也？言不非人而事不招非，遊世之善術。

【發明】論語注義問答通釋（經正録引）：謝上蔡謂聖人擇壻，警人如此。楊龜山謂聖人所以求於人者薄，可免於刑戮而不累其家，皆可妻也。上蔡，氣高者也。龜山，氣弱者也。故所見各别如此。

四書訓義：於此見夫子嫁子之道焉。蓋女子從夫以後，無所施其教，教之者，夫也，固必擇端士以爲之矩範。而舅婿之際，恩禮所繫，有賓主之道焉。教之於既爲婿之後則易睽，不如擇之於未爲婿之先，以慎其始，則情得而道亦不狎。抑於此見聖人取人之道焉。蓋君子立身之節遇不可常，可常者己也。固唯論素行之端貞，而榮辱之加，義命所安，無險夷之殊焉。固不以亂世之吉凶殉俗而幸免，抑不以孤高之奇行違俗而逢尤，則事異而道原自合，此所以爲人倫之至，而盡知人之哲也歟？

○子謂子賤：「君子哉若人！魯無君子者，斯焉取斯？」

【考異】史記弟子列傳引經作：「君子哉！魯無君子，斯焉取斯？」少「若人者」三字。家語子路初見篇：孔子喟然謂子賤曰：「君子哉若人！魯無君子者，則子賤焉取此？」

【考證】史記弟子傳：魯密不齊字子賤，少孔子四十九歲。論語後録：李涪説不齊姓虙，作「宓」者非。顔氏家訓曰：「子賤即虙犧之後。」史記列傳作密不齊，密與宓古同字。後漢書伏湛傳説濟南伏生即不齊之後，虙犧字又作伏，是伏與虙又古字通也。劉氏正義：漢書藝文志有宓子十六篇，顔師古注：「宓讀與伏同。」又或作「虙」，見五經文字所引論語釋文。然釋文以作「宓」爲誤，則不知虙、宓俱從必得聲，未爲誤也。又或作「密」，見淮南子泰族訓。吕氏春秋察賢篇：宓子賤治單父，彈鳴琴，身不下堂而單父治。巫馬期以星出，以星入，日夜不居，以身親之，而單父亦治。巫馬期問其故於宓子。曰：「我之謂任人，子之謂任力。任力者故勞，任人者故逸。」宓子則君子矣。韓詩外傳同。又云：子賤治單父，其民附。孔子曰：「告丘之所以治之者。」對曰：「所父事者三人，所兄事者五人，所友者十有二人，所師者一人。」孔子曰：「所父事者三人，足以教孝矣。所兄事者五人，足以教弟矣。所友者十有二人，足以祛壅蔽矣。所師者一人，足以慮無失策，舉無敗功矣。惜也不齊爲之小，不齊爲之大，功乃與堯、舜參矣。」説苑政理篇：宓子賤與孔蔑皆仕。孔子往見子賤曰：「自子之仕，何得何亡？」子賤曰：「自吾之仕，未有所亡，而所得者三。」孔子謂之曰：「君子哉若人！魯無君子也，斯焉取斯？」　又曰：孔子謂子賤曰：「子治單父而衆説，何施而得之也？」對曰：「不齊父其父，子其子，恤諸孤而哀喪紀。」孔子曰：「是小民附矣，猶未也。」曰：「不齊所父事者三人，所兄事者五人，所友事者十有一人。」孔子曰：「父事三人，可以教孝矣。兄事五人，可以教弟矣。友事十一人，可以教學矣。是士附矣，猶未也。」曰：「此地有賢於不齊者五人，不齊師之而稟度焉。」孔子曰：「昔堯、舜聽天下，務求賢以自輔。夫賢者，百福之宗也，神明之主也。惜乎不齊之所治者邑也！」　新序雜事篇：魯君使宓子賤爲單父宰。子賤辭去，因請借善書者二人，使書憲書教品。魯君與之。至單父，使書，子賤從傍引其肘，醜則怒之，欲好書，則又引之。書者患之，請辭而去。歸以告魯君。魯君曰：「子賤苦吾擾之，使不得施其善政也。」乃命有司無得擅徵發單父。單父之化大治。故孔子曰：「君子哉子賤！魯無君子者，斯安取斯？」美其德也。

【集解】孔曰：「子賤，魯人，弟子宓不齊。」包曰：「若人者，若此人也。如魯無君子，子賤安得此行而學行之。」

【集注】子賤，孔子弟子，姓宓，名不齊。上斯，斯此人。下斯，斯此德。子賤蓋能尊賢取友以成其德者，故夫子既歎其賢，而又言若魯無君子，則此人何所取以成此德乎。因以見魯之多賢也。　蘇氏曰：「稱人之善，必本其父兄師友，厚之至也。」

【别解一】論語意原：釋者謂子賤之賢，非得魯之君子薰染漸漬，安取其爲君子。夫舍其人之善而不稱，乃歸於他人之漸染，非聖人忠厚之言。蓋子賤之爲人，必沈厚簡默不祈人之知者。自非魯多君子，孰能取其爲君子也？觀子賤之爲宰，不下堂，彈琴而化，則其氣象可知。使其生於他邦，與謀臣説士混然而並處，則子賤之賢亦無以自見於世矣。

【別解二】論語稽：説苑紀其爲單父宰，不下堂，鳴琴而理。巫馬期以星出，以星入，而單父亦理。子賤曰：「我之謂任人，子之謂任力。任力者勞，任人者逸。」然則子賤固君子也，惟君子能取君子，故單父之人，凡爲其府史胥徒之屬，亦莫非君子。蓋十室之邑，必有忠信，視取者何如耳。若使魯無君子，則子賤雖賢，亦安所取之而化民成俗乎？注謂斯人何所取以成斯德，乃專就子賤之就己德而言。今以説苑、史記、家語證之，實爲單父任人言之也。

【餘論】黄氏後案：魯至昭定以後，治化日替。有夫子之教，諸君子聚於一門，子賤所取，正聖門諸賢敬業樂羣之益。言魯者，亦見習俗移人，賢者不免。苟獨學孤陋，將無以自進於道德也。

○子貢問曰：「賜也何如？」子曰：「女器也。」曰：「何器也？」曰：「瑚璉也。」

【考異】七經考文補遺：古本作「如何」。史記弟子傳作「賜何人也」。説文解字「槤」字下云：「瑚槤也。」徐鉉注曰：「今俗作璉，非。」漢魯相韓勑修孔廟禮器碑：「胡輦器用。」洪遵隸釋曰：「胡輦者，瑚璉也。」九經古義：二字从玉旁，俗所作也，當爲胡連。春秋傳曰「胡簋之事」，明堂位曰「夏后氏之四連」，皆不从玉旁。孔廟禮器碑又作「胡輦」，古連、輦字通。

按：論語古訓云：「説文：『槤，胡槤也。从木，連聲。』是槤爲正字，連爲省文，輦爲假音耳。」

馬國翰云：「案史記仲尼弟子傳及何氏集解引包注並作『瑚璉』，則作『胡輦』，齊論也。」

【音讀】翟氏考異：璉，力展切，今俗讀每若連音，謬也。此字惟文選景福殿賦「又宏璉以豐敞」，注引王逸曰：「橫木關柱爲連，璉與連古字通。」而其義則與瑚璉大別。杜子美詩：「嶷嶷瑚璉器，陰陰桃李蹊。」竟以瑚璉連讀。賢者之責，子美似難解免。

【考證】淩曙四書典故覈引三禮圖：瑚受一升，如簠而平下。璉受一升，漆赤中，蓋亦龜形，飾口以白金，制度如簠而鋭下。邢疏：明堂位説四代之器云：「夏后氏之四璉，殷之六瑚。」如記文則夏器名璉，殷器名瑚。而包咸、鄭玄等説此論語，賈、服、杜等注左傳皆云：「夏曰瑚，殷曰璉。」或別有所據，或相從而誤也。

按：如明堂位之説，當云璉瑚，不當云瑚璉。集注本於包、鄭，説本不誤。劉寶楠疑爲明堂之誤是也。詹道傳四書纂箋即引明堂位「夏后氏之四璉，殷之六瑚」，辨其異同，復謂夏曰瑚，商曰璉，本於爾雅。而今爾雅實無此文，則道傳杜撰附會也。

【集解】孔曰：「言汝是器用之人也。」包曰：「瑚璉，黍稷器也。夏曰瑚，殷曰璉，周曰簠簋，宗廟器之貴者也。」

【唐以前古注】世説言語篇注引鄭注：黍稷器，夏曰瑚，殷曰璉。皇疏引江熙云：瑚璉置宗廟則爲貴器，然不周於民用也。汝言語之士，束修廊廟，則爲豪秀，然未必能幹煩務也。器之偏用，此其貴者，猶不足多，況其賤者乎？是以玉之碌碌，石之落落，君子皆不欲也。又引欒肇云：包氏曰：「瑚璉，黍稷器也，夏曰瑚，殷曰璉，周曰簠簋。」未詳也。然夏、殷各一名，而其形未測。及周則兩名，其形各異，外方内圓曰簠，内方外圓曰簋，俱容一斗二升。以簠盛黍稷，以簋盛稻粱。或問曰：「子貢周人，孔子何不云汝是簠簋，而遠舉夏、殷器也？」或通者曰：「夫子近捨當時而遠稱二代者，亦微有旨焉。謂湯、武聖德，伊、呂賢才。聖德則與孔子不殊，賢才與顏、閔豈異。而湯、武飛龍，伊、呂爲阿衡之任，而孔子布衣洙、泗，顏、閔簞瓢陋巷。論其人則不殊，但是用捨之不同耳。譬此器用則一，而時有廢興者也。」

【集注】器者，有用之成材，夏曰瑚，商曰璉，周曰簠簋，皆宗廟盛黍稷之器，而飾以玉，器之貴重而華美者也。子貢見孔子以君子許子賤，故以己爲問，而孔子告之以此。然則子貢雖未至於不器，其亦器之貴者與？

【發明】松陽講義：大抵天下人才最怕是無用。不但庸陋而無用，有一種極聰明極有學問的人，却一些用也没有。如世間許多記誦詞章虚無寂滅之輩，他天資儘好，費盡一生心力，只做成一箇無用之人。故這一箇器字，亦是最難得的人。到了器的地位，便是天地間一箇有用之人了。

○**或曰：「雍也仁而不佞。」**

【考證】揅經室集釋佞曰：虞、夏書無佞字，祇有壬字、任字。「何畏乎巧言令色孔壬」、「而難任人」是也。故爾雅曰：「允、任、壬，佞也。」至商、周之間，始有仁、佞二字。佞從仁，更在仁字之後。此二字皆非倉頡所造，故佞與仁相近，尚不甚相反。周之初尚有用仁字以寄佞義者。説文：

「佞，巧讇高材也。从女，仁聲。」巧是一義，材又一義，柔讇又一義，口給又一義。書金縢曰「予仁若考」者，言予旦之巧若文王也。巧義即佞也。佞以仁得聲而義隨之，故仁可爲佞借也。古者事鬼神當用佞，金縢之以佞爲美，借「仁」代「佞」者，因事鬼神也。故論語謂祝鮀之佞，治宗廟，即金縢仁巧多材多藝，能事鬼神之義也。所以金縢借「仁」代「佞」，可省「女」字也。後世佞字全棄高材仁巧之美義，而盡用口讇口給之惡義，遂不敢如史記以巧令屬之周公矣。且古人每謙言不佞者，皆謙不高材不仁巧也。若佞全是惡，豈古人皆以口讇口給之小人待人，而自居於不口讇不口給之君子乎？或人疑仲弓之仁而不佞，可見仁佞尚欲相兼。孔子「不知其仁」，言佞異於仁耳。

梁氏旁證：按邢疏亦云：「左傳云『寡人不佞』，服虔云：『佞，才也。不才者，自謙之辭也。』佞是口才捷利之名，本非善惡之稱，但爲佞有善惡耳。爲善捷敏是善佞，祝鮀是也。爲惡捷敏是惡佞，即遠佞人是也。但君子欲訥於言而敏於行，言之雖多，情或不信，故云焉用佞耳。」

按：阮說是也。春秋時以多能多聞爲聖，以口才之美者爲佞。自夫子不敢居聖，孟子以大而化之言聖，而聖乃爲神明不測之號。自夫子惡夫佞者，而佞乃爲不美之名。此古今訓詁之不同也，說詳論語稽。

劉氏正義：史記弟子列傳：「冉雍字仲弓。」鄭目録云：「魯人。」論衡自紀篇以仲弓爲冉伯牛子。史記索隱引家語又云：「伯牛之宗族。」二說各異。

【集解】馬曰：「雍，弟子仲弓名，姓冉。」

【集注】雍，孔子弟子，姓冉，字仲弓。佞，口才也。仲弓爲人重厚簡默，而時人以佞爲賢，故美其優於德而病其短於才也。

子曰：「焉用佞？禦人以口給，屢憎於人。不知其仁，焉用佞？」

【考異】高麗本作「焉用佞也」。七經考文：足利本無「口」字。天文本論語校勘記：唐本、津藩本、正平本均無「口」字，「人」作「民」。唐石經「仁」字讐改作「人」。皇本作「不知其仁也，焉用佞也」。

【集解】孔曰：「屢，數也。佞人口辭捷給，數爲人所憎惡。」

【集注】禦，當也，猶應答也。給，辨也。憎，惡也。言何用佞乎，佞人所以應答人者，但以口取辨而無情實，徒多爲人所憎惡爾。我雖未知仲弓之仁，然其不佞乃所以爲賢，不足以爲病也。再言焉用佞，所以深曉之。

【餘論】此木軒四書說：孔穎達左氏傳疏云云。案孔君之論善矣。或人稱雍不佞，是謂不能善佞，非惡佞也。夫子則以佞是口舌捷利，爲善者少，爲惡者多，故曰焉用。若夫辨道之辭，論事之才，施於所當用者，固不得以佞目之。且文莫猶人，尚非君子所急，故直斥之曰焉用佞也。

【發明】反身録：不必淫詞詭辯而後爲佞，只心口一不相應，正人君子早已窺其中之不誠而惡之矣。徒取快於一時，而遂見惡於君子，亦何爲也哉。又曰：聖門高弟如顔之愚，曾之魯，雍之簡，俱是渾厚醇樸氣象。蓋其平日皆斂華就實，故其徵之容貌辭氣之間者，無非有道之符。吾人有志斯道，第一先要恭默。

○子使漆彫開仕。對曰：「吾斯之未能信。」子説。

【考異】舊文「雕」爲「彫」。釋文曰：「『彫』，本或作『凋』。」皇本「雕」作「彫」。唐石經、宋石經皆作「彫」。史記弟子傳亦作「彫」。漢書人表作「漆雕啓」，王應麟漢志考證曰：「史記列傳：『漆彫開字子開。』史記避景帝諱也。論語注以開爲名。」翟氏考異：舊經「漆雕」與後章「朽木不可雕」，「雕」俱爲「彫」。「松柏後彫」之「彫」爲「凋」，體義自合，不知何時皆傳寫差。漢人避「啓」用「開」，故諸載記多以夏后啓爲夏后開，微子啓爲微子開，此開字在舊經或亦作「啓」，王氏因舉以爲説。論語校勘記：閩本、北監本、毛本「彫」作「雕」，注疏同。案釋文出「彫」字云：「本或作『凋』，同。」按依説文當作「琱」，凡琱琢之成文則曰彫，今「彫」行而「琱」廢，雕、凋皆假借字。過庭録：漢書人表作「漆雕啓」，當是其名啓。古字作「启」。「吾斯之未能信」，「吾」字疑「启」字之訛。

按：宋説是也。論語答師稱吾，僅見此文，其爲訛字無疑。

【考證】四書釋地三續：讀漢藝文志，孔子弟子漆雕啓，則知史列傳「漆雕開字子開」，上「開」本「啓」字，避景帝諱也。一部論語敍事及門人無直稱其名者，惟問於有若對君之辭，茲獨曰子使漆雕開仕，則開爲其字復何疑。蓋自安國注論語開名，流俗本家語開字子若者失之。四書辨證：家語：「漆雕開，蔡人，字子若。」史記：「漆雕開字子開，魯人。」王應麟漢書考證曰：「史記列傳漆雕開，避景帝諱也。」按景帝諱啓，漢書人表、藝文志何以直稱漆雕啓？如謂史記諱啓作開，何以於微子啓作開，於夏后啓仍作啓？且史記即避啓作開，而語、孟不必避一也，何以孟子稱微子啓，論語獨作漆雕開乎？四書釋地謂論語敘事，門人無直稱其名者，則開爲啓字無疑。不知宰予晝寢，憲問恥，陳亢問伯魚等，亦敘事稱名之證。孔安國史遷之師，而曰漆雕姓開名，則開爲本字無疑。因開、啓義通，故或啓或開耳。劉氏正義：依阮説，漆雕氏必其職掌漆飾琱刻以官爲氏者也。夫子使開仕，當在爲魯司寇時。古今人表作啓。啓者，開也。故字子開。此注以開爲名，作僞者之疏可知。楊簡先聖大訓又名憑，家語弟子解又字子若，白水碑字子修，皆妄人所造。鄭目録云魯人，家語則云蔡人，亦誤也。論語發微：漢藝文志「儒家漆雕启後」，按漢書「後」字當衍，或解爲開之後，不特文理記載不順，況論衡本性篇云：「世子作養書一篇。密子賤、漆雕開、公孫尼子之徒，亦論性情，與世子相出入。」據此則開亦自著書，七略安得反不載也？韓非子顯學篇有漆雕氏之儒，則開之學非無所見，蓋亦子張之流歟？四書賸言：夫子爲司寇，門人多使仕者，原思、子羔、冉有、季路、樊遲、子貢、公西華是也。若子游仕武城，子夏仕莒父，子賤仕單父，仲弓仕季氏宰，未知爲夫子所使否。至於漆雕開之使仕而不仕，與閔子騫之使仕而不仕，則皆在此時。雖子騫力辭費宰，然仍爲夫子宰，要經從政，與子開之始終不仕稍不同，要其使仕則一耳。夫子使開，與子路使羔同。夫子既使由墮費，而子路即使羔宰費，以鎮叛亂，此在夫子、子路實有使仕之責，非汎遣也。

按：韓非子儒分爲八，有漆雕氏之儒。漢書藝文志「儒家者流漆雕子十三篇」，注：「孔子弟子漆雕啓後。」家語稱其習尚書，不樂仕。孔子曰：「可以仕矣。」對曰：「吾斯之未能信。」説苑：「孔子謂漆雕氏之子君子哉，其善人之美也隱而顯，言人之惡也微而著。」論衡云：「漆雕開論性情。」是漆雕氏之學在孔門自成一家，惜其書久佚。夫不樂仕，非聖人之教，夫子謂「仁者己欲立而立人，己欲達而達人」，子路亦謂「不仕無義，欲潔其身，而亂大倫」。夫子爲司寇時，門人多使仕者，蓋弱私室以强公室，非羣策羣力不爲功。斯必指一事而言，如使子路墮費之類，非泛言仕進也。今不可考矣。

【集解】孔曰：「開，弟子，漆雕姓，開名。仕進之道未能信者，未能究習也。」鄭曰：「善其志道深也。」

【唐以前古注】皇疏：言己學業未熟，未能究習，則不爲民所信，未堪仕也。一云：「言時君未能信，則不可仕也。」又引張憑云：夫君臣之道，信而後交者也。君不信臣，則無以授任。臣不信君，則難以委質。魯君之誠未洽於民，故曰未能信也。又引范甯云：開知其學未習究治道，以此爲政，不能使民信己。孔子説其志道之深，不汲汲於榮禄也。筆解：韓曰：「未能見信於時，未可以仕也。子説者，善其能忖己知時變。」李曰：「孔言未能究習，是開未足以仕，非經義也。鄭言『志道深』，是開以不仕爲得也，非仲尼循循善誘之意。云善其能忖己知時變，斯得矣。」

【集注】漆彫開，孔子弟子，字子若。斯，指此理而言。信，謂真知其如此而無毫髮之疑也。開自言未能如此，未可以治人，故夫子説其篤志。程子曰：「漆雕開已見大意，故夫子説之。」又曰：「古人見道分明，故其言如此。」謝氏曰：「開之學無可考，然聖人使之仕，必其材可以仕矣。至於心術之微，則一毫不自得不害其爲未信。此聖人所不能知，而開自知之，其材可以仕，而其器不安於小也。他日所就，其可量乎？夫子所以説之也。」

按：朱子語類：「漆雕開能自言吾斯之未能信，則其地已高矣。斯有所指而云，若自信得及，則雖欲不如此做不可得矣云云。」是朱子初意原以斯有所指而云，與毛西河之説相同，不知何以最後定稿乃以理字釋斯。然終屬牽率聖言以就己説，非解經正軌也。

【餘論】讀四書大全説：除孔子是上下千萬年語，自孟子以下，則莫不因時以立言。程子曰：「曾點、漆雕開已見大意。」自程子從儒學治道晦蒙否塞後作此一語，後人不可苦向上討滋味，致墮疑網。蓋自秦以後，所謂儒學者止於記誦辭章，所謂治道者，不過權謀術數，而身心之學，反以付之釋、老，故程子於此説吾道中原有此不從事跡上立功名，文字上討血脈，端居無爲，而可以立萬事萬物之本者，爲天德王道大意之存，而二子爲能見之也。及乎朱子之時，則雖有浙學，而高明者已羞爲之，以奔騖於鵝湖，則須直顯漆雕開之本旨，以閒程子之言，使不爲淫辭之所託。故實指之曰「斯指此理而言」，恐其不然，則將有以斯爲此心者，抑將有以斯爲眼前境物翠竹黄花燈籠露柱者，以故朱子於此有功於程子甚大。而又曰「夫子說其篤志」，則以夫子之門，除求、路一輩頗在事跡上做，若顔、閔、冉、曾之徒，則莫不從事於斯理，固不但開爲能然。而子之所以説開者，説其不自信之切於求己，而非與程子所謂見大意者同也。

按：船山此論，於朱子所以用理字釋斯之故，辯護甚力。其苦心誠可相諒，惟究屬曲解聖經以就己説。漆雕開生二千年前，烏知所謂理學者哉？是厚誣古人也。蓋朱子誤信其師伊川之説，以窮理爲入聖之門，其注四書到處塞入理字，而最窒礙難通者莫如此章及知之章。一部論語並無一箇理字，豈古聖人所不言者，而後儒乃以爲獨得之秘耶？

○子曰：「道不行，乘桴浮于海。從我者，其由與？」子路聞之喜。子曰：「由也好勇過我，無所取材。」

【考異】皇本「于」作「於」，「由」下有「也」字。四書通本作「於」。文選嘯賦注引作「於」。説文解字「羌」字下引孔子曰：「道不行，欲之九夷，乘桴浮於海。」衍一句。玉篇引論語「乘桴于海」，無「浮」字。漢書地理志顔師古注引作「其由也歟」。太平御覽人事部述有「也」字。馮登府異文考證：哉字從才，才與哉通。

按：柳宗元乘桴説、程伊川經説引此並有「也」字，是唐、宋人所見均同，似應增入。

【音讀】經讀考異：「好勇過我，無所取材」，凡三讀，以過我絶句，爲鄭氏讀。「一曰」已下爲「勇」字絶句，「過我」連下讀。而以「過」字絶句，引晉欒肇云：「適用曰材，好勇過我用，故云無所取當之。」論語古訓：錢廣伯曰：「五經文字序例云：『取材之材爲哉，兩音出於一家。』而不決其當否，則『一曰』已下亦是鄭注也。」

【考證】漢書地理志：玄菟、樂浪，武帝時皆朝鮮濊貉、句驪蠻夷。殷道衰，箕子去之朝鮮，教其民臣禮義、田蠶、織作。樂浪、朝鮮民犯禁八條，相殺以當時償殺，相傷以穀償，相盜者男没入爲其家奴，女子爲婢，欲自贖者，人五十萬。雖免爲民，俗猶羞之，嫁娶無所讎。是以其民終不相盜，無門户之閉，婦人貞信不淫辟，可貴哉仁賢之化也。然東夷天性柔順，異於三方之外，故孔子悼道不行，設浮於海，欲居九夷，有以也。顔注：「言欲乘桴筏而適東夷，以其國有仁賢之化，可以行道也。」四書稗疏：集注曰「傷天下之無賢君」，於義自明。惜未言欲行道於海外。遂使俗儒以魯連蹈海，管寧渡遼擬之。一筏之汎，豈犯鯨波陵巨洋者乎？夫子居魯，沂、費之東即海也，其南則吴、越也。夫子此歎，傷中國之無賢君，欲自日照通安東、贛榆適吴、越耳。俗傳夫子章甫鳴琴而見越王句踐，雖無其事，然亦自浮海之言啓之。程子春秋傳言桓公盟戎，而書至以討賊望戎。蓋居夷浮海之志，明其以行道望之海外。故子路喜，而爲好勇之過，謂其急於行道，而不憂其難行也。潛丘劄記：太史公多言勃海，河渠書謂永平之勃海，封禪書謂登、萊之勃海，蘇秦列傳指天津衛之海，朝鮮列傳指海之在遼東者。勃海之水大矣，非專爲近勃海郡者也。劉氏正義：據志言，則浮海指東夷，即勃海也。夫子當日必實有所指之地，漢世師説未失，故尚能知其義，非泛言四海也。夫子本欲行道於魯，魯不能竟其用，乃去而之他國。最後乃如楚，則以楚雖蠻夷，而與中國通已久。其時昭王又賢，葉公好士，故遂如楚，以冀其用，則是望道之行也。至楚又不見用，始不得已而欲浮海居九夷。史記世家雖未載浮海及居九夷二語爲在周遊之後，然以意測之，當是也。其欲浮海居九夷，仍爲行道。由漢志注繹之，則非遯世幽隱但爲世外之想可知。即其後浮海居九夷皆不果行，然亦見夫子憂道之切，未嘗一日忘諸懷矣。其必言乘桴者，錢氏坫論語後録謂「爾雅釋水：『庶人乘泭。』夫子言道不行，以庶人自處」是也。詩周南「不可方思」，邶風「方之舟之」，毛傳並云：「方，泭也。」方與舫同。周南釋文：「泭，本亦作『游』，又作『桴』，或作『柎』。」諸字惟「桴」是叚字，餘皆同音異體也。韋昭國語注：「編木曰泭，小泭曰桴。」分泭、桴爲二，失其義矣。

【集解】馬曰：「桴，編竹木大者曰筏，小者曰桴。」孔曰：「喜與己俱行也。」鄭曰：「子路信夫子欲行，故言好勇過我也。無所取材者，言無所取桴材也。子路不解，微言戲之耳。」一曰：「子路聞孔子欲乘桴浮海便喜，不復顧望。故夫子歎其勇曰過，我何所復取哉，言惟取於己也。古字材、哉同耳。」

按：詩周南疏引論語注：「編竹木大者曰栰，小者曰桴。」與此注同。臧、宋以爲鄭注佚文，或鄭用其師說也。

【唐以前古注】裴駰史記集解引欒肇云：適用曰材，好勇過我用，故云無所取。皇疏：又一家云：「孔子爲道不行，爲譬言我道之不行，如乘小桴入於巨海，終無濟理也。非唯我獨如此，凡門徒從我者道皆不行，亦竝由我故也。子路聞我道由，便謂由是其名，故便喜也。孔子不欲指斥其不解微旨，故微戲曰：汝好勇過我，我無所更取桴材也。」

【集注】桴，筏也。程子曰：「浮海之歎，傷天下之無賢君也。子路勇於義，故謂其能從己，皆假設之言耳。子路以爲實然而喜。夫子美其勇，而譏其不能裁度事理以適於義也。」

按：四庫提要云：「桴材殊非事理，即牛刀之戲，何至於斯？朱子訓材爲裁，蓋本韋昭國語注，未爲無據。考史記仲尼弟子列傳注，欒肇曰：『適用曰材。』集注雖本程子遺書，而程子亦有所本。」

【別解一】東塾讀書記：皇疏所載又一通者甚多，可見當日説論語者競爲別解。然有甚不通者。「道不行，乘桴浮於海，從我者其由與？」皇疏采又一家云：「孔子言我道之不行，如乘小桴入於巨海，終無濟理也。凡門徒從我者道皆不行，亦並由我故也，子路聞我道由，便謂由是其名，故便喜也。」不通至此，而皇氏采之何哉？

【別解二】趙佑温故録：桴即方也，編竹木爲之，全與舟楫異用，何可乘以浮海？此正狀道不行實在處。海以喻滔滔皆是，桴即欲濟無舟楫意。言道之不行，如乘桴於海。然所託者小，而所期者大，鮮有不疑且阻者。皇皇獨有一我，誰與相從？其惟由之忠信明決能之乎？此亦惟我與爾有是夫之意，故子路聞之喜，喜其得爲聖人行道之與也。而子嘉其好勇，正以力行任道之誠，能出入於死生患難之中而不奪，曰過我者，深許之也。又曰「無所取材」，則就前作轉語，言我誠汲汲於行，無如絶少可乘之具，無論其大，並桴亦無從假手，其若之何？蓋重歎其不得尺寸之柄而用之也。材，鄭注以爲桴材，極耐尋味。

按：朱子訓材爲裁，雖有所本，然子路豈是不能裁度事理之人？終覺於義未安，仍以作桴材解爲是。此以全章皆喻言非戲言，亦可備一義。

【餘論】朱子文集（答楊子順）：夫子乘桴之歎，獨許子路之能從，而子路聞之果以爲喜。且看此等處，聖賢氣象是如何？世間許多紛紛擾擾，如百千蟲蚋，鼓發狂鬧，何嘗入其胸次邪？若此等處放不下，更何説克己復禮，直是無交涉也。

○孟武伯問：「子路仁乎？」子曰：「不知也。」

【集解】孔曰：「仁道至大，不可全名也。」

【唐以前古注】皇疏引范甯云：仁道宏遠，仲由未能有之。又不欲指言無仁，非獎誘之教，故託云不知也。

【集注】子路之於仁，蓋日月至焉者，或在或亡，不能必其有無，故以不知告之。

【餘論】程瑶田論學小記：夫仁，至重而至難者也。故曰仁以爲己任，任之重也；死而後已，道之遠也。如自以爲及是，未死而先已，聖人之所不許也。故曰：「回也，其心三月不違仁。吾見其進也，未見其止也。」言夫行恕以終其身，死而後已，不自以爲及者也。故有問人之仁於夫子者，則皆曰未知，蓋曰吾未知其及焉否也。論語傳注：三子日月至仁，夫子知之矣。而曰不知者，以武伯學淺（觀問孝而答以憂疾可見），不可輕與言仁，所謂罕言也。各舉其才以語之者，若曰子大夫薦賢爲國，但當問其長，不必究其微也。

又問。子曰：「由也，千乘之國，可使治其賦也，不知其仁也。」

【考異】釋文：「賦」，梁武帝云：「魯論作『傅』。」　史記仲尼弟子列傳：季康子問孔子曰：「冉求仁乎？」曰：「千室之邑，百乘之家，求也可使治其賦。仁則吾不知也。」復問子路仁乎？孔子對曰：「如求。」　又仲由傳：季康子問仲由仁乎？孔子曰：「千乘之國，可使治其賦，不知其仁。」　史記辨惑：問者孟武伯，而遷以爲季康子。孔子所答非惟與論語不同，而二傳亦自相乖戾，荒疏甚矣。

【考證】黄氏後案：周官凡起徒役，無過家一人，以其餘爲羨，此大田簡衆之法，一家出一正卒也。正卒之輪供乘卒，八卒止用一卒，此成出一乘之法，一井出一卒也。一乘合兵車輜車用百人，每軍用兵車輜車百二十五乘，王者萬乘，六軍止用七百五十乘。是出軍一次，特用十三分之一，而乘卒又不盡赴軍役也。故以萬乘算之，凡出軍十三次，遞用九千七百五十乘，而萬乘之賦一周而有餘。以八家輪供算之，出軍至一百有六次，而八家中教練之正卒一周而有餘。當周盛時，自黜殷作洛而後，止伐淮踐奄諸事，無黷武窮兵之弊。想此時之民，老死不赴軍役者爲多。蓋周公之定制盡善，而民之被澤長矣。使周之君若相常遵此法，無事則訓練不弛，使之家出一人，而蒐苗獮狩，教以步伐止齊之節；使之成出一乘，而井邑丘甸繕其馬牛車輦之資，賦不患其不治也。有事則用六軍之衆，以奏捷疆埸，留萬乘未赴之卒，以守衛王畿。六軍外不輕發一卒，以重内鎮之權。六軍不足，徵之方伯諸侯，不失禦外之策。賦又不患其不治也。成周之賦法大率如此。侯國之法，八家相更，以供乘賦，與王朝同。所異者王朝萬乘，六軍特用其十三分之一。大國千乘，三軍合用三百七十五乘，則一次出軍已用其三之一而有餘。此其出軍遞征緩急之次，亦自有通變法也。或疑賦法王畿輕而列國重，非也。侯國地方四百里，車亦千乘，依次國二軍之例，一次出軍用二百五十乘，爲千乘四分之一。侯有附庸九同，合正封地亦方五百里，其三百一十六里，出千乘之外，餘地可以遞征，與公同。伯出二軍，其地方三百里，爲方百里者九，得出賦九百乘，又有附庸七同，得出賦七百乘，皆可備遞征之用。子男皆出一軍，子地二百里，爲方百里者四，得出賦四百乘，又有附庸五同，得出賦五百乘，可以備遞征之用。惟男地方百里，以成出一乘計之，國止百乘，出一軍不足，而以附庸三同足其數，得出賦四百乘，則一軍用一百二十五乘，其餘亦備遞征之用。列國之出軍，緩急斟酌出於時宜，必迭用徵調，初無勞逸之殊，賦法大率如此。論語後録：時魯用丘甲田賦，故夫子言之。潘氏集箋：陳鱣曰：「賦傅同音，故魯論借用。鄭從古。」案魯論果作傅，則鄭當云魯論作傅，今從古。今鄭注無之。梁武所云，未知何據。

【集解】孔曰：「賦，兵賦也。」

【唐以前古注】皇疏引范甯云：武伯意有未愜，或似仲尼有隱，故再問也。賦，兵賦也。孔子得武伯重問，答又直云不知，則武伯未已，故且言其才伎，然後更答以不知也。言子路才勇可使治大國之兵賦，仕爲諸侯之臣也。

【集注】賦，兵也。古者以田賦出兵，故謂兵爲賦，春秋傳所謂「悉索敝賦」是也。言子路之才可見者如此，仁則不能知也。

「求也何如？」子曰：「求也，千室之邑，百乘之家，可使爲之宰也，不知其仁也。」

【考證】四書典故覈：周官之制，天子自六鄉以外，分六遂及家、稍、小都、大都。其餘之地，制爲公邑，使大夫治之。在二百里三百里以上，大夫如州長；在四百里五百里以下，大夫如縣正；皆屬於遂人。載師以公邑之田任甸地，舉甸以該稍縣畺也。鄉遂之民，以七萬五千家爲定，其餘夫皆受田於公邑。故遂人授民夫一廛田百晦，萊五十晦，餘夫亦如之。餘夫所受，公邑之萊也。太宰九賦，邦甸家稍都鄙之賦，皆公邑所出。諸侯之國亦然。以魯言之，三鄉三遂之外，除大夫之采邑，皆公邑。孔子爲中都宰，子夏爲莒父宰，子賤爲單父宰，子游爲武城宰，皆公邑也。惟費宰爲季氏邑，成宰爲孟氏邑，郈宰爲叔孫氏邑，非公邑耳。王畿之地，鄉遂以家計，公邑蓋以里計。諸侯之地皆以家計。故春秋之世，動云書社幾百。蓋二十五家爲社，可知邑之大小，皆論室之多少也。周禮「四井爲邑，四邑爲丘，四丘爲甸，四甸爲縣，四縣爲都」，鄭注：「甸方八里，旁加一里治洫，則方十里爲一成。四甸爲縣，方二十里，縣二百五十六井，二千三百四十夫之地。」以鄭意推司馬法算之，宮室涂巷三分去一，通不易一易再易計之，爲一室受二夫之田，實一縣受田出税人爲七百六十九夫，又傍加一里内受田治洫人四百三十一夫，共千二百夫。云千室之邑，舉成數也。或容有餘夫分授，杜氏注左傳「築郿」曰：「四縣爲都，四井爲邑。然宗廟所在，則雖邑曰都，尊之也。」孔疏引釋例曰：「邑有先君宗廟，雖小曰都。都而無廟，固宜稱城。」案此則自井以上，至縣凡有城皆稱邑，至四縣爲都，乃稱都，故云千室之邑。其宰則如周禮之縣正也。　論語後録：左傳：「唯卿備百邑。」案下云十室之邑。邑有十室，然則千室爲百邑。千室唯卿能有之，大夫則六十邑。齊景公與晏子邶殿，其鄙六十。宋賞向戌邑六十是也。又云：地東西爲廣，南北爲輪。故鄭云爾。十終爲同，革車百乘。故坊記云：「家富不過百乘。」　潘氏集箋：宰，禮記曲禮云：「問大夫之富，曰有宰食力。」注：「宰，邑士也。」正義：「宰，邑宰也。」有宰明有采地，公山弗擾爲季氏宰是也。　黄氏後案：邑有以國邑言者，左傳凡稱人曰大國，凡自稱曰敝邑。尚書曰「邑商」，曰「作新大邑於東國洛」，是邑爲國之通稱。邑有以里居言者，左傳莊公二十八年：「凡邑有宗廟先君之主曰都，無曰邑。」王制：「量地以制邑。」皆以里居言也。周官「四井爲邑」，論語「十室之邑」，易「邑人三百户」，管子小匡「六軌爲邑」，初學記引書大傳「五里爲邑」，千室，則邑之大者耳。

【集解】孔曰：「千室之邑，卿大夫之邑也。卿大夫稱家，諸侯千乘，卿大夫故曰百乘也。宰，家臣。」

【唐以前古注】左襄二十七年傳正義引鄭注：大夫之家邑有百乘。　大學正義引鄭注：采地一同之廣輪也。皇疏：周天子畿内方千里，三公采地方百里，卿地方五十里，大夫地方二十五里。畿外五等，公方五百里，侯方四百里，伯方三百里，子方二百里，男方一百里。舊説：五等之臣，其采地亦爲三等，各依其君國十分爲之。何以然？天子畿千里，既以百里爲三公采，五十里爲卿采，二十五里爲大夫采地。故畿外準之，上公地方五百里，其臣大采方五十里，中采方二十五里，小采方十二里半。侯方四百里，其臣大采方四十里，次采方二十里，小采方十里也。伯方三百里，其臣大采方三十里，中采方十五里，小采方七里半。子方二百里，其臣大采方二十里，次采方十里，小采方五里。男方百里，其臣大采方十里，次采方五里，小采方二里半也。凡制地方一里爲井，井有三家。若方二里半，有方一里者六，又方半里者一，則合十八家有餘，故論語云「十室之邑」也。其中大小，各隨其君，故或有三百户，是方十里者一。或有千室，是方十里者三有餘也。

【集注】千室，大邑。百乘，卿大夫之家。宰，邑長家臣之通號。

「赤也何如？」子曰：「赤也，束帶立於朝，可使與賓客言也，不知其仁也。」

【考異】文選薦禰衡表注引「可使與賓客言」，無「也」字。

【考證】史記弟子傳：公西赤字子華，少孔子四十二歲。鄭目録：公西華，魯人。程大中四書逸箋：古人無事則緩帶，有事則束帶。説字云：「在腰爲腰帶，在胸爲束帶。腰帶低緩，束帶高緊。」公西華束帶立朝，當有事之際，倉卒立談，可以服强隣，即折衝尊俎之間意。泛作禮服，非。戴清四書典故考辨：凡冕服皆素帶，而爵弁、皮弁、朝服、玄端皆緇帶。爲擯相者當服皮弁，所謂束帶與賓客言者，乃緇帶也。爾雅釋宫：「中廷之左右謂之位。」邵氏義疏云：「位，古通作立。」四書典故覈：其立位則接賓時陳擯於大門外，上擯近君門東西面。既入廟門，擯者負東塾東上立，則在中庭。至授玉時，上擯進阼階之西，釋辭于賓，遂相君拜。既受玉，退負東塾而立。四書辨證：秋官司儀「凡公侯伯子男相爲賓，公侯伯子男之臣相爲客」，鄭注：「大曰賓，小曰客，爲君臣之别。」按賓客亦各有大小。大行人「掌大賓之禮，大客之儀」，鄭注：「大賓，要服以内諸侯。大客，謂其孤卿。」疏曰：「大賓對要服以外爲小賓，大客謂孤卿。殷聘對時，聘使大夫爲小客。」又小行人「大客則擯，小客則受其幣而聽其辭」，疏曰：「大行人大客謂孤卿，此則大客謂要服以内之使臣。小客謂藩國之使臣。」其實賓客相對則别，散文則通。賓可稱客，如二王後來助祭，而曰有客是。客可稱賓，如聘禮所載悉稱賓是。

【集解】馬曰：「赤，弟子公西華。有容儀，可使爲行人。」

【唐以前古注】皇疏引范甯云：束帶，整朝服也。賓客，隣國諸侯來相聘享也。

【集注】赤，孔子弟子，姓公西，字子華。

【餘論】讀四書叢説：武伯見聖人專教人行仁，而不知仁之體段，故就門人中舉以爲問，非泛論人才之謂也。

○子謂子貢曰：「女與回也孰愈？」對曰：「賜也何敢望回？回也聞一以知十，賜也聞一以知二。」子曰：「弗如也，吾與女弗如也。」

【考異】舊文「女」爲「爾」。釋文曰：「『爾』，本作『女』，音汝。」三國志夏侯淵傳：「仲尼有言，吾與爾不如也。」作「爾」字。論衡問孔篇述文「與汝俱不如也」。後漢書橋玄傳「仲尼稱不如顏淵」，注引論語「賜也何敢望回？子曰：『吾與汝俱不如也。』」翟氏考異：世説注引鄭玄別傳：「馬季長謂盧子幹曰：『吾與汝皆不如也。』」唐書孝友傳：「任處權見任希古曰：『孔子稱顏回之賢，以爲弗如。』」皆依包氏解用。今集注以與訓許，惟義疏中秦道賓曾爲是説。　何治運雜著：或問於余曰：「如漢儒説，則孔子果不如顏淵乎？」曰：「『天之未喪斯文也。匡人其如予何』，此孔子之樂天知命也。『子在，回何敢死』，此顏子之樂天知命也。顏子未五十而知天命，孔子之不如一也。『吾與回言，終日不違如愚』，『回也非助我者也，於吾言無所不説』，顏子未六十而耳順，孔子之不如二也。顏子之未達一間者，從心所欲，不踰矩耳，使天假以年，則入聖域而優矣。有聖者爲之依歸，此孔子所以不如顏子也。人固不可無年，此顏子所以不如孔子也。」　七經考異：「回也聞一而知十」，「回」下一本無「也」字，「二」下有「也」字。

按：「吾與汝俱不如」之訓，漢以來舊説如是。惠棟論語古義亦主之。集解用包咸云云，明有俱字，邢疏亦有之。新唐書孝友傳所引，是唐時猶未脱「俱」字也。古無以與作許解者。張文黿曰：「『吾與點也』之與，謂相與也。與毛詩『不我與』、『必有與也』同，亦不作許字解。集注失之。」

【集解】孔曰："愈，猶勝也。"包曰："既然子貢不如，復云吾與女俱不如者，蓋欲以慰子貢也。"

按："愈，猶勝也"，春秋襄十四年正義引作鄭注，蓋孔襲鄭義。

【唐以前古注】皇疏引繆播云：學末尚名者多，顧其實者寡。回則崇本棄末，賜也未能忘名。存名則美著於物，精本則名損於當時。故發問以要賜對，以示優劣也，所以抑賜而進回也。又引王弼云：假數以明優劣之分，言己與顏淵十裁及二，明相去懸遠也。又引顧歡云：回爲德行之俊，賜爲言語之冠，淺深雖殊，而品裁未辨。欲使名實無濫，故假問孰愈。子貢既審回、賜之際，又得發問之旨，故舉十與二，以明懸殊愚智之異。夫子嘉其有自見之明，而無矜尅之貌，故判之以弗如，同之以吾與汝。此言我與爾雖異，而同言弗如，能與聖師齊見，所以爲慰也。又引張封溪云：一者，數之始。十者，數之終。顏生體有識厚，故聞始則知終。子貢識劣，故聞始裁至二也。

按：張封溪不知何許人，隋、唐志均不著録。蓋古書之闕佚者多矣，容再詳考。

論語筆解：李曰："此最深義，先儒未有究其極者。吾謂孟軻語顏回深入聖域，云具體而微，其以分限爲差別。子貢言語科，深於顏回不相絶遠，謙云得具體之二分。蓋仲尼嘉子貢亦窺見聖奥矣。盧門人惑以謂回多聞廣記，賜寡聞陋學，故復云俱弗如以釋門人之惑，非慰之云也。"韓曰："吾觀子貢此義深微，當得具體八分，所不及回二分爾。不然，安得仲尼稱弗如之深乎？"

【集注】愈，勝也。一，數之始。十，數之終。二者，一之對也。顏子明睿所照，即始而見終。子貢推測而知，因此而識彼。無所不說，告往知來，是其諭矣。與，許也。

【餘論】論語稽求篇：幼時聽塾師訓曰：「顏淵聞一件知十件，子貢聞一件知兩件。」暢是明白。故世說載廣陵徐淑以年小舉孝廉，尚書詰之曰：「昔顏子聞一知十，孝廉聞一知幾？」以幾與十對，正見十是多數，非終之謂。禰衡作顏子碑文有云：「知微知彰，聞一覺十。用舍行藏，與聖合契。」以微彰用舍兼言，既非一事，又何始末？至若彼此對待，借作副貳，如周禮鄉大夫「賢能之書，內史貳之」之類，與二不同。

梁氏旁證：四書纂疏或疑始終只是一事，彼此則是兩事。如此則子貢所知，反似多於顏子。愚謂子貢必待告往而後知來，若顏子無所不說，則不待告往而來無不知矣。胡氏泳曰：「十者，數之終，以其究極之所至而言。二者，一之對，以其彼此之相形而言。」輔氏廣曰：「聞一知十，不是聞一件限定知得十件，只是知得周徧，始終無遺。聞一知二，亦不是聞一件知得二件，只是知得通達，無所執泥。知得周徧，始終無遺，故無所不說。知得通達，無所執泥，故告往知來也。」若如毛氏說，乃真成聞一件限定知十件，聞一件限定知二件矣。且人雖至聰，亦安有聞一件知得十件者？不幾於癡人說夢哉？

論語述何：世視子貢賢於仲尼，子貢自謂不如顏淵，夫子亦自謂不如顏淵，聖人溥博如天，淵泉如淵也。若顏子自視，又將謂不如子貢矣。以能問於不能，以多問於寡，有若無，實若虛，聖賢所以日進而不已也。

潘氏集箋：或曰欲抑子貢也。當此之時，子貢之名淩顏淵之上。孔子恐子貢志驕意溢，故抑之也。

張楊園備忘録：聞一知十，若決江河也。聞一知二，以三隅反也。

【發明】焦氏筆乘續集：顏子之學，求之屢空，而子貢以多學而識失之。子曰：「女與回也孰愈？」欲其自反也。乃曰：「回也聞一以知十，賜也聞一以知二。」其知識多寡之較，猶然瞶瞶耳。故夫子曰「弗如也」，言其真不如顏子，非許之也。陸子静曾論此，有門人曰，爲是尚嫌少在。味其言，可謂妙得聖人之旨矣。反身録：斯道非穎悟過人，則不足以承受。在昔聖門固不乏學務躬修、行誼淳篤之士，然聰明特達，可以大受者，顏回之外，實莫如賜，故夫子屬望特殷。恐其恃聰明而不能自反，倚聞見而昧於自得，多學而識之之詰，予欲無言之訓，所以覺之者屢矣。又舉如愚之回以相質，蓋欲其鞭辟著裏，黜聰墮明而務有以自得也。賜乃區區較量於所知之多寡，徒在聞見上比方，抑末矣。顧人多苦不自知，賜既曉然有以自知，欿然遜其弗如，即此一念虚心便是入道之機，夫子是以迎其機而進之曰：「弗如也，吾與女弗如也。」殆與非也一貫之語，同一啓迪。此正夫子循循善誘處。又云：賜之折伏回，徒折伏其知解。豈知回之所以爲回，非徒知解也。潛心性命，學敦大原，一徹盡徹，故明無不照。賜則惟事聞見，學昧大原。其聞一知二，乃聰明用事，推測之知，與悟後之知，自不可同日而語。不但聞一知二弗如回，即聞一知百知千，總是門外之見，終不切己，亦豈得如回也耶？是故學惟敦本之爲要，敦本則知解盡忘，心如太虚，無知而無不知，一以貫之矣。

按：子貢所以不如顏子者，以其專從知見著手，故此章須與多學而識章參看，其義乃明。格物窮理，知見上事也。以此求豁然貫通，終其身不可得也。而以此爲入道之門，其誰信之？

○宰予晝寢。子曰：「朽木不可雕也，糞土之牆不可杇也。於予與何誅？」

【考異】皇本、宋刻本、唐石經、宋石經「雕」皆作「彫」。論衡問孔篇亦作「彫」。釋文：「圬」，本或作「杇」。皇本「杇」爲「圬」。太平御覽數述「杇」字，皆作「杇」。

【音讀】翟氏考異：如韓李筆解、資暇録諸説作「畫」，其音義當與後篇「今女畫」之畫同。「寢」乃如漢書「兵寢刑措」之寢，謂休息也。宰我畫限其功，以冀休息，故夫子責之。似較繪畫寢室之説稍愈。

【考證】羣經義證：記諸賢例舉其字。晝寢雖過，夫子警之宜也，門人因之直書其名非也，當依古本。（史記弟子傳、論衡問孔篇引並作「宰我」。）論語後録：「寢」依字當作「寑」，鄭説是。説文解字有「寑」，云：「卧也」。「寢」，云：「病卧也。」病卧與卧息義近。古者君子不晝居於内，晝居於内，問其疾可也。宰予無疾而晝寢，與病卧者殆同譏歟？潘氏集箋：説文：「歺，腐也。歺或从木。」漢書董仲舒傳：「孔子曰：『腐朽之木不可彫也。』」周書蘇綽傳云：「若刀筆之中而得澆僞，則是飾畫朽木，説目一時，不可以充棟榱之用也。」桂馥札樸以此爲畫讀爲畫之徵，不知其用是句包義也。瞥記：「宰予晝寢」，資暇録謂梁武帝讀爲寢室之寢，晝作胡卦反，言其繪畫寢室。此説不知何出。齊東野語云：「嘗見侯白（隋人）所注論語，謂晝當作畫。」李習之筆解亦以爲畫寢。（筆解有韓退之評語，蓋李所作而韓評之。以爲韓作者非也。張籍弔退之詩：「論語未迄注，手蹟今微茫。」則非韓作明矣。）許周生云：「南史何尚之傳：『顔延之以酒醉詣焉。尚之望見，便陽眠。延之發簾熟視，曰：朽木難雕。』」是六朝舊本皆作「晝寢」無疑。皇疏引珊琳公云：「宰予見時後學之徒將有懈廢之心，故假晝寢以發夫子切磋之教。」范甯亦云：「託夫弊跡以爲發起。」蓋與論短喪同意。此賢者牖世之心，可謂苦矣。野客叢書曰：「寢者，寢室。晝當居外，夜當居內。宰予晝居內，未必留意於學，故夫子譏之。」若如此解，則當云晝居寢，不得曰晝寢。胡紹勳四書拾義（劉氏正義引）：左傳云：「小人糞除先人之敝廬。」是除穢謂糞，所除之穢亦謂糞。此經糞土猶言穢土。古人牆本築土而成，歷久不免生穢，故曰不可杇。　黃氏後案：糞土，埽棄之土也。糞，坌之借字。埽除曰坌。曲禮借「糞」與此同。少儀又借作「拚」。圬，謂平塗之也。坌棄之土，雜散麤浮，塗之不成也。釋宮云「鏝謂之杇」，郭璞云：「泥塗也。」李巡曰：「塗一名杇，塗土之作具也。」郭、李雖異義，然平塗之具曰杇，因之平塗曰杇，義正通也。說文：「杇，所以涂也。秦謂之杇，關東謂之槾。」段氏曰：「此器今江、浙以鐵爲之，或以木。戰國策豫讓入宮塗廁，欲刺襄子，刃其杇。杇，謂塗廁之杇。刃其杇，謂皆用木而獨刃之。故杇槾，古字也。釫鏝，今字也。」或又作圬，或借汙爲之。何誅，言可誅。責者不止一端。見易恒九三正義，亦備一說。　翟氏考異：爾雅釋宮「杇鏝謂之杇」，說文「杇，所以塗也」，皆从木作杇。左傳「汙人以時塓館宮室」，音義曰：「『汙』本又作『圬』。」蓋「杇」其正體，「汙」則通借，而「圬」爲續作字也。玉篇作「杅」，特字體小變。宋石經作「不可杇」，乃涉筆訛。　經傳釋詞：與，猶也也。

【集解】包曰：「宰予，弟子宰我。朽，腐也。彫，彫琢刻畫也。」王曰：「杇，鏝也。二者諭雖施工猶不成也。」孔曰：「誅，責也。今我當何責於汝乎，深責之辭也。」

【唐以前古注】文選高唐賦注引鄭注：寢，卧息也。皇疏：寢，眠也。宰予惰學而晝眠也。孔子責宰予晝眠，故爲之作譬也。朽，敗爛也。彫，彫鏤刻畫也。夫名工巧匠，所彫刻唯在好木，則其器乃成。若施工於爛朽之木，則其器不成。牆，謂牆壁也。圬，謂圬墁之使之平泥也。夫圬墁牆壁，若牆壁土堅實者，則易平泥光飾耳。若墁於糞土之牆，則頹壞不平。所以言此二者，言汝今當晝而寢，不可復教，譬如爛木與糞牆之不可施功也。然宰我有此失者，一家云：「其是中人，豈得無失？」一家云：「與孔子爲教，故託跡受責也。」又引范甯云：夫宰予者，升堂四科之流也，豈不免乎晝寢之咎以貽朽糞之譏乎？時無師徒共明勸誘之教，故託夫弊跡以爲發起也。又引琳公云：宰予見時後學之徒將有懈廢之心生，故假晝寢以發夫子切磋之教，所謂互爲影響者也。

按：琳公即釋慧琳，宋世沙門，以才學爲太祖所賞愛。事蹟附見宋書顏延之傳。嘗注孝經、老子，蓋釋而儒者也。其注論語，隋、唐志、陸德明經典序録並不載，僅邢、皇二疏引之。當六朝時，文人學士莫不佞佛，而皈依梵教者乃欲託儒業以顯名，亦可謂羣中佼佼者也。

李匡乂資暇録引論語梁武帝注：「晝當作畫字。言其繪畫寢室，故夫子歎朽木不可彫，糞土之牆不可圬。」筆解：韓曰：「晝當爲畫字之誤也。宰予四科十哲，安得有晝寢之責乎？」

齊東野語：嘗見侯白所注論語，謂晝當作畫字。侯白，隋人。

【集注】晝寢，謂當晝而寢。朽，腐也。彫，刻畫也。杇，鏝也。言其志氣昏惰，教無所施也。與，語辭。誅，責也。言不足責，乃所以深責之。

【別解一】李聯琇好雲樓集：漢書揚雄傳：「非木摩而不彫，牆塗而不畫。」此正雄所作甘泉賦，諫宮觀奢泰之事，暗用論語。可證畫寢之説，漢儒已有之。劉氏正義：案禮言天子廟飾，山節藻棁。穀梁莊二十四年傳：「禮，天子之桷，斲之礱之，加密石焉。諸侯之桷，斲之礱之。大夫斲之，士斲本。」又二十三年傳：「禮，天子諸侯黝堊，大夫倉，士黈。」周官守祧云：「其祧則守祧黝堊之。」皆説宗廟之飾。其宮室當亦有飾，鄭注禮器云：「宮室之飾，士首本，大夫達棱，諸侯斲而礱之，天子加密石焉。」此本魯語。又爾雅釋宮：「牆謂之堊。」統廟寢言之。周官掌蜃云「共白盛之蜃」，注云：「謂飾牆使白之蜃也。」此與黝堊異飾，當是宮室中所用。左襄三十一年傳：「圬人以時塓館宮室。」亦當謂加飾。春秋時大夫士多美其居，故士木勝而知氏亡，輪奂頌而文子懼。意宰予畫寢，亦是其比。夫子以不可雕不可杇譏之，正指其事。此則舊文於義亦得通也。

【別解二】七經小傳：寢當爲内寢之寢。古者君子不晝居於内，晝居於内，則問其疾。所以異男女之節，厲人倫也。宰予晝居於内，故夫子深責之。

【餘論】論語集説：學者誠能立志以自彊，則氣亦從之，不至於昏惰，何有於晝寢？故學莫先於立志。論語集注考證引何氏基曰：糞土朽木，諸家以爲質不美之譬。朱子嘗破其説，大抵人之氣體固有彊弱，而其勤怠則在於志之立不立。志苟立，則日進於精明，雖弱而必彊。志不立，則日入於昏惰，雖彊而亦弱。故君子爲學，必先立志。此志既立，則如木有質，如牆有基，而後雕杇之功可加矣。

子曰：「始吾於人也，聽其言而信其行；今吾於人也，聽其言而觀其行。於予與改是。」

【考異】李覯盱江集官人策引孔子曰：「昔吾于人也，聽其言而信其行；今吾於人也，察其言而觀其行。」論語辨惑：此一章而再稱子曰，胡氏疑其衍文。予謂以語法觀之，其爲衍文無疑。劉氏正義：前篇「人而不仁，如禮樂何」，在季氏舞八佾、三家雍徹章後，則人指季氏三家言。下篇「子所雅言」在學易章後，則所字指易言。「民可使由，不可使知」，在詩禮樂章後，則可使由、不可使知指詩禮樂言。「吾友張也爲難能也」，在堂堂乎張章前，則難能指堂堂言。此皆前後章相發明之例，姑舉數則爲此注證之。

按：劉説甚辨。然此節如別爲一章，則不知所指何事，故仍以衍文説爲長。余嘗謂一部論語中，多一子曰，此章及唯上知章是也。少一子曰，「君子去仁」節及「君子篤於親」節是也。能互相移易則善矣。宋儒好談錯簡，大遭後人非難，姑闕所疑焉可矣。

【考證】逸周書芮良夫解云：以言取人，人飾其言；以行取人，人竭其行。飾言無庸，竭行有成。說苑尊賢篇：夫言者，所以抒其匈而發其情者也，是故先觀其言而揆其行。夫以言觀其行，雖有姦軌之人，無以逃其情矣。大戴禮五帝德篇：孔子曰：「吾欲以顏色取人，於滅明邪改之。吾欲以言語取人，於予邪改之。」

【集解】孔曰：「改是者，始聽言信行，今更察言觀行。發於宰我晝寢也。」

【集注】宰予能言而行不逮，故孔子自言於予之事而改此失，亦以重警之也。胡氏曰：「『子曰』疑衍文，不然則非一日之言也。」

【餘論】四書訓義：學者之於道，知之非艱，行之維艱。知而不行，猶無知也。況乎因知而有言，而徒求之言，則有非真知而可以言者。故學莫切於力行，而言爲不足貴。力行之得失，在心之勤怠而已。能言而遂謂能知，自謂已知而不復勤於力行，則君子甚惡之。故夫子於宰予而深責之。

○子曰：「吾未見剛者。」或對曰：「申棖。」子曰：「棖也慾，焉得剛？」

【考證】困學紀聞：申棖，鄭康成云：「蓋孔子弟子申續。」史記云：「申棠字周。」家語云：「申續字周。」今史記以「棠」爲「黨」，家語以「續」爲「績」，傳寫之訛也。後漢王政碑云：「有羔羊之絜，無申棠之欲。」亦以棖爲棠。則申棠、申棖一人爾。唐開元封申黨召陵伯，又封申棖魯伯。本朝祥符封棖文登侯，又封黨淄川侯，俱列從祀。黨即棠也，一人而爲二人，失於詳考論語釋文也。史記索隱謂文翁圖有申棖、申棠，今所傳禮殿圖有申黨無申棖。養新録：詩「俟我乎堂兮」，箋：「堂當作棖。」棖與棠、堂同音，黨亦音相近，非由轉寫之譌。古文賡、續同聲，家語申續蓋讀如庚，與棠音亦不遠，今本史記作績，則轉寫誤也。拜經日記：七十弟子申續字子周。徐鯤曰：「史記索隱引家語作繚，據字周義，疑繚爲得之。」案徐説是也。索隱於「公伯繚字周」下云：「家語無公伯繚，而有申子周。」又於「申堂字周」下云：「家語有申繚字周。」又史記正義於「公伯繚字周」下云：「家語有申繚子周。」然則司馬貞、張守節所見家語並作申繚，則家語無公伯繚及申堂，王肅僞造申繚一人以當申堂、公伯繚二人，因二人名姓雖異而字周則同，爲足相混也。論語音義引家語作申續，乃「繚」字形近之譌。困學紀聞卷七載釋文亦同，則宋本已誤。王伯厚所見本作「績」，今本作「續」，此又「續」字之轉誤。論語音義引鄭云：「蓋孔子弟子申續。」此「續」字乃後人據誤本家語所改，當本作申堂，鄭正據仲尼弟子列傳也。索隱曰：「申堂字周，論語有申棖。鄭玄云：『申棖，魯人，弟子也。』蓋申堂是棖不疑，以棖、堂聲相近。」案小司馬此言，正據鄭注論語以申棖爲申堂，故云然也。劉氏正義：「棖」或作「棠」，或作「堂」，或作「黨」，或作「儻」。漢王政碑「無申棠之欲」，此作「棠」也。史記索隱「申堂字周」，本史記弟子列傳，此作「堂」也。今本史記云「申黨字周」，此作「黨」也。朱氏彝尊弟子考引漢文翁禮殿圖有申儻，此作「儻」也。諸家文雖有異，而音則相通。詩丰云「俟我乎堂兮」，鄭箋「棠當爲棖」可證也。唐、宋以來，因稱名參錯，分申棖、申黨爲二人。玄宗開元二十七年，封申黨召陵伯，申棖魯伯。真宗祥符二年，封棖文登侯，黨淄川侯，俱列從祀。至明嘉靖九年，因大學士張璁奏，存棖去黨，而祀典始正。困學紀聞云：「史記索隱謂文翁圖有申棖、申棠，今所傳禮殿圖有申黨無申棖。」文獻通考亦云：「今考文翁石室圖無所謂棖與棠也。」是圖本止申黨一人，伯厚所見圖作「黨」，與朱氏彝尊所見圖作「儻」不同，當以朱爲是。諸字皆由音近通用，莫知其何者爲正。困學紀聞獨以「黨」爲傳寫之訛。梁氏玉繩漢書古今人表考亦以「儻」爲訛，皆未必然也。

按：王肅以申繚、申堂、公伯繚爲一人，而非孔子弟子。然馬注公伯寮愬子路章又云：「魯人，弟子。」家語弟子解無公伯寮，有申繚，蓋以申繚一人當申堂、公伯寮二人。臧氏庸譏其僞造，此等處止宜闕疑。

【集解】包曰：「申棖，魯人。」孔曰：「慾，多情慾也。」

【唐以前古注】書皋陶謨正義引鄭注：剛，謂强志不屈撓。釋文引鄭注：申棖，蓋孔子弟子申續。皇疏：夫剛人性無求，而申棖性多情慾。多情慾者必求人，求人則不得是剛，故云「焉得剛」。

【集注】剛，堅强不屈之意，最人所難能者。故夫子歎其未見。申棖，弟子姓名。慾，多嗜慾也。多嗜慾則不得爲剛矣。

【餘論】桑調元論語説（四庫全書總目引）：人知有慾不剛，而不知無慾尚非剛也。四書近指：陽剛之德，全是能自勝其私，使此心超然於萬物之上。慾則私意牽纏，縱貌剛之似，而中之靡也久矣。子路之彊，似之而非。須中立不倚，和而不流，乃真面目也。顏子克復歸仁，學從乾道入，庶足慰聖人之思。嗣是之後，則孟氏之直養無害塞乎天地之間者乎？

【發明】反身録：正大光明，堅强不屈之謂剛，乃天德也。全此德者，常伸乎萬物之上。凡富貴貧賤，威武患難，一切毁譽利害，舉無以動其心。慾則種種世情繫戀，不能割絶，生來剛大之氣，盡爲所撓，心術既不光明，遇事鮮所執持，無論氣質懦弱者多屈於物，即素貞血氣之彊者，亦不能不動於利害之私也。故從來剛者必無慾，慾則必不剛，不可一毫假借。

○子貢曰：「我不欲人之加諸我也，吾亦欲無加諸人。」子曰：「賜也，非爾所及也。」

【考異】考文補遺：古本「吾亦欲無加諸人」，「人」下有「也」字。

【考證】黄氏後案：説文：「譄，加也。加，語相譄加也。誣，加也。」三字同義，皆謂飾辭毁人也。劉知幾史通采撰篇曰：「沈氏著書，好誣先代。魏收黨附北朝，尤苦南國，承其詭妄，重以加諸。」舊唐書僕固懷恩上書曰：「彼奉先、雲京，共生異見，妄作加諸。」韓子爭臣論曰：「吾聞君子不欲加諸人。」唐人所稱論語加字義訓皆與説文合。子貢因不欲人之加諸我，而願己無加諸人。夫子以爲非所及者，蓋論人之非，不溢本分一字，此事最難。孔子曰：「吾之於人，誰毁誰譽。」是惟聖人乃能不加諸人，而賢者則有所歉。式三案：左傳「犧牲玉帛，弗敢加也」，加是增誣之義。以字義言之，加字从力，从口，義取有力之口。今云架誣、駕誣者是其本義，引申之，凡據其上者曰加，故有陵駕之意。馬氏加訓陵，史曹世家索隱亦云：「加，陵也。」是引申之義也。

【集解】馬曰：「加，陵也。」孔曰：「非爾所及，言不能止人使不加非義於己也。」

【唐以前古注】皇疏引袁氏云：加，不得理之謂也。非無過者何能不加人，人亦不加己，盡得理，賢人也，非子貢之分也。

【集注】子貢言我所不欲人加於我之事，我亦不欲以此加之於人。此仁者之事，不待勉强，故夫子以爲非子貢所及。程子曰：「我不欲人之加諸我，吾亦欲無加諸人，仁也。施諸己而不願，亦勿施於人，恕也。恕則子貢或能勉之，仁則非所及矣。」愚謂無者自然而然，勿者禁止之謂，此所以爲仁恕之别。

【餘論】朱子文集（答馮作肅）：博施濟衆之問，與此語先後不可考。疑因能近取譬之言，用力有功，而有欲無加人之説也。嘗謂欲立人欲達人，即子貢所謂欲無加人，仁之事也。能近取譬，求仁之方，即孔子所謂勿施於人，恕之事也。戴震孟子字義疏證：夫物之感人無窮，而人之好惡無節，則是物至而人化物也。人化物也者，滅天理而窮人欲者也。於時有悖逆詐僞之心，有淫泆作亂之事，是故彊者脅弱，衆者暴寡，知者詐愚，勇者苦怯，疾病不養，老幼孤獨不得其所，此大亂之道也。誠以弱寡愚怯，與夫疾病老幼孤獨，反躬而思其情，人豈異於我？一人之欲，天下人之同欲也，故曰性之欲。好惡既形，遂己之好惡，忘人之好惡，往往賊人以逞欲。反躬者，以人之逞其欲思身受之情也。情得其平，是爲好惡之節，是爲依乎天理。四書約旨：聖門諸賢，無不求仁。子貢蓋用能近取譬之功，當日月至焉之候，見萬物一體景象，故出以相質。但是見到，未是行到；是初至，未是久安，故子曰「非爾所及」。

○子貢曰：「夫子之文章，可得而聞也。夫子之言性與天道，不可得而聞也。」

【考異】皇本「不可得而聞也」下有「已矣」二字。天文本論語校勘記：足利本作「不可得而聞也已」，與天文本同。考文補遺引古本、一本、唐本、津藩本、正平本末有「已」字。史記孔子世家：夫子言天道與性命，弗可得聞也已。漢書眭宏夏侯勝等傳贊：子贛曰：「夫子之文章，可得而聞。夫子之言性與天道，不可得而聞已矣。」又外戚傳注師古引論語亦作「不可得而聞也已矣」。顔師古匡謬正俗引文亦作「已矣」。錢曾讀書敏求記：高麗有何晏集解鈔本，此與漢書傳贊適合。蓋子貢寓嗟歎於不可得聞中，故以「已矣」傳言外微旨，二字似不可脱。

【考證】養新録：後漢書桓譚傳：「天道性命，聖人所難言。自子貢以下，不得而聞。」注引鄭康成論語注：「性，謂人受血氣以生，有賢愚吉凶。天道，七政變動之占也。」古書言天道者，皆主吉凶禍福而言。古文尚書：「滿招損，謙受益，時乃天道。天道福善而禍淫。」易傳：「天道虧盈而益謙。」春秋傳「天道多在西北」、「天道遠，人道邇，竈焉知天道」、「天道不謟」，國語：「天道賞善而罰淫。我非瞽史，焉知天道？」老子：「天道無親，常與善人。」皆論吉凶之數。與天命之性，自是兩事。潛研堂答問：天道，經典皆以吉凶禍福言。孟子云「聖人之於天道也」，亦謂吉凶陰陽之道，聖人有不知，故曰命也。否則，性與天道又何别焉？一説性與天道，猶言性與天合也。後漢書馮異傳：「臣伏自思惟，以詔勑戰功，每輒如意。時以私心斷決，未嘗不有悔。國家獨見之明，久而益遠，乃知性與天道，不可得而聞也。」此亦漢儒相承之說。潘氏集箋：史記天官書云：「孔子論六經，紀異而説不書。至天道性命，不傳。傳其人，不待告。告非其人，雖言不著。」正義：「待，須也。言天道性命，忽有志事，可傳授之則傳，其大指微妙，自在天性，不須深告語也。著，明也。言天道性命，告非其人，雖爲言説，不得著明微妙，曉其意也。」黄氏後案：晉書紀瞻傳曰：「陛下性與天道，猶復役機神於史籍。」文選任昉啓曰：「性與天道，事絶稱言。」唐太宗旌賞孫伏伽詔曰：「朕惟寡德，不能性與天道。」長孫無忌對太宗之問曰：「陛下性與天道，非臣愚所及。」引經語意正同，是師説相傳如此。何解作儱侗語。史稱何晏與夏侯玄、荀粲、王弼之徒競爲清談，祖尚虚無，謂六經爲聖人之糟粕。史又稱荀粲好言道，常以爲子貢稱夫子之言性與天道不可得聞，六籍雖存，固聖人之糠秕。而粲之兄俁駁其説之不當。然則何氏論性論天道，皆虚無不可窮詰之説，與荀粲等作謎語，而見斥於荀俁者耳。自宋以後，言性與天道者分理氣。中其論者，大抵超陰陽以上而求天之理，離心知之實而求性之理，亦不能不推之空眇以神其説。而矯之者，如東發先生云：「子貢實不得聞，學者言性與天道所當退而自省。」近顧亭林云：「性也命也天也，夫子之所罕言，而今君子之所恒言。」又謂明季學者，「以明心見性之空言，代修己治人之實學，股肱墮而萬事荒，爪牙亡而四國亂」。東發先生斥宋季，顧氏斥明季，此救時之論，豈經恉之果如此乎？　劉氏正義：史記孔子世家言：「定公時，魯自大夫以下皆僭離於正道，故孔子不仕，退而修詩、書、禮、樂。弟子彌衆，至自遠方，莫不受業焉。」又云：「孔子之時，周室微而禮樂廢，詩、書缺。追迹三代之禮，序書傳，觀殷、夏所損益，曰：『後雖百世可知也。』以一文一質，周監二代，郁郁乎文哉，吾從周。故書傳禮記自孔氏。語魯太師樂云云。自衛反魯，然後樂正，雅、頌各得其所。古者詩三千餘篇，及至孔子，去其重，取可施於禮義。三百五篇，孔子皆弦歌之，以求合韶、武、雅、頌之音。禮樂自此可得而述，以備王道，成六藝。」又云：「孔子以詩、書、禮、樂教，弟子蓋三千焉。」據世家諸文，則夫子文章謂詩、書、禮、樂也。古樂正崇四術以造士，春秋教以禮、樂，冬夏教以詩、書。至春秋時，其學寖廢，夫子特修明之，而以之爲教。故記夫子四教，首在於文。顔子亦言：「夫子博我以文。」羣弟子所以得聞也。世家又云：「孔子晚而喜易，序彖、繫、象、説卦、文言。讀易，韋編三絶，曰：『假我數年，若是，我於易則彬彬矣。』」蓋易藏太史氏，學者不可得見。故韓宣子適魯，觀書太史氏，始見周易。孔子五十學易，惟子夏、商瞿晚年弟子得傳是學。然則子貢言性與天道不可得聞易是也。此説本之汪氏喜荀，略見所著且住菴文稿。

按：如諸家之説，古無以天道作天理解者。且於文道從辵，從首，猶路也。天道者，如不知棋局幾道之道。蓋既有天，即有陰陽，日月迭運，雷風相薄，泰極則否，剥極必復，以爲無定，而若有可憑；以爲有定，而屈伸消長，孰爲爲之，孰令致之，又無可指。易傳曰：「一陰一陽之謂道。」史記孔子世家作「夫子之言天道與性命，不可得而聞」，加一命字，義更明顯。理從里，從玉，乃玉之有文理者。古無天理二字，其字起於漢博士之作樂記，三代時無此語也。或曰：漢自董仲舒解春秋經，已嘗雜五行災祥言之。董氏通儒尚爾，風尚所趨，賢者不免。鄭氏兼學讖緯，其以吉凶禍福解天道，亦爲風氣所囿。是則然矣，然一天道二字，而其解釋隨時代爲轉移，則大不可。漢儒去古未遠，各有師承。何氏雖雜以道家言，其所謂新新不已者，即中庸之「至誠不息」。然中庸至誠之道，可以前知，禎祥妖孽，必先知之。與鄭義固相通也。至以理訓天，則更空洞荒渺，不可究詰矣。劉氏據且住菴文稿，以詩、書、禮、樂爲文章，以易、春秋爲言性與天道，其論精確不磨。故詳著之。

【集解】章，明也。文采形質著見，可以耳目循也。性者，人之所受以生者也。天道者，元亨日新之道也。深微，故不可得而聞也。

【唐以前古注】後漢書桓譚傳注引鄭注：性，謂人受血氣以生，有賢愚吉凶。天道，七政變動之占。

皇疏引太史叔明云：文章者，六籍是也。性與天道如何注。以此言之，舉是夫子死後，七十子之徒，追思曩日聖師平生之德音難可復值。六籍即有性與天道，但垂於世者可蹤，故千載之下，可得而聞也。至於口説言吐，性與天道，藴藉之深，止乎身者難繼，故不可得而聞也。

按：叔明，吴太史慈之後，吴興烏程人。少善莊、老，兼通論語、禮記，尤精三玄。每講説，聽者常五百人。邵陵王綸出爲江州，携叔明之鎮，故江州人士皆傳其學。事蹟略見南史及齊書沈峻傳。七録有太史叔明論語集解十卷。隋經籍志云：「梁有十卷，亡。」今惟皇疏引其二節而已。以此條爲孔子死後之言，可謂創解。亦備一義。

筆解：韓曰："孔説粗矣，非其精藴。吾謂性與天道，一義也。若解二義，則人受以生，何者不可得聞乎哉？"李曰："天命之謂性，是天人相與一也。天亦有性，春仁夏禮秋義冬智是也。人之率性，五常之道是也。蓋門人只知仲尼文章，而少克知仲尼之性與天道合也。非子貢之深藴，其知天人之性乎？"

【集注】文章，德之見於外者，威儀文辭皆是也。性者，人所受之天理。天道者，天理自然之本體。其實一理也。言夫子之文章日見乎外，固學者所共聞。至於性與天道，則夫子罕言之，而學者有不得聞者。蓋聖門教不躐等，子貢至是始得聞之而歎其美也。

【餘論】論語意原：性與天道至難言也。夫子寓之於文章之中，惟子貢能聞之。至孟子則諄諄然言性善言天道。夫子示人以其端，欲學者至於自得。孟子闡其秘以示人，欲天下皆可知也。

日知録：朱子曰："聖人教人，不過孝悌忠信持守誦習之間，此是下學之本。今之學者以爲鈍根，不足留意。其平居道説，無非子貢所謂不可得而聞者。"黄氏日鈔曰："夫子述六經，後來者溺於訓詁，未害也。濂、洛言道學，後來者借以談禪，則其害深矣。"又云："劉、石亂華，本於清談之流禍，人人知之。孰知今日之清談，有甚於前代者。昔之清談談老、莊，今之清談談孔、孟。昔王衍妙善玄言，自比子貢。及爲石勒所殺，將死顧而言曰：『嗚呼！吾曹雖不如古人，向若不祖尚浮虚，戮力以匡天下，猶可不至今日。』今之君子，得不有媿乎其言？"

論語補疏：釋文云："何云元亨日新之道，鄭云七政變通之占。"鄭氏此注見後漢書桓譚傳注所引。蓋自春秋時，易學不明，而梓慎、裨竈之流，以七政占驗爲天道，故云「天道多在西北」。子産雖正斥之以「天道遠，人道邇，竈焉知天道」，而天道之稱，究未能言。孔子贊易，乃明之曰立天之道，曰陰與陽。立地之道，曰柔與剛。立人之道，曰仁與義。於臨曰：「大亨以正，天之道也。」於謙曰：「天道虧盈而益謙，地道變盈而流謙。」於恒曰：「天地之道，恒久而不已也。」道即行也。天道，猶云天行。乾曰：「天行健，君子以自彊不息。」蠱曰：「終則有始，天行也。」剥曰：「君子尚消息盈虚，天行也。」復曰：「反復其道，七日來復，天行也。」舉當時以奇怪虚誕爲天道者，一旦廓而清之。記載哀公問云：「敢問君子何貴乎天道也？」孔子對曰：「貴其不已。如日月東西，相從而不已也，是天道也。不閉其久，是天道也。無爲而物成，是天道也。已成而明，是天道也。」孔子言天道在消息盈虚，在恒久不已，在終則有始，在無爲而物成；與七政變占迥然不合。鄭氏以此解論語，淺之乎觀聖人矣。　揅經室集：此子貢歎學者不能盡人而皆得聞之，非子貢亦不聞也。　又曰：史記孔子世家作「夫子言天道與性命弗可得聞」，所以與今論語不同者，非所見本有異。此乃太史公傳真孔安國之學，以説論語，加一命字，更顯明也。性字連命字爲言，更見性命即關乎天道。此天道即孟子所説聖人之於天道也，即孔子五十所知之天命也。天道非人所能逆知，故曰不可得而聞。

按：焦氏此論，抑鄭以申何，但非爲宋儒張目，何者？盈虚消息之理，與七政變占雖有精粗之別，而理固相通。至宋儒言性，分爲義理之性與氣質之性。言天亦分爲理性之天與氣數之天。則唐以前人尚無此説法，何況三代？太史公作史記，於古文之難解者，輒自加注釋。其於性下加一命字，意更明顯。阮氏性命古訓謂爲安國真本，其言雖不盡可信，然其指氣數言，則無疑義矣。

【發明】焦氏筆乘：性命之理，孔子罕言之，老子累言之，釋氏則極言之。孔子罕言，待其人也，故曰：「不憤不啓，不悱不發。中人以下，不可以語上也。」然其微言不爲少矣，第學者童習白紛，翻成玩狎。唐疏宋注，錮我聰明，以故鮮通其説者。内典之多，至于充棟，大抵皆了義之談也。古人謂闇室之一燈，苦海之三老，截疑網之寶劍，抉盲眼之金鎞。故釋氏之典一通，孔子之言立悟，無二理也。張商英曰：「吾學佛然後知儒。」誠爲篤論。又曰：孔、孟之學，盡性至命之學也。顧其言簡指微，未盡闡晰。釋氏諸經所發明，皆其理也。苟能發明此理，爲吾性命之指南，則釋氏諸經即孔、孟之義疏也，又何病焉。夫釋氏之所疏，孔、孟之精也；漢、宋諸儒之所疏，其糟粕也。今疏其糟粕則俎豆之，疏其精則斥之，其亦不通於理矣。

論語集釋卷十

公冶下

○子路有聞，未之能行，惟恐有聞。

【考異】七經考文補遺：古本「未之」作「之未」，一本無「之」字。皇本無「之」字。

【集解】孔曰：「前所聞未及行，故恐後有聞不得竝行也。」

【集注】前所聞者既未及行，故恐復有所聞，而行之不給也。范氏曰：「子路聞善，勇於必行。門人自以爲弗及也，故著之。若子路，可謂能用其勇矣。」

【別解】包慎言温故録：聞讀若聲聞之聞。韓愈名箴云：「勿病無聞，病其曄曄。昔者子路，唯恐有聞。赫然千載，德譽愈尊。」其言當有所本。蓋子路當時有聲聞之一事，爲人所稱道。子路自度尚未能行，故唯恐復有聞。黄氏後案：韓子知名箴曰：「内不足者，急於人知。霈焉有餘，厥聞四馳。昔者子路，惟恐有聞。赫然千載，德譽愈尊。」韓子引此文解爲文譽之聞，義正通。告過則喜，承譽則恐，此仲子之所以賢也。

按：此以有聞爲聞譽，亦可備一說。

【餘論】四書辨疑：論語一書，無非善言善行，皆其門人所記，何必更論及與弗及哉？況經中亦無門人自謂弗及之文，范氏之説當删。此一節但言子路聞善，勇於必行，可謂能用其勇矣。如此則意圓無病。

按：論語中皆記聖賢言行，而專記賢者善行者，惟此一章，故集注取范氏之説，誠非無因。陳氏亦失之未考耳。

【發明】朱子語類：子路不急於聞，而急於行。今人惟恐不聞，不去行處著功夫。反身録：未行而恐有聞，子路急行之心，真是惟日不足，所以得到升堂地位。吾人平日非無所聞，往往徒聞而未嘗見諸行，即行而未必如是之急，玩愒因循，孤負時日，讀至此不覺忸怩。

○子貢問曰：「孔文子何以謂之『文』也？」子曰：「敏而好學，不恥下問，是以謂之『文』也。」

【考異】七經考文：足利本「是以謂之文」，無「也」字。

【考證】劉氏正義：世本云：「孔達生得閭叔穀，穀生成叔烝鉏，鉏生頃叔羈，羈生昭叔起，起生圉。」圉即孔叔圉。亦稱仲叔圉。邢疏引謚法云：「勤學好問曰文。」是文爲謚也。論語稽：孔悝之鼎銘曰：「乃考文叔，興舊嗜欲，作率慶士，躬恤衞國。其勤王家，夙夜不解，民咸曰休哉。」然其人於倫紀之間，帷薄不修。觀渾良夫之通於其妻，而大叔遺之再摟其女，皆三尺童子所羞稱，故子貢疑其人不足謚爲文。夫子則就文論文，故取其敏而好學、不恥下問以許之，殆亦善善從長之意歟？

【音讀】羣經平議：此當以「敏」字爲句，「而好學不恥下問」皆承敏字而言，謂其知識敏疾，而又好學不恥下問也。敏者，天資。學問者，人功。天資美而人功又盡，文子所以爲文也。學者誤讀「敏而好學」爲句，於是近解乃增出位高字，便與質美相配。若然，則經文當云「敏而好學，貴而不恥下問」矣。且所謂下問者，非必以貴下賤之謂，凡以能問於不能，以多問於寡皆是。

【集解】孔曰：「孔文子，衛大夫孔圉。文，謚也。敏者，識之疾也。下問，問凡在己下者也。」

【集注】孔文子，衛大夫，名圉。凡人性敏者多不好學，位高者多恥下問，故謚法有以勤學好問爲文者，蓋亦人所難也。孔圉得謚爲文，以此而已。蘇氏曰（見蘇氏論語拾遺）：「孔文子使太叔疾出其妻而妻之。疾通於初妻之娣，文子怒，將攻之。訪於仲尼，仲尼不對，命駕而行。疾奔宋。文子使疾弟遺室孔姞，其爲人如此，而謚曰文，此子貢之以所疑而問也。孔子不没其善，言能如此，亦足以爲文矣，非經天緯地之文也。」

【餘論】朱子或問：先王之制謚，以尊名節，以壹惠，故人生雖有衆善，及其死，則但取其一以爲謚，而不盡舉其餘也。以是推之，則其爲人或不能無善惡之雜者，獨舉其善而遺其惡，是亦謚法之所許也。蓋聖人忠孝之意，所以爲其子孫之地，與銘器者稱美而不稱惡同旨。惟其無善之可稱而純於惡焉，則名之曰幽厲，有不能已耳。

【發明】薛瑄讀書録：夫子以孔文子敏而好學、不恥下問爲文，取其微善，而不及其顯惡。聖人道大德宏，此亦可見。自後人言之，必以其人爲不足道，而並没其微善矣。

○子謂子産：「有君子之道四焉：其行己也恭，其事上也敬，其養民也惠，其使民也義。」

【考異】文選袁彦伯三國名臣序贊注引作「子曰君子其行己也恭」。

【考證】錢大昕後漢書考異：産者，生也。木高曰喬，有生長之義，故名喬字子産。後人增加人旁。　劉氏正義：説文：「僑，高也。」僑言人之高者。郭注山海經「長股國」，言：「有喬國。今仗家喬人蓋象此身。」喬、僑通用。左傳長狄僑如，當亦取高人之意。僑、産義合，高大爲美，故子産又字子美。此當兼存二義。　論語稽：子産者，穆公之孫，子國之子。魯襄公八年見左傳，十九年爲鄭卿，三十年執政，歷仕鄭簡、定二公，凡相鄭二十二年，卒於魯昭公二十年。其於晉當悼、平、昭、頃、定五世，於楚當共、康、郟敖、靈、平五君，周旋兩大之間，戎馬交争，鄭恃之以爲安危。其行己恭，事上敬，則謙謙君子也。其養民惠，使民義，則良相也。故孔子稱美之。　黄陶菴曰：「子産者，救時之相也。參王霸而用之，去其丘賦、刑書之失，即可進於王。無其秉禮守義之心，亦可流於霸。不王不霸之間，其子産之自處乎？蓋亦春秋已來，一人而已。」

【集解】孔曰：「子産，鄭大夫公孫僑。」

【集注】子産，鄭大夫公孫僑。恭，謙遜也。敬，謹恪也。惠，愛利也。使民義，如都鄙有章，上下有服，田有封洫，廬井有伍之類。

【餘論】蔡清四書蒙引：恭敬分言，則恭主容，敬主事。單言恭則該敬，「篤恭而天下平」是也。單言敬則該恭，「君子修己以敬」是也。行己恭主容説，蓋出入起居升降進退見之一身者皆行己也。夫子温良恭儉讓之恭亦主容説。事上敬不止拜跪趨走之間，陳力就列，乃敬之大也。故曰：「事君，敬其事而後其食。」

○子曰：「晏平仲善與人交，久而敬之。」

【考異】皇本作「久而人敬之」。七經考文：足利本同有「人」字。天文本論語校勘記：古本、唐本、津藩本、正平本均作「久而人敬之」。

【考證】史記管晏列傳：晏平仲，萊之夷維人也。山東通志：晏城在濟河縣西北二十五里，晏嬰采地。

【集解】周曰：「齊大夫，晏姓，平謚，名嬰。」

按：凡邢疏所稱「周曰」者，皇本、高麗本俱作周生列，無一及漢之周氏。周氏名字爵里俱佚，與包咸皆治張侯論語而爲其章句。諸志不著録，惟見何晏集解序。魏志：「周生烈，敦煌人，魏初徵士。」裴松之注：「姓周生，名烈。」陸德明經典釋文序録：「字文逢。本姓唐，魏博士侍中。」其説本之七録。邢昺論語序疏作字文逸。考馬總意林引周生烈子四條。其自序略云：「六蔽鄙夫敦煌周生烈字文逸。」則邢疏是而陸作文逢誤也。其義説隋、唐志皆不及著録，惟何晏集解採之。今論語周氏章句、論語周氏義説各一卷，俱存玉函山房輯佚書中。

【唐以前古注】皇疏：此善交之驗也。凡人交易絶，而平仲交久而人愈敬之也。又引孫綽云：交有傾蓋如舊，亦有白首如新。隆始者易，克終者難。敦厚不渝，其道可久，所以難也。故仲尼表焉。

按：論語後案云：「皇本經文多異字，先儒以贋鼎疑之。此作『人敬之』，以春秋傳事觀之亦合。平仲身遭季世，而使人能久敬之，則爲交之善也。」（劉寶楠云：「當從鄭本無『人』字，解爲平仲敬人。」）

【集注】晏平仲，齊大夫，名嬰。程子曰：「人交久則敬衰，久而能敬，所以爲善。」

【餘論】張志烈四書大全辨：或曰：「晏嬰於晉悦叔向，於鄭悦子皮，於吴悦季札，於周交柏常騫，於魯交處士蘇晉，與孔子處者八年，悦孔子弟子曾子，聘之仕，曾子固辭；於齊友大夫吴翰，分倉粟府金與北郭騷養母，以至贖越石父爲上客，此正夫子所謂善與人交，在久而敬之之先者也。晏子之言曰：『事君苟進不道忠，交友苟合不道行，不任於上則輕議，不篤於友則好誹，此邪人之行也。事君盡禮行忠，不正爵禄，不用則去而不議；其交友也，論身行義，不爲苟戚，不同則疏而不誹，此正士之行也。』由晏子此言推之，其善交久敬亦可見矣。」黄鶴谿惠廸邇言（四書拾遺引）：交際之間，其人實有可敬，而我不知敬，則失人。其人本無可敬，而我誤敬之，則失己。失人失己，必貽後悔。故必由淺漸深，由疎漸親，爲時既久，灼見真知，然後用吾之敬，自可免失人失己之患，此其所以爲善也。或問：「交主於敬，如子所云，交可不敬乎？」曰：「交所以用吾情，敬所以行吾心。試參閱弟子入則孝章，汎愛，交之謂也。親仁，敬之謂也。敬行於久，善交之謂也。」

○子曰：「臧文仲居蔡，山節藻梲，何如其知也？」

【考異】釋文：「梲」，本又作「棳」。藝文類聚述論語「梲」字作「楶」。翟氏考異：按玉篇「棳」與「梲」同，「楶」雖與「梲」音有別，而爾雅注疏並訓爲梁上短柱，蓋亦可通用。

【考證】全祖望經史問答：臧文仲居蔡之説，古注與朱注異。近人多是古注，然朱注究當從。據漢人之説，則居蔡是僭諸侯之禮，山節藻梲是僭天子宗廟之禮，以飾其居。如此則已是二不知，不應概以作虚器罪之曰一不知也。但臧孫居蔡，非私置也，蓋世爲魯國守蔡之大夫。家語不云乎：「文仲一年而爲一兆，武仲一年而爲二兆，孺子一年而爲三兆，是世官也。」然則臧孫居蔡，何僭之有？武仲奔防，納蔡求後，以其爲國寶也。則以大夫不藏龜之罪加臧孫，恐其笑人不讀左傳與家語也。乃若山節藻梲，實係天子之廟飾，管仲僭用以飾其居，雜記諸篇載之不一而足。而臧未必然者，蓋臺門反坫，鏤簋朱紘，出自夷吾之汰侈，不足爲怪；而臧孫則儉人也，天下豈有以天子之廟飾自居，而使妾織蒲於其中者？蓋亦不相稱之甚矣。吾故知其必無此也。然則山節藻梲將何施？曰施之於居蔡也，所謂媚神以邀福也。是固横渠先生之論而朱子採之也。

羣經平議：龜之名蔡，未知何義。包氏此解亦臆説耳。竊疑蔡當讀爲𣪠。説文又部：「𣪠，楚人謂卜問吉凶曰𣪠。」讀若贅。龜者所以卜問吉凶也，因即以其用而名之曰𣪠，蓋楚語也。龜本荆州所貢，故沿襲其語耳。𥻦與蔡音相近，孔氏廣森經學卮言謂蔡，蔡叔之蔡，即竄三苗之竄。然則以蔡爲竄，猶以蔡爲𥻦矣。論語後録：此云國君之守龜，是蔡長一尺矣。

潘氏集箋：禮書逸禮言「天子龜尺二寸，諸侯八寸」是也。禮曰：「家不寶龜。」儀禮：「大夫士祭蓍而已。」則大夫無守龜矣。逸禮言「大夫龜六寸」，非也。經義雜記：左傳襄二十三年「且致大蔡焉」，杜注：「大蔡，大龜。」釋文：「大蔡，龜名也。一云龜出蔡地，因以爲名。」正義曰：「漢書食貨志：『元龜爲蔡。』論語云：『臧文仲居蔡。』家語稱臧氏有守龜，其名曰蔡。是大蔡爲大龜，蔡是龜之名。鄭玄云：『出蔡地，因以名之焉。』非也。」又漢書食貨志：「龜不盈五寸，貝不盈六分，皆不得爲寶貨。元龜爲蔡，非四民所得居有者，入大卜受直。」注如淳曰：「臧文仲居蔡謂此也。説謂蔡國之大龜也。」臣瓚曰：「蔡是大龜之名。書曰：『九江納錫大龜。』大龜不出蔡國。若龜出楚，不可名龜爲楚也。」師古曰：「瓚説非也。本以蔡出善龜，故因名大龜爲蔡耳。」據此，知包、鄭注論語，如顔注漢書，皆以爲龜出蔡地，因名蔡。蓋古人命名多從本稱，蔡無大龜之訓，何詁蔡爲大龜乎？劉氏正義：左昭五年傳：「吴蹶由曰：『卜之以守龜。』又曰：『國之守龜，其何事不卜？』」是國君有守龜也。漢書食貨志：「元龜岠冉長尺二寸，公龜九寸，侯龜七寸，子龜五寸。」又云：「元龜爲蔡。」是蔡長尺二寸也。白虎通引禮三正記：「天子龜爲蔡，長一尺二寸，諸侯一尺，大夫八寸，士六寸。」與食貨志異。然皆天子龜爲尺二寸也。但包既以蔡長尺二寸，則是天子守龜，不當云國君之守龜，此稍誤矣。路史國名紀言：「蘄春江中有蔡山，在廣濟縣。大龜納錫故曰蔡，非姬姓蔡。」王氏瑬四書地理志引之，謂今黄梅縣西南九十里曰蔡山，西接廣濟縣。此或包、鄭所指龜所出之地名矣。四書典故辨正：陳琳悼龜賦云：「山節藻梲，既櫝且韞。」則建安以前，已有作此解者。四書辨證：龜人「掌六龜之屬，各以其物入於龜室」。注云：「六龜各有室。」則文仲非差在居，差在所以居之者。夫山節藻梲，天子之廟飾也。而管仲僭之，故君子以爲濫。孔子謂難爲上，乃魯因賜而得用天子廟飾，管仲以之奉己，文仲以之媚神，故夫子譏辭不同。

按：漢人説，居蔡是僭諸侯之禮，山節藻梲是僭天子宗廟之禮以飾其居，與朱注異。西河毛氏遂引漢貨殖傳序：「諸侯刻桷丹楹，大夫山節藻梲。」後漢輿服志：「禮制之壞，諸侯陪臣皆山節藻梲。」並指文仲言。不知夫子之意在譏其不智，非譏其僭。考左傳，武仲爲季氏所逐，奔邾，自邾如防，使其子爲納大蔡請立後。臧昭伯如晉，臧會竊其寶龜。又明堂位「封父龜與大璜大弓」，並爲成王賜魯之器。據此，則蔡即大蔡，乃天子之龜而賜魯爲宗器者。依家語，文仲蓋世爲魯國守蔡之大夫也。然則居蔡非僭，居蔡而以天子之廟飾以之媚神爲不智耳。集注不誤。

【集解】包曰：「臧文仲，魯大夫臧孫辰。文，諡也。蔡，國君之守龜，出蔡地，因以爲名焉，長尺有二寸。居蔡，僭也。節者，栭也，刻鏤爲山。梲者，梁上楹也，畫爲藻文。言其奢侈也。」孔曰：「非時人謂之爲知也。」

【唐以前古注】文選七命注引鄭注：蔡，謂國君之守龜也。禮器正義引鄭注：龜出於蔡，故得以爲名焉。左氏文三年傳正義引鄭注：節，栭也，刻之爲山。梲，梁上楹也，畫以藻文。山節藻梲，天子之廟飾，皆非文仲所當有之。

【集注】臧文仲，魯大夫臧孫氏，名辰。居，猶藏也。蔡，大龜也。節，柱頭斗拱也。藻，水草名。梲，梁上短柱也。蓋爲藏龜之室，而刻山於節，畫藻於梲也。當時以文仲爲知，孔子言其不務民義而諂瀆鬼神如此，安得爲知。春秋傳所謂「作虚器」，即此事也。張子曰：「山節藻梲爲藏龜之室，祀爰居之義，同歸於不知，宜矣。」

【餘論】朱子語類：臧文仲、季文子、令尹子文、陳文子數段，是聖人微顯闡幽處。惟其似是而非，故聖人分明説出，要人理會。如臧文仲人皆以爲知，聖人便説其既惑於鬼神，安得爲知。蓋卜筮之事，聖人固欲使民信之。然藏蓍龜之地，須自有合當之處，今文仲乃爲山節藻梲以藏之，是其心一向倒在卜筮，如何得爲知？古説多道其僭，則不止謂之不知，便是不仁，聖人今衹主不知而言也。

○子張問曰：「令尹子文三仕爲令尹，無喜色；三已之，無愠色。舊令尹之政，必以告新令尹。何如？」子曰：「忠矣。」曰：「仁矣乎？」曰：「未知，焉得仁？」

【考異】皇本「何如」下有「也」字。

【音讀】釋文：「知」如字，鄭音智，下同。漢書人表此語，師古注曰：「言智者雖能利物，猶不及仁者所濟遠也。」引此者，蓋班氏自述所表先聖後仁及智之次皆依於孔子也。論衡問孔篇說此章曰：「智與仁不相干也。有不智之性，何妨爲仁之行？五行之道，不相須而成。人有信者未必智，智者未必仁，仁者未必禮，禮者未必義。子文智蔽于子玉，其仁何毀？」亦讀知爲智。

中論智行篇：「或曰：『仲尼言未知焉得仁，乃高仁耶？』對曰：『仲尼此亦有所激然，非專小智之謂也。』」亦讀知爲智。論語足徵記：釋文：「知如字，鄭音智，下同。」班書古今人表引「未知焉得仁」二語，表中所列九品，智人下仁人一等。師古曰：「言智者雖能利物，猶不及仁者所濟遠也。」論衡問孔篇曰：「子文智蔽於子玉。」皇疏引李充曰：「子玉之敗，子文之舉。舉以敗國，不可爲智也。陳文子所之驟稱其亂，不如甯子之能愚，蘧生之可卷，亦未可爲智也。」然則班固、王充、鄭君皆以孔子論子文、文子，謂未得爲智人，焉爲仁人也。何晏引僞孔安國注曰：「未知其仁也。」故釋文知先音如字。果爾，則「未知」下豈應增「焉得」二字？孟武伯問子路仁乎？子曰：「不知其仁也。」不曰「不知焉得仁也」。集注從之，誤矣。

按：邢疏言：「如其所說，但聞其忠事，未知其仁也。」又言：「據其所聞，但是清耳，未知他行，安得仁乎？」皇疏亦云：「李充謂爲不智，不及注也。」是此說已爲注疏所不取，故集注同之。

【考證】莊子田子方篇：肩吾問於孫叔敖曰：「子三爲令尹而不榮華，三去之而無憂色，子之用心獨奈何？」呂氏春秋：「孫叔敖三爲令尹而不喜，三去令尹而不憂。」高誘注曰：「論語云令尹子文，不云叔敖。」翟氏考異：史記循吏傳亦取莊周、呂不韋說，以其事屬孫叔敖。考叔敖之爲令尹，在楚莊王十六年，後七年莊王即卒，叔敖死莊王前，安得有三仕三已事？楚鬭且云：「昔鬭子文三舍令尹。」語著於春秋外傳。鬭且與孔子同時，與子文同國同氏，其語寧不較莊、吕爲可信？

四書大全辨：子文之爲令尹，距孔子生時已百二十年。崔子弒齊莊公，陳文子爲大夫，時孔子生四歲耳。子張復少孔子四十八歲，去陳文子已遼越，況令尹子文哉？子張掇拾往事以質於夫子，夫子因問而答，據其事而謂之忠清，皆曰未知焉得仁。蓋謂其事未之前聞，未之知也，焉得論其仁不仁也。按左傳莊公三十年，鬭穀於菟爲令尹。至僖公二十三年，子文以子玉伐陳之功使爲令尹。二十八年，子玉死，蔿吕臣爲令尹。三十三年，子上爲令尹。未聞子文之三仕三已也。且其使子玉爲令尹也，大夫曰：「子若國何？」子文曰：「吾以靖國也。」夫有大功而無貴仕，其人能靖者幾？明不獲已而使子玉爲令尹。子文不聞告新令尹之政，子玉亦必不能聽舊令尹之政也。又按襄公二十五年，齊崔杼弒莊公，盧蒲癸奔晉，王何奔莒，閭丘嬰、申鮮虞奔魯，不聞陳文子須無之出奔也。二十七年，宋向戌請弭諸侯之兵，文子請許之，慶封、陳須無皆至會。時去弒君不二年，崔子尚相齊，文子固仍在齊預大政也。二十八年，文子告慶封勸齊侯朝於晉。無歲不與崔慶同朝，不聞文子去之他邦又一邦也。是歲始反盧蒲癸，言王何而反之，不聞文子反於先也。崔氏之滅，文子在齊，不聞與謀。慶氏之奔，文子實與謀焉，得慶氏之木百車於莊，召子無宇於萊之田，從慶氏得歸，而戕舟發梁，絶慶封之救，欒、高、陳、鮑介慶氏之甲以殺子之，文子之謀居多。文子卒，其子無宇用事，至其孫乞厚施於國，至恒遂弑簡公。然則陳氏之子孫亦猶大夫崔子也。按莊子肩吾問於孫叔敖曰：「子三爲令尹而不榮華，三去之而無憂色，子之用心獨奈何？」太史傳孫叔敖亦云：「三得相而不喜，知其材自得之也。三去相而不悔，知非己之罪也。」然則此實孫叔敖事，與文子年代不甚遠，而子張因之傳疑也。左傳崔氏之亂，閭丘嬰以帷縛其妻而載之，與申鮮虞乘而出。鮮虞推而下之曰：「君昏不能匡，危不能救，死不能死，而知匿其暱，其誰納之？」遂奔魯。申鮮虞僕賃於野以葬莊公。冬，楚人召之，遂如楚爲令尹。此申鮮虞違之他邦又之一邦事，與文子同事，姓名易譌，而子張復因之傳疑也。二大夫事蹟，於魯之春秋無一焉，夫子安從知之？而安從論之？故爲此存不論不議之辭，而亦不置一譏貶。他日告子張曰：「多聞闕疑。」蓋有以也。四書釋地又續：鬭穀於菟爲令尹，始自莊三十年丁巳，代子元。終於僖二十三年甲申，子玉代。凡二十八年。此二十八年間，有三已三仕之事，不知代之者何人，傳文不備及，楚世家所未詳，只宜以論語爲信。至孫叔敖之令尹，見宣十一年癸亥。叔敖死於楚莊王手，約令尹僅七八年。以莊王之賢，豈肯暫已叔敖？意莊子孫叔敖三爲令尹而不榮華，三去之而無憂色。荀子叔敖曰：「吾三相楚而心愈卑。」原係子文事，傳譌而爲叔敖耳。大全辨載一說，謂孫叔敖實三仕三已，傳譌而爲令尹子文，不信論語，真顛倒之見矣。經史問答：子文於莊公三十年爲令尹，至僖公二十三年讓於子玉，凡在位二十八年。子玉死，蔿吕臣繼之，子上又繼之，大孫伯又繼之，成嘉又繼之，是後楚之令尹不見於左傳。文公十二年，子越之亂，追紀曰：「令尹子文卒。鬭般爲令尹。」

則意者成嘉之後，子文嘗再起爲令尹，而仁山以爲子上之後者，誤也。子上死，即有商臣之變，使子文是時在位，豈尚可以言忠？　四書賸言：孫叔敖三事三舍事，荀子、莊子皆有之，此荀、莊之誤，不得以疑論語也。孫叔敖舉海濱，本期思之鄙人，並非公族，舍即去此耳，焉有至再至三之事？且鬭子文仕楚約三十年，而叔敖以宣十二年始爲令尹，不數年而楚莊死，然且叔敖之死先於楚莊，史記稱叔敖死數年，莊王用優孟言，始予其子以寢丘之地是也。是叔敖之仕，裁一二年耳。以一二年而三仕三已，則終朝三褫，立朝所羞，夫子不得而稱之矣。且子文非無據也。國語鬭且廷曰："昔鬭子文三舍令尹，無一身之積，恤民之故也。"是子文實有三已事，此其明文。況且廷又曰："子文受禄必逃之而後反之。"此皆讓爵讓禄之實行。觀其後忽舉子玉以自代，雖所舉不當，然其退讓之意則概可睹也。況以子家之妄言而反疑論語與春秋外傳，無是理也。　汪中述學：易"近利市三倍"，詩"如賈三倍"，論語"焉往而不三黜"，春秋傳"三折肱爲良醫"，此不必限以三也。論語"季文子三思而後行"，"雌雉三嗅而作"，孟子書陳仲子三咽，此不可知其爲三也。論語"子文三仕三已"，史記"管仲三仕三見逐於君，三戰三走"，"田忌三戰三勝"，"范蠡三致千金"，此不必其果爲三也。故知三者，虚數也。　黄氏後案：金吉父曰："左傳莊公三十年，楚申公鬭班殺子元，鬭穀於菟爲令尹。至僖公二十三年，子玉爲令尹。二十八年，子玉卒，蔿吕臣爲令尹。三十三年，子上爲令尹。其後子文之死，傳又曰：『令尹子文卒。鬭般爲令尹。』則是卒之時又爲令尹也。卒而子繼之。三仕三已，别無所考。子玉、吕臣、子上之間，子文大率執其政而代其缺與？」甬上全氏駁金説，謂：「子上死，即有商臣之變，使子文是時在位，豈尚可言忠？子文於莊公三十年爲令尹，至僖公二十三年讓於子玉，凡在位二十八年。子玉死，蔿吕臣繼之，子上又繼之，太孫伯又繼之，成嘉又繼之，則意者成嘉之後，子文嘗再起爲令尹。」式三謂全氏亦以意言耳。左傳既言其卒時爲令尹，則三仕止二已矣。三已必四仕矣。此事蓋不可考。顧震滄有楚令尹表，不言鬬般，而成嘉之後，繼以鬬椒矣。式三謂此等事有難爲表者。周燭齋云：「子文之卒，在子越椒未知政之時。其三仕三已，在成王之世。自初爲令尹以至遜位子玉，二十八年之中。」亦未確。

【集解】孔曰：「令尹子文，楚大夫，姓鬬，名穀，字於菟。但聞其忠事，未知其仁也。」

【唐以前古注】皇疏引李充云：進無喜色，退無怨色，公家之事，知無不爲，忠臣之至也。子玉之敗，子文之舉，舉以敗國，不可謂智也。賊夫人之子，不可謂仁。

【集注】令尹，官名，楚上卿執政者也。子文姓鬬，名穀於菟。其爲人也，喜怒不形，物我無間，知有其國，而不知有其身，其忠至矣。故子張疑其仁。然其所以三仕三已而告新令尹者，未知其皆出於天理而無人欲之私也，是以夫子但許其忠，而未許其仁也。

「崔子弑齊君，陳文子有馬十乘，棄而違之。至於他邦，則曰：『猶吾大夫崔子也。』違之。之一邦，則又曰：『猶吾大夫崔子也。』違之。何如？」子曰：「清矣。」曰：「仁矣乎？」曰：「未知，焉得仁？」

【考異】唐石經「棄」字作「弃」。　皇本「違之之一邦」下「之」字下有「至」字。　七經考文：足利本作「違之至一邦」。　釋文：魯讀崔爲高，今從古。「弑」，本又作「殺」，同。　九經古義：崔子，鄭氏注云：「魯讀崔爲高，今從古。」王充論衡曰：「仕宦爲吏，亦得將相長吏，猶吾大夫高子也，安能別之？」蓋用魯論語之言。微鄭氏之注，幾不知充語何所指也。　羣經平議：崔子弑君，何得改讀爲「高子」？釋文此條必有踳誤。所謂讀崔爲高者，下文兩崔子也。陳文子因崔杼弑君惡而逃之，豈得稱之曰「吾大夫崔子」？且當時列國大夫雖未必賢，亦豈人人皆崔子歟？魯讀爲高，甚有義理。高子，謂高厚也。襄十九年左傳：「秋八月，齊崔杼殺高厚於灑藍而兼其室。書曰：『齊殺其大夫。』從君於昏也。」惟高子從君於昏，故不能制崔杼，而反爲崔杼所殺。於是崔杼始專國政，卒成弑君之禍。文子推原禍本，於高子有深憾焉。每至一國，見其執政之世臣庸庸尸位，無有深識遠慮，故輒發猶吾大夫之歎。魯論所讀，必是師説如此。陸德明誤謂經文「崔子」魯皆讀爲「高子」，遂於首句出之，則失之甚矣。

【考證】四書釋地：開方之法，方十里者爲方一里者百，其賦十乘。然其陳文子采邑殆爲方一里者百云。一傳而桓子無宇請得高唐，陳氏始大。　劉氏正義：曲禮云：「問大夫之富，數馬以對。」故此言有馬十乘也。一乘是四匹馬，則十乘是四十匹馬。陳氏鱣簡莊集解此文云：「此指其在廄之馬。金氏仁山以十乘乃十甸之地，其采邑之大可知。非也。論語千乘之國及百乘之家皆指出車之數而言。陳文子有馬十乘，及齊景公有馬千駟，則指公馬之畜于官者，非國馬之散在民間也。大學『畜馬乘』，謂士初試爲大夫者。百乘之家，謂有采地者。鄭注甚明。周官校人云：『家四閑馬二種。』鄭志答趙商曰：『當八百六十四匹。』此言天子之卿大夫之制。若侯國初試爲大夫者畜馬乘，今文子有馬十乘，亦可謂多矣。閻氏釋地以開方之法計其賦十乘，而定爲文子采邑，蓋仍沿金氏之誤耳。」　經史問答：文子出奔之事，不知果否。即有之，而不久遽返，仍比肩崔、慶之間，覬其亡而竊政，可謂清者乎？其後父子相商，得慶氏之木百車，而戒以慎守，何清之有？熟讀左氏傳，蹤跡自見，誅其心直不可謂之清。聖人第就子張所問論之，不及其他，忠厚論人之法也。　包慎言温故録：高氏爲齊命卿，與文子同朝者高子也。崔杼弑君，而魯論書高子者，責其不討賊也。與趙盾同義。文子去齊而之他邦，其間或欲請師討賊，而見其執國命者皆與惡人爲黨，故曰猶吾大夫高子也。　陳立句溪雜著（劉氏正義引）：以左傳崔杼事證之，則魯論信爲誤字。然文子所至各國，亦何至皆如崔子，而文子亦何至輒擬人以弑君之賊，則下兩言「猶吾大夫崔子」，似以魯論作高子爲長。蓋弑君之逆，法所必討。高子爲齊當國世臣，未聞聲罪致討，以春秋貶趙盾律之，宜與崔子同惡矣。其首句自當作崔子，魯論作高子，則涉下高子而誤。　過庭録：他國不必皆如崔杼之弑君，當以高子爲是。高、國爲齊之世臣，當先討賊而不能。陳文子有馬十乘，下大夫之禄也，力不能討，故之他邦以求爲君討賊，而無一應者，如魯之三家也，故曰「猶吾大夫高子」。鄭注「魯讀崔爲高」，當在此句下。音義在「崔子弑齊君」下，當誤。

按：潘維城云：「襄十九年傳：『齊崔杼殺高厚於灑藍而兼其室。書曰：齊殺其大夫。從君於昏也。』莊公見弒在二十五年，則其時崔杼之惡猶未熾。使高厚不從君於昏，無難豫制，何至殺其身而禍及其君？猶吾大夫高子，蓋歎所至諸邦之執政無不若厚之昏者，識其昏而去之，不可謂非清矣。然其始也，貿貿然來，子故謂爲未知也。左氏爲古文家學，魯論讀崔爲高，乃今文家説。然即以古文書證之，義亦可通，較古論爲長。」

【集解】孔曰：「崔子、陳文子，皆齊大夫也。崔杼作亂，陳文子惡之，捐其四十匹馬，違而去之也。文子辟惡逆，去無道求有道。當春秋時，臣陵其君，皆如崔子，無有可止者也。」

【唐以前古注】皇疏引孫綽云：大哉仁道之宏！以子文平粹之心，無借之誠；文子疾時惡之篤，棄馬而逝，三去亂邦，坐不暇寧，忠信有餘，而仁猶未足。唯顔氏之子，體仁無違，其亞聖之目乎？　又引顔延之云：每適又違，潔身者也。

【集注】崔子，齊大夫，名杼。齊君，莊公，名光。陳文子亦齊大夫，名須無。十乘，四十匹也。違，去也。文子潔身去亂，可謂清矣。然未知其心果見義理之當然而能脱然無所累乎，抑不得已於利害之私而猶未免於怨悔也，故夫子特許其清，而不許其仁。

【發明】朱子語類：今人有小利害，便至於頭紅面赤。子文三仕三已，略無喜愠。有小所長，便不肯輕以告人，子文乃盡以舊政告之新尹，其地位亦甚高矣。今人有一毫係累，便脱灑不得。文子有馬十乘，乃棄之如敝屣然，亦豈易事？須思二子所爲，如此高絶，而聖人不許之以仁者如何，未足以盡仁。就此細看，便見二子不可易及，而仁之體段實是如何，切不可容易看也。

○季文子三思而後行。子聞之，曰：「再，斯可矣。」

【考異】唐石經作「再思可矣」。三國志吴書諸葛恪傳注同。皇本、高麗本作「再思斯可矣」。

【音讀】釋文：三，息暫反，又如字。四書辨疑：三作平聲，乃是數目之空名。

按：下文明出再字，則三應如字讀也。集注讀爲去聲，非。

【集解】鄭曰：「季文子，魯大夫季孫行父。文，謚也。文子忠而有賢行，其舉事寡過，不必及三思也。」

【唐以前古注】皇疏：有一通云：「言再過二思則可也。」又季彪曰：君子之行，謀其始，思其中，慮其終。然後允合事機，舉無遺算。是以曾子三省其身，南容三復白圭，夫子稱其賢。且聖人敬慎，於教訓之體，但當有重耳，固無緣有減損之理也。時人稱季孫名過其實，故孔子矯之，言季孫行事多闕，許其再思則可矣，無緣乃至三思也。此蓋矯抑之談耳，非稱美之言也。

按：季彪不知何許人，遍考晉書及隋、唐經籍、藝文諸志，均無名季彪者。隋志有論語集義八卷，晉尚書左中兵郎崔豹集。梁十卷。初疑爲豹之别號，後考世説注云：「豹號正熊。」則非豹書。當再考。

【集注】季文子，魯大夫，名行父。每事必三思而後行，若使晉而求遭喪之禮以行，亦其一事也。

斯，語辭。程子曰：「爲惡之人，未嘗有思，有思則爲善矣。然至於再則已審，三則私意起而反惑矣，故夫子譏之。」

【别解】升庵全集：黄東發曰：行父怨歸父之謀去三家，至掃四大夫之兵以攻齊。方公子遂弑君立宣公，行父不能討，反爲之再如齊納賂焉。又帥師城莒之諸、鄆二邑，以自封植，其爲妾馬金玉也多矣，是亦公孫弘之布被、王莽之謙恭也。然則小廉乃大不忠之飾乎？時人皆言之，故曰「季文子三思而後行」。夫子不然之，曰：「再，斯可矣。」此言微婉，蓋曰再尚未能，何以云三思也？使能再思，不黨篡而納賂，專權而興兵，封植以肥己矣。不得其解者，乃云思至於三，則私意起而反惑。誠如其言，則中庸所謂「思之不得弗措也」，管子所云「思之思之，又重思之。思之不通，鬼神將通之」，吴臣勸諸葛恪十思者，皆非矣。然則以三思稱季文子者，亦左氏之流也夫。

按：此説亦是，可備一義。

【餘論】四書辨疑：王滹南駮喪禮之説曰：「文子至晉，果遭之，則正得思之力也，何過之有？」又駮程子之説曰：「思至于三，何遽爲私意邪？」又曰：「事有不必再思者，亦有不止於三思者，初無定論也。」其説大意皆當。三思之三既爲去聲，則文子之三思不止三次而已也。夫子之言止是言文子過思之蔽，非謂天下之事皆當止於再思，不可至於三次也。讀四書大全説：程子言思在善一邊説，方得聖人之旨，那胡思亂想，卻叫不得思。洪範言「思作睿」，孟子云「思則得之」，思原是人心之良能，那得有惡來？思者，思其是非，亦思其利害。只緣思利害之思亦云思，便疑思有惡之一路，乃不知天下之工於趨利而避害，必竟是浮情囂氣趁著者。耳目之官，揀肥擇輭，若其能思，則天然之則。即此爲是，則此爲利矣。故洪範以思配土，如水曰潤下，便游移不貞，隨地而潤，隨下而下，若土爰稼穡，則用必有功也。季文子三思而行，夫子却説「再，斯可矣」，顯然思未有失，而失在三。若向利欲上著想，則一且不可，而況於再？三思者，只是在者一條路上三思。如先兩次是審擇天理，落尾在利欲上作計較，則叫做爲善不終。而不肯於善之一途畢用其思，落尾掉向一邊去，如何可總計而目言之曰三？後人只爲宣公篡弒一事，傒落得文子不值一錢。看來夫子原不於文子施誅心之法，以其心無可誅也。金仁山摘其黜莒僕一事，爲奪宣公之權。如此吹毛求疵，人之得免於亂賊者無幾矣。文子之黜莒僕，乃其打草驚蛇之大用，正是一段正氣之初幾，爲逆亂之廷作砥柱。到後來不討賊而爲之納賂，則亦非但避一身一家之害，而特恐其不當之反以誤國，故如齊以視彊鄰之從違而爲之計。文子始終一觀釁待時之心，直算到逐歸父之日，是他不從賊一大結果。看來做得也好幾與狄梁公同。且弒嗣君者，仲遂也，敬嬴也，非盡宣公也。屈之於宣公，而伸之於東門氏，亦是義理極細處。宣公，亦文公之子也。惡視既死，而宣公又伏其辜，則文公之血脈摧殘幾盡矣。故文子於此熟思到底也。在義理上遲回審處，不然則妾不衣帛，馬不食粟，遇莒丘之難而不屈，豈懷禄畏死而甘爲逆黨者哉？特其圖畫深沈，作法巧妙，而非居易俟命之正道，則反不如逐莒僕時之忠勇足任爾。其對宣公之詞曰：「見無禮於君者，誅之如鷹鸇之逐鳥雀也。」又曰：「於舜之功，二十之一。」皆諷宣公以誅仲遂。仲遂誅，則宣公固不妨如叔孫舍之得立也。宣公既不之聽，便想從容自下手做，乃以夫子「再斯可矣」之義處之，則當亟正討賊之詞。即事不克，此心已靖，而不必決逐東門之爲快耳。除聖人之大中至正，則文子之與温太真、狄梁公自是千古血性人，勿事輕爲彈射。又云：凡爲惡者，只是不思。曹操之揣摩計量，可謂窮工極巧矣。讀他讓還三縣令，却是發付不下。緣他迎天子都許時，也只拚著膽做去，萬一官渡之役不勝，則亦郎當無狀矣。又如王莽於漢，也只乘著時勢莽撞，那一事是心坎中流出的作用？後來所以一倍惷拙可笑。三代而下，唯漢光武能用其思，則已節節中理，掣滿帆入危地。饒他姦險，總是此心不靈。季文子則不然，後世唯魏相、李泌似之。益以知思之有善而無惡也。黄氏後案：三思，謂思之盡善也。左傳哀公二十七年：「中行文子曰：『君子之謀也，始衷終皆舉之。』」杜注云：「所謂君子三思。」據傳文、杜注，則再思者，思其始，復思其中。三思則思其始中終也。張平子東京賦曰「必三思以顧愆」是也。張子韶論語絶句云：「或能再矣斯猶可，何況加之以三思。」子韶之説，亦用舊解。又林德虡、黄繼道、胡仁仲説亦同，皆是也。季文子三思而後行，當時稱許之辭如此，而子聞之也。文子行事之善者可稱再思，或稱之以三思而不得也。夫子言再思斯可，而文子所思所行之得失俱可見矣。是聖言之寬簡得中也。

【發明】論語稽：文子生平蓋禍福利害之計大明，故其美惡兩不相掩，皆三思之病也。其思之至三者，特以世故太深，過爲謹慎。然其流弊，將至利害徇一己之私矣。蓋孝義節烈之士，雖天分學力兼而有之，而臨時要必有百折不回之氣，而後可成。古今來以一轉念之誤而抱恨終身者多矣。此章再思三思，界限甚大，分際甚明，讀者不可忽也。

○子曰：「甯武子邦有道則知，邦無道則愚。其知可及也，其愚不可及也。」

【考異】詩抑傳：「國有道則知，國無道則愚。」正義：「此論語説甯武子文。」「邦」諱作「國」。　文選三國名臣序贊注引「知」作「智」。

【考證】江永春秋地理考實：左文五年「晉陽處父聘於衛，反過甯」，杜注：「晉邑。汲郡修武縣也。」今河南衛輝府獲嘉縣西北有修武故城，即古甯邑。其地與衛境相接，或本爲衛邑，武子世食於此，故氏甯也。　論語稽求篇：集注：「春秋傳武子仕衛，當文公、成公之時。」考春秋僖十九年，即衛文之十九年。衛人伐邢。是時衛大旱，卜祀不吉。甯莊子勸文公伐邢，師興而雨。甯莊子者，甯武子之父也。及僖二十六年，而文公已卒，是年爲衛成公元年，公會莒子、衛甯速，盟于向，蓋尋洮之盟也。然而甯速者，公羊作甯遬，即莊子名也，則是成公初立，尚是莊子，不是武子。至僖二十八年，爲衛成三年，而武子之名始見于傳，所謂盟宛濮、職橐饘者，皆在是時。至文四年，爲衛成十二年，然後武子之名一見於經，所謂「衛使甯俞來聘」，俞，武子名也。是終文之世，武子未嘗仕衛。計其入仕，當在成公元年之後，三年之前。莊子謝事，而後武子得襲位。蓋周制公族世爲大夫，必父老而子繼之，未有其父儼然以上卿涖盟，而其子執國事者也。　四書人物備考：武子未嘗仕文公。古者公族世爲大夫，父死子繼。成元年速猶會盟于向，至三年俞始盟宛濮，可知有道無道，均屬成公朝。　黄氏後案：有道之知，注以文公時言。駁注者謂古者公族大夫父死子繼，成公元年，武子之父莊子速猶會盟于向，至三年武子始盟宛濮，可知武子未事文公，有道無道，均屬成公朝。陸稼書謂：「春秋父子並時在朝者甚多。」閻伯詩及甬上全氏廣引左傳以證，故説者多依朱子注，以有道屬文公時。趙鹿泉謂成公自顇櫜饘之從爰及返正，享祚三十餘年，屢同諸侯之好，罕被大國之兵，先之卜遷避狄，以定三百年遠模，至於外平晉、魯，内返匡、戚，此可謂有道時，皆甯武子力也。依趙説，則有道屬成公。

按：衛文、成二君，皆不得爲有道，而亦未嘗大無道。此有道無道，當以衛成公時國之安定危亂言之。樊氏廷枚四書釋地補引汪廷珍説：「此有道乃對禍亂而言，與史魚章兩有道正同。成公復國後，武子輔政凡十餘年，其間如請改祀命，不答彤弓等事，皆所謂有道則知也。」宋氏翔鳳論語發微説同。集注失於考證，毋庸深諱。陸稼書謂春秋父子並在朝者甚多，只當依注。然亦未有事以指實之，不足據也。

【集解】馬曰：「衛大夫甯俞。武，謚也。」孔曰：「佯愚似實，故曰不可及也。」

【唐以前古注】皇疏引王朗云：或曰詳愚，蓋運智之所得。緣有此智，故能有此愚，豈得云同其智而闕其愚哉？答曰：智之爲名，止於布德尚善，動而不黜者也。愚無預焉。至於詳愚，韜光潛彩，恬然無用。支流不同，故其稱亦殊。且智非足者之目可有，雖審其顯而未盡其愚者矣。又引孫綽云：人情莫不好名，咸貴智而賤愚，雖治亂異世，而矜鄙不變。唯深達之士，爲能晦智藏名，以全身遠害。飾智以成名者易，去華以保性者難也。

【集注】甯武子，衛大夫，名俞。按春秋傳，武子仕衛，當文公、成公之時。文公有道，而武子無事可見，此其知之可及也。成公無道，至於失國，而武子周旋其間，盡心竭力，不避艱險。凡其所處，皆知巧之士所深避而不肯爲者，而能卒保其身，以濟其君，此其愚之不可及也。

【餘論】四書辨疑：衛成公之過惡不多見也，惟有信讒殺元咺、子角一事而已。晉以私忿，必欲致之於死，至使醫衍酖之。無道在晉，不在成公。武子當此之際，自無棄而去之之理，周旋其間，盡心竭力，不避艱險，以濟其君，此正武子所當爲者。今反謂其爲愚，推窮此説，令人昏悶。果謂其爲佯愚也，却有盡心竭力之勤。若謂其爲真愚也，復有保身濟君之美。此誠不可曉也。邦無道則愚，本與邦無道言孫、邦無道卷而懷之之意同。於武子行事中，必有所指能自韜晦之事，故歎其人所不能及也。魯文賦湛露、彤弓，武子佯爲不知，此亦自晦之一事。杜預以爲愚不可及，亦有取也。程子曰：「邦無道，能沈晦免患。」此説爲是。

【發明】論語稽：上章論季文子之知，此章述甯武子之愚，正可兩兩互勘。大凡烈士殉國，孝子殉親，皆必有百折不回之氣而後成。當其不知有性命，不知有身家，一往直前，無所顧忌，有似乎愚。及其至性至情，動天地，泣鬼神，人乃以爲不可及。而不知所不可及者，即在此置身家性命於度外之一念乎。武子仕衛，進不求達，退不避難，在見幾而作之士，不免從旁竊笑。而卒各行其是，以保其身，而濟其國，此夫子所以歎美之也。

○子在陳，曰：「歸與！歸與！吾黨之小子狂簡，斐然成章，不知所以裁之。」

【考異】皇本「不知所以裁之」下有「也」字。

【音讀】釋文：「狂簡」絶句，鄭讀至「小子」絶句。　禮記表記正義引論語：「子在陳，稱『歸與！歸與！吾黨之小子。』」不連「狂簡」字。　經讀考異：案近讀作一句，從孔氏讀也。　釋文引鄭氏注，以「吾黨之小子」句截，是以「小子」絶句，「狂簡」另爲句，朱子集注本此。

【考證】史記世家：哀公三年，孔子在陳。魯召冉求。孔子曰：「歸乎！歸乎！吾黨之小子狂簡，斐然成章，吾不知所以裁之。」　朱子論語序説注：史記以論語歸與之歎爲在季康子召冉求時，又以孟子所記歎詞爲主司城貞子時語，疑不然。蓋語、孟所記，本皆一時語，而所記有異同耳。　史記辨惑：論語載孔子在陳之言，初不言其爲何而發也。孟子亦載之云云，此正一事，但辭小異耳。史記世家乃兩存之，而各著其言之之由，吾意其妄爲遷就也。　四書釋地續補：孔子在陳凡二次：一居於魯定公十五年丙午，哀公元年丁未，二年戊申。一居於哀公二年戊申，三年己酉，四年庚戌。史記世家並載有歸與之辭，一同孟子，一同論語。或疑孔子以司寇去魯，不可以無故而復國，何屢發是歎耶？余曰：三年己酉載者得之。魯使使召冉求，求將行。孔子曰：「魯人召求，非小用之，將大用之也。」是日，孔子曰「歸乎！歸乎！吾黨之小子狂簡」云云，蓋興起於魯之召求之歸，于情事爲得，惜乎猶錯簡複出於二年戊申云。

【集解】孔曰：「簡，大也。孔子在陳，思歸欲去，故曰吾黨之小子狂簡者，進趨於大道，妄穿鑿以成文章，不知所以裁制，我當歸以裁制之耳。遂歸。」

按：沈濤論語孔注辨僞云：「斐字從文，古訓無不以爲文貌者。今云妄作穿鑿，謬矣。」焦循論語補疏：「妄作穿鑿申解斐然，蓋讀斐爲匪，匪猶非也。」此或得孔義，然亦謬矣。「妄作穿鑿以成文章，不知所以裁制」，是以不知爲弟子不知也，於義亦隔。說詳劉氏正義。論語古訓亦云：「此章孔注與孟子同，與鄭解異。」蓋鄭不從舊讀，故所解亦異，惜乎無考矣。

【集注】此孔子周流四方，道不行而思歸之歎也。吾黨小子指門人之在魯者。狂簡，志大而略於事也。斐，文貌。成章，言其文理成就有可觀者。裁，割正也。夫子初心欲行其道於天下，至是而知其終不用也，於是始欲成就後學，以傳道於來世。又不得中行之士而思其次，以爲狂士志意高遠，猶或可與進於道也。但恐其過中失正，而或陷於異端耳，故欲歸而裁之也。

【餘論】四書辨疑：不得中行之士而思其次，此本孟子答萬章之語。注文變其文而用之也。萬章問曰：「孔子在陳曰：『盍歸乎來！吾黨之士，狂簡進取，不忘其初。』孔子在陳，何思魯之狂士？」孟子答曰：「孔子不得中道而與之，必也狂獧，狂者進取，獧者有所不爲也。孔子豈不欲中道哉？不可必得，故思其次。」蓋萬章所問，本無「斐然成章，不知所以裁之」乎之語，止以孔子思狂士爲問，孟子乃是就其所問以答之也。萬章之問，與此經文既已不同，孟子之答萬章者，亦不可施之於此也。「不得中行而與之，必也狂狷乎」，此乃思其狂狷也。「吾黨之小子狂簡，斐然成章，不知所以裁之」，却是抑制狂者，不令妄有述作之意，非思之也。說者宜云夫子知其終不用也，於是特欲成就後學，以傳道於來世。慮其門人狂而志大，簡而疏略，徒以斐然之文而成章篇，違理害道，不知裁正，恐有誤於後人，故欲歸而裁正之也。思狂士一節不必取。

按：「狂簡」，子路篇作「狂狷」，孟子作「狂獧」。説文無「狷」字，應作「獧」。簡、獧聲相近，狂簡即狂獧也。

【發明】陸稼書四書困勉録引徐氏惜陰録曰：莊周亦是狂士，以不知裁，遂肆爲異學之倡。後世禪學，往往收高明之士。夫子此憂，已燭見來茲之禍根。

○子曰：「伯夷、叔齊不念舊惡，怨是用希。」

【考證】困學紀聞：論語疏案春秋少陽篇：「伯夷姓墨，名允，字公信。伯，長也。夷，謚。叔齊名智，字公達，伯夷之弟。齊亦謚也。」少陽篇未詳何書。胡明仲曰：「少陽篇以夷、齊爲伯、叔之謚。彼已去國，隱居終身，尚誰爲之節惠哉？蓋如伯達、仲忽亦名而已矣。」陶宗儀輟耕録載吾丘衍閒居録云：「孤竹君姓墨，音眉，名台初，音怡。見孔叢子注。中子名伯遼，見周曇詠史詩注。伯當作仲。」若如吾説，則夷、齊是名非謚矣。大戴禮衛將軍文子篇：不克不忌，不念舊惡，蓋伯夷、叔齊之行也。

【集解】孔曰：「伯夷、叔齊，孤竹君之二子也。孤竹，國名也。」

【唐以前古注】皇疏：孤竹之國，是殷湯正月三日丙寅日所封，其子孫相傳至夷、齊之父也。父姓墨台，名初，字子朝。伯夷名允，字公信。叔齊名致，字公達。伯夷大而庶，叔齊小而正。父薨，兄弟相讓，不復立也。

按：皇疏不言出春秋少陽篇，亦不以夷、齊爲謚。邢疏蓋本於釋文。然釋文伯夷姓墨，叔齊名智，皆不與皇疏同。應劭漢地理志「孤竹城」注：「伯夷之國，君姓墨胎氏。」胎、台古通。據此，知釋文「姓墨」下脱一字。爾雅釋地「觚竹列於四荒」，郭注：「觚竹在北。」觚與孤同。漢地理志：「遼西郡令支有孤竹城。」今永平府盧龍縣東有古孤竹城。

【集注】伯夷、叔齊，孤竹君之二子。孟子稱其不立於惡人之朝，不與惡人言。與鄉人立，其冠不正，望望然去之，若將晚焉。其介如此，宜若無所容矣。然其所惡之人，能改即止，故人亦不甚怨之也。　程子曰：「不念舊惡，此清者之量。」

【别解】四書改錯：此惡字即是怨字，猶左傳「周、鄭交惡」之惡。舊惡即夙怨也。惟有夙怨而相忘，而不之念，因之恩怨俱泯，故怨是用希。此必有實事而今不傳者。若善惡之惡，則念時未必知，即不念亦不必使惡人曉。且不念已耳，人亦定無以我之念不念分恩怨者，何爲怨希？

論語稽：舊惡，毛奇齡以爲夙怨，義長，當從之。夷、齊之清，雖周武猶不如其意，似難與之相處矣。然惡惡雖嚴，而中無城府，所以人不怨之也。

按：魏書：「房景伯除清河太守。郡民劉簡虎嘗失禮於景伯，景伯署其子爲四曹掾，論者以爲不念舊惡。」南齊皇甫肅曾勸劉勔殺王廣之。及勔亡，肅反依廣之，而廣之盛相契賞，且啓武帝使爲東海太守。史臣以爲不念舊惡。此舊惡並作夙怨解。漢、晉以來，舊説如此。較集注爲勝。

【餘論】蔡清四書蒙引：今人皆知天下歸仁，邦家無怨，爲仁人盛德事。固也，然薰蕕不同味，而去取生；涇渭不同流，而愛惡生，則夫爲君子者，固不能無惡於人也。如司馬温公，雖奸邪小人惡其害己者，亦斂衽咨嗟其賢。如程明道先生，則狡詐者獻其誠，暴慢者致其恭。如諸葛武侯，則李平、廖立雖爲所廢，亦惜其死而爲之流涕。此無他，公也，誠也。公則可怒在彼，誠則不言而信，皆夷、齊不念舊惡輩人也。

【發明】朱子語類：此與不遷怒一般。其所惡者，因其人之可惡而惡之，而所惡不在我。及其能改，又衹見其善，不見其惡，聖賢之心皆如此。林希元四書存疑：聖人之心如明鏡止水，妍媸因物之自取。蓋所惡者，惡其惡也，非惡其人也。因其自取，非出於有心也。若惡其人而出於有心，則追念不忘矣。

○子曰：「孰謂微生高直？或乞醯焉，乞諸其鄰而與之。」

【考異】釋文：「醯」，亦作「醢」。五經文字：作「醢」者俗。七經考文補遺：古本「或」下有「人」字。

【考證】通志略：微生高或云即尾生。四書辨證：釋文莊子盜跖篇：「尾生，一本作微生。」戰國策蘇秦語燕易王曰：「信如尾生，期而不至，抱梁而死。」蘇代語燕昭王曰：「信如尾生高，則不過不欺人耳。」高誘注：「尾生高，魯人。」鮑彪注：「尾生再見燕策，蘇代言其名爲高，即論語微生高。」　翟氏考異：莊子盜跖篇注、漢書人表注俱云尾生即微生高。微、尾字以聲轉通借。　潘氏集箋：漢書古今人表、燕策並作尾生高，高誘注：「魯人。」莊子盜跖篇、漢書東方朔傳「尾生」注並以爲微生高，故論語後録、論語竢質、翟氏考異、攷厓考古録或以微、尾爲聲之轉，或以爲古字通是也。竢質又云：「説文解字曰：『尾，微也。』是音訓皆同。」太史公書蘇秦列傳曰：「信如尾生，與女子期於梁下。女子不來，水至不去，抱柱而死。」然則尾生高矯情飾行，以詐取名者。故或稱其信，或稱其直。信既如此，直亦可知。夫子即其乞醯而轉乞爲與一事論之，其私曲盡見矣。　論語稽：古説多以微生高即尾生，與女子期於河梁者。然魯又有微生畝，則微生固魯之著姓，不必以微、尾字通用，謂即尾生也。且彼以信聞，此以直聞，直與信固兩義，未容牽合。

按：書「鳥獸孳尾」，史記作「微」。微、尾古通。　漢書古今人表「尾生高、尾生晦」，師古曰：「即微生高、微生畝也。」是微生即尾生，仍當從舊説。

【集解】孔曰：「微生姓，高名，魯人也。乞之四鄰，以應求者，用意委曲，非爲直人。」

【集注】微生姓，高名，魯人，素有直名者。醯，醋也。人來乞時，其家無有，乞諸鄰以與之。夫子言此，譏其曲意徇物，掠美市恩，不得爲直也。　范氏曰：「是曰是，非曰非，有謂有，無謂無，曰直。聖人觀人，於其一介之取予，而千駟萬鍾從可知焉。故以微事斷之，所以教人不可不謹也。」

【餘論】四書翼注：此是論直，非論施惠於人。若是濟人利物之事，如有人槁餓待斃，我自顧蕭然無有，即使貸監河侯之粟以濟之，何嘗不可？必曰我以直聞，安得爲汝計，則傖父面目矣。醯非人必不可少之物，有則與之，無則辭之，沾沾作此態，平日之得直名者可知矣。此言存直道，非攻微生高也。黄氏後案：醯本可有可無之物，而必曲遂乞者之意，是爲不直。朱子言掠美未必然，言曲意徇物是也。謝顯道謂周急濟難，不是不直，疑經文之未詳。張子韶謂高不爲抗直，夫子稱其美。二説皆不可從。吕伯恭曰：「乞醯事之至微，初非周急濟難也。謂乞醯於鄰爲不直，何不可之有？」

【發明】顧夢麟四書説約：古來祇爲周旋世故之念，壞盡人品。如微生乞醯一事，何等委曲方便，却祇是第二念，非當下本念。夫子有感而歎之，不在譏微生，指點要人不向轉念去也。

○子曰：「巧言、令色、足恭，左丘明恥之，丘亦恥之。匿怨而友其人，左丘明恥之，丘亦恥之。」

【考異】舊無「子曰」二字。釋文曰：「一本有『子曰』字，恐非。」

按：此章皇、邢本並有「子曰」字。

【音讀】釋文：「足，將樹反，又如字。」邢氏疏曰：「此讀足如字，謂便習盤辟，其足以爲恭也。」書冏命「巧言令色便辟」，孔傳曰：「便辟足恭。」正義曰：「前却俯仰，以足爲恭也。」大戴禮曾子立事篇：足恭而口聖，君子勿與也。翟氏考異：孔氏以尚書、論語互相訓證，大戴以足恭口聖兩爲對偶。表記又云：「君子不失足于人，不失色于人，不失口于人。」失足于人，足恭也。失色于人，令色也。失口于人，巧言也。三者亦並言之。足當如字直讀無疑，其義自爲手足之足。論語足徵記：此即表記所謂失口、失色、失足也。邢疏曰「便辟其足以爲恭，謂前却俯仰，以足爲恭也」是也。朱注：「足，過也。」則非矣。

【考證】四書稗疏：史記：「左丘失明，厥有國語。」則明即作春秋傳者。而集注云「古之聞人」，蓋謂左氏於夫子爲後輩，故春秋傳記孔子卒後事。夫子所稱道以自徵信，必先進，不宜下引當時弟子行之人。乃曰左丘明恥之，則籍爲古人。其恥巧詐者，非可筆之於書，夫子亦何從知之？如云賜也亦有惡乎，以公非必從衆論，何嫌取正左丘乎？但史記言左丘失明，則似瞽故而名明，此亦不足信。如孫臏刖足而名臏，未刖之前，豈無名耶？ 劉氏正義：史記十二諸侯年表序：「自孔子論史記，次春秋，七十子之徒口受其傳。魯君子左丘明懼弟子各有安其意，失其真，故具論其語，成左氏春秋。」又自叙篇稱：「左丘失明，厥有國語。」漢書藝文志：「左氏傳三十卷。左丘明，魯太史。」案史公以左丘連文，則左丘是兩字氏，明其名也。左丘亦單稱左，故舊文皆言左傳，不言左丘傳。說者疑左與左丘爲二，作國語者左丘明，作左傳者别一人，與史、漢諸文不合，非也。左丘明雖爲太史，其氏左丘，不知何因。解者援玉藻「動則左史書之」，謂左丘明是以官爲氏。則但當氏左，不當連丘爲文，亦恐非也。 論語發微：孟子曰：「晉之乘，楚之檮杌，魯之春秋，一也。其事則齊桓、晉文，其文則史，其意則丘竊取之矣。」趙岐注曰：春秋以二始舉四時，記萬事之名，其事則五伯所理也。桓、文五霸之盛者，故舉之。其文史記之文，左丘明書也。丘明爲魯太史，自紀當時之事，成魯史記。故漢太常博士咸謂左氏爲不傳春秋。求春秋之義，則在公羊、穀梁兩家之學。然考當時諸侯卿大夫之事，莫備於左氏。其人質直有恥，孔子引與相同，故其書宜爲良史，終不可廢。朱竹垞孔子弟子考：左氏爲孔子弟子，主其説者衆矣。謂「孔子將修春秋，與左丘明乘如周，觀書于周史，歸而修春秋之經，丘明爲之傳」者，嚴彭祖也。謂「左丘明親見夫子，好惡與聖人同」者，劉歆也。謂「仲尼與丘明觀魯史記，有所褒貶，口授弟子，弟子退而異言。丘明恐弟子各安其意，以失其真，故論本事而作傳」者，班固也。謂「左氏傳理長，至明，至切，至真，至順，長于二傳」者，賈逵也。謂「春秋諸家去孔子遠，左氏傳出孔子壁中，近得其實」者，王充也。謂「丘明之傳，囊括古今，表裏人事」者，盧植也。謂「丘明受經于仲尼，是爲素臣」者，杜預也。謂「孔子作春秋，丘明、子夏造膝親受」者，荀崧也。謂「丘明之傳，釋孔子之經，子應乎母，以膠投漆」者，孔穎達也。謂「丘明躬爲魯史，受經於仲尼」者，劉知幾也。謂「左氏受經于仲尼，博採諸家，叙事尤備，能令萬代之下，見其本末，比餘傳功最高」者，啖助也。謂「仲尼明周公之心而修經，丘明受仲尼之經而爲傳」者，權德輿也。謂「孔氏之門，左氏富而不誣，有以見聖賢之心」者，劉柯也。謂「丘明與聖人同時，接其聞見，參求其長，左氏爲上」者，陳岳也。蓋自唐以前，諸儒之論，皆以丘明受業孔門。故貞觀、永徽中祀周公爲先聖，孔子爲先師，是時孔庭配食止顔淵、左丘明二人，褒崇之禮若此。（按左丘明，唐貞觀十三年詔與顔淵同從祀廟廷。宋祥符中贈瑕丘伯，政和中改贈中都伯。）迨宋羣儒，盡舍三傳説春秋久，而論世者惑于趙匡之説，則疑左氏在孔子之前。（按唐人趙匡、陸德明輩謂：「論語所引丘明乃史佚、遲任之類。左氏集諸國史以釋春秋，謂左氏即其人，非也。」）惑于王安石之説，則疑左氏生孔子之後。（王介甫疑左氏爲六國時人者十一事。）衆口紛綸，迄無定論。遂使唐代特祀之先賢，並不得與七十子之列。然則漢、晉以來經生之説均不足信邪？竊以爲議禮者之失矣。

論語稽求篇：自唐人啖助、趙匡、陸德明輩不知何據，乃曰：「論語所引丘明乃史佚、遲任之類，左氏集諸國史以釋春秋，謂左氏即其人，非也。」明嘉靖間有季本者，作私考一書，引宋儒説，謂：「左氏立言，已雜秦制，如臘者，秦之祭名也；酎者，秦之飲名也；庶長者，秦之官名也，而傳語皆及之，類非戰國以前文字。而謂丘明受經于仲尼，豈不謬哉？」又云：「三傳之得立學官，公羊最先，穀梁次之，左氏最後。史稱左氏漢初出于張蒼之家，本無傳者。蓋倉自秦時爲柱下史，明習天下圖書記籍，又善曆律，而仕漢爲淮南王長相十四年，得非蒼自與其徒撮拾而成之者乎？」當時隆、萬間有失名氏書名左季折衷，取左傳與季氏私考而折衷之，有云：「據史稱張蒼好書博聞，邃律曆之學，史遷作别傳尤備。使蒼爲此書，則史遷同時未有不聞其事者，肯聽之冥冥，反曰左丘明無目作國語乎？又按桓帝時，使蔡邕書經刻石，立鴻都門，觀者日車以數千輛，而左氏在焉。假使當代僞書，誰甘尊之與聖經同列如此？至唐開元二十五年，敕舉進士者試大經。注曰唐以左傳爲大經，三言爲一帖。夫既名之爲經，而又曰大，則左傳在唐時已尊過他經，即有啖氏、趙氏之疑，亦祇謂作經者與論語所引人時世不類，或是二人，非謂左傳非經，且非謂左傳非左丘氏作也。若其所舉秦官秦臘以斷其爲秦後之書，則大不然。秦自非子，受國在周孝王朝，傳世十餘君而入春秋。然則未有春秋時，已先有秦矣。人第知秦孝公時始有不更、庶長之號，惠王十二年始有臘名，遂謂虞不臘矣。則試問秦之稱臘稱不更女父以至。秦庶長鮑、庶長武帥師，及晉，戰于櫟，皆爲秦後之書之案。秦師敗績，獲不更稱庶長，畢竟創于何公？起于何世？更制于何年？何人之論與議？而茫然無據，但以所見之日爲始，則安知其所立名不更先于所見者？而以是爲斷，是殷助始孟子，太宰、司敗始論語也。且臘即蜡祭，見鄭氏、蔡邕諸説，即月令記臘，雖自不韋，然其中所記，無非周制。安知虞之不臘，在列國不原有是名者？而欲以一字而斷全經，何其愚乎？若其他妄説，又謂左氏即左史。古左史記言，右史記事，故經爲記事，傳爲記言。左是左史，不必丘明，則又不然。玉藻云：『動則左史書之，言則右史書之。』安見記言必左史耶？況志以左右分言事，明指丘明爲右史，爲記事之人。如云『仲尼以魯，周公之國，史官有法，故與丘明觀其史記，據行事口授弟子，退而異言。丘明恐弟子各安其意，以失其真，故論本事而作傳』，則即鑿定左史記言，右史記事，丘明固右史也。何也？丘明據行事論本事，非如弟子祇異言也。」至崇禎間，又有吴繼仕者，極左袒季本之説，且謂左傳中記韓、魏、智伯之事，又舉趙襄子之謚，自獲麟至襄子卒已八十年矣，若丘明與孔子同時，不應孔子既殁七十有八年之後，丘明猶能著書若此。殊不知前人長年者甚多，在春秋時尤甚，先儒所以以老彭爲籛鏗也。且人生九十零未爲怪事，季氏疑左傳爲張蒼作，以蒼年長一百餘，能記前事也。蒼年可長，而左丘年不可長，更不可解。凡此皆展轉吹索，了無義理，不足深辨。

按：集注「古之聞人」之訓，總因從語氣上着眼。朱子語類曰：「左丘明所恥如此，左傳必非其所作。」朱子或問曰：「先友鄧著作姓名書曰：『此人蓋左丘姓而明名，傳春秋者乃左氏耳。』」此皆失之武斷。鄭浹漈誌氏族，謂左姓丘明名，在魯者則居於左丘，以地爲氏。然氏族所載，並無左丘氏，亦自相矛盾。竊謂孔注左丘明魯太史之説，漢班固藝文志因之。公羊沈文阿云：「孔子修春秋，左丘明爲之傳，共爲表裏。」漢書楚元王傳：「左丘明親見夫子。」是漢人舊説如是，究不可廢也。或疑對弟子不應稱名，然論語「用之則行，舍之則藏，惟我與爾有是夫」，孔子對顔回嘗嘉許之，獨不可施之左丘明乎？余終以集解之義爲長。

又按：左丘明姓名大約可分三説，有謂左是氏、丘明是名者，此孔穎達左傳正義之説也。漢書劉歆傳：「春秋，左氏丘明所修。」後漢書范升傳：「左氏不祖孔氏，而出於丘明。」杜預左傳序：「仲尼素王，丘明素臣。」元和姓纂：「左氏，齊公族，有左右公子，因以爲氏。魯有左丘明。」鄭樵氏族略：「左姓丘明名。」薛應旂孔子集語：「左丘明爲古左史倚相之後。」均主此説。有謂丘是姓明是名，而稱其書曰左氏傳者，因丘明爲左史，故以官稱之，此俞正燮癸巳類稿之説也。南朝丘遲明言遲乃左史丘明之後。廣韻十八尤「丘」字下注引風俗通云：「魯左丘明之後。」而所載之漢四十四複姓獨無左丘，是此説不始於俞氏也。然史記太史公自序有

「左丘失明，厥有國語」之語，是左丘兩字爲氏，明爲名，自太史公始。朱彝尊經義考則謂：「其書爲左氏傳，不稱爲左丘氏傳者，則因孔門弟子避夫子諱之故。」以此説最爲有理。或謂古人二名得簡舉一字，如晉重耳可簡稱晉重，魏曼多可簡稱魏多，故左丘明亦得簡稱左丘。亦可備一説。

【集解】孔曰：「足恭，便辟貌。左丘明，魯太史。匿怨而友，心内相怨而外詐親也。」

【唐以前古注】皇疏引繆協云：恭者從物，凡人近情，莫不欲人之從己，足恭者以恭足於人意，而不合於禮度，斯皆適人之適，而曲媚於物也。

按：協不詳何人。梁七録、隋、唐志、陸氏經典叙録皆不載。江熙集解論語十三家，有繆播而無繆協，僅皇疏引之而已。録存以俟博雅君子。

又引范甯云：藏怨於心，詐親於形外。揚子法言曰：「友而不心，面友也，亦丘明之所恥。」

【集注】足，過也。程子曰：「左丘明，古之聞人也。」謝氏曰：「二者之可恥有甚於穿窬也。左丘明恥之，其所養可知矣。夫子自言某亦恥之，蓋竊比老彭之意。又以深戒學者，使察乎此而立心以直也。」

【餘論】黄氏後案：漢書趙敬肅王傳：「彭祖爲人，巧佞卑諂足共。」顔注：「共讀曰恭，謂便辟也。」洪筠軒經義叢録引之以證左丘明。程、朱二子以左傳是非或謬，非此經之左丘明，此從啖叔佐、趙伯循、王介甫之説，故曰古之聞人。案左傳是非之謬，有後人誣之者，汪容甫作釋疑以辨之矣。其有顯然悖謬者，左氏作傳，授之曾申，曾申授吴起，吴起之後，傳楚人鐸椒、趙人虞卿，如傳所稱君子之評辭，有諸人增入之者矣。觀其大體，發明聖人之道爲多，固非左丘明不能作也。左爲姓，丘明爲名，説詳段懋堂文集。朱竹垞以左丘爲複姓，因避孔子諱而稱左傳。其説據廣韻「丘」字下引風俗通，以丘姓爲左丘明之後。乾隆年間，因有欲以丘姓人承充先賢之後者，禮部力駁之，其議不行。

【發明】許謙讀四書叢説：朱子言：「若微生高之心，久之便做出此等可恥之事。」此亦是戒學者於細微事不可不謹。人心路要熟，若一時小事不謹，到大事亦以爲常，終爲惡人。學者功夫皆如此，若凡小事件件致力，則到大事亦以爲常，終爲君子矣。

按：熊勿軒標題四書於前章注云：「此與後章皆論人心術之微。文公謂記者以類相從，充微生高不直之心，其流必至有可恥之事。亦此意也。」

○顏淵、季路侍。子曰：「盍各言爾志？」子路曰：「願車馬衣輕裘與朋友共敝之而無憾。」顏淵曰：「願無伐善，無施勞。」子路曰：「願聞子之志。」子曰：「老者安之，朋友信之，少者懷之。」

【考異】阮元校勘記：唐石經「輕」字旁注。案石經初刻本無「輕」字，「車馬衣裘」見管子小匡及外傳齊語，是子路本用成語，後人涉雍也篇「衣輕裘」而誤加「輕」字。論語古訓：此當因雍也篇「衣輕裘」致誤。錢詹事曰：「此宋人妄加。考北齊書唐邕傳，顯祖嘗解服青鼠皮裘賜邕云：『朕意在車馬衣裘，與卿共敝。』蓋用子路故事。是古本無『輕』字，一證也。釋文于『赤之適齊』節音衣爲於既反，而此衣字無音，是陸本無『輕』字，二證也。邢疏云：『願以己之車馬衣裘與朋友共乘服。』是邢本亦無『輕』字，三證也。皇疏云：『車馬衣裘，共乘服而無所憾恨。』是皇本亦無『輕』字，四證也。今注疏與皇本正文有『輕』字，則後人依通行本增入，非其舊矣。」梁氏旁證：張載論語說亦云：「車馬衣裘，與賢友共敝。」蓋宋以前人，衣皆不讀去聲。今注疏、皇本正文俱有「輕」字，則後人依通行本增入，而集注亦因之耳。邢疏有「衣裘以輕者爲美」語，亦與集注同。

【音讀】白虎通綱紀篇引論語子路云：願車馬衣輕裘，與朋友共敝之。張横渠論語說：仲由樂善，故車馬衣裘與賢者共敝。從「願」字至「敝之」爲句。何焯義門讀書記：白虎通德論以「共敝之」爲句，此張子所本也。又北齊書唐邕傳：「顯祖嘗解所服裘賜邕云：『朕意在車馬衣裘，與卿共敝。』」唐馬戴邊館逢賀秀才詩有「鹿裘共敝同爲客」，張文昌贈殷山人詩有「同袍還共敝」，蘇軾戲周正儒墜馬詩有「故人共敝亦常情」句，不獨張子如此讀也。經讀考異：案近讀從「共」字爲句，「敝之」屬下讀。據白虎通引論語「與朋友共敝之」，則以「敝之」斷句，「而無憾」另讀。一切經音義引此作「共敝之而無憾」，是又以「共」字連「敝之而無憾」爲句。朱少白云：「白虎通作『願車馬輕裘與朋友共敝之』爲句，無衣字，與皇侃疏同。」今書殆因「乘肥馬衣輕裘」而傳寫之誤。至其語意直捷，尤得先賢氣象。蓋未敝之時，已有共敝之意，不待既敝而後無憾也。潘氏集箋：皇疏有「衣」字，無「輕」字，朱説誤也。四書考異謂白虎通引文不足不專，見古人句讀不同，此又一説也。劉氏正義：白虎通引此文至「敝之」絶句，唐邕傳同，言己與朋友共用至敝也。今讀「與朋友共」爲一句，「敝之而無憾」爲一句，似敝之專指朋友，於語意未晰。

【考證】四書釋地又續：顔淵、季路侍，季路長顔淵二十一歲，而先顔淵者，尚德也。袁宏後漢紀光武帝紀論曰：孔子稱顔回之仁，以不伐爲先。韓詩外傳六：「遇長老則修弟子之儀，遇等夷則修朋友之儀，遇少而賤者則修告道寬裕之儀，故無不愛也，無不敬也，無與人争也，曠然而天地包萬物也。如是則老者安之，少者懷之，朋友信之。」卷四引同。潘氏集箋：據此知古本有「少者懷之」句在「朋友信之」上者。劉氏正義：施勞與伐善對文。禮記祭統注：「施猶著也。」淮南詮言訓：「功蓋天下，不施其美。」謂不誇大其美也。善言德，勞言功。周官司勳「事功曰勞」是也。禮記表記：「君子不自大其事，不自尚其功，以求處情。過行弗率，以求處厚。」荀子君子篇：「備而不矜，一自善也，謂之聖。不矜矣，夫故天下不與争能而致善用其功。有而不有也，夫故爲天下貴矣。」二文所言即顔子之志。曾子言：「有若無，實若虚，昔者吾友嘗從事於斯。」若無若虚，即無伐無施之意。吾友謂顔子。顔子未得位，未能行其所志，故嘗以其所願從事之也。四書辨證：邢疏：「卑在尊旁曰侍。」「閔子侍側」疏同。於「侍坐」則曰：「時孔子坐，四子侍側亦皆坐。」則侍與侍側以立言，而儒行「孔子侍」疏言「侍坐」，孝經「曾子侍」注言「侍坐」，何也？儒行上有「哀公命席」之文，孝經下有「曾子避席復坐」之語，故訓侍爲侍坐，未可以例此也。

【集解】孔曰：「憾，恨也。不自稱己之善，不以勞事置施於人。懷，歸也。」

【唐以前古注】文選思玄賦注引鄭注：盍，何不也。皇疏：子路性決，言朋友有通財，車馬衣裘共乘服而無所憾恨也。一家通云：而無憾者，言願我既乘服朋友衣馬而不慚憾也。顔淵所願，願己行善而不自稱，欲潛行而百姓日用而不知也。又願不施勞役之事於天下也，故鑄劍戟爲農器，使子貢無施其辨，子路無厲其勇也。孔子答願己爲老人必見撫安，朋友必見期信，少者必見思懷也。若老人安己，己必是孝敬故也。朋友信己，己必是無欺故也。少者懷己，己必有慈惠故也。又引殷仲堪云：施而不恨，士之近行也。若乃用人之財，不覺非己，推誠闇往，感思不生，斯乃交友之至。仲由之志與也。又引李充云：自伐者無功，自矜者不莊。又引欒肇云：敬長故見安，善誘故可懷也。

【集注】盍，何不也。衣，服之也。裘，皮服。敝，壞也。憾，恨也。伐，誇也。善，謂有能。施亦張大之意。勞，謂有功，易曰「勞而不伐」是也。或曰：「勞，勞事也。勞事非己所欲，故亦不欲施之於人。」亦通。老者養之以安，朋友與之以信，少者懷之以恩。一説：「安之，安我也。信之，信我也。懷之，懷我也。」亦通。

【餘論】讀四書叢説：子路之意須識取。南軒先生謂：「人之不仁，病於有己。故雖衣服飲食之間，此意未嘗不存。蓋仁者心體廓然，人我無間，程子所謂與物共者也。常人之有己，於衣服車馬所常服御者，必存心計較彼我，則大於此者固可知。故子路於日用上除去私狹氣象，廓然同人，則其他亦無往而不宏廣矣。不可祇泥車馬輕裘看子路。」四書辨疑：伐善之善，乃其凡己所長之總稱。伐忠、伐直、伐力、伐功、伐才、伐藝，通謂之伐善。今乃單指善爲能人，解施勞爲伐功，恐皆未當。既言無伐善，又言無伐功，止是不伐之一事，分之爲二，顏子之志，亦豈別無可道邪？或曰之說，於義爲順。但說得勞字事輕，亦不見其志之遠大也。蓋無施勞者，不以勞苦之事加於民也。夫勞民不卹，乃古今之通患。桀、紂、幽、厲之事，且置勿論，請以近代易知者言之，秦始皇、隋煬帝之世，勞民之事無所不至，四民廢業，人不聊生，死者相枕藉於道路，於是盜賊羣起，天下大亂，生民荼毒，何可勝言！由其施勞於民之所致也。顏子之言，於世厚矣。願無施勞，安人之志也。既無伐善，又無施勞，内以修己，外以安人，成己成物之道不偏廢也。若兩句之意皆爲不伐，其志止於成己，而無及物之道，既偏且隘，不足以爲顏子之志。養之以安，恩已在其中矣，不可再言懷之以恩也。況恩宜普徧，非可專施於少者，老者亦當及之也。前說全言夫子作爲，後說全言人從夫子之化。後一說既無前說數者之病，又其道理自然，氣象廣大，與「近者悦，遠者來」，「綏之斯來，動之斯和」義同。後説爲是。論語述何：春秋於女叔見安老，於荀息見信友，於天子錫命見懷少，故曰「志在春秋」。

【發明】松陽講義：子路車馬輕裘，與豪俠不同。豪俠輕財好施，從意氣來。子路從義理來，見朋友與我痛癢相關，車馬輕裘自不足惜，是萬物一體之懷也。顏子無伐無施，與謙謹之流不同。謙謹者亦抑然自下，是不敢自足。顏子則直是不見其有，見善是性分固有，勞是職分當爲，伐施自無從生，是亦萬物一體之懷也。夫子老安友信少懷，亦非他意，祇充滿其萬物一體之懷而已。

○子曰：「已矣乎！吾未見能見其過而内自訟者也。」

【集解】包曰：「訟，猶責也。言人有過，莫能自責。」

【集注】已矣乎者，恐其終不得見而歎之也。内自訟者，口不言而心自咎也。人有過而能自知者鮮矣，知過而能内自訟者爲尤鮮。能内自訟，則悔悟深切而能改必矣。夫子自恐終不得見而歎之，其警學者深矣。

【發明】魏環溪寒松堂集有四種人説（松陽講義引）：天下有四種人，吾夫子皆歎未見。竊嘗思之，好仁惡不仁一種人。好非所好而惡非所惡無論耳。抑或好之惡之弗篤也，故未見也。顏之不違，曾之任重，好惡亦云篤矣，猶未盡其分量耶？隱居求志行義達道一種人。求非所求而達非所達無論耳。抑或求之達之弗裕也，故未見也。開之未信，雍之居敬，求達亦云裕矣，猶有限於時命耶？見過内自訟一種人。見過難，内自訟尤難。顏氏之不貳，子路之喜聞，不亦庶幾乎？何云未見耶？好德如好色一種人。好德難，如好色尤難。子夏之易色，南容之尚德，不亦庶幾乎？何云未見耶？一時及門之士彬彬如此，列國之卿大夫夙號名賢，相與周旋者更不乏人也，然皆以爲未見。予嘗撫心自問，有一敢令夫子見者哉？學者不必侈談高遠，但求爲夫子所欲見之人足矣。松陽講義：天下有一種人，全不知道自己差了，將差處都認做是處，此是不能見其過。有一種人，明知自己差了，却只管因循牽制，甘於自棄；或只在口頭説過，此是不能内自訟。道有三件：一是爲氣質做主而不能變化，一是爲物欲牽引而不能割斷，一是爲習俗陷溺而不能跳脱。所以不能無過者，由此三件。所以有過而不能見不能自訟者，亦由此三件。這三件帶了一分，便成一分病痛。所以天下有過者多，而能改者却少。就及門弟子論之，如子路人告之以有過則喜，可謂能内自訟矣，却未必能見其過。冉求之力不足，非不自見其過也，却不能内自訟。若顏子之不貳過，不遠復，則皆從能見能自訟來，雖其天資之美，然亦必得力於夫子之激發，故未見非終不見也。學者於此，切不可草草看過。此是聖門教人第一喫緊工夫，不從這一關著力，種種工夫皆不能透徹。然見之訟之於既過之後，又不若防之於未過之先。防之之法無他，亦只是戒慎恐懼。朱子語類：問：程子曰：「罪己責躬不可無，然亦不當長留在心胸爲悔。」今有學者幸知自訟矣，心胸之悔，又若何而能不留耶？曰：改之便無悔。

按：魏氏四種人説應改爲五種，尚有剛者一種，亦夫子所未見。又朱子亦深於佛學者，故知自訟留在心胸之非。非邃於禪理者不能有此見解。

○子曰：「十室之邑，必有忠信如丘者焉，不如丘之好學也。」

【考異】七經小傳本「好學」下有「者」字。

【音讀】邢疏：衛瓘讀焉於虔切，爲下句首，言安不如我之好學也。朱子文集答都昌縣學諸生曰：此注疏之讀，恐不成文理。經讀考異：案近讀從「焉」字絶句，據疏引衛瓘讀焉於虔切，爲下句首，焉猶安也。（荀子：「安特將學雜識，志順詩、書而已耳。」三年問「安」作「焉」。新序引論語「斯焉取斯」、「焉知來者之不如今」，「焉」並作「安」。史丹傳「安所受此語」，師古曰：「安，焉也。」王嘉傳引「則將焉用彼相」，「焉」作「安」。）言十室之邑雖小，必有忠信如我者也，安不如我之好學也，言亦不如我之好學也。義竝得通。是又以「焉」字連「下」讀。王荆公答王景山書引孔子曰：「十室之邑，必有忠信如丘者。」即從衛瓘讀，可以舉證。又漢書李尋傳引孔子曰：「十室之邑，必有忠信。」此漢人引書以便文成句，不可爲斷。

【考證】禮記曲禮「入里必式」，注：「不誣十室。」正義引論語「十室之邑」二句爲證。荀子大略篇「禹過十室之邑必下」，楊倞注：「十室之邑，必有忠信，故下之也。」大戴禮制言篇：禹過十室之邑則下，爲秉德之士存焉。論語釋故：四井爲邑，井有三家，四井凡十二家。言十室，舉成數也。有夫有婦，然後爲室，十二家内，或有餘夫分授井地，故有十室之邑也。

論語稽：古者生聚未蕃，左傳都城不過百雉，大都參國之一，則國之雉僅三百耳。中五之一，爲六十雉。小九之一，爲三十一雉。夫此三十一雉之城，且不逮今之一堡一集，居民有幾，況列國紛争，民卒流亡乎？則十室之邑，疑亦有之。

【集解】邢疏：此章夫子言己勤學也。十室之邑，邑之小者也。其邑雖小，亦不誣之，必有忠信如我者焉，但不如我之好學不厭也。衛瓘讀焉於虔切，爲下句首。焉猶安也。言十室之邑雖小，必有忠信如我者也，安不如我之好學也，言亦不如我之好學也。義並得通，故具存焉。

【唐以前古注】皇疏引孫綽云：夫忠信之行，中人所能存全，雖聖人無以加也。學而爲人，未足稱也，好之至者必鑽仰不怠，故曰「有顔回者好學，今也則亡」。今云十室之學不逮於己，又曰「我非生而知之者，好古敏而求耳」，此皆陳深崇於教，以盡汲引之道也。又引衛瓘云：所以忠信不如丘者，由不能好學如丘耳。苟能好學，則其忠信可使如丘也。

【集注】十室，小邑也。忠信如聖人，生質之美者也。夫子生知，而未嘗不好學，故言此以勉人。言美質易得，至道難聞，學之至則可以爲聖人，不學則不免爲鄉人而已。可不勉哉！

【餘論】羣經平議：如丘者焉，乃聖人之謙詞。言十室小邑之中，他不敢望，至如丘者，必有之矣。集注曰：「忠信如聖人，生質之美者也。」失孔子語意。黄氏後案：戴東原曰：「聖賢論行，固以忠信爲重。苟學不足，則失在知而行因之謬，雖其心無弗忠弗信，而害道多矣。」式三謂忠者心之盡，信者言之實。不能好學，而心與言之失可勝數乎？是以四教必曰文行忠信，此章正爲自恃忠信者戒其堅自執耳。讀書堅自執，注經適以侮聖言。制行堅自執，任道祇以乖人情。古今未有不好學之君子也。

【發明】尹會一讀書筆記：此章大旨，自是勉人好學，以全其生質。須知忠信方可言生質之美，忠信之質方可以言學。忠信美質乃十室中所必有者，惟不知好學以保守擴充其忠信，是以鄉人多而聖人少也。夫子以身示教，並非謙辭。一部論語俱勉人主忠信而好學。